정복은 계속된다

YEAR 501: THE CONQUEST CONTINUES

노암 촘스키 | 오애리 옮김

이후

정복은 계속된다

지은이 | 노암 촘스키
옮긴이 | 오애리
펴낸이 | 이명회
펴낸곳 | 도서출판 이후
편 집 | 김은주, 김진한
표지 디자인 | Studio Bemine

초 판 제1쇄 찍은 날 | 2000년 3월 1일
개정판 제4쇄 찍은 날 | 2010년 5월 13일

등 록 | 1998. 2. 18. 제 13-828호
주 소 | 121-754 서울시 마포구 동교동 165-8 엘지팰리스 827호
전 화 | 대표 02-3141-9640 편집 02-3141-9643 팩스 02-3141-9641
홈페이지 | www.ewho.co.kr

ISBN 978-89-88105-82-5 04300
ISBN 978-89-88105-11-5 (세트)

그러나 진정한 의미에서 민주주의란 아직 머나먼 이상이다.
그것은 어떤 이들에겐,
어떻게 해서든 피해야 할 위험일 뿐이며
결코 이룩돼서는 안 될 가치이기도 하다.

※ 일러두기

1. 외래어 표기는 원칙적으로 '외래어 표기법'(1986년 1월 문교부 고시)을 따랐으며, 관례화된 낱말이나 지명의 경우 예외적으로 원음에 가깝게 표기했다.
2. 외국 정기 간행물의 경우 관례화되어 있는 경우를 제외하고는 우리말로 옮긴 후에, 『 』안에 원문 철자를 밝혔다(약어를 사용한 경우 이 책 뒤에 붙은 '약어' 일람을 참조 바람).
3. 단행본, 전집, 정기 간행물에는 겹낫쇠(『 』)를, 논문, 기고문, 문서, 기사 등에는 홀낫쇠(「 」)를, 그리고 단체 및 조직명에는 단꺾쇠(< >)를 문장부호로 사용했다.
4. 본문에 들어 있는 [ ]안의 내용은 옮긴이가 독자들의 이해를 돕기 위해 덧붙인 것이다.
5. 본문에 옮긴이가 단 주석은 * 를 붙여 각주로 처리했으며, 저자가 단 주석은 책 뒤에 후주로 정리했다.

차 례

1장

1492, 정복이 시작됐다

NOAM CHOMSKY

1992년은 전 세계 지배 사회의 특권계층에게 도덕적으로나 문화적으로 대단히 도전적인 한 해였다. 그러한 사회 내부에서, 특히 제국주의에서 해방된 유럽 식민국 등 각 사회 내부에서 지난 수세기 동안 진행된 민중의 투쟁은 크나큰 자유를 성취했으며, 독립적인 사고와 신념에 따라 행동할 수 있는 많은 기회를 얻게 되었다. 다가올 미래에 이 도전이 어떻게 제기되느냐에 따라 중대한 결과들이 빚어질 것이다.

1992년 10월 11일, 미지의 땅에 첫발을 내딛은 탐험가들의 이름을 따서 때때로 세계 역사의 '콜럼버스 시대' 또는 '바스코 다가마 시대'로 불렸던 5백 년에 걸친 구세계 질서가 종언을 고했다. 이 기간은 전 세계를 정복했던 유럽의 침략자들과 독일 나치의 이데올로기 및 통치 방식을 비교하는 기념 책자 제목을 빌어 "5백년 제국 500-Year Reich"이라고 불리기도 한다.[1] 이 구세계 질서의 가장 중요한 특징은 정복자와 피정복자 간의 충돌이 전 세계적으로 나타났다는 점이다. 충돌의 형태가 다양한 만큼 명칭도 여러 가지다. 제국주의, 신식민주의, 남북 갈등, 중심부 대 주변부, 선진7개국(G7)과 그 위성국 대 나머지 국가들 등. 하지만 보다 간단하게 표현하자면 바로 '유럽의 세계 정복'이라고 할 수 있다.

'유럽'이란 유럽인이 정착했던 식민지와 현재 세계를 이끌고 있는 선진국들까지 모두 포함한 개념이다. 남아프리카 회의에 따르면, 일본은 부자란 이유로 '명예 백인' 국가에 속한다. 일본은 다른 식민국들과 달리 유럽에 정복되지 않고 세계 지배 체제의 핵심부에 진입한 국가이다. 반면, 같은 서구 유럽에 속하면서도 강국에 의해 정복당한 국가는 이른바 제3세계의 길을 따르게 되었다. 그 대표적인 예가 바로 아일랜드이다. 아일랜드는 영국에 의해 무력으로 정복당했으며, 경제적 종속성을 확고히 하기 위한 '자유무역' 독트린 ─ 오늘날에는 '구조조정' '신자유주의' '숭고한 이념' 등으로 불리기도 한다 ─ 에 의해 발전을 저지당해야만 했다.[2]

1776년 영국의 경제학자 애덤 스미스는 "아메리카의 발견과 희망봉을 끼고 도는 동인도 항로의 발견이야말로 인류 역사상 가장 위대하고 중대한 두 가지 사건"이라고 기록했다. "따라서 인류의 혜택과 불행 역시 이 위대한 사건에서 비롯되는 것인지도 모르지만, 인간의 지혜는 그것을 내다볼 수 없다." 그러나 정직한 눈이라면 이후 인류 역사상 어떤 일이 발생할 것인지 알 수 있었을 것이다. 스미스는 "아메리카의 발견 […] 이것이야말로 '유럽국'에게 새롭고 무한정한 시장을 열어 주었으며, 생산력의 엄청난 확대와 진정한 부를 가져다주었다"고 지적하고, 이론적으로 "이런 새로운 교류는 구대륙에게 이로웠듯이, 당연히 신대륙에게도 그래야 했다"고 적었다. 하지만 알다시피 결과는 그렇지 못했다.

스미스는 "유럽인들의 야만적인 비행은, 모두에게 이로워야 했지만, 몇몇 불행한 국가들에게 멸망과 파괴를 초래했다"며, 요즘 식으로 말하자면 '정치적 올바름 PC: Political Correctness'이란 범죄가 저질러지기 시작한 시기에 동조자로 가담했다는 사실을 고백하기도 했다. "동·서인도 토착민들의 모든 상업적 이득은 끔찍한 불행 속으로 침잠해 버렸다." 유럽인들은 "우월한 군사력"을 동원해 명령을 내렸고, "머나먼 외국 땅에서 모든 종류의 비행을 아무런 거리낌 없이 자행할 수 있었다."

스미스는 북아메리카 토착민들에 대해서는 언급하지 않고 있다. 다만 "아메리카 대륙에는 야만인들보다는 훨씬 우월한 수준에 있는 두 국가(페루와 멕시코)가 존재했다. 그러나 이 국가들은 유럽의 정복자들에 의해 발견되자마자 모두 파괴됐다. 나머지 생존 토착민들은 야만인에 지나지 않았다"고 기록하고 있을 뿐이다. 영국 정복자들에게 편리한 이런 사고방식은 이후 학계에도 그대로 남아 이어져 내려왔다. 그러나 1960년대 문화적 자각이 일어나면서 사람들은 드디어 새로운 눈을 뜨게 된다.

반세기 뒤, 독일 철학자 헤겔은 역사철학에 관한 강의에서 같은 주제를 다루면서, 절대 정신이 **"게르만 세계"** 속에서 "완전한 성숙과 **힘**"에 도달함으로써 우리는 "세계사의 마지막 장"에 이르게 된다고 하는 신념을 강조했다. 그는 또 언급한다. 미 대륙의 토착민들은 "육체적으로나 정신적으로 무기력"했으며, 그들의 문화 역시 한계가 너무 많아 "절대 정신이 다가가자마자 스러져 버릴 수밖에 없었다. […] 따라서 토착민들은 유럽의 활동적 숨결 앞에서 점차 사라져 버리고 말았다." "온순하며 아무런 열정도 없고 순종적이며 영혼을 희구하는 것이야말로 토착 아메리카 인들의 대표적인 특징"이다. 그들은 너무 게으른 나머지 "한밤중에 부부 간의 의무를 하게 만들려면 종을 울려 깨워야 한다." 그들은 니그로보다도 열등하다. "완전히 야만적인 상태에서 살고 있으며, 존경이나 도덕심 등 우리가 감정이라고 부르는 그 어떤 것"으로부터도 동떨어져 있다. "이런 성격에서는 […] 인간성과 조화로울 수 있는 어떤 것도" 존재하지 않는다. "니그로들의 도덕성은 상당히 미약하거나, 좀 더 엄격히 말해 아예 존재하지 않는다." "부모가 기회만 있으면 자녀들을 돈 받고 팔거나, 반대로 자녀가 부모를 팔고 있다." "니그로들의 일부다처제는 더 많은 아이들을 낳아서 노예로 팔아 버리는 것이 목적이다." "단순히 하나의 물건에 지나지 않는" 생명체란 "가치가 없다." 따라서 이런 사고방식을 가진 유럽인들은 "니그로도 감정을 가진 존재"란 사실을 인정하고 그들을 "더 높은 도덕성과 그와 연관되어 있는 문화에 참여"할 수 있도록 해야 한다고 주장하는 노예제 폐지론자들을 "적"으로 대했다.

신세계 정복은 두 가지 점에서 역사상 유례없는 인구학적 대파국을 초래했다. 첫 번째는 서반구 토착 인구의 실제적인 파괴이고, 두 번째는 정복자들의 요구에 부응하기 위해 급속히 확대된 노예무역과 정복으로 인한 아프리카 대륙의 황폐화이다. 물론 아시아의 많은 국가들도 "끔찍한 불행"을 겪어야 했다. 정복의 양상이 바뀌었는지 모른다. 그러나 그 핵심은 오늘날까지도 여전히 남아 있으며 "야만적인 비행"의 실상이 만천하에 드러나는 그날까지 존속할 것이 분명하다.[3]

1. 유럽의 야만적 비행

스페인과 포르투갈은 해외 정복에 나서기에 앞서 내부적으로 이교 세력에 대한 정복을 단행했다. 1492년 스페인에 거주하는 유대인들은 추방되거나 구교로 강제 개종해야만 했다. 회교 신자인 무어 족*[1] 수백만 명의 운명도 유대인과 비슷했다. 1492년 가을 그레나다가 함락됨으로써 8세기에 걸친 무어 족의 통치 체제는 막을 내리고 스페인 구교파의 야만적인 이단 탄압이 확장됐다. 스페인 정복자들은 값을 따질 수 없는 귀중한 책들과 고전 학문에 관한 풍부한 기록들을 파괴해 버렸으며, 결국 훨씬 더

---

1) [옮긴이] Moors. 711년부터 이베리아 반도를 정복한 아랍계 이슬람교도의 명칭. 사하라 사막 서부의 모리타니부터 모로코에 걸쳐 살며 아라비아 인, 베르베르 인, 흑인 등의 피가 섞여 있다.

관용적이고 문명화된 무어 족의 통치 아래서 꽃피웠던 문화를 송두리째 짓밟아 버렸다. 그러나 이것은 곧 스페인 몰락의 시발점이자, 세계 정복이라는 인종주의와 야만성 — 아프리카 역사학자 베이질 데이비슨이 지적한 것처럼 "콜럼버스의 저주"[4] — 의 시발점이기도 했다.

스페인과 포르투갈은 얼마 못 가 세계 정복의 선두를 빼앗기게 된다. 두 나라의 가장 강력한 경쟁국은 네덜란드였다. 당시 네덜란드는 16세기 발트 해 연안의 무역을 장악한 덕분에 스페인과 포르투갈보다 많은 자본력을 확보하고 있었다. 1602년 설립된 네덜란드 동인도회사(VOC)는 독자적으로 전쟁을 일으키고 조약을 체결할 수 있는 막강한 권한을 지녀 사실상 국가나 다름없었다. 겉으로는 하나의 독립 기업이었지만 그것은 허울뿐이었다. 피어슨은 "네덜란드 동인도회사가 중앙의 정치적 통제에서 벗어나 뚜렷한 자치권을 누릴 수 있었던 것"은 그 자체가 상인과 금융가들에 의해 통제되는 "국가와 같았기" 때문이라고 지적했다. 좀 더 단순하게 말하자면, 네덜란드 동인도회사는 범국가적인 금융 및 산업 시설의 네트워크를 갖추고 있었으며, 내부적으로 투자와 무역을 관장하고 국가권력을 동원해 부와 영향력을 확립·유지했다는 점에서 현대의 정치·경제 구조와 일맥상통한다.

네덜란드 자본주의에 정통한 어느 역사학자는 "네덜란드 동인도회사는 주권 기능과 기업의 동반적 관계를 하나로 통합했다. 정치적 사안과 사업에 대한 결정들이 회사의 간부 조직에서 이뤄졌으며 성공과 실패는 늘 이윤을 냈는가 손해를 봤는가를 기준으로 결판이 내려졌다"고 지적했다. 네덜란드는 포르투갈의 식민지였던 스리랑카를 차지한 데 이어 인도, 브라질, 카리브 해, 일본, 중국에 이르기까지 영향력을 행사했다. 인도네시아에서는 네덜란드의 식민통치가 1940년대까지 이어졌다. 그러나 네덜란드 역시 훗날 이른바 '네덜란드 병'의 희생자가 되고 말았다. '네덜란드 병'이란 국가 통치력의 무기력화로 인해 "국민 개개인은 부자일지 모르지만 국가는 힘이 없는" 증세를 가리키는 말로, 18세기 영국의 셰필드 경은 영국이 네덜란드를 교훈 삼아 똑같은 실수를 저지르지 말아야 한다고 경고하기도 했다.[5]

이베리아 반도의 두 나라인 스페인과 포르투갈은 영국의 해적과 약탈자, 노예 무역상 등이 바다를 싹쓸이하다시피 하면서 상당한 타격을 입었다. 영국 해적 가운데 가장 유명하고 악명 높은 인물은 아마도 프랜시스 드레이크[*2]일 것이다. 경제학자 케인스는 드레이크가 가져온 노획물이야말로 "영국 해외투자의 밑거름이 됐다"고 평가하고, "엘리자베스 1세는 이것으로 외국의 빚을 모두 청산하고 그 가운데 일부를 레반트[*3]회사에 투자했으며, 그 회사의 수익으로 동인도회사를 설립했다. 그리고 또다시 동인도회사의 수익은 영국 해외 연결망의 중요한 기반이 됐다"고 지적했다. 1630년 이전 영국 무역상과 약탈꾼들은 대서양 해상에서 스페인과 포르투갈이 확보하고 있던 부를 빼앗기 위해 정당한 방법은 물론 때론 반칙까지 동원하는 등 물불 가리지 않고 매달렸다.

토머스 브레이디의 지적대로 17~18세기 상인 제국의 기초를 놓았던 탐험가들은 "전쟁과 무역의 결합이란 유럽의 오랜 전통을 이어받았다." 그리고 "군사적 기업으로서 유럽 국가의 성장은 군인-상인이라는 전형적

---

2) [옮긴이] Francis Drake(1540~1596). 영국 엘리자베스 1세 때의 해군 제독. 스페인 무적함대와의 전투에서 혁혁한 공을 세워 여왕의 신임을 얻었으며, 1577년에는 마젤란 해협을 통해 남아메리카 대륙을 탐사하는 원정대 대장을 맡기도 했다.

3) [옮긴이] Levant. 동부 지중해 연안을 가리키는 말로 베네치아 상인을 비롯한 무역상들이 십자군 원정 이후 소아시아 도시들과 교역하면서 널리 쓰이게 됐다. 처음에는 소아시아와 시리아 해안 지방만을 가리켰으나 그리스부터 이집트에 이르는 전 지역을 포함하게 된다.

으로 유럽적인 인물"의 대두를 가져왔다고 브레이디는 말하고 있다. 훗날 새롭게 통합된 영국은 "엘리자베스 1세 시대 해적들의 약탈"(크리스토퍼 힐) 수준에서 벗어나 "시장 확보를 위한 전쟁"을 추구하게 됐다. 영국의 동인도회사는 1600년 법적으로 인정받은 후, 대영제국 국왕의 권위를 내세워 동양과의 무역 독점권을 행사함으로써 9년 만에 엄청나게 팽창했다. 이후 유럽의 경쟁국 간에 잔혹한 전쟁들이 발발했으며 이 과정에서 말로는 표현할 수조차 없는 만행이 빈번하게 저질러졌다. 한편 토착민들 역시 때때로 자체적인 내부 갈등에 휘말리기도 했다. 1622년 영국은 '인도의 열쇠'로 불릴 만큼 전략적 요충지로 손꼽히는 호르무즈 해협에서 포르투갈 세력을 완전히 몰아내고 승리를 거뒀다. 이로써 나머지 세계의 대부분은 이미 잘 알려진 방식대로 명실상부하게 분할되고 말았다.

영국은 힘이 커지면서 인근의 스코틀랜드와 아일랜드까지 정복하는 데 성공했으며, 이 과정에서 새롭게 갈고 닦은 기술을 대서양 건너의 사람들에게 야만적으로 자행했다. "문화적이고 풍요로운 영국인들은 변방에서 양을 키우며 사는 더러운 켈트 족에 대해 경멸감을 품고 있었으며, 이런 경멸감은 바다 건너 먼 땅에 살고 있는 사람들에게까지 미쳐 결국 노예무역을 장악하는 결과를 낳았다"고 토머스 브레이디는 지적했다.

17세기 중반경 강대국으로 성장한 영국은 독자적으로 항해 조례(1651, 1662년)를 제정, 자국 식민지에서 외국 무역상들이 활동하는 것을 엄격히 금지하거나 중한 벌금을 부여하고 영국 선박들에게만 '교역 독점권'(수입)을 허가했다(스미스는 유보와 동의가 혼재돼 있는 이 법안들을 재검토한다). 이러한 주도의 "두 목표"는 식민지의 교역 독점을 통한 "전략적 힘과 경제적 부"에 있었다고 『케임브리지 유럽 경제사』는 밝히고 있다. 1652년부터 1674년까지 영국은 네덜란드와 전쟁을 벌였는데, 그 전쟁의 목적은 네덜란드의 무역 및 선박업을 완전히 파괴하거나 가로막는 것이었으며 노예 무역권을 확보하는 데 있었다. 영국이 노린 지역은 대서양 건너 신대륙, 엄청난 부를 가져다줄 바로 그곳이었다. 영국의 상인들은 조례와 전쟁 덕분에 무역 활동 범위를 넓혀 나아갈 수 있었다. 특히 이들은 "국가가 후원하는 전쟁"과 다양한 경제적 기술 등을 동원해 "아메리카, 아프리카, 아시아와의 약탈이나 다름없는 무역"(크리스토퍼 힐)으로 부를 획득하게 됐다.[6]

애덤 스미스가 지적했듯이, 유럽의 경제적 성공은 폭력 문화의 발전과 만연에 기여했다. 존 키이는 "인도에서 전쟁은 스포츠가 된 반면, 유럽에서 그것은 과학이 됐다"고 말한다. 유럽의 관점에서 보자면 세계 정복은 '소규모 전쟁'에 불과했을 뿐이며, 군 고위층 역시 이와 비슷한 생각을 갖고 있다. 제프리 파커는 "코르테스는 5백여 명에 불과한 스페인 병력으로 멕시코를 점령했으며, 피사로는 2백 명도 안 되는 병력으로 잉카 문명을 멸망시켰다. 포르투갈은 [일본부터 아프리카 남부 지역에 이르는] 광대한 식민지를 만 명도 채 못 되는 인원으로 다스렸다"고 쓰고 있다. 1757년 인도 플라시 전투 당시 영국 동인도회사 소속 군 병력은 인도 벵골 토후군 병력에 비해 1대 10으로 불리했으나 결정적인 승리를 거두고 결국 영국의 벵골 지배권을 확립하는 계기를 마련했다. 몇 년 뒤 영국은 인도인 용병들을 고용함으로써 수적 열세를 만회할 수 있었다. 이런 용병들은 인도 주둔 영국군 병력의 90퍼센트를 차지했으며, 훗날 19세기 중반 영국의 인도 침략에서 핵심적인 역할을 담당하게 된다. 다만 북아메리카 식민지들에서는 "대영제국에 봉사하는 군 병력" 공급 계획이 실패로 돌아갔다. 애덤 스미스가 "영국은 북아메리카 식민지들에서 해방돼야 한다"고 주장했던 주요 이유들 중 하나도 바로 이것이었다.

유럽인들은 "죽이기 위해 싸웠다." 게다가 그들은 피에 대한 자신의 갈망을 채워 줄 수단을 갖고 있었다. 아메리카 대륙의 토착민들은 스페인과 영국군의 야만성에 경악을 금치 못했다. "그러는 동안, 지구 반대편에 있는 인도네시아 주민들 역시 유럽 군대가 보여준 파괴적인 분노에 소스라치게 놀랐다"고 파커는 덧붙인다. 12세기 메카로 향하는 순례에 올랐던 한 스페인 인은 "군인들이 전쟁을 하는 동안 민간인들은 일상적인 생활을 그대로 유지하며 살았다"고 기록한 적이 있는데, 이제 그런 시대는 먼 옛이야기가 되고 만 것이다. 유럽인들은 무역을 빌미로 남의 나라에 와서는 그곳을 정복하고 눌러앉았다. "무역은 정복 없이 유지될 수 없으며, 무역이 없다면 전쟁도 없다"고 1614년 네덜란드 동인도회사 소속의 한 유럽인은 적고 있다. 당시 중국과 일본만이 유럽의 손아귀에서 벗어날 수 있었는데 그것은 이 두 나라가 "이미 게임의 법칙을 파악하고 있었기 때문이다." 유럽의 세계 지배는 "지속적인 무력 사용에 결정적으로 의존하고 있었다. 또 유럽의 백인들이 세계사 속에서 잠시나마 최초로 국제적 헤게모니를 잡을 수 있었던 것은 사회적, 도덕적, 자연적으로 우월했기 때문이라기보다는 군사적으로 한 수 위였기 때문이다."[7] 물론 유럽이 과연 일시적으로나마 정말 우월했는가는 좀 더 따져 봐야 할 문제이다.

제임스 트레이시는 '상인 제국'에 관한 자신의 연구 논문에서 "비교적 평화롭게 작동하고 있던 아시아의 무역 체제가 유럽인들의 도래와 함께 폭력적으로 와해되고 말았다는 사실에 20세기 역사학자들은 동의하고 있다"고 적고 있다. 유럽인들은 모든 사람들에게 똑같이 공개된 아시아의 비교적 자유롭던 시장 체제에 국가 무역이란 새로운 개념을 도입했다. 폭력적으로 아시아에 침입한 유럽인들은 "국가권력과 무역 이익의 결합, 즉 군사력을 동원해 무역을 행하거나 무역 회사가 마치 하나의 독자적인 국가인 양 행세"했다. "유럽의 무역 회사와 다른 지역의 토착 무역망의 가장 큰 차이점은 하나의 확대된 국가로서 또는 국가의 특징을 상당히 부여받고 본국의 중앙 권력으로부터 후원을 받는 자율적인 무역 회사로서 중요한 무역업을 수행했다"는 점이다.

유럽에서 아시아 무역을 장악하는 길을 맨 처음 닦은 국가는 포르투갈이었다. 포르투갈은 "먼저 아시아 해운업에 대해 폭력적인 위협을 가한" 다음, 이런 위협으로 보호해 주겠다며 회유책을 썼다. "현대적인 용어로 말하자면, 포르투갈이 했던 일은 보안업과 똑같다"고 피어슨은 지적했다. 포르투갈보다 더 강력한 힘을 가진 유럽의 다른 국가들은 훨씬 더 효과적인 폭력 수단과 세련된 통제 기술을 동원함으로써 아시아 무역을 손아귀에 쥐는 데 성공했다. 포르투갈은 "[아시아의] 전통적인 무역 구조를 급격하게 변화"시키지는 않았다. 그것을 "산산조각으로 부숴 버린 것"은 바로 네덜란드였다. 영국과 네덜란드의 무역 회사들은 포르투갈보다 "훨씬 더 선택적이며 합리적인 방식"으로 무력을 사용했다. "두 나라는 상업적 목적을 위해서만 무력을 동원했으며 […] 무력 동원의 최종 판단 근거는 언제나 대차대조표였다." 게다가 두 나라는 군대 통솔 능력과 국내 기반 면에서도 포르투갈보다 훨씬 우월했다. 특히 영국은 이른바 '네덜란드 병'에 걸리지 않은 덕분에 유럽의 다른 경쟁국들을 물리칠 수 있었다. 국가권력과 폭력의 주도적 역할은 유럽 그 자체 내부의 발전에 있어서도 두드러진 특징이었듯이, 식민지들이 "유럽국"에게 "근본적인" 기여를 하는 데 있어서도 마찬가지였다고 애덤 스미스는 지적했다.[8]

사실 그동안 영국은 경제 발전에 있어 국가권력과 폭력의 결정적 역할과는 무관한 국가로 여겨져 왔다. 영국의 자유주의적 전통이 성공 비밀을 드러내기를 꺼렸기 때문이다. 그러나 존 브루워는 영국이 강대국으로 성장하는 과정에 대한 재해석에서 이 같은 견해에 도전했다. 17세기 말, 18세기 초 영국은 먼 이국땅에 살고 있는 열등한 토착민들에게 잔인하고 야만적인 방식으로 자신의 권위를 행사함으로써 "당대의 군사적 신동神童"으로 성장하게 됐으며, 이는 "영국 정부의 놀라운 변화, 즉 영국 정치의 골격에 근육이 붙게 된 것과 일치한다"고 브루워는 결론을 내린다. 자유주의적 전통과 달리 이 시기에 영국은 "조세의 급속한 증가"와 "국가의 재정 및 군사적 행동을 전문적으로 관장하는 공공 행정 기구" 덕분에 "강대국," "재정-군사적 국가"로 성장했다. 국가는 경제에 있어 가장 큰 핵심 요소가 됐다. 영국은 "국민의 주머니에서 얼마나 많은 돈을 끌어내느냐 하는 능력, 그리고 군인들을 전쟁터에 내보내고 선원들을 바다에 보내는 능력으로 평가받는" 유럽 최강국이 된 것이다. "압력단체, 무역 단체, 상인과 금융인 단체들은 가장 강력한 경제적 존재인 국가가 제공하는 보호의 혜택을 차지하기 위해 서로 싸우기도 하고 때로는 서로 손을 잡기도 했다."

이 기간에 영국의 조세율은 (전통적인 중앙집권 국가로 인식돼 온) 프랑스에 비해 두 배나 높아졌고 재정 부채도 급속히 늘어났다. 18세기 말경 일인당 소득의 4분의 1에 이르던 조세율은 나폴레옹 전쟁 기간에는 3분의 1 수준으로 껑충 뛰었다. "절대적으로든 상대적으로든, 영국의 조세율은 매우 무거웠다." 영국이 군사 신동으로 부상하는 기간 동안 조세율은 경제 성장률의 다섯 배를 넘었다. 조세가 크게 늘어날 수 있었던 주요 원인은 바로 정부의 능률성이었다. 조세 징수는 중앙정부의 기능이기 때문에 영국이 세금을 많이 거둬들였다는 것은 곧 정부가 그만큼 능률적이었다는 것을 입증했다. 또 다른 원인은 더 민주적인 국가의 합법성이었다. "18세기 영국에서 가장 커다란 경제적 존재, 즉 국가의 기능"은 단순히 정복에 있는 것이 아니라 수출을 증진하고 수입을 제한하는 것이었다. 즉 전반적으로 볼 때 보호주의적인 수입 대체 정책을 추구했으며, 영국에서부터 멀리 한국에 이르기까지 산업적으로 크게 성장하는 길을 열어 놓았다.⁹⁾

스페인 제국 체제가 붕괴된 데에는 지나치게 자유주의적인 태도가 한 원인이 됐다. 스페인은 비非스페인 상인들이 스페인 제국 안에서 마음대로 들락날락하면서 일을 할 수 있도록 허용했다. 반면 네덜란드는 자국의 이익을 확고하게 지켰고, "토박이 상인들은 곧 네덜란드 제국이자 국가"였다고 피어슨은 말한다. 영국은 경제 민족주의와 유사한 정책을 추구했다. 1581년 최초로 터키에 대해 국가가 인정하는 독점권을 부여했고 뒤이어 중동 전 지역과 아시아, 북아메리카에 대해서도 같은 조처가 취해졌다. 독점권을 인정받는 대가로 국가와 유사한 성격을 지닌 무역 회사들은 국왕에게 일정한 비용을 지불했다. 그러나 이후 국가는 무역 회사들을 제치고 보다 직접적으로 독점 사업에 개입하게 된다. 18세기 들어 영국의 무역과 소득이 급격하게 증가함에 따라 정부의 규제도 중요하게 됐다. "19세기 영국 정부가 무역에 대해 규제 완화 조처를 취한 것은 세계적인 우월성을 확보한 결과이지 원인은 아니다"라고 피어슨은 지적한다.

애덤 스미스는 동인도회사를 비판한 글에서 "비열한 독점 정신"이 영국 국민에게 미친 나쁜 영향에 대해 장황하게 언급한 적이 있다. 그러나 스미스의 이 같은 이론적 분석이 동인도회사의 몰락 원인이 됐던 것은 아니다. "명예로운 동인도회사"는 산업가, 특히 섬유 산업가들의 희생양이 됐다. 이들은 인도 직물과의 "불공정한" 경쟁으로부터 영국 섬유산업을 보호하고자 했으며, 인도에 대해 우월성을 확보했다는 확신을 일단 갖게 되자 "공정한 경쟁"을 내세워 인도산 직물 수입 규제 조처의 폐지를 촉구했다. 또 산업가들은 국가권력과 폭력을 동원해 식민지 경쟁자들을 눌러 버렸고, 새롭게 벌어들인 부와 권력을 동원해 기계화를 추진했으며,

면 생산량을 증대시켰다. 현대적으로 표현하자면, 기업가들은 다른 사람 또는 다른 국가들이 경쟁할 수조차 없는 우월한 "자신만의 놀이터"를 일단 확립해 놓은 후 만인의 복지를 내세우면서 정직한 기업가들을 절대 방해하지 않는 "열린 세계"야말로 지고 지선인 양 행동한 것이다.[10]

게임에서 자기가 당연히 승리할 것으로 예상하는 사람들은 "자유 경쟁" 법칙을 찬양하게 마련이다. 그러면서도 절대 자신의 이익을 굽히는 법이 없다. 경제적 자유주의를 부르짖는 기업가들이 저지른 가장 큰 실책이라면 자유무역의 기초 중 하나인 "자유로운 노동 이동"을 허용하는 것은 심사숙고하지 않았다는 점이라고 애덤 스미스는 강조했다.

스미스 경제 이론의 영향력에 대한 믿음은 대부분 역사적 근거가 별로 없다. 예를 들어 시카고의 경제학자 조지 스티글러는 논문에서 "스미스는 1850년부터 1930년까지 영국인들에게 자유 국제무역의 좋은 점에 대해 확신을 불어넣었다"고 지적했다. 정확하게 말하면 스미스는 "고삐를 손에 쥔 영국인들의 입장에서 볼 때 (적당한 한도 내의) 자유무역이야말로 그들의 이익에 도움이 된다"는 사실을 인식하도록 만든 것이다. "1846년경 영국 제조업의 이해관계는 강력해졌고, 의회는 자유무역의 혁명을 선포할 만반의 준비를 갖춘 상태였다"고 리처드 모리스는 언급하고 있다. 그러나 1930년 영국은 지난날과는 반대로 이른바 자유무역 시대가 지나갔다는 사실을 인식하게 된다. 일본과의 경쟁에서 밀리게 된 영국은 인도를 포함한 영英 연방과의 무역에서 일본을 밀어내는 데 성공했다. 영국에 뒤이어 미국과 네덜란드도 보다 작은 규모의 제국으로 등장하게 된다. 일본도 유럽의 선배 강국들을 뒤따라 약자에게만 자유주의 이념을 부여하는 정책을 추구했고, 결국 이런 것들이 태평양 전쟁으로 이어지는 요인이 됐다. 자국이 강할 때만 자유주의 이념을 내세우는 작태는 예나 지금이나 마찬가지다.[11]

"스미스는 확실히 모든 경제인들에게 확신을 불어넣었다"는 스티글러의 지적은 정확할지도 모른다. 만약 그렇다면 그것은 결정적인 요소들에 대한 의문을 도외시한 불합리한 이상화理想化의 위험성을 지적한 것이라 할 수 있겠다. 그리고 이 경우에는 국가의 부와 권력을 과연 별개로 떼어 볼 수 있는가 하는 의문을 의미한다. 과연 누가 누구를 위해서 결정을 내리는가? 여기에서 애덤 스미스 자신이 이해하고 있던 지점으로 되돌아가 볼 필요가 있다.

영국은 식민지에서 많은 돈을 벌어들임으로써 엄청난 재산을 모으게 된다. 1700년경 동인도회사의 무역량은 "영국 전체 무역 규모의 절반 이상"을 차지했다고 동시대의 한 비평가는 지적했다. 50여 년 뒤 동인도회사의 주식은 "우량 증권이나 마찬가지의 가치를 갖게 됐으며 외국 투자자 등 많은 사람들한테서 큰 인기를 끌었다"고 키이는 적고 있다. 부와 권력의 급속한 성장은 공공연한 정복과 제국주의 통치를 위한 기반이 됐다. 영국의 관리, 상인, 투자자들은 "탐욕스런 꿈을 충족시키고도 남는 돈을 벌어들임으로써 막대한 재산을 형성했다"(파커). 특히 인도 벵골 지역에서는 "정부의 후원을 받는 영국인들이 끔찍한 실험을 자행함으로써 이 지역은 완전히 황폐화되고 가난에 빠지게 됐다"고 키이는 덧붙인다. 그러나 영국인이 벵골에서 행한 "끔찍한 실험"이란 제3세계에서 행한 숱한 실험들 가운데 하나에 불과했을 뿐이다. 영국의 인도 역사학자인 에드워드 톰슨과 개럿은 영국령 인도 초기 역사를 "세계사에서 가장 극악한 수탈의 역사," "코르테스와 피사로의 아메리카 대륙 정복 이래 타의 추종을 불허하는 황금욕" 등으로 표현했다. 벵골의 경우 "유럽인들에 대한 유혈 사태가 벌어지고 나서야 겨우 평화가 찾아왔다." '약탈'이란 의미의 힌두어 '루트loot'가 오늘날 완전히 영어 단어로 사용되고 있다는 점은 시사하는 바가

크다.[12)

벵골의 운명은 세계 정복의 기본적 특징을 보여주고 있다. 오늘날 캘커타와 방글라데시는 불행과 절망의 상징이 되어 버렸지만, 유럽의 군인-상인들은 벵골을 세계에서 가장 풍요로운 상賞으로 여겼다. 식민 초기에 벵골을 방문한 한 영국인 관광객은 벵골에 대해 "어떤 전쟁, 질병, 억압으로도 파괴할 수 없는 풍족함을 지닌 멋진 땅"으로 묘사하기도 했다. 물론 그 이전에도 모로코의 여행가 이븐 바투타는 "벵골은 더할 수 없는 풍요로움을 간직한 땅이다. 나는 이제까지 지구상에서 이처럼 윤택한 양식을 지닌 곳을 본 적이 없다"고 감탄했다. 플라시 전투가 발발한 1757년, 클라이브는 다카의 섬유 생산 공장 지역이 "런던만큼 광대하고 복잡하며 부유하다"고 묘사했다. 그러나 1840년 다카의 인구는 종전의 15만 명에서 무려 3만 명으로 크게 줄었다. 찰스 트레벨리언 경은 상원 특별조사위원회에서 "인도의 맨체스터로 불렸던 다카는 정글과 말라리아가 급속도로 확산되면서 [⋯] 지난날 풍요로운 도시의 면모를 상실하고 대단히 가난하고 보잘것없는 도시로 전락했다"고 증언하기도 했다. 다카는 지금 방글라데시의 수도이다.

벵골은 한때 고급 면과 직물로 유명한 지방이었지만 오늘날에 와서 이런 산업은 거의 멸종해 오히려 외국에서의 수입품에 의존하고 있다. 1772년 영국 상인 윌리엄 볼츠는 영국이 인도를 식민화한 이후 무역상들이 "상상할 수 있는 모든 형태의 부정을 동원해서 터무니없는 가격으로 직물을 사들였다"며 다음과 같이 회고했다. "영국 무역상들이 가난하고 불쌍한 직조공들을 학대하는 방법은 벌금, 투옥, 채찍질, 강제로 보증금 뺏기 등등 셀 수 없을 만큼 많았다." 그들이 저지른 "억압과 독점은 무역 퇴조 및 무역 감소, 오늘날 벵골의 처참한 상황을 초래하는 원인이 됐다."

애덤 스미스는 윌리엄 볼츠의 저서를 소장하고 있었고 따라서 그의 책을 읽은 것이 분명하다. 그가 4년 뒤 "풍요롭고 인구도 적은 벵골에서 해마다 30만에서 40만 명이 기아로 죽어 간다"고 언급했던 것은 아마도 볼츠의 저서를 근거로 했을 것이다. 이 같은 사태는 쌀 무역을 관장하는 동인도회사의 "부적절한 규제"와 "부당한 속박"으로 생겨났으며 결국 식량난을 가져왔다. "아편으로 엄청난 이익을 챙길 수 있다는 것을 알게 된 동인도회사 관리들이 쌀 등 곡물 경작지를 갈아엎고 대신 양귀비를 재배하는 경우가 다반사였다." 벵골을 비롯해 "영국의 지배를 받는 다른 지역들"의 처참한 상황은 "동인도에서 마음대로 휘젓고 다니는 직물 회사들"의 정책적 실책의 결과이다. 이러한 것들은 스미스가 "북아메리카 대륙을 보호하고 통치해야 한다"고 촉구한 것과 대조적이다 — 물론 여기서 보호 대상이란 '단순한 원시인(인디언)'이 아니라 인도에서 살고 있는 영국 이주민들을 가리켰다.

영국 이주민들에 대한 보호는 사실상 말만 그럴듯했을 뿐이었다. 스미스가 어딘가에서 지적했듯이 영국은 "미국 식민지의 농장에 공장을 건립하지 못하도록 철저히 금지시켰으며, 미국 내에서 생산된 물품, 즉 이주민과 그 이웃들이 직접 사용하기 위해 생필품을 만드는 것도 금지시켰고, 장거리 무역에 적당한 [모자, 울 제품 등의] 생산"도 규제했다. 이처럼 "인간의 가장 신성한 권리에 대한 명백한 침해"가 식민지에서 흔하게 벌어졌다.

1793년 인도에 대한 영국의 '영구 정착' 법령이 발표된 후 토지 사유화가 가능해지면서 인도에 정착한 백인 사업가들은 재산을 불리는 대가로 영국 관리들에게 세금을 지불했다. "영구 정착 법령은 비록 대단히 신중하게 시행되기는 했지만 하층민들을 비참한 억압 아래 놓이게 만들었다"고 1832년 영국 조사위원회는 결론을 내리기도 했다. 3년 뒤 동인도회사의 대표는 "상업 역사상 이보다 더 비참한 불행을 발견할 수 없다. 인도 들판은 어딜 가나 죽은 인도인 면직물 직조 노동자의 뼈들이 쌓여 하얗게 변하고 있다"고 보고하기도 했다. 물론 영국의 식민지에 대한 실험이 완전히 실패했던 것만은 아니다. 인도 총독이었던 벤팅크 경은 "영구 정착 법령이 많은 부분 실패한 것은 사실이나 최소한 폭동이나 혁명 등 유사시에 영국 통치 체제의 지속 및 민중에 대한 지배권 유지를 필요로 하는 부유한 지주들을 동원하는 데는 매우 유용할 것이다"라고 지적했다. 이런 사람들은 민중이 어떤 불행을 겪든 아무런 상관이 없었다. 벵골은 토착 산업이 몰락한 대신 인디고 염료와 황마 등 수출용 농산물 재배지로 변화했다. 1900년경 방글라데시는 세계 곡물 생산의 절반을 차지했지만, 영국 통치 기간에 이곳에는 단 한 채의 공장도 세워지지 않았다.[13]

벵골이 황폐화되는 사이 영국의 직물 산업은 인도의 경쟁으로부터 철저히 보호됐다. 당시 인도의 직물 생산업자들은 염색 직물이 영국에서 인기를 끌면서 시장을 넓혀 가고 있는 동안 비교 우위를 즐길 수 있었기 때문이다. 1916년에서 1918년, 영국 왕립산업위원회는 "서구 상인 모험가들이 인도에 도착했을 당시 인도의 산업은 훨씬 발전한 유럽 국가들과 비교해서 전혀 뒤떨어지지 않은 수준이었다"고 평가한다. 심지어 프레데릭 클레어몬트 같은 이는 "인도의 산업은 산업혁명의 도래를 앞두고 있는 서구보다 오히려 훨씬 앞서 있었다 해도 과언이 아니다"라고까지 지적한다. 1700년과 1720년 의회 법령은 인도, 페르시아, 중국 등으로부터 염색 직물의 수입을 금지시켰다. 이런 수입 직물들은 압수돼 경매에서 팔리거나 외국으로 다시 수출됐다. 인도의 황마는 물론이고 쿠션, 침구 등 거의 모든 직물들의 수입이 금지됐다. 훗날 영국은 인도에서 토산 직물에 대해 무거운 세금을 부과함으로써 인도인들이 국산보다 질은 나빠도 값은 싼 영국산 수입 직물을 사도록 강요했다.

호레이스 윌슨은 『영국령 인도사』란 저서에서 이런 조처들은 불가피한 것이었다고 기록했다. "이런 조처들이 없었다면 영국 페이즐리와 맨체스터의 공장들은 가동을 멈추고 다시는 움직이지 못했을 것이다. 영국의 공장들은 인도 생산업자들의 희생 덕에 창조됐다"고 지적했다. 경제사학자 클래펌은 "수입에 대한 제한 조치는 (영국 산업혁명을 이끈) 직물 염색업의 발전에 대단히 중요하고 유용한 자극제가 됐다"고 주장했다. 19세기경 인도는 영국 무역 적자액의 5분의 2를 재정적으로 감당하고 있었으며 식민지 정복을 위한 군 병력 공급지, 영국 생산품의 시장, 중국과의 주요 무역 품목이었던 아편의 공급지 등으로서 중요한 역할을 했다.[14]

자와할랄 네루는 "중요한 사실은 인도에서 영국의 통치를 가장 오래 받은 곳이 오늘날 가난하다는 점"이라며, "영국 통치 기간과 빈곤의 심화 사이에는 밀접한 관계"가 있다고 썼다. 18세기 중엽 인도는 직물 산업뿐만 아니라 다른 분야에서도 상당히 발전돼 있었다. "조선 산업이 꽃 피고 있었다. 나폴레옹 전쟁 동안의 영국 기함 중 한 척은 인도에 있는 인도 기업에 의해 제조된 것이었다." 직물뿐만 아니라 "조선업, 금속 제조업, 사포 등 많은 제품들의 생산업체들이 영국 통치 아래에서 몰락했다. 인도의 발전은 가로막혔으며 새로운 산업의 성장도 방해받았다. 인도는 '산업 국가 영국의 농업 식민지'가 됐다"고 네루는 주장했다. 유럽이 도시화되는 동안 인도는 농업 의존 인구의 증가와 함께 점점 더 농업화됐다. 이것이야말로 "인도 국민들이 겪고 있는 가난의 진정한 근본 원인"이라고 네루는 적고 있다. 1840년 영국의 한 역사학자는 의회 조사위원회에서 "인도는 농업 국가일 뿐만 아니라 공업 국가이기도 하다. 인도를 농업 국가의 수준으로 하락시키고자 한다면 그것은 인도의 문명을 하락시키려는 것과 같다"고 증언했다. 네루는 영국의 '독재적 통치' 아래서 바로 이와 같은 일(인도 문명의 하락)이 벌어졌다는 점에 주목한 것이다.[15]

브라질 경제사학자 호세 아루다는 "상업적 투자로서 식민지"에 관해 토론하면서 사실 식민지는 대단히 유익한 투자였다고 결론을 내렸다. 예를 들어 네덜란드, 프랑스, 영국 등은 식민지로 이익을 얻었다는 것이다. 특히 영국의 경우 포르투갈의 식민 자산 즉 노예 무역상, 상인, 제조업자, 설탕 생산지인 서인도 식민지 및 영국과 삼각 무역 지대를 형성했던 뉴잉글랜드 식민지 등을 차지했다. "식민지는 초기 자산 축적을 위한 성장 기틀을 제공하는 고리로서 제 기능을 완수했다." 또 그것은 식민지 부자들이 대자본가로 변신하는 것을 촉진했으며 유럽 경제성장에 주요한 기여를 했다. "**이 식민지들은** 이익이었다"라고 아루다는 결론짓는다. 그러나 이런 결론에는 한 가지 중요한 점이 빠졌다고 그는 덧붙이고 있다. 즉 "부는 각 개인이 챙기고 대가는 전 사회가 책임을 졌다"는 것이다. "식민 체제는 근본적으로 자본주의와 상업 부르주아지 개인 재산의 지속적인 발전 가능성과 함께 사회적 손실을 가져왔다."

피어슨은 저개발 상태에 빠진 식민지 토착민들에 관한 문제를 제기하면서도 "유럽의 도전에 대응할 만한 대안은 과연 없었는가"에 관해서는 다루지 않고 있다. 중국, 인도 등 유럽에 의해 정복된 국가들이 "세계경제 속에서 주변부로의 합병, 저개발 상태로의 전락, 서구 유럽이 경제적 지배력을 기반으로 상업 제국에서 보다 거대한 제국으로 변화함에 따라 겪어야 했던 고난"등을 피할 수 있는 방법이 있었을지도 모르는 일이다.[16]

스미스는 독점과 식민화에 관한 비판에서 영국의 정책에 대해 아루다와 상당히 비슷한 관점을 제시했다. 영국의 식민 정책에 대한 그의 태도는 상당히 이중적인데, 영국이 식민지와 무역 독점권으로 대단히 이익을 얻은 것은 사실이지만 장기적으로 볼 때 아시아나 북아메리카에서 수지가 맞지 않았다는 지적이다. 이런 논쟁은 당시 정확한 자료들을 확보하기가 어려웠기 때문에 이론적인 차원에 머무를 수밖에 없다.

그러나 어쨌든 여기에서 중요한 것은 식민지가 별 이득이 되지 않는 이유에 대한 스미스의 설명이다. 그는 식민지를 포기하는 것이 "위대한 영국 국민들에게 보다 유익하다"며 "영국이 현재 향유하고 있는 독점권이 영국 특정 계급의 소득은 증가시킬지 몰라도 영국 국민의 재산은 감소시키고 있다"고 지적했다. 투자와 무역의 왜곡은 그렇다 치더라도 군사 비용 부담이 심각하다는 것이다.

동인도회사의 독점과 북아메리카 식민지는 식민 이주민뿐만 아니라 위대한 영국 국민에게 "불합리"하고 "고통스런" 영향을 주었을지도 모른다고 스미스는 주장했다. 그러나 "이런 상업 체제 전체를 만들어 낸 고안자"들에겐 독점과 식민지가 전혀 불합리한 것이 아니었다. "상인과 제조업자들은 경제체제의 설계자들이었다." 따라서 체제는 소비자와 노동자들의 이익보다는 "상인과 제조업자들의 이익을 보호하는 데 최우선적이었다." 특히 동인도회사의 우량 주식 소유자와 엄청난 재산을 가진 사람들의 이해관계야말로 "체제의 최우선적인 관심 대상이었다." 식민 체제의 부담은 전 사회가 짊어진 반면 이익은 "주요 설계자"들의 호주머니 속으로 들어갔다. 그들이 취한 정책은 소수만의 이익에 도움이 됐을 뿐 영국의 일반 국민들을 포함한 다른 사람들에는 해악을 끼쳤다.[17]

"현재와 같은 운영 체제 아래서 대영제국은 식민지 지배로부터 손해만 볼 뿐이다"라는 스미스의 결론은 오해의 소지가 있는 것이다. 정책 결정의 관점에서 봤을 때 대영제국은 하나의 실체가 아니었다. "국가의 부"는 개인적 이익을 추구하는 "정책 설계자"들의 관심사가 아니라고 스미스는 주장했다. 그들에게 일반 민중의 운명은 "단순한 원시인"의 운명만큼이나 관심의 대상이 되지 못했다. 만약 '보이지 않는 손'이 일반 국민에게 이익을 가져다 줬다면 그것은 우연히 그렇게 됐을 뿐이다. '국가의 부', '대영제국'이란 처음부터 비논리적으로 이상화된 터무니없는 것이었다.

조지 스티글러는 스미스의 『국부론』 출간 2백 주년 기념판 서문에서 "미국인들은 미국 식민지에 대한 스미스의 관점이 매우 유익하다는 것을 발견하게 될 것이다. 스미스는 착취가 행해지고 있다고 믿었다. 그러나 여기서 착취란 식민주의자들에 의한 영국 국민의 착취를 말하는 것이었다"고 쓰고 있다. 즉 스미스는 "자신의 이익만을 위해 정책을 만들고 식민지에 가혹한 세금을 부과하는 특정 계급이 영국인을 착취하고 있다"고 믿었다. 스미스의 이론에서 기본적인 계급투쟁과 그것이 정책에 미치는 영향에 대한 강조를 제거함으로써, 우리는 그의 관점을 왜곡하고 사실을 잘못 전달하고 있다. 부와 권력은 오늘날 국제 관계에 대한 논쟁에 있어 일반적인 특징들이다. 예를 들어 미국 국방부 체제의 해로운 영향력을 비난하면서 정책을 만드는 사람들과 그들이 대변하는 이익을 강조하지 않는다면 그것은 대단히 잘못된 것이다.

사회정책이 부자와 권력자들의 복지를 보장하는 경우는 드물지 않다. 특히 제국 체제란 가난한 사람이 부자들에게 보조금을 지불하는 것과 비슷하다. 제국 체제의 효율성과 '국가'의 지배에 대한 연구는 학문적으로 활발하게 이뤄지고 있는 반면 사회 내에서의 정책 형성 과정, 특히 일반 대중이 배제된 정책 형성에 대한 연구는 부분적으로만 진행되고 있다 해도 과언이 아니다.

부와 권력 간의 관계는 국제 정책은 물론 국내 정책에서도 비슷하다. 국가권력은 해외에서 힘없는 국가들을 황폐화시킴으로써 부를 축적하는 동시에 국내에서 개인의 특권을 견고하게 보호하는 데 중요한 역할을 담당했다. 근대 초기 네덜란드와 영국 정부는 자본가의 발전을 위한 인프라 구조를 제공했고, 모직, 어업 등 외국과의 경쟁에서 취약한 국내 핵심 산업을 보호, 관리했다. 또 폭력적인 수단을 동원해 독립적이었던 농부들을 임금노동자로 변화시켰다. 수세기 전 "유럽 대륙 내에서도 식민화, 황폐화가 이뤄졌다. 미국 대륙에서 행해졌던 것처럼 파국적이지는 않았지만 아시아 식민화보다는 훨씬 가혹했다"(브레이디). "영국이 주도한 급속한 경제 발전은 국내의 전통적인 재산권뿐만 아니라 전 세계의 제도와 문화에 대해서 파괴적임을 증명했다." 유럽의 개발도상국들에서는 이른바 "농촌 평정" 과정이 행해졌다. "영국에서 행해진 농민들에 대한 대대적인 몰수"는 보다 급속한 경제 발전을 위해 좋은 기반이 됐을 것으로 추측된다. 재산권을 박탈당한 농민들은 노동시장으로 강제 유입됐다. 로버트 브레너는 유럽 자본주의의 기원에 관한 논쟁에서 "영국의 진정한 경제 발전을 가져온 것은 바로 자유와 재산권의 부재"였다고 지적한다. 일반 민중들이 "진보의 행진"에 대해 저항할 만한 이유는 충분했다. 이들은 권력가들의 것과 다른 가치들을 보존하고 확대시킬 수 있는 다른 길, 즉 "공동체, 통합, 공동의 선 등의 개념"을 추구하고자 했다(브레이디).

이런 개념들은 자본주의 체제가 형성되기 전 유럽에서 "대대적인 공동체 운동"을 고무시켰다. 이런 "자치 정부의 요소"들은 전통적인 엘리트들로 하여금 "때때로 두려움과 경멸감"을 불러일으켰다. 따라서 자유와 공동선을 추구하는 평민들은 "굶어 죽어야 마땅한 오합지졸" 쯤으로 치부되기도 했다. 막시밀리안 황제는 평민을 "사악하고 천박하며 어리석은 농부"로 비난하면서 그들에게는 "도덕, 고상한 성품, 사색" 등이 없을 뿐만 아니라 "독일에 대한 증오와 불만(오늘날로 치면 '반미주의')을 나타낼 뿐이다"라고 말했다. 17세기 영국에서 민주주의에 대한 요구가 급증하면서 특권층은 민중을 "비천한 다수" "인간의 모습을 한 야수" "사악하고 타락한 인간" 등의 말로 비난했다. 20세기의 일부 민주주의 이론가들은 "민중은 항상 제 위치에 놓여 있어야 한다. 그래야만 책임 있는 사람들이 당황한 무리들에 의해 이리저리 짓밟히지 않을 수 있으며, 참여는 하지 않고 남의 행동을 구경만 하면서 때때로 이쪽저쪽을 오가며 지도자를 선택(선거)한 후에는 또다시 자신의 개인적 관심사로 되돌아가는 그런 '무식하고 참견하기만 좋아하는 사람들'로부터 자유롭게 살 수 있다"(월터 리프만)고 지적했다. "무식하고 정신적으로 모자란 대중은 공동의 선을 위해 반드시 제자리를 지키고 있어야 하며 '필요한 환상'과 '감정적 단순화' 상태 속에 있어야 한다"(윌슨 행정부 당시 국무장관 로버트 랜싱, 라인홀드 니버)라고 지적한 사람도 있다. 그들의 '보수주의적인' 동지들은 이른바 '현명한 지도자'와 부자 및 권력가들의 역할을 찬양하는 데 앞장섰다.[18]

오합지졸 민중은 복종의 가치 속에서 명령을 받아야 하며, 지도자가 이끄는 제도들이 규정한 매개변수 내에서만 개인적인 요구를 할 수 있다는 것이다. 즉 민중적 결사와 행동을 중시하는 민주주의는 극복돼야 할 하나의 위협적 존재인 셈이다. 이런 주장들은 사실 현재도 논란의 대상이 되고 있는 주제들이며 다만 형태만 좀 새롭게 바뀌었을 뿐이다.

국제무역 개입에 있어 국가 개입에 대한 애덤 스미스의 해석은 국내의 상황에도 적용할 수 있다. '노동 분업'에 관한 (『국부론』서두에서의) 스미스의 예찬은 잘 알려져 있다. 그는 노동 분업이야말로 "노동 생산력의 증진과 기술, 숙련, 판단력 등의 근원이자 국부의 기반"이라고 지적했다. 그리고 이런 흐름에 기여했다는 점이야말로 자유무역의 가장 큰 장점이라는 것이다. 노동 분업의 비인간적인 결과들에 대한 그의 비난은 노동 분업이 그

본래적인 한계에 다가가는 만큼 덜 친숙해졌다. "인간에 대한 보다 넓은 이해는 평범한 고용인들에 의해 형성된다"고 스미스는 지적했다. "간단한 일들을 하면서 인생을 보낸 사람, 그래서 그 결과도 항상 똑같거나 거의 똑같은 사람은 자신의 이해력을 발휘할 기회를 갖지 못하게 되며 전반적으로 어리석고 무식해지기 마련이다. […] 그러나 진보되고 문명화된 모든 사회에서는 국가가 국민 대다수를 이루는 가난한 노동자들이 몰락하지 못하도록 노력을 기울여야 한다"는 것이다. 사회가 '보이지 않는 손'의 끔찍한 영향력을 극복하기 위해서 길을 찾아야 한다고 스미스는 주장했다.

스미스 이외에 고전적 자유주의 사상 형성에 기여한 학자들은 이보다 한 걸음 더 나아갔다. 존 스튜어트 밀에게 영향을 주었던 빌헬름 폰 훔볼트는 자신의 "주요 원칙"을 "다양성 속에서의 인간 발전이라는 절대적이며 근본적인 중요성"이라고 표현했다. 훔볼트는 이 원칙이 노동 분업을 통한 능률성 추구뿐만 아니라 임금노동 그 자체에 의해서 훼손되기 쉽다고 보았다. "인간의 자유로운 선택에 의해 발생하지 않은 것, 즉 타인의 지시와 지도에 의해 이뤄진 것은 인간의 본성과 아무런 관계가 없다. 이런 상태에서 노동자는 진정한 인간 에너지를 갖고 일하는 것이 아니라 단지 기계처럼 일할 뿐이다." 노동자가 외부의 통제 아래서 일할 때 "우리는 그가 하는 일에 대해서 존경을 표할지는 몰라도 그의 존재 자체에 대해서는 경멸하게 된다."[19]

스미스는 각 개인의 진취적인 정신에 대해서는 무한한 존경심을 나타낸 반면 "모든 것이 우리만을 위한 것이며 타인을 위한 것은 아무 것도 없다"라는 식으로 행동하는 권력가들을 경멸했다. 권력가들의 "비열하고 탐욕스런" 행동이 결과적으로는 다수의 이익에게도 보탬이 된다는 믿음은, 훔볼트가 강조한 고전적 자유주의 사상의 "주요 원칙"을 이해하는 데에 근본적으로 실패한 것과도 상당히 거리가 먼 일종의 신비주의에 불과할 뿐이다. 현대에도 이런 생각들이 살아 있는 것은 부자들의 이해관계에 의해 만들어진 추악하고 왜곡된 이미지일 뿐이다.[20]

개인의 특권과 권위에 헌신하는 중앙집권화된 국가와 야만적인 폭력 조직의 동원이야말로 유럽의 정복이 지닌 지속적인 두 가지 특징이었다. 내부적으로는 가난한 사람들이 부자에게 돈을 바치는 국내 식민화와 자유 및 민주주의에 대한 모욕 등이 나타났다. 여전히 지속되는 또 다른 특징으로는 자기-정당화된 약탈, 학살, 억압을 들 수 있다.

1840년 영국의 한 유명한 자유주의 인사는 옥스퍼드 대학 연설에서 벵골을 포함한 영국의 식민 계몽 정책을 찬양했다. "상업적 이익을 착취하기 위해 식민지를 억압했던 선조들과 달리 우리는 식민지 주민들이 영국의 지배 아래에서 많은 이익을 얻을 수 있도록 세금을 써 가면서 노력하고 있다"고 말했다. 1883년부터 1906년까지 이집트를 실질적으로 지배했던 그로머 경은 "우리는 폭력을 쓰지 않고 인격적으로 통치하고 있다"고 자랑한 적이 있다. 영국은 어떤 원시 종족으로부터도 호감과 신뢰를 얻을 수 있으며, 대단히 높은 능력을 지지고 있기 때문에 이런 결과가 가능하다는 것이다. 그로머 경과 절친했던 인도 총독 커존 경도 "대영제국에서 우리는 단순히 영광과 부뿐만 아니라 의무에 대한 부름, 즉 인류에 대한 봉사의 의무를 발견하게 된다"고 말했다. 초기 네덜란드 정복자들은 모든 국가의 무역상들이 네덜란드 동인도회사에 몰려들 것으로 확신했다. 왜냐하면 "네덜란드는 오랫동안 자유주의 전통으로 유명하기 때문"이란 것이다. 1629년 총독과 매사추세츠 만灣 회사 간의 봉인 서류는 인디언들이 "우리를 찾아와서 도와 달라"고 호소했다고 묘사하고 있다. 이런 기록들은 신성한 의지, 문명화에 대한 의무, 자비에 대한 호소 등으로 가득 차 있다.

말만 번듯한 부자들이 만약 앞에서 언급했던 것처럼 행동했더라면 아마 지금쯤 천국은 부자들로 가득 찼을지도 모를 일이다.[21]

물론 이런 말들이 전부 거짓말이었던 것은 아니다. 비록 소수이긴 하지만 자선을 베푼 사람들이 있었고, 이런 일화들은 일반 대중에게 널리 전파됐다. 1989년, 미국에서는 해외에 대한 미국의 원조가 연방 예산의 가장 큰 부분을 차지하고 있으며, 바로 이런 부담 때문에 미국이 세계 산업국가들 중에서 꼴찌로 추락하게 됐다고 믿는 사람이 전체 국민 중 절반이나 되는 것으로 나타났다. 그러나 실제 미국의 해외 원조금은 국민 총생산의 0.21퍼센트에 불과해서 추적하기도 힘들 만큼 보잘 것이 없다. 선생님 말씀을 잘 듣는 사람들이라면 아마 [국민총생산 중에서 해외 원조금] 다음으로 높은 항목이 자원봉사 어머니들을 위한 캐딜락 자동차 구입비 라고 해도 믿을지 모른다.[22]

피지배 민족은 그들의 [본국에 대한] 감사를 표하는 색다른 방법을 알고 있다. 현대 인도 민족주의자들에게 영국의 인도 총독과 가장 유사한 유럽 정치인을 꼽아 보라고 한다면 아마도 대다수는 "히틀러뿐"이라고 대답할 것이다. 영국의 통치 이데올로기는 "군주적 민족[나치스 용에], 지배 인종의 이데올로기였다. 권력자들은 말로는 근사하게 표현했지만 정작 행동으로 보여줬던 것은 바로 제국주의 이념이었다. 인도인들은 모욕과 당혹, 그리고 치욕스런 대우에 복종됐다"고 네루는 지적했다. 그는 1944년 영국 감옥에 수감됐을 당시 '지배자의 선의'를 이렇게 썼다.

영국의 산업가와 경제인들이 인도의 농부들에게 보여준 배려와 걱정에 대해 감사한다. 이렇게 본다면, 인도의 농부들은 어떤 전지전능한 권력이나 사악한 운명, 그리고 초자연적 존재가 영국 정부의 선의에도 불구하고 자신을 지구상

에서 가장 가난하고 비참한 존재로 만들었다고 생각하게 될 것이다.[23]

네루는 우리가 알고 있다시피 친영親英적 색채가 있었던 사람이기 때문에 그나마도 이렇게 말한 셈이다. 그러나 다른 인도인들은 네루만큼 점잖게 말하지 못했다. 하지만 총과 부로 무장한 서구 문명은 아무런 타격도 입지 않았다.

여기서 서구인들이 저지른 만행을 언급하지 않고 넘어간다면 너무나 공정하지 못할 것이다. 가장 악명 높은 학살자 중 한 사람은 벨기에의 레오폴드 국왕이었다. 그는 콩고에서 천만 명의 죽음을 초래한 장본인이다. 그러나 『브리태니커 백과사전』은 그의 만행을 "광활한 영토(콩고)를 약탈함으로써 엄청난 부를 획득했다"는 어정쩡한 말로 표현하고 있을 뿐이다. 그리고 "레오폴드 국왕은 먼 이국땅에서 자기 소유인 원주민들에 대해 난폭한 마음을 갖고 있었다"란 말로 끝을 맺었다. 50여 년 뒤 알프레드 코반은 『현대 프랑스사』란 저서에서 루이 16세가 서인도제도에서 프랑스의 이해관계를 보호하는 데 실패했다고 혹평했다. 그 이해관계란 곧 노예무역을 뜻한다. 코반은 노예무역에 대해 "도덕성은 논쟁의 대상이 아니다"라고 지적했다. 그리고 실제 논쟁의 대상이 되지 못했던 것이 사실이다.[24]

이와 비슷한 예들은 얼마든지 찾을 수 있다.

2. 쓰러지는 나무들과 인디언들

북아메리카의 영국 이주민들은 조상들이 닦아 놓은 길을 그대로 이어받았다. 식민화 초기부터 버지니아는 해적질과 약탈의 중심지이자 스페인 상선 급습 기지, 메인 해안가 프랑스 정착민들을 대상으로 한 약탈 기지 역할을 해냈다. 또한 자신들이 생존할 수 있도록 친절을 보여줬던 원주민들을 "악마 숭배자," "잔인한 야수" 등으로 부르면서 사냥개들을 풀어 그들을 사냥하고, 여자와 어린이들을 학살했으며, 농작물을 파괴하고, 병균이 붙어 있는 모포로 천연두를 퍼트렸으며, 아일랜드 약탈 과정에서 터득한 갖가지 방법들을 동원했다. 북아메리카의 해적들은 17세기 말 아라비아 해까지 진출했다. "당시 뉴욕은 해적들이 먼 바다에서 가지고 온 약탈물을 분배하는 일종의 도둑 시장이었다"라고 네이선 밀러는 쓰고 있다. 또한 "부패는 국가의 행정이라는 기계 바퀴를 돌리는 윤활유였다. 독직과 부패야말로 근대 미국 사회의 발전 및 정부와 사업이 하나로 연결된 복잡한 기계가 창조되는 데 있어 핵심적인 역할을 했다"는 것이다. 따라서 "워터게이트 사건 때 미국인들이 보여준 엄청난 충격은 이해하기 힘들다"라고 밀러는 꼬집었다.[25]

국가권력이 공고화되면 개인적인 차원에서 행해지는 폭력은 보다 조직화된 국가 형태 속으로 감춰지게 된다. 미국은 미국 시민들이 노예무역 때문에 외국 법정에서 재판 받는 것을 허용하지 않았다. 이런 조처는 때로 국가 간에 마찰을 빚기도 했다. 미국 노예 상선을 수색하려는 영국 해군의 시도는 좌절되기 일쑤였다. "미국 해군은 노예선을 수색해 본 적이 거의 없었다. 1850년대 노예선 대부분은 미국 국기를 달고 있었고, 실질적으로 미국 시민의 소유"였다. 무아마르 카다피[*4]에 대한 미국의 대응 역시 이와

4) [옮긴이] Muammar al-Qaddafi(1942~). 리비아의 국가원수이자 아랍권의 지도자. 1969년 무혈 쿠데타를 일으켜 친미 왕정을 전복시키고 집권했다. 집권 초기 리비아 내 미국과 프랑스 내 군사기지를 폐쇄하고 석유 시설을 국유화하는 등 강력한 반외세 정책을 추구했다. 1986년 레이건 대통령 시절 독일 내 미군 디스코텍 테러 사건의 배후 국가로 지목돼 트리폴리가 공습 당하는 위기를 겪기도 했다. 1988년 스코틀랜드 로커비 상공에서 발생한 팬암기 폭파 리비아 용의자들의 인도를 거부하며 국제사회에 맞서다가 1994년 4월 결국 제3국 재판을 조건으로 이들을 인도하는 데 동의했다.

유사하다. 1992년 카다피는 자신의 테러 행위에 대한 재판은 국제사법재판소나 제3국 중립국 법정에서 이뤄져야 한다고 주장했다. 그러나 미국 정부와 언론은 카다피의 이 같은 주장에 대해 비난을 퍼부었다. 그러나 실제 이유는 만약 카다피의 주장대로 재판이 독립적으로 이뤄진다면 미국이 영향력을 행사하기가 힘들기 때문이었다.[26]

강대국 간의 국제적인 갈등 과정 속에서 식민지들이 독립을 얻은 이후에도, 국가권력은 국내 산업을 보호하는 한편 무역을 조종하고 자원을 독점하며 주민들로부터 토지를 수탈하기 위해 동원됐다. 외교사가인 토머스 베일리는 1969년 "미국인들은 나무를 베어 넘어뜨리고 인디언을 무너뜨림으로써 자연적 국경을 완성하는 일에 몰두해 왔다"고 지적했다.[27]

베일리의 이 같은 지적은 당시 풍미하던 '정치적 올바름'의 시각에서 볼 때 당연한 것이었다. 그러나 이것은 보수주의자들의 분노를 일으키기도 했다. 17세기의 대표적인 인본주의자이자 근대 국제법의 기초자인 위고 그로티우스는 "가장 정당한 전쟁이란 야만적인 야수 또는 야수와 같은 사람들과의 전쟁"이라고 지적했다. 조지 워싱턴도 1783년에 "우리 정착지가 점점 넓어지면서 앞으로는 분명 야만인, 즉 늑대 같은 인디언들의 후퇴가 불가피해질 것"이라고 기록했다. 관료적인 수사修辭에 따라 '실용주의자'로 불리는 워싱턴은 (위협과 사기 행위 등을 통해) 인디언의 땅을 구입하는 것이 폭력을 통해 땅을 획득하는 것보다는 훨씬 비용이 적게 드는 효과적인 전략이라고 생각했다. 토머슨 제퍼슨[미국 제3대 대통령]은 존 애덤스[미국 제2대 대통령]에게 "국경 밖으로 후퇴하는 인디언들은 야만과 불행 속으로 빠져들게 될 것이며, 앞으로 전쟁을 통해 숫자가 더욱 줄어들 수밖에 없다. 우리는 그들을 숲 속에 사는 맹수들과 더불어 스코니 산맥 속으로 몰아넣게 될 것"이라고 예언했다. 또 이와 비슷한 일이 캐나다에서 일어날 것이며, 아프리카나 카리브에서도 흑인들이 고향으로부터 쫓겨나게 될 것으로 제퍼슨은 내다보았다. 제임스 먼로[미국 제5대 대통령] 역시 먼로독트린 발표 일 년 후 "인디언들이 자신의 땅에 대한 집착과 모든 편견으로부터 벗어나도록 도와 달라"고 촉구하면서 "인디언들은 서부로 이주하는 것이 곧 수혜를 입는 것"이라고 주장했다. 그러고는 인디언과의 마찰이 계속되자 결국 그들을 제 땅에서 추방하고 말았다. 당시 존 마셜 대법원장은 "아메리카 대륙 발견은 구매 또는 정복을 통해 인디언의 땅을 획득할 수 있는 독점권을 (백인에게) 부여했다. 정복자와 피정복자 간의 관계를 규정하는 법은 야만인인 인디언에 대해서도 똑같이 적용된다"는 판결을 내렸다.

확실히 식민지 이주민들은 자신의 생존이 농업과 "야만인"의 관대함에 달려 있다는 것을 잘 알고 있었던 듯하다. 그들은 일상생활 깊숙이 뿌리를 내린 "폭력 규범"에 익숙해 있었다. 로저 윌리엄스는 나라간세트-피쿼트 전쟁*5)에 대한 연구에서 이 전쟁이 "유럽에서 벌어졌던 다른 전쟁들에 비해 훨씬 덜 참혹했다"고 묘사하기도 했다. 존 언더힐은 인디언 투사들의 "유약한 자세"를 비웃으면서 "전쟁이란 표현 자체가 어울리지 않는다"라고 말했다. 그는 "너무나 많은 남자들(여자와 어린이들은 말할 것도 없고)이 마을에서 힘없이 학살당하고 저항"하는 것을 조롱하기도 했다. 앞서 언급했듯이 바로 이것이 세계 정복의 공통적인 특징이었던 것이다.

마셜 대법원장을 비롯한 동시대인들의 사고방식은 근대 학문 속에서 쉽게 찾아볼 수 있다. 저명한 학자인 크로버는 "아메리카 대륙 동부에

---

5) [옮긴이] Narragansett-Pequot wars. 미국 동부 로드아일랜드 주와 코네티컷 주 지역에 거주했던 인디언 부족인 나라간세트 족과 피쿼트 족이 17세기 후반 백인 정착민들과 벌인 일련의 전쟁들을 가리킨다. 나라간세트 족의 경우 1675년 로드아일랜드 킹스턴 전쟁에서 대패, 주민 천여 명이 사망하는 엄청난 피해를 입었다.

거주하는 인디언들이 일으킨 일종의 미친 전쟁은 우리의 관점에서 볼 때 납득하기 어려운 것"이라며 "(식민지) 규범에서 벗어나려는 집단은 가차 없이 조기에 멸종되고 만다"고 지적했다. 물론 인디언들은 결코 평화주의 자들이 아니었다. 그러나 그들은 유럽 정복자들이 유럽 땅에서 쌓은 '전면 전' 기술, 즉 진정한 야만을 배워야만 했다.[28]

존경받는 정치인들도 비슷한 가치관을 갖고 있었다. 1991년 걸프전의 학살 기간에 조지 부시 대통령어 내세웠던 이른바 "정당한 임무"란 개념을 신나게 떠든 사람들은 바로 자유주의적 논평가들이었다. 바로 이런 사람 들의 영웅이었던 시어도어 루스벨트 대통령은 "가장 정당한 전쟁은 야만 인들과의 전쟁"이라고 하며 "세계적으로 우월한 인종"[백인종]의 통치 확 립을 추구했다. 1864년 콜로라도에서 발생한 샌드 크리크 대학살*[6] 당시 미군이 드러낸 야만성은 나치와 버금갈 정도였지만 당시에는 "국경 지역 에서 발생한 정당하고도 유익한 행동"으로 인식됐다. 당대 사람들에 의해 "고매한 정신의 선교자"로 불렸던 루스벨트의 '야만인'에 대한 인식은 인 디언에만 국한되지 않았다. 이 범주에는 남부의 "다고스 dagos"[스페인계 주민들을 비하하는 말]뿐만 아니라 미국의 필리핀 정복에 저항하고 있던 "말레이 폭도들," "중국 혼혈인" 등이 모두 포함됐다.

윈스턴 처칠은 개인적으로 "비문명화된 종족들"(쿠르드와 아프가니스 탄 등)에 대해 독가스를 사용하는 데에 긍정적인 생각을 갖고 있었다. 1932 년 군축 조약에 따르면 민간인에 대한 폭력은 금지되어 있었다. 그러나 당시 영국인의 존경을 받고 있던 로이드 조지 총리는 "깜둥이를 폭격할

---

6) [옮긴이] 1864년 11월 29일 콜로라도 주 남동부 샌드 크리크 Sand Creek에서 발생한 샤이언 인디언 학살 사건. 존 치빙턴 대령의 지휘 아래 콜로라도 의용병 천2백여 명이 이미 무장 해제한 샤이언 인디언 캠프를 기습 공격해 4백여 명을 무차별 학살했다.

권리"를 주장했다. 인디언 전쟁의 상징들은 인도차이나 전쟁을 통해서도 그대로 이어졌다. 그리고 우리는 1991년에도 이런 인식이 여전히 유효하며, 그리 멀지 않은 미래에도 또다시 나타날지 모른다는 점을 경험을 통해 인식하고 있다.[29]

미국의 독특한 잠재력은 건국 초기부터 뚜렷이 나타났다. 미국은 기존 질서의 수호자에 대해서는 전혀 관심이 없었다. 러시아의 황제와 각국 외교관들은 '미국 독립'이란 혁명 원칙이 먼 유럽에까지 전염될까봐 걱정했으며, 이미 북아메리카 한 지역에 뿌리를 내린 공화주의와 민중 자치라는 "사악한 원칙"에 대해 우려를 표명했다. 메테르니히 오스트리아 총리는 "사악한 이념들과 유해한 선례의 홍수"를 경고하기도 했다. 이런 것들이 난동꾼들에게 새로운 힘을 줄지도 모르며, 만약 이 홍수를 막지 못한다면 "우리의 종교 제도와 정부의 도덕적 힘, 유럽을 완전한 해체로부터 구해 냈던 보수 체제"의 붕괴를 초래할지도 모른다고 생각했던 것이다. 이 말 그대로라면, "난동꾼"의 후예들이 역할을 바꿔 20세기 중반 보수 체제의 지도력을 차지하게 되면서 부패가 널리 퍼졌는지도 모를 일이다.[30]

새로운 사상과 사례들은 비록 단점을 갖고 있기는 했지만 자유와 정의를 위한 부단한 싸움을 통해 극적인 진보를 이룩해 냈다. 사실 당대의 이른바 '현자賢者'들이 이런 사상의 확산을 우려했던 것은 정확한 판단이었다. 그러나 18세기 이 사상을 지지했던 사람들은 난동꾼들이 아니었다. 오히려 그것은 오래된 귀족, 보다 훗날에 기업가 계급 등으로 하여금 이른바 "엘리트에 의해 좌우되는 정치적 민주주의"란 인식을 갖게 만드는 역할을 했던 것이다(리처드 모리스). 모리스가 지적했듯이 "하나의 강력하고 책임 있는 리더십이 지배권을 손에 넣게 된 것"이다. 그러므로 메테르니히나 차르가 가장 우려했던 점은 신속하게 무마된 셈이다. 미국의 전직 혁명가들 역시 야망을 갖고 있었다. 그들은 국경 지역에서 살고 있는 '유해한 존재들'을 두려워했다. 존 퀸시 애덤스는 "무법자 인디언과 깜둥이 무리들의 위협을 제거하기 위해 플로리다를 정복했다"고 기록했으며 도망간 노예, 정복자와 압제자로부터 자유를 되찾은 토착민들을 나쁜 사례들로 지적했다. 토머스 제퍼슨과 그의 동료들은 예일 대학 총장의 표현대로 "캐나다 마귀"들이 인디언들을 지원하는 것을 막기 위해 캐나다 정벌을 동의하기도 했다. 국경선이 북쪽과 남쪽으로 확대되면서 영국의 방해도 적지 않았다. 그러나 서부 합병은 냉혹하게 진행됐으며, 이 과정에서 토착민들은 파괴되고 사기당하며 추방됐다.[31]

"나무를 베어 쓰러뜨리는 임무와 자연 경계[국경선]를 넓혀 나가는 임무"를 수행하기 위해선 외부로부터의 간섭을 없애야 했다. 미국의 첫 번째 적은 바로 영국이었다. 영국은 강력한 방해물인 동시에 격렬한 증오의 표적이기도 했다. 미국의 독립 전쟁 그 자체는 국제적 갈등과 뒤얽힌 격렬한 내란이었다. 그러나 원주민과 관련해서는 백 년 뒤의 남북전쟁과 그 성격이 크게 다르지 않았다. 독립 전쟁의 와중에서 원주민들은 정복자의 보복에서 벗어나기 위해 대탈주를 감행했다. 미국과 영국의 갈등은 1812년 전쟁을 포함해 지속됐다. 1837년 몇몇 미국인들이 캐나다에서 반란자들을 지원한 사실이 밝혀지자 영국군은 국경선을 침범해 미국 국적인 캐롤라인 호에 불을 질렀다. 이 사건에서 당시 미국 국무장관이었던 대니얼 웹스터는 현대 국제법의 기초가 되는 결정을 내렸다. 즉 "독립국가 영토의 신성 불가침성에 대한 존중은 문명의 기초이다"라고 웹스터는 선언하면서 무력은 자기 방어를 위해서만 사용되거나, "다른 대안의 수단이 없을 경우에만 사용해야 한다"고 주장했다. 이 선언은 뉘른베르크 재판에서 나치주의자들이 "노르웨이 침공은 연합군의 기선을 제압하기 위한 것으로 정당한 조치였다"고 주장하고 나서면서 다시 한 번 관심을 끌게 됐다. 여기에서도 알 수 있듯이 미국이 1837년 이후 이 원칙을 어떤 식으로 지켜왔는지에 대해서는 더 이상 설명이 필요 없을 것이다.[32]

미국과 영국의 갈등은 실질적인 이해관계 때문이었다. 미국은 아메리카 대륙과 카리브 해에서 세력을 확장하겠다는 욕망이 있었고, 당시 세계 최강국이었던 영국은 바다 건너 망나니[미국]가 자국의 부와 권력을 위협하고 있다고 생각했다.

영국 내에서도 미국 독립의 이유에 대한 상당한 동정론이 있었던 것이 사실이다. 그러나 새로운 독립국가, 미국의 지도자들은 마음속에 다른 그림을 갖고 있었다. 제퍼슨은 1816년 먼로에게 보내는 편지에서 "대영제국은 이 세상에서 우리를 가장 미워하고 경멸한다"고 적었다. 미국인들도 "지구상의 다른 어떤 나라보다 영국을 증오할 많은 이유가 있다"는 것이다. 존 애덤스에게 보낸 편지에서는 영국이 미국의 적일 뿐만 아니라 "인류의 진정한 적"이라고 적고 있다. 애덤스는 답신에서 "영국인들은 요람에서부터 우리를 경멸하고 멸시하며 괴롭히도록 교육받는다. 영국인들은 우리가 그들의 주인이 되기 전에는 결코 우리와 친구가 될 수 없다"고 썼다. 제퍼슨은 1785년 애비게일 애덤스에게 보낸 편지에서는 "영국인들이 먹는 동물 사료 같은 음식을 생각해볼 때 나는 그들이 반드시 개혁을 이뤄야 할 분야는 교회가 아니라 바로 부엌이라고 생각한다"고 비꼬았다. 십 년 뒤 그는 "프랑스군이 대영제국을 해방시켜 품성과 요리를 개선시켜주기를 바란다"고 적기도 했다.[33]

이런 혐오감은 상호적인 것이었다. 1865년 한 진보적인 영국 신사는 미국 연구를 위해 케임브리지 대학에 자비로 강사를 초빙하겠다고 나선 적이 있었다. 2년마다 하버드 대학에서 미국 교수를 초빙해 오겠다는 계획이었다. 그러나 케임브리지 학장들은 지극히 문학적인 표현을 동원해 "대서양 건너의 암흑이 2년마다 한 번씩 번쩍이는 것"을 반대했다. 물론 몇몇은 이런 우려가 너무 과장됐다고 생각했다. 개중에는 "미국에서 온 교수들이 영국 체류 동안 결국은 민주주의의 엄청난 폐해를 절감하게 될 것"을 인정한다면 강사직 설치 제안을 받아들이겠다는 태도를 보였다. 그러나 대다수는 이 강의가 아무런 방어력이 없는 학생들에게 불만과 위험스런 사상을 확산시킬 위험이 있다는 반응을 보였다. 이런 위협 의식은 20세기에까지 지속됐으며 이른바 '정치적 올바름'이 등장하면서 겨우 사라지게 된다.[34]

앤드루 잭슨[미국 제7대 대통령(1829~1837)]이 이끄는 민주파들은 영국의 군사력이 미국보다 강하다는 점을 인정하고, 목화의 세계 독점권을 확보하기 위해선 텍사스*[7] 합병이 필수적이란 주장을 펼쳤다. 그렇게만 된다면 미국은 영국을 마비시킬 수 있으며 유럽을 위협할 수도 있다는 계산이었다. 존 타일러[미국 제10대 대통령(1841~1845)]는 멕시코 영토의 3분의 1에 달하는 땅을 정복, 합병한 의미를 평가하면서 "목화에 대한 실질적인 독점권을 확보함으로써 미국은 수많은 군대를 통해 얻을 수 있는 것보다도 훨씬 많은 세계적 영향력을 갖게 됐다"고 말했다. "목화의 독점은 전 세계 모든 국가들을 우리 발밑에 두게 만들었다. 한 해만 엠바고embargo를 시행해도 유럽에 50년 전쟁보다 더 큰 고통을 안겨 줄 수 있는 것이다. 나는 과연 영국이 변화를 피할 수 있을는지 의심스럽다"고 그는 적었다. 이 같은 독점권은 오레곤 지역 정복에 대한 영국의 반대를 무력화하는 데

---

7) [옮긴이] 원래 인디언들이 살았으나 1528년부터 스페인 탐험대들이 진출해 1718년경에는 본격적으로 정착지를 건설하기 시작했다. 1821년 스페인에서 독립한 멕시코가 텍사스 지역을 지배하는 데 불만을 품은 미국 정착민들과 멕시코계 주민들이 1836년 독립을 선포했다. 텍사스 공화국은 자립 국가로 성장하기 위해서 십여 년간 고군분투했으나 결국 1845년 미국의 28번째 주로 합병됐다.

힘을 발휘했다.

당시 미국 최대 발행 부수를 자랑하던 『뉴욕 헤럴드』의 편집자는 영국이 미국의 "목면 밧줄에 완전히 꽁꽁 묶였다"며 승리를 과시했다. 세계에서 가장 중요한 물품이었던 목화를 독점함으로써 미국은 "세계무역을 조정할 수 있었으며, 미국은 엄청난 상업적, 정치적 이익을 갖게 됐다"고 폴크[미국의 제11대 대통령(1845~1849)] 행정부 관리는 자랑했다. 또 루이지애나의 한 의원은 "50년 내에 우리는 인류의 운명을 손에 쥐게 될 것"이라고 내다보았다. 그와 그의 동료들은 유럽인들에게 필수적인 자원들에 대한 통제를 촉구하기도 했다.

당대 최고 시인이었던 월트 휘트먼은 "우리의 정복은 인간이 행복하고 선해질 수 있는 기회를 방해했던 모든 수갑들을 풀어 버리는 것"이라고 썼다. 멕시코 영토는 '인류의 선'을 위해 미국에 양도돼야 한다는 것이다. "비참하고 쓸모없는 멕시코가 신세계의 고상한 민족을 위해 할 수 있는 위대한 임무는 무엇인가?"라고 휘트먼은 토로하기도 했다. 물론 일부의 사람들은 멕시코의 '저능한 사람'들로부터 땅을 빼앗아 오는 데에 양심의 가책을 느끼기도 했고, 멕시코 정복 과정에서 '인종의 혼합'이란 새로운 부담이 초래될 가능성이 있다는 점을 우려하기도 했다. 당시 뉴욕의 언론들은 "멕시코 인들은 이 땅의 인디언과 마찬가지의 운명에 빠질 것이며 백 년도 채 못 돼 멸족될 것"이라고 내다보았다. 1829년 멕시코 담당 장관이었던 조엘 포인세트(훗날 전쟁장관)는 체로키 인디언을 죽음으로 이끈 장본인이었다. 그는 멕시코 영토의 일부를 합병할 당시 "미국이 유례없는 확대일로에 있는 것은 다른 어떤 민족보다도 미국인이 지적, 도덕적으로 높은 수준에 있으며 교육을 잘 받았기 때문"이라고 자화자찬을 했다.

영토 확대주의자들이 텍사스의 독립을 우려했던 것은 단지 경제적 이유 때문만은 아니다. 물론 만약 텍사스가 독립한다면 풍부한 천연자원을 근거로 미국의 경쟁자로 부상할 수 있는 가능성이 있었다. 그러나 가장 큰 이유는 텍사스가 독립 후 노예제도 폐지를 통해 평등주의라는 위험한 불꽃을 미국 전역에 퍼트릴 위험이 있다는 점이었다. 앤드루 잭슨은 인디언과 도망간 흑인 노예들이 합세해 독립 텍사스를 건설할 경우 "전 서부를 불구덩이 속에 던져 넣기 위한" 영국의 속셈과도 맞아떨어질 것으로 우려했다. 영국인들이 다시 한 번 미국의 평화로운 주민들을 "야만적인 전쟁" 속으로 몰아넣기 위해 "무법적인 인디언과 깜둥이"들을 이용할 수도 있다고 본 것이다. 1827년 포인세트는 워싱턴에 제출한 보고서에서 백인과의 '혼혈'인 체로키 인디언 족장 리처드 필즈와 '악명 높은' 존 헌터란 인물이 텍사스에서 "백인과 인디언의 결속"을 부르짖으며 "적백赤白 깃발을 휘두르고 있다"고 지적했다. 존 헌터는 인디언들이 키운 백인 남자였는데, 인디언의 학살을 막기 위해 서부로 돌아왔다. 영국도 이 두 사람이 건설한 이른바 '프레도니아 공화국'에 관심을 갖기 시작했다. 인근 백인 식민지의 지휘자인 스티븐 오스틴은 헌터에게 공화국 건설 계획은 어리석은 것이며, 만약 공화국이 건설될 때에는 멕시코와 미국이 손을 맞잡고 "대단히 위험하고 골칫덩어리인 이웃을 전멸시켜 버릴 것"이라고 위협했다. 즉 정부는 (현대식으로 표현하자면) 인종 학살 정책을 추진, 자유로운 인디언-백인 사회의 '광기'를 끝내 버리고 말 것이란 이야기다. 오스틴은 결국 자신의 식민지에서 '숲의 원주민'들을 쓸어내 버렸고, 헌터와 필즈는 암살당하고 말았다.[35]

미국의 텍사스 합병 논리는 사담 후세인의 쿠웨이트 공격 이후 미국 정부가 펼쳤던 선전과 근본적으로 비슷하다. 그러나 이런 비교는 너무 지나치면 오히려 해가 되는 법이다. 19세기 선각자들과 달리 후세인은 이라크 내 노예가 인근 독립국가의 사주를 받을까봐 두려워하지도 않았거니와, '우둔한 주민'들의 몰살을 공개적으로 요구하지도 않았다. 게다가 "고상한 이라크 민족이 중동 전체를 지배하는 것이야말로 위대한 임무이며, 인류의 운명은 정복자의 손에 달려 있다"는 안하무인의 발언을 했다는 증거도 없다. 또한 후세인이 석유에 대해 잠정적으로 독점권을 가졌던 것은 1840년대 미국의 팽창주의자들이 주요 자원들을 독점했던 것과는 비교조차 될 수 없다. 당대의 지식인들이 도취해 찬양했던 그 역사 속에는 이처럼 수없이 많은 재미있는 교훈들이 숨어 있다.

3. 자비慈悲의 소나기

19세기 중반의 정복 이후 뉴욕의 언론인들은 "미국이야말로 무력으로 남의 땅을 빼앗으려 하지 않는 지구상의 유일한 강대국"이라고 떠들어 댔다. "오늘날 성조기의 깃발이 휘날리는 광활한 연방 영토 중 단 한 걸음도 무력이나 피로 획득한 곳은 없다"는 것이다. 그러나 인디언들이 이런 자랑에 과연 동의하는지에 대해서는 아무런 관심이 없었다. 미국은 "그 자체의 장점으로 인해 세력을 넓혀 나가는 독특한 나라"이며, "다른 모든 인종들은 앵글로색슨 족이 무력 없이 이룩한 정복의 업적 앞에 허리 숙여 절하고 마땅히 사라져 버려야 한다"는 지적이었다. 당대의 저명한 역사학자들 역시 이런 입에 발린 위선을 받아들였다. 새뮤얼 플래그 비미스는 1965년 "미국은 실질적으로 텅 빈 아메리카 대륙을 가로질러 확대됐으며 어떤 나라도 부당하게 약탈하지 않았다"고 말했다. 인디언이 나무처럼 쓰러져 버린 것에 대해서는 아무도 관심을 두지 않았다. 역사학자 아서 슐레진저는 폴크 대통령이 "미국 역사 속에서 부당하게도 잊혀져 버린 인물 중 하나"라고 지적했다. "태평양에 성조기를 꽂음으로써 그는 미국으로 하여금 대륙적 위용을 갖추도록 만들었고 미래의 세계 속에서 차지하게 될 중요한 위치를 확립시켰다"고 슐레진저는 현실적인 평가를 내리고 있다.36)

이런 사고방식은 1960년대 문화 각성기에는 쉽게 드러나지 않았다. 그러나 지성계 한편에서는 "지난 2백 년간 미국이 계몽주의의 기본 이념을 거의 오점 없이 유지했다"고 늘 자화자찬했다(마이클 하워드). 1967년 저명한 역사학자 리처드 모리스는 "미국의 동기와 군사적 의도가 불신을 받아 왔다"고 지적하면서, 특히 미국이 내부적 혼란과 외국의 공세에 시달리고 있는 베트남을 구원하려는 숭고한 의도를 갖고 있음에도 불구하고 제대로 이해받지 못하고 있다고 말했다. 『뉴욕타임스』의 리처드 번스타인 기자는 1992년 「미국의 자기 이미지」란 글에서 "1960년대 저항기 동안 성장한 미국인들은 그 이전 세대가 지녔던 미국의 선에 대한 신념을 회복하지 못했다"고 쓰고 있다.37)

초기 영토 정복 과정에서 확립된 미국 정치의 기본 방식은 아직도 남아 있다. 과테말라 군부가 주민들을 학살할 때도 로널드 레이건 대통령과 그의 행정부는 군부 학살자들을 민주주의자로 찬양했으며, 1982년 쿠데타로 살인자 리오스 몬트가 지도자의 자리에 앉은 뒤에도 "인권 상황을 개선하기 위해 무기를 공급했다"고 의회에 보고했다. 미국이 과테말라에 군 장비를 판매한 것은 통상부의 허가를 받은 합법적 거래였다. 레이건주의자들은 모잠비크에서 앙골라에 이르기까지 살인과 공포를 유지하는 데 탁월한 재주가 있었다. 그러나 한편으로는 남아프리카공화국 등 아프리카에서 "조용한 외교"를 펼쳐 좌파-자유 진영으로부터 좋은 평가를 얻기도 했다. 1980년대를 통틀어 자본주의의 전면적인 파국 현상이 가장 치명적이었던 곳은 바로 아프리카와 라틴아메리카였다.[38]

과테말라의 잔인한 살인자 헥토르 그라마호*[8] 장군은 고산지대에서 학살을 자행한 공로로 하버드 대학의 존 케네디 행정대학원에서 장학금을 받기도 했다. 과거 미국을 두려워했던 영국의 케임브리지 학장들이 하버드가 사실상 더 이상 위험스런 전복적 사상의 온상이 아니란 사실을 알게 되면 환호성을 지를지도 모를 일이다.

하버드에 머물고 있는 동안 그라마호는 『하버드 인터내셔널 리뷰』와의 인터뷰에서 자신의 역할에 대해 미묘한 입장을 드러냈다. 그는 자신이 지금처럼 명예를 얻을 수 있게 된 것은 "순전히 지난 1980년 과테말라 정부가 반정부적인 시민 단체들을 통제하기 위해 도입했던 민정 프로그램 덕분에 가능했다"고 털어놓았다. 그리고 자신의 '사상적 개혁'에 대해 "우리는 민주 체제와 보다 조화를 이룰 수 있는 보다 인도적이면서도 비용이 덜 들어가는 전략을 만들어 냈다. 우리는 1982년 민정국을 만들어 인구의 70퍼센트를 위한 발전을 추진했다. 반면 나머지 30퍼센트는 없애 버렸다. 반대자들을 통제하기 위한 방법으로 몽땅 죽였던 이전 정책과 비교하면 훨씬 세련된 통치 전략이다"라는 궤변을 늘어놓았다.

그러나 언론인 앨런 네어른은 중앙아메리카 살인 부대가 사실은 미국에서 비롯된 것이라고 폭로하면서 그라마호를 "서반구에서 가장 끔찍한 학살자 가운데 한 사람"으로 규정했다. 우리는 여기에서 중앙정보국 전 국장인 윌리엄 콜비가 그라마호에게 자신의 자서전을 보내면서 왜 첫 장에

---

8) [옮긴이] Héctor Gramajo. 1970~1980년대 과테말라 군부독재 정권에서 공산 게릴라 축출을 이유로 원주민들에 대한 대량 학살을 주도했다. 특히 1982년 리오네그로에서 수백 명의 여자와 어린이들을 강간, 살해한 사건은 라틴아메리카 인권사에 최악의 기록 중 하나로 남아 있다.

"관대함과 민주주의 속에서 게릴라 활동 전략을 발견하고자 노력했던 동료에게"라고 적었는지 알게 된다.

그라마호의 인본주의, 관대함, 그리고 민주주의에 대한 이해 자세를 보건대, 1995년 선거에서 미 국무부가 그를 지도자감으로 선정한 것은 별로 놀랄 만한 일도 아니다. 과테말라의 『센트럴 아메리카 리포트』는 미국 인권 감시 단체인 <아메리카 워치>의 보고서를 인용하면서 "미국무부가 하버드 장학금으로 그라마호를 후원하고 있다"면서 그라마호를 "미국의 중앙아메리카 하수인"으로 규정했다. 과테말라 군부가 수만 명에 이르는 민간인을 학살했다는 비판을 받던 1980년 초, 현지 미 대사관은 본국에 보낸 문서에서 당시 부사령관이었던 그라마호를 온건주의자로 보고했다고 『로스앤젤레스타임스』의 케네스 프리드 기자는 보도했다. 『워싱턴포스트』는 대다수 과테말라 정치인들은 그라마호가 미국의 하수인인 만큼 당연히 이길 것으로 내다보고 있다고 전했다. 이에 따라 그라마호의 이미지도 점차 미화되기 시작한다. 그는 『워싱턴포스트』와의 인터뷰에서 이른바 70대30 프로그램에 관해, "정부의 노력 중 70퍼센트를 발전에 기울고 나머지 30퍼센트는 전쟁 준비에 투입하겠다는 것이지 사람들에 관한 말이 아니다"라고 발뺌했다. 그는 하버드 대학의 후원이 자신의 이미지를 긍정적으로 바꾸는 데 효과를 나타내기 전에 다시 한 번 솔직하게 본 모습을 털어놓은 셈이 됐다.[39]

전 세계의 지도자들이 선진7개국 회담에서 아프리카, 라틴아메리카 등 이른바 힘없는 나라들을 포기한 것은 새삼스런 일도 아니다. 국제 외교는 아프리카와 라틴아메리카를 동일한 관점에서 인식해 왔다. 즉 라틴아메리카의 역할은 자연 자원과 사업, 투자 환경을 제공하는 것이다. 만약 사업적 이해관계를 보호해 주겠다는 전제조건 아래서 선거를 통해 민주주의를 이룩할 수만 있다면 더 바랄 나위가 없다. 그러나 "다수의 정치 참여를 배제함으로써 사회경제적 기존 특권에 대한 위협을 영원히 말살하는" 국가 공포를 요구한다면 그것 역시 좋은 일은 아니다. 그러나 자주 독립보다는 차라리 독재가 낫다는 인식이 존재하고 있다고 라스 슐츠는 지적했다. 그는 케네디 행정부의 정책에 바탕을 둔 미국 국가안보국의 목표는 바로 위와 같은 것이었다고 보았다. 국무부 정책 계획 담당 국장이었던 조지 케넌은 2차 대전 후 새로운 세계 질서 속에서 아프리카의 특별한 역할을 언급하면서 "아프리카는 유럽의 재건을 위해 착취될 수밖에 없다" 는 입장을 드러냈다. 이를 통해 유럽인들은 2차 대전 후 궁핍한 생활 속에서 절실하게 필요로 했던 정신적 고양을 얻을 수 있다는 이야기다. 이런 언급들이 논쟁의 여지조차 없이 당연하게 받아들여졌던 것이 사실이다.[40]

바스코 다가마 시대에 자행됐던 인종 학살은 결코 남반구의 정복지에 한정된 것이 아니었다. 50여 년 전 서구 문명의 주요 중심지의 착취 역시 이와 비슷했기 때문이다. 이 시기에 북부 핵심 사회들 간에는 야만적인 갈등이 빚어졌으며 특히 20세기에는 그 한계를 훨씬 벗어나 갈등 양상이 확산됐다. 대다수 사람들에게 이런 갈등은 마약 거래꾼이나 마피아 간의 총격전과 비슷하다. 단지 문제는 누가 강탈하고 죽일 권리를 얻느냐 하는 것이다. 2차 대전 시기에 미국은 특권을 다지면서 세계의 패자霸者로 부상했다. 이와 함께 폭력과 국제적 테러리즘, 학살, 고문, 화학전, 세균전, 인권 탄압 등 상상할 수 있는 모든 기록들을 쌓아 나갔다. 이것은 놀라운 일이 아니다. 그리고 이런 사실들은 소련 인민위원들의 울화를 치밀어 오르게 만들었다.

어떤 사람들은 여기에 새로운 것은 없다고 말할지도 모른다. 성서 시대부터 원하지 않는 메시지를 가진 사람들을 위해 양탄자를 깔아 준 적은 거의 없었다. 이른바 '신뢰할 수 있는 인물'들이 결국은 입 발린 소리나 하는 가짜 예언자로 드러난 적도 많다. 1552년 '인도 제국의 파멸'을 목격했던 라스카사스의 기록은 아직도 이론적으로 유효하다. 1880년 헬렌 잭슨은 『불명예의 세기』라는 놀랄 만한 저작에서 "무너진 신념, 더 이상 효력을 상실한 조약, 비인간적인 폭력행위 등이 서글프게 드러남에 따라 조국을 사랑하는 사람들의 뺨이 수치심으로 붉어진다"고 지적했다. 그러나 실제 수치심을 느낀 사람은 거의 없었다. 1964년 이 책이 재발간(2천 부 한정판)됐을 때도 마찬가지였다. 가장 활발하게 재평가 받은 사람은 바로 노예제 폐지론자들이었다. 마크 트웨인은 "노예제 폐지론자들은 이른바 애국자들에 의해 비판받고 따돌림을 받았다," "죽은 사람을 제외하고는 아무도 진실을 말하지 못한다"라고 썼다. 트웨인이 쓴 반제국주의적인 내용의 에세이들은 오늘날까지도 거의 알려져 있지 않다. 이런 에세이들은 1992년에야 처음으로 책으로 묶여져 출판됐다. 이 책의 편집자는 반제국주의 연맹에서 마크 트웨인이 맡았던 중요한 역할, 그가 말년 십 년 동안 가장 심혈을 기울였던 반제국주의에 대해 언급하면서 이 부분이 "아직도 제대로 조명 받지 못하고 있다"고 지적했다. 1989년 11월 미국에서 훈련받은 아트라카틀 여단에 의해 6명의 예수회 신부들이 살해당한 사건은 엄청난 분노를 자아냈다. 존 해셋과 휴 제이시는 "신부들은 살해당했다. 이유는 그들이 가난한 자들과의 연대성을 표현함에 있어 **지식인, 조사자, 작가, 교사**로 활동했기 때문이다"라고 지적했다. 죽음보다도 더 확실한 제거 방법은 없는 법이다.

　　라스카사스 같은 인물이 미국의 근본적인 선善을 다시 생각해 보도록 하는 계기를 주는 것도 사실이다. 런던의 『이코노미스트』는 "초기 라틴아메리카에서 일어난 인종적 파국은 인간의 사악함보다는 인류의 결점, 어떤 운명에 의해 야기됐다"고 지적했다. 여기서 가장 중요한 것은 정복자는 스스로 피정복자들에게 '신성한 질서'를 부여한다고 생각하면서 살해, 고문, 노예화 등을 저질렀다는 점이다. 콜럼버스는 "인디언에게 해를 끼칠 생각이 전혀 없으며 다만 보살펴 주고 싶을 뿐"이라고 말한 적이 있다. 콜럼버스의 이처럼 다정한 우려와 스페인 제국의 정의를 향한 열정만큼이나 서구 문화의 숭고함을 입증하는 또 다른 예를 찾을 수 있을까?

당대 최고의 연대기 작가였던 라스카사스는 유서에서 어떤 말을 했을까? "신은 이 모든 범죄적이며 사악하고 수치스런 신념을 압제적이고도 야만적으로 영속화한 스페인에 대해 분노를 터트리고 말 것이다. 스페인은 파괴와 학살로 벌어들인 피에 젖은 재산을 나눠 가졌기 때문이다."[41]

부자이면서 권력까지 가진 자들의 가장 큰 이점은 바로 '미안하다'는 말을 할 필요가 없다는 것이다. 그러나 이 5백 년 끝자락에서 도덕적, 문화적 도전이 일어나게 된다.

2장
세계의 질서를 만들다

NOAM CHOMSKY

1. 남-북 관계의 논리

미국 식민지 정착민들의 가장 큰 목적은 "자연 경계[국경]를 넓게 하는" 것이었다. 그리고 실제 미국 국경은 19세기 말경 태평양 인근까지 이르게 된다. 그러나 남쪽 국경선은 외부의 공격으로부터 방어할 필요가 있었다. 남쪽 땅의 일부분이라도 분리 독립의 길로 가지 못하게 막기 위해서는 혼신의 노력을 기울일 필요가 있었다. 모든 영토는 국가자본주의 산업사회에 의해 지배되는 세계경제에 완전 통합돼야만 하는 것이다.

남반구는 북반구를 위한 일종의 봉사 기능을 부여받았다. 이것은 자원, 싼 노동력, 시장, 투자 기회, 그리고 좀 더 훗날에는 공해 수출지로서의 역할을 의미한다. 지난 50여 년 동안 미국은 '풍요로운 국가들'의 이익을 보호하기 위한 책임을 도맡아 왔다. 풍요로운 국가들이란 나머지 국가들보다 우월한 힘을 가진 국가, 자신의 주거지에 평화롭게 거주하는 부자 나라를 가리킨다.

그러므로 미국의 이익은 세계적인 맥락 속에서 고려된다. 미국의 이익에 대한 가장 큰 위협은 "민중의 낮은 생활수준을 즉각 개선하고 국내적 발전"을 촉구하는 "급진적이고 민족적인 정권"이다. 이런 정권은 "개인적 투자를 촉진하는 정치, 경제 환경에 대한 요구, 이윤의 적절한 회수, 우리의 자원 보호" 등과 갈등을 빚게 마련이다(조지 케넌). 바로 이런 점 때문에 1948년 국무부 정책 계획 국장은 다음과 같이 말했다. "만약 현재와 같은 불균형한 부의 분배 형태를 그대로 지키고자 한다면 이제는 더 이상 인권, 생활수준 향상 등 비현실적인 애매모호한 목표와 이타주의, 세계 자선 등 이상적인 슬로건에 대해 이야기할 것이 아니라 보다 직접적인 권력 개념에 관심을 기울여야 한다."

미국의 반민주적인 제3세계 정책, 즉 다수의 정치 참여를 막기 위해 정기적으로 테러에 의존해 왔던 정책도 이해할 만하다. 이것은 냉전과는 별개로 미국 외교정책의 주요한 특징이기도 하다. 지난 십여 년간 미국은 한편으로는 야만적이고 파괴적인 정책들을 수행하면서도 또 다른 한편에 서는 인권과 민주주의를 전 세계에 확립했다는 칭송을 받아 왔다.

이와 같은 외교정책의 특징은 국내의 '당혹스런 무리'들을 길들이기 위한 정책에서도 비슷하게 나타났다.[1]

앞서 언급했듯이 '자유무역'이란 알고 보면 경쟁에서 승리한 자들의 주장에 지나지 않는다. 1940년대 중반 미국의 지배력은 유례없이 확고한 수준에 이르렀다. 이에 따라 경제 자유주의의 미덕과 국내 기업을 위한 막대한 기업 보조금 확대 촉구가 강력하게 부각된다. 여기서 단 하나의 문제는 어떻게 하면 후진국이 미국의 이익을 위해 봉사하면서도 감사하는 마음을 갖도록 만드느냐 하는 것이었다.

1945년 2월 멕시코시티의 차풀테펙 회담에서 미국은, 모든 형태의 경제적 민족주의를 타파하기 위한 이른바 '미주경제헌장'을 촉구했다. 그러나 미국의 이런 정책은 라틴아메리카 국가들과 날카로운 갈등을 일으켰다. 당시 한 국무부 관리는 라틴아메리카 경제정책에 대해 "부의 보다 폭넓은 재분배와 대중 생활수준의 향상을 추구하는 정책들을 포괄한 새로운 민족주의 사상"이라고 평가했다. 국무부 정치 보좌관 로렌스 더간은 "경제 민족주의는 산업화를 위한 새로운 열망의 공통적 특징이다"라며, "라틴아메리카 입장에서는 자원의 개발로 인해 첫 번째 이익을 얻는 사람은 라틴아메리카 사람이어야 한다고 확신하고 있다"고 말한 바 있다. 반면 미국의 입장에서 맨 처음 이익을 얻는 사람은 미국 투자자여야 하며, 라틴아메리카는 자원을 공급하는 봉사 기능에 머무르는 존재로 남아 있어야 한다는 생각을 갖고 있다고 지적했다. 트루먼과 아이젠하워 행정부는 미국의 이익을 침해하는 '과도한 산업 발전'을 허용해서는 안 된다는 정책을 가지고 있었다.[2]

국제 권력 관계 속에서 미국은 우월한 지위를 확보해 왔다. 브루스 커밍스에 따르면, 아시아에 관한 미국의 주요 정책적 원칙들은 1949년 8월 작성된 『국가안전보장회의(NSC) 비망록 48』 초안에서 결정적인 형태가 마련됐다. 기본 원칙은 "호혜적 교류와 상호 이익"이었다. 그러나 미국의 영향력으로부터 벗어난 독립적 발전은 당연히 거부당했다. "아시아의 어떤 나라도 산업 기반의 발전을 위한 충분한 자원을 소유할 수 없다"는 것이다. 인도, 중국, 일본 등이 이런 경우에 속한다. 일본은 자국이나 저개발 국가들을 위해 자질구레한 물건들을 생산할 수는 있지만 그 이상의 산업적 발전을 이룩해서는 안 된다고 1950년 미국의 한 조사단은 결론 내렸다. 의심할 바 없이 인종주의적인 발상이었던 것만은 틀림없지만, 일본이 한국전쟁을 통해 침체된 경제를 회복하기 이전까지만 해도 실제 이런 상태에 머물러 있던 것이 사실이다. "전략적 상품과 기타 필수품의 공급자"로서 미국이 부여한 역할을 받아들이지 않는 국가들에 대해서 경제적 압력이 행사됐고, 이것은 훗날 경제 전쟁의 기초적인 방식으로 자리 잡게 됐다고 커밍스는 주장한다.

반면 아프리카의 발전은 남아프리카 공화국을 제외하고는 아예 관심의 대상도 못 됐다. 중동 지역의 경우 미국의 주요 관심은 원유 공급 체계를 영국이 만든 기존 형식 내에서 계속 움직이게 하면서 실질적인 통제권을 미국이 챙기는 데 있었다. 중동 각 지역에서 아랍인들의 자치를 허용하고 '보호령' '영향권' '완충국' 등 그럴싸한 표현들을 동원하기는 했지만 실질적으로는 미국이 이 지역을 일종의 식민지로 흡수했던 셈이다. 미국 정부는 이런 방식의 간접 통치를 직접 통치보다 비용이 훨씬 적게 드는 효과적 장치로 생각하고 있었다(로드 커즌과 동방위원회, 1917~1918). 그러나 존 포스터 덜레스는 "우리는 (아랍에 대한) 통제권을 잃을지도 모르는 위험을 결코 자초해서는 안 된다"고 경고했다. 따라서 미국은 중동 각지에 말 잘 듣는 독재 정권들을 내세워 서구 강대국 석유 회사들이 계속 이익을 챙길 수 있도록 조종을 했다. 이런 독재 정권들은 표면적으로 중동 지역의 비아랍계(터키, 이스라엘, 국왕 체제의 이란, 파키스탄 등) 세력의 비호를 받았으며, 영국과 미국은 전면에 나서지 않고 뒤로 물러나 있었다. 이런 체계는 상당 기간 비교적 효과적으로 작동된다. 그리고 아랍 세계가 극도의 혼란에 빠져 군사적 힘이 취약해지고 이 지역에 대한 소련의 영향력마저 제거된 오늘날, 간접 통제 체계에 대한 미국의 기대는 더 커지고 있다.3)

이런 관점은 정부뿐만 아니라 일반 대중도 갖고 있었다. 『뉴욕타임스』는 이란 모사데크*1) 정권의 와해를 환영하면서 "자원을 많이 가진 저개발 국들이 광신적 민족주의로 얼마나 큰 피해를 보았는가를 이제야 깨달음으로써 교훈을 얻게 됐다"고 주장했다. 1950년대 한 학자는 중동과 같은

---

1) [옮긴이] Mohammad Mossadegh(Mossadeq)(1880~1967). 이란의 정치가이자 총리(1951~1953). 이란 내 영국 석유 회사(지금의 브리티시 석유 회사)를 국유화하고 국왕의 축출을 기도했지만 미국의 지원을 받은 반대파들의 반격으로 실패했다. 그는 죽을 때까지 자택에 연금돼야만 했다.

'자원 봉사 지역'은 '볼셰비즘' '공산주의'뿐만 아니라 "서구 산업 경제를 뒷받침하려는 마음가짐과 능력을 저하시키는" 사회적 변혁으로부터 보호 돼야 한다고 지적했다. 봉사 지역으로서의 남반구에 대한 이런 일반적 인식은 역사 기록을 통해서도 확인할 수 있다.4)

'급진적이고 민족적인 정권'은 자체적으로 국제적 압력을 견디기가 힘들었다. 게다가 이런 정권들이 억압받고 곤경에 처한 민중들의 지지를 받고 성공적으로 정책을 수행하게 될 경우에는 더욱 버티기 힘들었다. 미국 등 서구 열강은 이런 정권을 일종의 '바이러스'로 생각했다. '썩은 사과' 한 알이 통 안에 든 사과 전체를 썩게 만드는 '도미노 효과'를 우려했 던 것이다. 물론 내부적으로 (항상은 아니지만) 종종 이런 시각의 한계점이 논의되기도 했다. 영국의 유명한 자선 구호단체인 <옥스팜 Oxfam>은 니 카라과 혁명을 "선례의 위협"이라고 언급하기도 했다. 헨리 키신저는 칠 레의 좌파 아옌데*2) 정권이 "전염성이 큰 정권"이며 라틴아메리카와 남 부 유럽, 특히 이탈리아 유권자들에게 민주적 사회 개혁의 또 다른 형태로 비춰질 가능성이 높다고 우려했다. 물론 키신저 자신도 아옌데 지지자들 이 로마까지 몰려갈 것으로 생각했던 것은 아니다. 니카라과 산디니스타 *3)의 "국경 없는 혁명"에 대한 우려는 비록 정부와 언론이 손잡고 만들어

2) [옮긴이] Salvador Allende(1908~1973). 칠레 좌파 정치인으로는 최초로 1970년 대통령에 당선됐으나 1973년 아우구스토 피노체트가 이끈 군사 쿠데타에 맞서 싸우다 총탄에 맞아 사망했다. 아옌데는 대통 령 취임 후 민주주의와 국민 기본권, 법의 정당한 절차를 존중하는 정책에 역점을 두었다. 또 미국 소유 구리 광산의 무상 몰수 등 과감한 경제개혁을 추진하는 한편 쿠바, 중국과 국교를 수립해 미국 정부 및 외국 투자자들과 갈등을 빚었다.

3) [옮긴이] <산디니스타 민족해방전선 FSNL>. 1979년 7월 니카라과의 독재자 소모사 정권을 무너뜨리고 혁명 정부를 수립한 정당. 산디니스타 Sandinista란 1927~1933년 반미, 반정부 게릴라 투쟁 영웅 아우구 스토 세자르 산디노의 이름에서 유래됐다. 1985년 구성된 국회에서 절대 다수 의석을 차지하는 데 성공, 다니엘 오르테가가 대통령으로 취임했다. 그러나 좌파 산디니스타 정권에 반대하는 콘트라 반군 에 대한 미국의 끈질긴 지원과 각종 경제 압력으로 인해 정치, 경제가 혼란 상태에 이르면서 1990년

낸 성공적인 선전 공세였으나, 기득권층이 실제 느끼고 있던 우려를 반영했던 것만큼은 사실이다.

바이러스가 일단 몸 안에 침투했다면 당연히 박멸시켜야 하는 법이다. 그리고 잠재적인 희생자들은 바이러스에 대한 면역성을 가져야만 한다. 미국에서 쿠바라는 바이러스는 침략, 공포, 경제 전쟁을 불러일으켰으며 국가안보국은 이 바이러스가 확산되는 것을 막기 위해 동분서주했다. 이런 정책은 동남아시아의 경우에도 마찬가지다. 칠레 아옌데 정권에 대한 미국의 정책에서 알 수 있듯이, 바이러스에 대한 대응은 크게 두 가지로 나뉜다. 즉 강경 노선과 유화 노선이다. 강경 노선은 칠레 아옌데 정권이 피노체트에 의해 무너졌던 것처럼 군사 쿠데타를 불러일으키는 것이다. 유화 노선은 케네디 민주당 정부 시절 칠레 주재 미국 대사였던 에드워드 코리의 발언을 통해 살펴볼 수 있다. "칠레 공산 사회의 문제점이 스스로 드러날 수 있도록 미국은 모든 가능한 수단을 총동원해 칠레인들을 극도의 결핍과 빈곤 속으로 몰아넣는다." 바이러스를 박멸하기 위해서 파시스트 살인자들을 끌어들이는 방법이 불가능하다면, "극도의 결핍"을 조장하는 것이 바이러스의 확산을 막고 환자 자체의 사기를 저하시키는 데 효과적이란 이야기다. 결핍을 조장하는 한편 문화계 인사들에게는 다양한 '당근'을 제공함으로써 스스로 공산 사회의 '참기 힘든 특성'에 대해 고통스런 비명과 불평을 쏟아 놓도록 유인한다.

이런 방법과 관점은 버트런드 러셀의 볼셰비키 혁명에 관한 날카로운 해석에서도 제시된 바 있다.

만약 어떤 사람이 음식과 마실 물이 없다면 점차 약해지다가 이성을 잃고

선거에서 친미파인 비올레타 차모로에게 패배했다.

결국에는 죽게 된다. 벌을 주기 위해 인간을 굶겨 죽이는 것은 어떤 이유로든 정당화될 수 없다. 그러나 국가의 경우 허약함이나 갈등은 도덕적으로 비난받아 마땅한 것으로 인식되는 만큼 보다 더 강한 처벌을 합리화시킨다.

바이러스를 막기 위한 방법으로 유화 노선을 쓰려면 우선 군홧발 아래서 몸부림치고 있는 민중들을 세밀하게 감시해야만 정당성을 얻는 데 성공할 수 있다. 그렇지 않다면 민중의 분노만 폭발시키게 된다. 미국 및 미국이 앞세운 독재 정권들이 저지른 끔찍한 만행은 단순한 일탈로서 곧 잊혀지기 마련이다.[5]

좀 더 기술적인 용어로 표현하자면, '썩은 사과'는 '안정'을 위협하는 존재이다. 1954년 미국은 과테말라 최초의 민주 정부를 전복시키려는 계획을 세웠다. 당시 한 국무부 관리는 과테말라가 "온두라스와 엘살바도르의 안정을 위협하고 있다"고 경고했다. 여기서 안정이란 '상류층과 거대 다국적기업'들의 안정을 의미한다. 이쯤 되면 우리는 아이젠하워 대통령과 덜레스 국무장관이 "온두라스 파업 사태가 국경을 맞대고 있는 과테말라로부터 영감과 실질적 지원을 받고 있을지도 모른다"는 보고를 받은 후 미국의 '자기 방어와 자기 보존'이 위기에 처해질지도 모른다고 느꼈던 이유를 이해할 수 있다.[6]

따라서 '안정'을 지키기 위해서는 '바람직한 개혁 조치'들은 시행되지 않아야 마땅하다. 1967년 12월 <프리덤 하우스>는 저명한 학자 열두 명이 참여한 선언문을 발표했다. '학계의 온건파'를 자처한 이들은 미국의 아시아 정책, 특히 인도네시아 정책에 대해 "대단히 훌륭하다"고 평가했다. 인도네시아에서 자유를 수호하기 위한 미국의 용감한 노력은 아시아의 '정치적 균형'에 대단히 큰 기여를 했으며, 아시아의 동지들과 중립국들의 사기를 증진시켰다는 것이다. 도대체 이들이 지적한 '미국의 승리'란 과연 무엇일까? 1965년 인도네시아에서 일어난 엄청난 변화들, 즉 인도네시아에 주둔한 미군의 후원을 받은 군부 세력이 정권을 잡고 수만 명의 국민과 가난한 농부들을 학살했던 사건 등이 이들이 말한 '미국의 승리'를 증명하는 사례들이다. 자칭 '학계의 온건파'들은 "다양한 형태의 개혁들은 장기적으로는 바람직할지 몰라도 단기적으로 불안정을 증가시킨다"며 "국민들에게는 안정만큼 중요한 것은 없다"고 주장했다.

매사추세츠 공과대학(MIT)의 정치학자 아이티엘 폴은 제3세계 전역에 걸쳐 "질서 유지를 위해서는 어느 정도 수동적인 패배주의적 정책으로의 회귀가 필요한 것이 사실"이라고 지적했고 많은 학자들도 이에 동의했다. 서구인을 위해 구성된 일명 <삼자위원회 Trilateral Commission>도 같은 맥락에서 평가를 받았다. '보다 능력 있는 사람'들이 세계를 잘 다스리고 있음에도 불구하고, 민중들이 관찰자로서의 종래 역할에만 머물지 않고 민주 정치란 경기장 안에 직접 들어가려 함으로써 '민주주의'를 훼손시키고 있다는 것이다.[7]

이런 사고방식은 2차 대전 후 미국을 포함한 서구 전반에 퍼져 왔으며, 냉전의 붕괴와는 상관없이 질서와 안정에 대한 위협이 존재하는 한 앞으로도 계속 존재할 것이 틀림없다. 걸프전이 끝난 뒤, 조지 부시 미국 대통령은 오랜 친구이자 동지였던 사담 후세인을 다시 돕기 시작했다. 당시 후세인은 남부 시아파, 북부 쿠르드 족의 반란을 누르는 데 성공한 상태였다. 서구의 이데올로그들은 후세인의 이런 만행이 "비록 우리[서구]의 섬세한 감수성에는 거슬리지만 '안정'이란 이름으로 받아들여야 한다"고 생각했다. 『뉴욕타임스』의 수석 외교 전문 기자인 토머스 프리드먼은 부시 행정부의 특징을 다음과 같이 지적했다. "워싱턴은 사담 후세인이 없는 이라크의 독재 체제를 찾고 있다. 미국은 후세인이 철권으로 이라크를 하나로 통합했던 시대로 회귀하는 것을 바라면서도 후세인 자체는 원치 않고 있다. 이런 생각은 워싱턴은 물론 미국의 동맹국, 특히 터키와 사우디아라비아에게도 상당히 만족스런 것이다." 후세인은 1990년 8월 2일 최초로 심각한 '범죄'[쿠웨이트 침공]를 저질렀다. 범죄란 바로 (미국을 포함한 서구의) 명령에 대한 불복종이었다. 당연히 후세인은 제거돼야 마땅했다. 그러나 미국의 입장에서는 '안정'을 위해 후세인과 비슷한 복제 인간이 필요했다. 이 같은 관점에서 이라크의 반정부 민주파가 워싱턴의 진보적인 인사 및 주류 언론과의 접촉을 차단당했던 것은 당연한 일이다. 부시 행정부는 1992년 여름쯤에야 대통령 선거를 의식해 이라크 민주 인사들과의 접촉을 제한적이나마 허용했다.[8]

이것이 바로 이른바 새로운 세계 질서의 전형적인 특징이다. 시대가 다르고 상황도 다르지만 이 같은 특징은 역사 속에 늘 존재해 왔다.

공식적인 '정치적 올바름'의 수사修辭는 다양한 다른 용법들을 내포하고 있다. 날카로운 지식인이라면 듣기에 그럴듯한 표현 뒤에 숨어 있는 속뜻을 간파할 수 있어야 한다. 예를 들어 "안보 위협"이란 "미국 투자가들의 권리를 저해할지도 모르는 모든 것"을 의미한다. "실용주의" 역시 속뜻은 "우리[미국 등 서구]가 원하는 대로 한다"이다. 미국은 아랍과 이스라엘 간의 갈등 속에서 팔레스타인 사람들의 민족적 권리를 보장하는 그 어떤 평화 절차도 막기 위해 동분서주해 왔다. 이스라엘에 대해서는 노동당과 리쿠드 당 가운데 노동당과 밀접한 관계를 맺었다. 왜냐하면 리쿠드 당의 지도자인 이차크 샤미르[*4]는 이념적이지만 노동당의 이차크 라빈[*5]은

---

4) [옮긴이] Yitzhak Shamir(1815~). 이스라엘 정치인. 1983년 메나헴 베긴 총리의 뒤를 이어 우익 리쿠드 당의 당수로서 총리에 올라 1992년까지 집권하며 '대이스라엘주의'를 이끌었다. 아랍과의 타협을 모르

실용주의자였기 때문이다. 『뉴욕타임스』의 토머스 프리드먼은 "라빈의 실용적, 비이념적 접근 방식은 부시 행정부와 잘 맞는다"라고 지적했다. 프리드먼은 부시 정권에 '실용적'이란 별명을 붙여 주기도 했다. 예루살렘 특파원 클라이드 하버만도 1992년 6월 선거에서 라빈이 승리하자 '실용주의의 승리'라고 평가했다. 물론 팔레스타인 사람들도 '실용적'이 될 수 있다. 단 조건은 국제 관계에 있어서 규칙을 만드는 국가가 미국이란 사실을 인정하기만 한다면 말이다. 팔레스타인 사람들은 민족적 권리가 없다. 이유는 간단하다. 미국이 그렇게 정했기 때문이다. 이스라엘 언론인 대니 루빈스타인은 "팔레스타인 전쟁 포로수용소의 자율권을 인정해야 한다"고 지적한 적이 있다. 여기서 '자율권'이란 "이스라엘이 점령하지 않은 특정 지역에서 팔레스타인 사람이 쓰레기를 수거할 자유"정도에 불과하다. 그나마도 쓰레기 깡통에 팔레스타인 깃발이 붙어 있지 않은 경우에 한해서만 수거가 가능하다. '평화 조치'란 표현도 앞의 단어들처럼 이중적인 의미를 갖고 있다. 즉 실제로는 미국이 평화를 막기 위해서 제 마음대로 한다는 뜻이다.[9]

이 밖에도 새로 배워야 할 단어들은 부지기수이다. 그리고 알고 보면 그리 어렵지도 않다.

아이젠하워 대통령은 '안정'에 대한 위협을 언급하면서 "공산주의자들은 대중에 직접 호소하는 능력이 있다"고 불평했다. 존 포스터 덜레스 국무

는 보수 강경파의 대명사로 불리고 있으며 이스라엘 비밀 정보기관 모사드에서 암살 특공대를 지휘한 전력으로 논란을 일으키기도 했다.

5) [옮긴이] Yitzhak Rabin(1922~1995). 1974~1977년, 1992~1995년 두 차례에 걸쳐 이스라엘 총리를 역임했다. 샤미르와 달리 <팔레스타인해방기구>(PLO)와의 평화 협상을 추구한 온건 실용주의자로, 1994년 중동 평화 시대를 연 공헌을 인정받아 야세르 아라파트 PLO 의장, 시몬 페레스 외무장관과 함께 노벨 평화상을 수상했다. 그러나 1995년 11월 4일 텔아비브의 한 집회에서 극우 민족주의자 이갈 아미르의 총격을 받아 사망했다.

장관도 중앙정보국 국장이었던 동생 앨런과 나눈 사담에서 "대중을 움직이는 공산주의자들의 능력을 우리는 도저히 따라갈 수 없다"며, 그들은 "가난한 사람들에게 호소하는 한편 부자들을 약탈하고 있다"고 비난한 적이 있다.[10] 미국은 라틴아메리카 교회들이 가난한 자들을 돕기 위해 기울였던 노력, 민주주의 또는 자주 발전을 위한 기타 등등의 움직임 등에는 말할 것도 없고, 무솔리니나 노리에가 그리고 사담 후세인 등 독재자들이 그들에게 할당된 역할을 망각한 채 주제넘게 굴었을 경우에도 똑같은 발상으로 대응했다.

2. 식민주의 이후

20세기 초반 미국은 세계에서 가장 막강한 산업 경제국으로 발전했다. 1차 대전 후 주요 채권국으로 성장한 미국은 레이건 정권이 미국을 세계 최대의 채무국으로 전락시킬 때까지 산업 경제국으로서의 자리를 지켰다. 2차 대전 동안에 미국 정부는 전체주의적 경제, 사회 조치들을 시행함으로써 대공황의 여파를 무사히 극복할 수 있었다. 미국의 산업 생산력은 세 배로 증가했다. 전시戰時 경제를 이끌었던 기업가들은 이 과정에서 하나의 교훈을 얻게 된다. 국가의 조직적인 개입을 통해 부와 권력은 같은 방법, 즉 국가의 권력으로만 계속 유지될 수 있다는 사실이다. 이런 결론에 대해서는 심각한 도전이 거의 없었다고 봐야 한다. 세계의 많은 지역이 전후 폐허나 다름없는 상태에 머물러 있는 동안 미국은 역사상 유례없는 경제, 군사적 지배력을 획득했다. 국가와 기업은 자신들이 갖고 있는 막강한 힘이 무엇을 의미하는지 잘 알고 있었다. 그들의 목적은 자신의 이해관계에 도움이 되는 국제 질서를 건설하기 위해서 힘을 사용하는 것이었다.

2차 대전 후 미국의 입장에서 가장 시급한 일은 산업 요충지인 독일을 중심으로 유럽과 일본을 자국의 영향권 안으로 완전히 편입시키는 일이었다. 구체적으로는 유럽 내 반파시스트 저항을 위축시키고, 노동운동의 약화를 꾀하는 것은 물론 과거 파시스트 부역자들을 포섭해서라도 전통적인 보수 통치 체제를 회복시키고자 했다. 이런 목표를 달성하기 위한 움직임은 1940년대 말 광범위하게 행해졌고, 그리스 내전과 한국전쟁의 경우에서 보듯이 필요하다면 상당히 폭력적인 수단이 동원되기도 했다.

이런 새로운 세계 질서 속에서 남반구와 북반구의 관계도 비록 근본적인 변화는 아니지만 새롭게 정립됐다. 미국은 자유 국제주의 원칙을 기반으로 한 열린 세계를 추구하면서 '자유롭고 공정한' 경쟁을 강조했다. 이런 발상은 세력이 점점 커지는 반反식민 군부에 대한 지원으로 이어졌다. 단제한적으로만 그렇다는 이야기이다. 1948년 중앙정보국의 한 메모는 "각 지역의 민족주의자에 대한 지원과 경제적 이해관계의 유지는 서로 균형을 이뤄야 한다"고 지적하고 있다. 만약 미국의 이해관계가 심각하게 타격을 입게 될 경우 균형추가 어느 쪽으로 기울어질 것인지는 명약관화하다. 미국 정부의 이 같은 입장은 전통적 식민 체제를 지지하고 미국 경제에 유리한 무역 체제를 재건설하는 방향으로 이어졌다.

2차 대전 직후 미국은 동맹국들이 일본의 운명을 결정하는 데 개입하지 못하도록 막았다. 미국의 목표는 "일본에 대한 장기적인 지배를 확실히 구축함으로써 미국의 안전을 보장하고 기타 모든 외국 정부의 영향력을 배제"하려는 것이었다. 미국은 이미 확고하게 구축해 놓은 힘을 이용해 목표를 쉽게 달성했다. 중동과 라틴아메리카의 경우, 미국은 이데올로기 갈등 체제 속에서 이 지역들을 종속화하는 한편 자국의 '필요'와 '요구'를 추구하고, 외부의 개입을 제한할 수 있는 권리를 가졌다. 물론 중동의 경우에는 이미 오래 전부터 유전 개발권을 장악한 영국과 미국에 종속돼 있었다. 존 케네디 행정부 당시 한 관리가 영국을 "우리의 부관副官(좀 더 근사한 말로는 파트너)"으로 표현했던 것에서 알 수 있듯이 영국과 미국은 밀월 관계를 유지해 왔다.[11]

미국의 이 같은 정책은 이탈리아에서도 비슷했다. 이탈리아는 그리스와 마찬가지로 중동 지역과 중요한 연계성을 갖고 있는 국가이다. 1945년 9월 한 정부 기구 간 연락 문서는 "지중해까지 걸친 사우디아라비아 유전에 대한 미국의 전략적 이해관계를 대변해 주는 일종의 의사소통 라인"으로서 이탈리아를 미국의 영향력 아래에 두는 것이 필요하다고 언급했다. 이탈리아가 미국이 아닌 다른 강대국의 손에 떨어지게 되면 미국의 이해관계는 위협받을 것이 뻔했다. 달리 표현하자면 '합당한 강대국의 손'으로부터 빠져나갈 가능성을 막자는 것이다. 로드리 제프리-존스는 "서아시아 지역으로부터의 원유 공급을 보장하기 위해 이탈리아를 이용할 수 있다"고 지적했다.

1948년 유럽 전역에서 치러진 선거에서 공산당은 2차 대전 당시 파시즘, 나치즘과의 투쟁 과정에서 얻은 권위와 노동계급의 강력한 지지를 등에 업고 수월하게 승리를 얻을 것으로 예상됐다. 미국 정책 당국자는 이 같은 결과가 나올 경우 "서유럽, 지중해 지역, 중동 전역의 사기를 떨어뜨리게 될 것"으로 우려했다. "공산당이 역사상 처음으로 국민 선거라는 합법적 수단을 통해 권력을 잡게 된다면 자유를 보존하기 위해 노력하는 국가들에게 심각한 심리적 타격을 미치게 될지도 모른다"는 이야기이다. 공산당의 승리가 독립과 급진적 민주화를 추구하는 민중 운동에 영향을 미칠 가능성이 크며, 따라서 보수적인 사업가들과 친파시스트들이 지배해 온 전통적 질서의 회복을 노린 미국 정책과 마찰을 빚게 될 우려가 높았다. 간단히 말해 미국 정책 당국자들은 이탈리아가 다른 나라들을 감염시키는 '바이러스'가 될 수 있다고 보았던 것이다. 미국 정부는 만약 선거운동의 방향을 통제하기 어렵다면 군사적 개입까지 불사한다는 계획을 세워 놓았다. 결국 미국은 군사적 위협, 식량 통제 등의 수단을 모두 동원해 자유선거의 위협을 극복하는 데 성공했다. 이탈리아 민주주의를 전복시키려는 미국의 노력은 1970년대 중반까지 계속됐다. 앞에서 언급했듯이 미국은 칠레 아옌데 정권의 좌파 이념이 이탈리아에까지 퍼질까봐 두려워했던 것이다.[12]

비슷한 이유로, 1984년 워싱턴은 테러까지 동원해 니카라과 선거를 조종하려 했지만 실패하고 말았다. 미국이 자행한 끔찍한 사실들은 은폐돼 버렸다. 언론계도 니카라과 선거 결과에 대한 국제 참관단의 지지, 선거를 깊이 있게 연구한 라틴계 미국 학자들의 주장, 호세 피구에레스 등 중미 지역의 대표적인 민주 운동가들의 발언을 완전히 묵살했다.

19세기 오스트리아 총리 메테르니히와 러시아 차르가 이미 인정한 바대로, 세계 질서를 책임진 자들의 삶도 결코 쉬운 것은 아니다.

정부를 전복시키는 것 말고, 샐리 피자니는 중앙정보국 초기 역사에 관한 연구에서 미국의 정책 결정자들이 2차 대전 후 "이탈리아의 안정"을 확립하기 위한 또 다른 방법을 발견했다고 지적했다. 미국의 관점에서 안정을 위한 가장 확실한 방법은 바로 '정부의 전복'이다. 그러니 '정치적 올바름'의 수사에 숙달된 사람들에겐 이런 괴상한 표현도 가능한 것이다. "미국은 칠레에서 자유선거를 통해 들어선 맑스주의 아옌데 정권을 '불안정'하게 만드는 방법을 찾았다. 왜냐하면 미국은 '안정'을 원하기 때문이다"(제임스 체이스). 이탈리아의 경우에는 타국으로의 이민을 촉진함으로써 그렇지 않아도 분열된 국민들을 더욱 갈라놓는 전략이 동원됐다. 당시 마셜 플랜*6)을 통해 막대한 돈이 이탈리아 상선商船 건조 비용으로 사용됐는데, 이탈리아 측 책임자의 보고에 따르면 이것은 "매년 해외로 이주하는 이주민 숫자를 두 배로 늘리기 위한 조치"였다. 노동자 재교육에 많은 돈을 쓰는 것도 "이탈리아 노동자들을 외국에 보다 많이 수출하기 위한 투자"였다. 당시 유럽 전역은 실업 문제로 골치를 앓고 있었다. 미국도 이탈리아 이주민이 자국으로 들어오는 것을 그리 달가워하지 않았다. 따라서 미국 의회는 "이탈리아인들을 미국보다는 다른 국가로 이주시키는 것을 조건"으로 원조 법안을 통과시켰다. <경제협력국>(ECA)*7)이 이주 후보국으로 선정한 곳은 남미 등 "상대적으로 덜 개발된 국가들"이었다. ECA는 남미가 과연 이탈리아인 이주지로 적당한가를 조사하기 위해 해당국에 기금을 제공하기도 했다. 1950년 브라질은 가장 먼저 이 기금을 받았다.

그러나 이주 계획은 대단히 미묘한 문제였기 때문에 이탈리아 민중들에게는 철저히 비밀로 부쳐졌다. "이탈리아에 남아 있는 사람들을 안정화하기 위한 선전 작업도 중요하게 여겨졌다." "잠재적 바이러스"인 프랑스

---

6) [옮긴이] Marshall Plan. 정식 명칭은 <유럽부흥계획 European Recovery Program>(1928~1952). 2차 대전 이후 서남유럽 경제 부흥을 위해 미국 국무장관 조지 마셜이 발의함에 따라 수립됐다. 당시 미국은 전후 빈곤에 시달리고 있던 유럽에서 공산당의 영향력이 확산될지도 모른다는 우려를 갖고 있었다. 처음부터 공산주의에 대한 견제를 전제로 한 만큼 소련의 강력한 항의를 받았으며, 결국 동유럽 국가들은 이 계획으로부터 탈퇴하게 된다.

7) [옮긴이] <경제협력국>(ECA). 마셜 플랜을 위해 특별히 설치된 기구. 폴 호프만의 지휘 아래 이후 4년간 약 120억 달러에 달하는 경제원조를 제공했다. 원조의 대부분은 직접 보조금의 형태였으며 나머지는 차관 형식으로 제공됐다. 영국, 프랑스, 이탈리아, 서독, 네덜란드(원조액 순)에 대부분 제공됐으며 서구 여러 나라의 무역 적자와 달러 부족 해소를 목적으로 했다. 몇몇 서유럽 국가들은 이 기간에 국민총생산이 15~25퍼센트까지 증가하는 등 빠른 회복세를 보였으나, 이 계획에 의한 원조액의 약 70퍼센트는 유럽 국가들이 미국의 잉여 농산물과 그 생산품을 수입하는 데 쓰였으므로 결과적으로 미국의 수출 시장을 확대시키고 유럽에 대한 미국의 영향력을 증가시키게 됐다. 특히 1949년 이후 원조의 대부분이 군사원조의 색채를 띠기 시작해 <북대서양조약기구>(NATO) 성립의 경제적 기반이 됐다는 지적도 있다.

에서도 "이탈리아와 유사한 캠페인"이 시행됐다고 피자니는 기록한다. 그러나 프랑스에서는 간단한 문제가 아니었다. ECA 측은 "프랑스인들은 선전에 알레르기가 있다"며, "우리가 '정보'라고 생각하는 것도 프랑스 사람들은 선전으로 받아들인다"고 지적했다. 워싱턴의 정책 결정자들도 "미국의 지나친 선전 공작이 나치 선전에 치를 떨었던 유럽인들에게는 오히려 역효과가 날 수 있다"는 데 동의했다. 따라서 ECA는 스스로는 물론 미국의 존재까지도 드러내지 않는 간접적인 방법을 도입했다. 그리고 국내에서는 훈련을 잘 받은 국민들을 대상으로 '정보'란 말을 내세운 선전 작업이 만족스럽게 시행됐다.[13]

2차 대전 후 미국은 서반구에서 유럽 경쟁국들을 누르는 데 성공했다. 전쟁장관 헨리 스팀슨은 지구상에서 모든 형태의 지역 체제들은 반드시 제거돼야 한다는 점을 강조하면서 오로지 "역사상 한 번도 남의 나라를 괴롭힌 적이 없는" 미국의 체제만이 전 세계에 확산돼야 한다고 주장했다. 미국은 어떤 지역의 문제이든 그 지역의 조직에 의해 다뤄져야 한다고 주장했다. 사실 이것은 1990년 사담 후세인 이라크 대통령이 걸프 지역 문제는 아랍 연맹이 다뤄야 한다고 했던 주장과 일치한다. 그러나 당시 후세인은 전 세계적인 비난을 한 몸에 받아야 했다. 또, 존 드라이어는 "만약 라틴아메리카 국가들이 <미주기구>(OAS)에서 무책임하게 힘을 사용하려 함으로써 미국의 안위를 위협한다면 미국은 불매 정책을 극단적으로 밀어붙일 뿐만 아니라 이들 국가들의 세계적 지지 기반은 물론 미래의 모든 희망을 파괴할 수밖에 없다"고 경고했다.

루스벨트 대통령의 선린善隣 정책도 이 범주에서 크게 벗어나지 않았다. 당시 국무부의 라틴아메리카 담당 국장이었던 로버트 우드워드는 '호혜 의무'에 대해 다음과 같이 언급한 적이 있다. "아메리카 대륙에 생소한 이념을 지닌 정부가 수립될 경우 이것은 곧 미국으로 하여금 일방적 방어 조치를 강요하는 것과 다름없다." 카터 행정부의 라틴아메리카 담당 보좌관 로버트 패스터 역시 "미국은 다른 국가들이 독립적으로 행동하길 바라지만 만약 미국의 이익에 반대될 경우는 제외된다"며 비슷한 입장을 나타냈다. "미국은 다른 나라에 대한 지배를 원한 적이 없다"는 식의 말도 그 나라가 "미국 손아귀에 있고 경제 발전도 미미한 수준"이었을 경우에나 그렇다. 즉 미국을 제외한 다른 나라들은 이른바 "실용적"일 때에만 자유로워질 수 있다.14)

미국은 "자유 회복을 갈망하는" 국가들을 원조한다는 명목으로 정기적으로 테러, 침공을 감행하기도 했으며 경제 전쟁과 정부 전복에 온 힘을 기울이기도 했다. 그리고 '힘없는 국민 다수를 위한 것'이란 "정보"를 만들어 내기 위해 지식인들의 협력을 동원했다.

2차 대전 이후 자원 공급처로서 남반구의 전통적인 역할은 동유럽이 경제 악화로 인해 과거와 같이 더 이상 서유럽을 위해 '봉사'하기 어려워지면서 한층 더 중요하게 부각되기 시작했다(레플러). 미국의 정책 결정자들은 각 지역들에게 고유의 위치와 기능을 부여했다. 특히 라틴아메리카와 중동은 미국의 확고한 영향력 밑에 놓이게 됐는데, 후자의 경우 미국의 '부관[영국]'의 도움이 컸던 것이 사실이다. 아프리카는 유럽 경제의 재건을 위해 '착취'당했다. 동남아시아는 일본과 서유럽을 위한 자원 공급처로서 중요한 기능을 담당하게 됐다(조지 케넌과 국무부 정책기획단, 1948~1949). 미국도 과거 식민 체제에 있었던 국가들로부터 자원을 구입했다. 이로서 유럽의 산업국가들이 과거 식민지로부터 싼 값에 사들인 자원으로 만들어 낸 상품을 되팔아 번 돈이 미국 상품을 구입하는 데 쓰이는 삼각 무역 형태가 자리 잡게 됐다. 당시 딘 애치슨은 미국 공산품의 유럽 수출에 대한 가장 큰 장애물로 '달러 격차'를 꼽았다. 미국으로서는 이것을 극복하는 것이 대단히 중요한 일이었다. 만약 실패한다면 미국 경제는 다시 한 번 깊은 불황으로 가라앉을 가능성이 높고 국가가 개입해야 할 사태가 벌어질지도 모르기 때문이다. 바로 이런 이유로 과거 식민지였던 국가들은 자치를 인정받았지만 일정한 한계 내에 머물러 있을 수밖에 없었다.[15]

전후 세계 체제의 틀은 식민 체제의 재구축에 달려 있었다. 이 과정에서 극단적인 민족주의는 억압됐다. 특히 서구 강대국의 안정을 위협할 가능성이 있는 민족주의는 반드시 억압될 필요가 있었다. 남반구의 운명도 이와 같은 전제조건 아래 있었다. 선진 산업국가와 종속적인 변방 국가들은 '중국-소련 진영'에 대한 대항 세력으로서 편입됐다. 제3세계는 비록 식민 체제로부터 벗어났지만 자원 공급지로서의 전통적인 봉사 기능을 강요받았다. 냉전 체제의 주요한 원인 중 하나가 바로 자원 공급지에 대한 소련의 지배력 확대였다. 소련의 지배력 확대는 곧 제3세계에 대한 미국의 영향력, 국가자본주의 체제에 대한 도전이었다. 특히 미국은 소련이 제3세계 이외의 지역으로 영향력을 넓혀 갈 뿐만 아니라 미국 민중에게 영향력을 미치게 될까봐 크게 우려했다. 이런 위협은 종전 직후 대단히 심각하게 여겨졌다.

남-북반구 관계는 전후 수년에 걸쳐 어느 정도 변화한 것이 사실이지만 기본적인 차원에서 보자면 달라진 것이 거의 없다. 이런 현실은 1990년 <남반구 위원회>란 단체가 발표한 보고서에도 잘 나타나 있다. 이 위원회는 줄리어스 나이레 회장을 비롯해 제3세계의 저명한 경제학자, 정부 관리, 종교 지도자 등으로 구성돼 있다. 보고서는 "1973년 유가 인상 파동 이후 남반구 국가들이 자원 보유국으로서 힘을 자각하면서 1970년대 말까지 서반구에서는 이에 대한 우려가 팽배했으며, 특히 미국과 영국이 못마땅한 입장을 지니고 있다"고 지적했다. 그러나 남반구의 독자적인 행동으로 인한 위협이 점차 줄어들게 되자 미국 등 선진국들은 1980년대 동안 세계경제를 독점적으로 통제함으로써 "신제국주의 체제"를 확립했으며, 유엔 정신을 훼손하고, 남반구의 "이등화" 작업을 성공적으로 추진했다는 것이다.

이런 방식은 이후에도 지속적으로 나타났다. 만약 그렇지 않았다면 오히려 더 이상스럽고 놀라운 일이었을 것이다. 전통적인 서구 지배 국가들의 비참한 상황을 살펴볼 때 "정의, 평화, 민주주의에 대한 남반구의 요구에 반응할 수 있는 새로운 세계 질서의 확립이 필요하다"고 위원회는 촉구하고 있다. 그러나 이런 호소와 연구 보고서들은 국제사회에서 제3세계의 목소리가 늘 무시됐던 것처럼 외면당하고 말았다. '세계 정부'의 신뢰 대상은 가난한 국가가 아니라 바로 부자 국가들이었기 때문이다.[16]

1990년 <남반구 위원회>의 보고서가 발표되고 몇 달 뒤, 조지 부시 미국 대통령은 걸프 전쟁의 명분으로 "새로운 세계 질서"란 표현을 썼다. 부시의 이 표현은 미국 내에서 향후 세계 질서에 관한 활발한 담론을 이끌어 내는 역할을 했다. 그러나 이와는 반대로 남반구에서는 강대국들이 부여한 '새로운 세계 질서'를 당연히 국제적 계급 전쟁, 즉 발전된 국가자본주의 경제 및 다수의 희생을 대가로 자본, 기술, 정책 결정권 등을 장악한 다국적기업(TNCs)과의 전쟁으로 인식했다. 물론 남반구의 소수 엘리트는 새로운 세계 질서 속에서 이익을 챙길 수도 있다. 채찍을 손에 쥔 미국과 영국은 제3세계적 특징을 지닌 국가들을 계속 궁지로 몰아넣을지도 모른다. 기타 유럽 국가들 역시 노동운동계의 저항에도 불구하고 제3세계 정책에 있어서는 미국, 영국과 큰 차이가 없다.

3. 부자들의 클럽

미국이 주도하는 세계 질서 체제는 부자 클럽 안에서도 비슷했다. 힘없는 국가는 세계 유일의 권력 기구인 미국이 주도하는 '질서' 내에서만 지엽적인 이익을 챙길 수 있을 뿐이다. 1973년 키신저는 유럽에서 나토를 제외한 제3의 군대를 허용할 수 없다고 발표했다. 레플러는 나토의 목적은 "영국을 포함한 서유럽을 미국의 리더십 밑으로 편입시키기 위한 것"이라고 분석했다. "영국이나 통일 독일, 일본 등이 제3의 군대를 형성하거나 중립 진영에 가담하는 것"도 미국의 입장으로선 결코 허용할 수 없었다. 딘 애치슨 국무장관은 "중립주의는 자살로 이르는 지름길이 될 것"이라고 경고했다. 핵심 산업국가가 아닌 경우에도 마찬가지였다. 1952년 애치슨은 소련이 제3세계 갈등 문제에 별로 개입한 것이 없다는 점을 인정하면서도 "소련은 제3세계 문제를 이용해 비공산 국가들에게 중립 정책을 추구하도록 강요함으로써 서구 산업국가들을 위한 자원 제공을 거부하도록 부추기지 말라"고 경고했다. 오마 브래들리 장군도 일본을 염두에 두고 '중립주의는 자살'이란 말을 한 적이 있다.[17]

레플러에 따르면 서구의 정책 결정자들은 "소련의 공격에 대해 예상하지도, 걱정하지도 않았다." 즉 트루먼 행정부가 대서양 동맹을 지지한 것은 독일 통일을 통해 유럽의 안정을 증진시키기 위해서 반드시 그것이 필요했기 때문이었다. 바로 이점이 1949년 4월 워싱턴에서 나토가 결성된 기본 동기였다. 나토가 등장하자 이에 대한 대항으로 공산 진영에서는 바르샤바조약을 체결했다. 4월 회담을 준비하면서 미국 관리들은 "소련이 독일 및 유럽의 분단을 종식시키기 위한 협상에 관심을 가질 것"으로 확신했다. 미국의 입장에서 소련의 이 같은 움직임은 기회가 아니라 국가 안보, 즉

"독일의 경제적, 군사적 잠재력을 손에 넣고 중립주의로의 자살을 봉쇄"해야만 하는 목표를 가로막는 심각한 위협이었다.[18]

여기에서 "국가 안보"란 단어가 갖고 있는 기술적인 의미를 살펴볼 필요가 있다. 그것은 유사시 초강대국 간의 대결로 인해 발생하는 위험과는 관계가 없다. '대서양 공동체'란 표현도 대서양 지역에 거주하는 힘없는 민중, 권력과 이익의 명령 앞에서 기꺼이 희생당할 준비가 돼 있는 그런 민중들을 가리키는 것이 아니라 지배 계층을 뜻할 뿐이다.

1949년 미 중앙정보국은 "유럽에서 진짜 문제는 소련과의 협력 관계를 통한 독일의 안정화가 아니라 독일에 대한 [미국의] 장기적 통제"라고 결론을 내렸다. 독일이란 "거대한 공장"은 미국과 그 고객[영국 등 미국의 우방국]의 통제를 받아야만 한다. 소련의 입장에서는 지난 30여 년간 독일 때문에 두 차례나 사실상 전 국토가 폐허가 되다시피 한 고통을 겪었고, 특히 나치와 전쟁을 직접 치러 낸 만큼 안보에 민감한 반응을 보이는 것이 지극히 당연했다. 그러나 미국은 독일 안보 문제에 소련을 개입시킬 수 없다는 단호한 자세를 취했다. 애치슨은 독일에서 소련군이 철수하는 것은 당연하지만, 미국과 영국군이 철수하는 것은 "너무 위험 부담이 높다"는 이유로 거부했다. 조지 케넌은 "미국으로서는 현 단계에서 독일 통일을 결코 보고 싶지 않으며, 통일을 바람직한 해결책으로 생각하지도 않는다"고 밝혔다. 독일 통일이 장기적으로는 바람직하지만 '상황이 적당할 때'란 것이 딘 애치슨의 생각이었다. 그러므로 소련이 미국에게 독일로부터의 동시 철군을 제안한다 할지라도 미국이 이를 거부해야 하며, 결국 독일은 미국이 주도하는 세계경제에 종속적인 위치로 통합돼야 한다는 것이다. 따라서 소련은 이 과정에서 아무런 영향력을 가질 수 없을 것이며 독일의 산업(군사)적 발전에도 개입할 수 없을 것이다.[19]

여기서 미국의 목적은 두 가지였다. 첫째는 경쟁국 소련의 무력화, 두 번째는 동맹국들에 대한 미국의 지배력 강화이다. 반면 냉전 종식을 위한 노력은 미국의 목적에 애당초 걸맞지 않았을 뿐만 아니라 한 번도 중요하게 고려된 적이 없다.

레플러는 미국이 독일 통일을 반대하는 세 번째 이유로 "좌파가 지닌 대중적 호소력"에 대한 우려를 꼽았다. '좌파의 호소력'은 전후 소련의 경제 회복과 정치적 행동주의로 인해 국제적으로 더욱 힘을 발휘하고 있었다. 실제 독일에서는 패전 이후 탈나치화한 기업들과 노동조합이 노사협조 관계를 성공적으로 이룩하기도 했다. 워싱턴은 노동운동과 민중적 사회단체들이 단결해 유럽에서 전통적 사업 방식을 회복시키려는 미국의 계획을 방해할까봐 상당히 걱정했다. 당시 영국 외무부는 동양으로부터의 '경제적, 이념적 침투'를 우려하기도 했다. 미국과 영국은 자신들의 영향력에 도전하는 이런 움직임을 일종의 '공격'으로 받아들이는 경향이 있었다. 올바르지 못한 사람들은 자신이 어떤 일을 성취했을 때는 '성공'이라고 말하면서, 남이 어떤 정치적 성공을 거두면 자신에 대한 '공격'으로 받아들이기 마련이다. 영국 외무부는 독일에 대한 소련의 강한 영향력으로 인해 세력 균형이 깨질 위험이 있다고 경고했다. 미국과 영국에게는 독일이 분단 상태로 있는 것이 한결 바람직했다. 소련은 루르-라인 산업 단지 등 독일 내 주요 산업 중심지에 대해 어떤 영향력도 행사할 수 없도록 배제 당했다.[20]

여러 이유 때문에 미국으로서는 독일을 포함한 유럽이 안정과 평화를 유지하는 것보다는 대립 상태로 남아 있는 것이 더 유리했다. 그것이 과연 가능한지 아닌지의 문제는 생각하기 나름이다. 미국의 가장 중요한 관심사는 미국과 미국 기업이 지배하는 세계 질서 속에 핵심 산업국가들을 편입시키는 것이었다.

그로부터 십여 년 뒤, 한국전쟁 발발 직전 미국이 주도하는 '국제적 군사 케인스주의' 정책 덕분에 유럽 경제는 상당한 회복을 이룩할 수 있었다. 러시아가 세계 정복을 추진하고 있다는 가정도 구실이 됐다. 이처럼 유럽이 발전하자 미국에서는 또다시 유럽의 독자 노선과 중립화 경향에 대한 우려가 높아졌다. 케네디 행정부 때 영국 대사였던 데이비드 브루스는 "만약 유럽이 미국으로부터 독립해 독자적인 노선을 취하려고 한다면 대단히 위험한 일이 벌어지게 될 것"이라고 경고했다. 브루스 역시 미국이 우월한 입장을 유지한다는 전제조건하에서 유럽에게 동반자적 관계를 요구했다고 프랭크 코스틸리올라는 지적했다. 케네디 행정부는 '대계획 Grand Design' 아래서 동맹국들을 통솔하고자 노력했으나 의도하지 않은 결과가 초래되기도 했다. 특히 프랑스가 성가시게 굴었다. 케네디는 드골 대통령이 소련과 손잡고 독일에게 '수용 가능한' 협상을 제시할까봐 걱정했다. 또 유럽으로부터 미국을 차단하기 위한 프랑스와 소련 간의 협상 동향에 관한 비밀 보고서에도 대단한 관심을 보였다. 게다가 인도차이나에 대한 드골의 정책은 미국의 골칫거리였다. 드골의 중립 정책은 케네디 행정부로서는 도저히 받아들이기 힘든 것이었다. 당시 미국은 베트남 내전이 국제적인 전쟁으로 비화하지 않도록 노력하는 한편 베트남의 주권을 훼손하고 빼앗으려고 안간힘을 쓰고 있었다. 유럽이나 제3세계에서처럼 인도차이나 반도에서도 중립주의는 미국의 입장에서 보자면 "자살에 이르는 지름길"이나 다름없었다.[21]

동맹국들을 마음대로 휘어잡는 일이 예전보다 더욱 어렵게 되자 1973년 헨리 키신저 미국 국무장관은 "서구 동맹의 가장 큰 문제는 유럽의 내부적 발전, 즉 독자 노선의 길에 이르는 발전"이라고 털어놓기도 했다. 특히 "유로코뮤니즘의 성장"은 미국에서 새로운 우려를 불러일으켰다. 키신저와 브레즈네프는 같은 의견이었다. 브레즈네프는 "외국으로부터의 모든 간섭을 거부하면서 사회주의로 향해 나아가는 민주화 과정"을 별로 달가워하지 않았다. 키신저는 포르투갈과 이탈리아의 파시스트 이후 정권들이 미국과 정치적 문제를 일으킬 여지가 많다고 보고 있었다. 그는 유럽 주재 미국 대사관에 "나토 가입국 내 공산 정당들이 모스크바의 노선을 따르건 따르지 않건 간에 우리는 그들과 대화할 의사가 없다"는 지침을 내리기도 했다. "이탈리아의 공산 정권은 현재까지 상당히 효율적으로 국정을 운영하고 있는 것으로 보이며, 프랑스와 나토에 대해 파멸적 영향을 미칠 가능성이 있다"고 키신저는 생각했다. 결과적으로 미국은 포르투갈에서 파시스트 독재 정권이 붕괴한 이후 공산당이 빠르게 부상했을 때 비록 그것이 이탈리아처럼 유로코뮤니즘의 노선을 취하고 있다 할지라도 극력 반대 입장을 취할 수밖에 없었다. 레이몬드 가도프는 이 시기에 관한 연구에서 "유로코뮤니즘 덕분에 서구의 공산당이 대중에게 매력적으로 다가서고 있다"면서, 그로 인해 미국은 "동양에서 소련의 영향력을 약화시키는 것보다는 서유럽에서 미국의 영향력을 보호하는 데 우선순위를 부여했다"고 언급한다.[22]

여기서 우리는 이중의 문제를 다시 한 번 보게 된다. 미국의 통제로부터 벗어난 민주적 발전 그리고 미국의 세력 약화, 양쪽 다 미국으로서는 받아들일 수 없는 것이었다. 게다가 이 두 가지가 결합돼 나타날 때에는 미국의 안정과 안보에 중대한 위험이 초래될 가능성이 있었다.

1970년대에 들어서자 이런 문제들은 미국이 더 이상 통제할 수 없는 지경에 이르러 이전과 전혀 다른 길로 나아가기 시작했다. 이런 상황은 90년대까지도 비슷하게 이어지고 있다. 1992년 2월 펜타곤에서 비밀리에 작성한 『방위계획지침』 초안이 언론에 유출됐는데, 이 문서는 2000년까지의 국방부 예산 정책안을 담고 있었다. 이 초안의 골자는 한마디로 미국이 "세계적 권력," 즉 힘의 독점권을 가져야 한다는 것이다. 즉 미국은 "새로운 질서"를 "보호"해야만 하며, 반면 다른 국가들은 워싱턴이 부여한 테두리 내에서 "합법적 이익"을 추구할 수 있는 허락을 받아야 한다. 미국은 "우리의 지도력에 도전하거나 기존 정치, 경제 질서를 전복하려는 시도, 또 현재보다 더 큰 지역적, 세계적 역할을 추구하려는 그 어떤 시도도 반드시 막아냄으로써 발전된 산업국가의 이해관계를 보호해야만 한다." 이 같은 입장에서 유럽이 나토와는 별개로 독립적 유럽 방위 체계를 갖는 것도 허용될 수 없었다. 미국이 주도하는 나토는 '서구의 방위, 안보 기구'이자, 유럽 안보 문제에 대한 미국의 영향력과 참여 수단으로서 존속해야 한다는 뜻이다. "우리는 우리의 이해뿐 아니라 동맹국의 이익을 위협하는 모든 부정적인 것들을 제거하는 책임을 지닌다." 도대체 무엇이 부정적인 것인가? 미국만이 옳고 그른 것을 결정할 수 있는 권리가 있다는 말인가? 중동 지역은 예나 지금이나 미국에게 중요하다. "우리의 목적은 이 지역에서 가장 우월한 외국 세력으로서의 위치를 지키는 것, 그리고 유전에 대한 미국 및 서구의 소유권을 보호하는 것"이라고 이 초안은 명시하고 있다. 라틴아메리카의 경우에는 미국 및 미국 동맹국에 대한 쿠바의 "군사적 도발"이 가장 큰 문제점으로 지적됐다.

『워싱턴포스트』는 "이 초안에서 사용된 몇몇 표현에 대해 서유럽과 제3세계 외교관들은 대단히 비판적인 반응을 나타냈다"고 보도했다. 백악관과 국방부 고위 관리들도 초안의 내용에 대해 호의적이었던 것은 아니다. 그들은 "초안이 미국의 공식적인 정책을 대변하는 것은 결코 아니다"라고 주장했다. 그러나 국방부 대변인은 초안의 일부 내용에 대해서는 부인하면서도 "기본적인 골격은 국방장관이 지금까지 각종 공공장소에서 해 온 발언들과 대체로 일치한다"고 확인했다. 사실 의회와 행정부가 이 초안에 대해 맹렬히 비판하고 나섰던 것도 외국의 반발을 무마하기 위한 일종의 전술적 후퇴에 불과했다. 한 고위 관리는 국방부와 행정부의 고위층이 초안의 주요 내용들을 이미 승인한 상태였다고 털어놓기도 했다. 언론계에서도 비판적인 반응이 적지 않았다. 그러나 『뉴욕타임스』의 외교 전문기자 레슬리 겔브는 미국 정부가 "세계 경찰"이 돼야 한다는 식의 발상을 비판하면서도 "이스라엘의 안보 확립 문제에 있어 미국의 역할"에 관해서는 초안에 언급조차 되지 않았다고 꼬집었다.[23]

부자 나라 클럽 회원들은 과연 미국의 이 같은 위치를 어느 정도까지나 받아들일 수 있을까? 미국 정부는 애당초 계획을 시행에 옮길 경우 비용 부담이 워낙 큰 데다가 초안 내용에 대한 국제적 비난 여론까지 높아지게 되자 몇 달 뒤 계획을 수정했다. 반면 프랑스와 독일은 미국의 강력한 반대를 무릅쓰고 나토와는 별도의 유럽 방위군 창설에 합의했다. 또한 프랑스는 나토의 영향력을 증진시키기 위해 헝가리, 폴란드, 체코를 나토에 가입시키려는 미국의 노력을 적극 저지하고 나섰다. 『월스트리트저널』은 미국 관리들의 말을 인용해 "프랑스 정부는 미국이 나토를 좌지우지하면서 동유럽으로 영향력을 확산시키려 하는 것을 달가워하지 않으며, 나토의 영속화 역시 원하지 않는다"고 보도했다.[24]

이런 모든 논쟁들은 외교정책의 현실적 딜레마를 반영한다. 레이건 행정부 8년 동안 미국 사회는 돈을 마구 빌려와 쓰고 버리는 경제정책 때문에 심각한 경제적 후퇴와 사회적 파산 상태에 처해 있었다. 미국은 이런 지경 속에서도 과연 지난 반세기 동안 유지해 온 국제적 헤게모니를 지속시킬 수 있을까? 다른 국가들은 과연 가만히 앉아 종속적인 위치를 계속 받아들이기만 할까? 그리고 미국이 국제 질서를 유지한다는 명목을 내세워 이익을 챙기는 동안 다른 국가들이 계속해서 경제적 부담을 감내하게 될까? 걸프전에서 보듯 서유럽 부자 나라들이 자국의 이익을 보호하기 위해 미국과 영국을 계속 '용병'으로 고용하게 될 것인지, 아니면 용병을 해고하고 독자적으로 나설 것인지에 대해서는 확실하게 전망하기 어렵다. 영국『인디펜던트』의 군사 전문 기자는 영국이 경제적, 사회적으로 침체 상태에 있는 것은 사실이지만 "국제 공동체의 용병으로서는 매우 능력이 있고 경험도 많다"고 지적했다. 걸프전 동안 영국의 강경 외교론자들은 "좌파-파시스트들의 눈치를 보지 않고서도 깜둥이들을 폭탄 한 방으로 싹쓸이해 버릴 수 있었던 좋았던 시절"을 다시 한 번 꿈꾸었던 것이다.[25]

국가 간의 관계를 잘 이해하려면 우선 '책임' '안보' '방위' 따위의 관습적인 외교 용어들의 속뜻을 제대로 파악해야 한다. 암호 같은 이 단어들 속에는 "과연 어떤 국가가 주도권을 잡을 것인가"라는 근본적인 물음이 숨겨져 있기 때문이다.

4. 풍요로운 동맹의 파국

한 국가 정책의 뼈대는 권력 및 지배 체제가 안정 상태에 있고 국내외의 도전과 경쟁을 물리칠 능력을 갖고 있는 한 변하지 않고 지속되는 경향이 있다. 미국은 2차 대전 이후 안정된 상태에 있었던 것이 사실이다. 그럼에도 불구하고 정책은 변화 가능성에 적응해 나가야만 한다.

전후 세계 질서의 중대한 변화는 1971년 8월 닉슨 대통령에 의해 발생했다. 닉슨 대통령은 2차 대전 이후 미국이 실질적으로 주도해 왔던 국제경제 질서를 바꾸는 '새로운 경제 질서'를 선언했다. 2차 대전 종전 후 세계경제 질서(브레턴우즈 체제*8))에서 미국은 실질적인 국제은행으로서의 역할을 담당했으며, 달러는 거의 유일한 국제통화 노릇을 해 왔다. 그러나 1970년대 초반 "서유럽 간의 풍요로운 동맹은 막다른 길에 봉착했으며 심각한 무질서 상태에 놓여 있었다"고 국제경제학자 수전 스트레인지는 지적한다. 당시 독일과 일본은 전쟁의 폐허로부터 경제 회복을 이룩한 반면 미국은 베트남전쟁이란 뜻하지 않은 비용을 감당하고 있었다. 바야흐로 세계경제는 미국, 독일, 일본으로 연결되는 '삼극 시대'로 접어들고 있는 데다가 경기 침체와 자본 이윤율의 쇠퇴까지 맞고 있었다.26)

이런 상황에서 예상할 수 있는 반응은 기업가, 정치인, 이데올로기의 하수인 등이 부단히 저질러 온 계급 전쟁의 격화였다. 이후 수년간 각 국가에서는 실질임금, 사회보장, 노동조합 등 민주적 기능에 대한 전면적인 공격이 일어났다. 민중들이 자신의 관심사를 공공 정치의 장으로 끌어내기 위해 비합법적 활동을 함으로써 빚어진 '민주주의의 위기'도 극복돼야만 했다. 공격적 이데올로기는 권위와 복종의 강화, 타인을 배려하는 사회적 양심의 감소, 그리고 자기도취 등을 추구한다. 또 하나의 목표는 대중의 관심이나 방해를 받지 않고 전 세계 인적, 물질적 자원을 다국적기업과 국제은행에 자유롭게 공급할 수 있는 실질적인 세계 정부의 수립이었다.

미국은 비록 주요 경쟁국들과 비교해 상대적으로 쇠퇴하고 있기는 해도 여전히 단일 최대 경제 규모를 자랑한다. 그러나 미국이 직면한 문제

---

8) [옮긴이] 2차 대전 말 독일과 일본의 패배가 확실해지자 1944년 1월 1일~1월 22일 미국 뉴햄프셔 브래턴우즈에서 44개국이 회담을 갖고 전후 경제체제를 논의했다. 회의 결과 외국의 원조가 시급한 나라에게 공급되는 장기 자본을 마련할 <국제부흥개발은행>(IBRD)과 환율 안정에 필요한 금융 지원을 전담하는 <국제통화기금>(IMF)을 세우는 등 각종 경제정책을 수립했다. 이 회의를 통해 확립된 전후 세계경제 질서를 브레턴우즈 체제라 부른다.

들은 아스피린 한 알로 치료하기에는 너무나 심각했다. 그나마 공산 체제의 몰락으로 인해 아스피린마저도 별로 남아 있는 것이 없다.

미국의 경제적 헤게모니가 후퇴하고 있는 현실에 대해 닉슨 대통령은 대단히 직설적인 반응을 보였다. "우리가 손해를 보고 있으면 게임의 규칙을 바꿔야 한다." 닉슨은 국제통화 체제의 관례를 무시하고 금과 달러의 교환을 일시 중지시키는 한편 일시적 임금 통제, 수입품에 대한 추가 관세 징수, 부자들에게 유리한 세제 도입 등의 조치를 취했다. 기업에 대한 정부의 보조금은 그대로 둔 반면 연방과 주 예산에서 복지 예산은 삭감됐다. 닉슨의 이 같은 정책은 이후 미국 경제정책의 기본적인 방향으로 자리잡게 된다. 특히 레이건 대통령은 닉슨보다 한 술 더 떴다. 그 결과 연방, 주, 지방, 기업, 각 가정 등 미국 사회의 거의 모든 경제 단위에서 빚이 쌓이고 생산적인 투자는 거의 이뤄지지 못했다. 이 같은 경제정책이 초래한 가장 큰 피해는 국민과 미래의 세대에게 엄청난 빚을 남겼다는 점이다.

경제학자 데이비드 칼레오는 닉슨의 정책이 "국내외에서 일종의 중상주의 혁명을 만들어 냈다"고 분석했다. 그러나 실제 그것은 국제 체제에 무질서만을 초래했을 뿐이다. 국가 경제에 대한 합리적 통제가 점점 더 어려워졌으며, 이 과정에서 다국적기업과 은행들만이 이익을 챙겼다. 통제가 줄어들면서 국제 자본시장은 급속히 세력을 확산하게 된다. 1973~1974년 유가 인상 이후 엄청난 석유 달러의 유입, 자본 이동을 가속화하는 정보-통신의 발전도 국제 자본시장의 확산에 주요한 영향을 미친 요소들이다. 은행들은 새로운 대출에 매달리는 바람에 제3세계 부채 위기와 은행의 불안정을 부추기는 결과를 초래하기도 했다.[27]

미국 석탄, 우라늄, 농산물의 수출가 상승 등에 뒤따른 유가 폭등은 미국과 영국 경제에 일시적으로 긍정적 영향을 미쳤다. 특히 미국과 영국의 석유 회사들은 엄청난 이익을 챙겼고 알래스카, 북해산 고가 원유의 생산이 활기를 띠게 됐다. 유가 폭등 덕분에 중동 산유국들에 대한 미국의 공산품 수출과 대규모 건설 프로젝트 수주 등도 활기를 띠게 된다. 이렇게 벌어들인 돈은 재무부 유가증권과 각종 투자로 흘러 들어갔다. 중동의 기득권층은 다시 한 번 미국과 영국 경제 부흥을 위해 톡톡히 봉사한 셈이었다.28)

이와 비슷한 시기에 소련 제국에서는 불경기와 붕괴가 시작됐다(계획된 세계 질서에 의해 소련의 경제가 방해받은 것에 대해서는 이 책의 3장 참조). 1980년대 소련 경제의 거의 모든 부분이 불황에 빠지면서 국가자본주의 산업사회의 영향력은 더욱 강화됐다. 이런 분위기 속에서 제3세계 전역에는 어떤 불길한 예감이 퍼져 나갔다.

반면 일본과 유럽은 1980년 초, 비록 과거의 성장률을 회복하지는 못했지만 불경기로부터 빠져 나오는 데 성공했다. 미국 경제도 막대한 대출금 지급, 국방부가 주도한 첨단산업에 대한 지원, 보호무역 조치 강화, 이자율 상승 등에 힘입어 상당히 회복되고 있는 추세였다. 이 덕분에 남반구의 위기는 더욱 가속화됐다. 북반구 선진국들로부터의 지원은 대폭 줄어든 대신 이자 상환 부담은 더욱 늘었기 때문이다. 다만 동아시아의 신흥 산업 국가들(NICs)의 경우는 예외적이었다. 이 국가들은 정부의 강력한 경제정책 덕분에 비교적 높은 성장률을 유지할 수 있었다. 1980년대 불황의 여파는 동유럽권에도 미쳐 결국은 소련 제국의 붕괴를 가속화했다.29)

2차 대전 후 등장한 중립국들의 목표는 자국의 운명을 스스로 결정하겠다는 것이었다. 이런 움직임은 주로 <유엔무역개발회의>(운크타드)*9)

---

9) [옮긴이] United Nations Conference on Trade and Development(UNCTAD). 개발도상국의 경제 발전 가속화를 위한 무역 확대를 목적으로 설치된 유엔 총회 상설 기구로 1964년 6월 스위스 제네바에서 결성됐다.

를 중심으로 나타났다. 이 회의는 주요 생필품의 급격한 가격 변동을 통제, 안정화함으로써 '새로운 국제경제 질서'를 창조해 보자는 목적으로 탄생됐다. <유엔교육과학문화기구>(유네스코)*10)는 그동안 선진 산업국가들이 독점하다시피 해 온 국제 커뮤니케이션 분야에서 제3세계의 목소리를 높이는 데 중요한 역할을 했다.

선진국들이 이런 움직임에 대해 엄청난 적개심을 드러낸 것은 지극히 자연스런 일이었다. 결국 선진국들은 1980년대 운크타드와 유네스코에 결정적으로 등을 돌렸다. 이 기간 동안 미국은 유엔에 대한 선진국들의 공격을 주도했고, 그 결과 국제적 문제를 해결하는 기관으로서 유엔의 위상은 땅에 떨어지고 말았다. 유네스코 역시 제3세계에 기울어져 있다는 이유로 선진국들로부터 외면당했다. 미국은 유엔 각 기구들에 대한 자국의 영향력을 회복하기 위해 파괴 공작을 벌이면서도 "유엔 설립 정신의 회복"이란 근사한 말을 내세우며 합리화했다. 지난 20여 년간 미국과 영국은 유엔 안전보장이사회에서 중요한 사안들에 대해 거부권을 행사하고 방해를 일삼으면서 유엔의 권위를 추락시키는 데 결정적인 역할을 했다. 그럼에도 불구하고 미국과 영국은 소련의 방해와 제3세계 반미주의 때문에 유엔이 무기력해졌다며 책임을 전가해 왔다. 미국 정부는 유네스코의 '이단자'들을 제거하기 위해 대대적인 언론 캠페인을 벌였다. 몇몇 양심적인 학자들이 연구를 통해 실상을 고발하기도 했지만 정부가 주도하는 '거짓말의 홍수' 속에서 별 힘을 발휘하지 못했다.30)

당시 미국 사회의 '정치적 올바름'에 대한 히스테리는 정말 볼만했다.

---

10) [옮긴이] United Nations Educational, Scientific and Cultural Organization(UNESCO). 1946년 창설된 유엔 전문기구로 문맹 퇴치와 초등 의무교육을 지향하는 회원국들을 지원하고 사상과 지식의 국제적 교류를 장려한다. 미국은 예산 문제를 들어 1984년에, 영국은 그 이듬해에 탈퇴했다.

대학에서의 근거 없는 사상적 공포 등 다양한 일화들을 다룬 베스트셀러 저서, 연설, 신문 기사 등이 명령이라도 받은 듯 한꺼번에 터져 나왔다. 한 학자는 6개월간 『로스앤젤레스타임스』 기사를 분석한 결과 매일 한 번 이상 관련 기사가 실렸다는 사실을 밝혀내기도 했다. 이 난동은 현실에 기반을 두고 있다. 물론 인종 차별주의, 성 차별주의, 미국이 다른 국가에서 '선한 목적'을 내세우며 저질렀던 숱한 만행들을 좋지 않게 보면서 타문화를 존중하는 미국인들도 많았다. 그러나 충실한 지지자들을 공포로 몰아가는 [적들이 일으키는] 그러한 폐해가 전적으로 공상적인 것만은 아니다. 아무리 허술한 선전 공세라 할지라도 현실적인 것에서 출발하기 마련이다. 하지만 진짜 위협, 즉 해외의 '공식적인 적대 세력'이 관련된 경우는, 그 실체가 무엇이건 간에 [선전에서 말하는] 진정한 폐해와 충실한 지지자들을 둘러싼 조작된 드라마 사이에는 거의 아무런 관계가 없다.

이러한 현상들은 어디에서나 일어날 수 있다. 후기 계급 전쟁에서는 우파에 의한 이데올로기 체계의 장악, 대학 등 싱크 탱크에 대한 보수적 통제권 확립, 교수와 학생에 대한 기업 및 우파의 재정적 후원 등이 활발하게 나타난다. 보수적 이데올로기 체계에 대한 각종 토론과 비판을 억제하기 위해 갖가지 방법들이 동원되기도 한다. 이 같은 우파의 노력의 결과, 자유주의적 외교정책을 신봉하는 존경받는 학자가 보수 언론의 대표 격인『뉴욕타임스』를 "체제 내의 좌파"로 칭송하는 웃지 못할 일이 벌어지는 지경에까지 이르게 된다(찰스 메인즈). 정치계에서도 자유주의자와 사회주의자가 손을 잡는 상황이 나타났다. 한때 민중을 위한 정당임을 내세웠던 민주당도 이제는 민중의 눈치를 보는 시늉을 할 필요조차 없어졌다. 『뉴욕타임스』의 칼럼니스트이자 소설가인 고어 비달이 미국 정치를 "두 개의 우익 정당으로 이뤄진 일당 체제"로 묘사한 것도 당연하다. 이런 분위기가 주류

를 이루고 있는 한 그로부터 이탈한다는 것은 사실상 기대하기 힘들다.[31]

다음 장에서 다루게 될 내용은 문화 행정 연구자들에겐 전혀 놀라울 게 없을 것이다. 일방적인 이데올로기 갈등 시대가 종식된 후 기업과 극우파가 이념적, 정치적으로 확고한 승리를 거두면서 지난날 좌파-파시스트가 문화 전체를 손아귀에 쥐고 움직여 왔다는 선전 공세가 대대적으로 벌어졌다. 상황은 25년 전보다도 더 무시무시했다. 반정부적인 성향의 대학 캠퍼스가 파괴되고 도서관이 불탔으며, 흑인 학생들에 대한 인종차별이 기승을 부리는 등 질식할 듯한 분위기였다.[32] 이 와중에도 중앙 아이다호의 작은 대학 캠퍼스나 이름 없는 신문에서 좌파 학살에 저항하고 역사의 진실이란 깃발을 높이 치켜들었던 용기 있는 목소리를 발견할 수 있다.

절대적인 통제권을 지니고 있는 권력층이 좌파-파시스트에 대해 늘어놓았던 불평은 코믹하기까지 하다. 좌파-파시시트들의 문화 장악을 비난한 기사가 한 백 건쯤 실렸다면, 사실은 그렇지 않다고 미약하게나마 반박하는 기사 한 건이 있을까 말까 했기 때문이다.

전체주의적 분위기 속에서는 아주 미약한 일탈조차도 엄청난 비극으로 받아들여지며 공포를 유발할 수도 있다. 이념적 통제 아래에서 '비천한 민중'이 자신의 주변에서 일어나는 현실적인 문제에 적극적으로 의견을 제시하고 참여하기란 사실상 불가능하다.

5. 주인님들의 비열한 좌우명

현재 세계경제는 2차 대전 직후 '브레턴우즈 협정' 당시의 성장률을 아직도 회복하지 못하고 있다. 아프리카와 라틴아메리카의 경우 경제난이 심각한 데다가 각종 정치 테러로 골머리를 앓고 있다. 게다가 선진국들의 '신자유주의적 경제 이념'은 이런 상황을 더욱 악화시켰다. 유엔 아프리카경제위원회는 한 보고서에서 국제통화기금 프로그램을 따르는 국가의 성장률이 다른 국가들에 비교해서 대단히 낮다는 사실을 지적한 적이 있다. 특히 라틴아메리카에서 신자유주의 경제정책의 영향은 거의 파괴적이다.[33]

선진국들 중에서도 신자유주의 경제 이념으로 인해 피해를 겪은 경우가 있다. 이런 나라들은 과거 식민지였던 제3세계만큼 파괴적이지는 않아도 상당히 심각한 경제적 타격을 입었다. 오스트레일리아의 경우가 그렇다. 1980년대 노동당 정부는 자유 시장경제를 과감히 실험했으나, 80년대 말에 이르자 해마다 국민소득이 5퍼센트씩 감소하는 결과를 맞게 됐다. 국민들의 실질임금 수준이 하락했고, 많은 기업의 소유권이 외국으로 넘어갔으며, 일본을 중심으로 한 국가자본주의 경제대국의 자원 공급 기지로서 지위가 하락하고 만 것이다. 영국에서도 대처 시대 이후 부족한 재투자로 인해 경제 회복의 기미가 아직 보이지 않고 있다. 미국의 한 투자회사 대표는 일본과 영국을 비교하면서 "영국 경제가 회복하려면 아직 상당한 기간이 걸릴 것 같다"고 지적했다.[34]

앞서 언급했듯이 부유한 산업국가들은 제3세계를 착취하고 있으며, 가난과 절망의 바다 한가운데에 극도의 부와 특권을 소유한 섬과 같은 존재로 떠 있다. 특히 레이건-대처 시대 미국과 영국의 경우가 그렇다. 서유럽의 다른 국가들도 내부적인 제약이 다소 있기는 하지만 그 뒤를 바짝 뒤쫓고 있는 상황이다. 특히 유럽은 이른바 '이주 노동자'란 장치를 통해 자국의 빈민가를 해외로 수출하는 능력까지 갖고 있다. 소련 제국의 붕괴는 부자 나라 클럽으로 하여금 북반구와 남반구 간의 분할을 보다 공고히 만들 수 있는 새로운 기회를 제공했다. 1992년 5월 독일 공공 노조 파업 때, 다임러-벤츠 자동차 회사 회장은 파업이 계속될 경우 메르세데스 공장을 숙련된 건강한 노동자들이 있는 러시아로 이전할 것을 고려하고 있다고 발표했다. 미국 제너럴모터스(GM) 회장 역시 파업 문제를 해결하기 위해 제3세계, 동유럽, 멕시코 등으로 공장을 이전하겠다고 위협했다. 제너럴모터스는 미국과 캐나다에 있는 공장 21곳을 폐쇄하고 동독에 6억9천만 달러짜리 조립 공장을 세웠다. 『파이낸셜타임스』는 구동독 지역의 비공식적인 실업률이 43퍼센트나 되기 때문에 이곳의 노동자들이 서독 노동자 임금의 40퍼센트 수준만 받고 기타 혜택 없이도 훨씬 오랫동안 근무할 자세가 돼 있다는 데 제너럴모터스가 큰 기대를 걸고 있다고 보도했다.

다임러-벤츠 경영진이 주장하고 있는 것처럼 고임금 때문에 회사가 큰 피해를 입었다는 명확한 증거는 없다. 메르세데스 공장을 러시아로 옮기겠다고 위협한 지 불과 2주 만에 회사 측은 1992년도 일사분기 판매 실적이 해외 판매의 호조 덕분에 전년에 비해 17퍼센트 증가했으며 순수익도 14퍼센트 늘었다고 발표했다. 결국 고임금으로 인한 경영 악화 때문에 공장을 이전하겠다는 계획은 근거가 없었던 셈이다. 공장이 이전될 경우 독일에서는 1992년과 1993년도에 각각 만 명의 실업자들이 생길 것으로 예상됐다. 그러나 미국 언론들은 독일 노동자들이 이른바 "안락한 삶," 즉 나태한 생활을 즐기느라 부자 강대국을 위한 생산수단에 불과한 자신들의 위치를 제대로 파악하지 못하고 있다며 신랄하게 비판했다. 비슷한 때 미국의 케이터필라사 역시 노동자들에게 교훈을 남겼다. 이 회사는 이윤과 생산력을 높이는 반면 임금을 낮추고 "상설적 대체 노동력"을 최대한 활용함으로써 노동자들의 파업을 무력화시키는 데 성공했다.[35]

1930년대 중반, 미국 노동자들은 유례없이 기나긴 투쟁을 치른 대가로 드디어 노조 결성의 자유를 확보하는 데 성공했다. 그러나 기업들은 즉각적인 반격에 나서 대대적인 캠페인을 벌였다. 1896년 앤드루 카네기가 홈스테드에서 철강 노조를 잔혹하게 파괴한 직후 노동자들 앞에서 '정직, 근면, 가난을 극복하려는 의지의 미덕'을 호소했던 그 시절로 되돌아가는 일이 앞으로도 벌어지지 말라는 법도 없다. [미국 노동운동에 대한 자세한 논의는 11장 2절과 3절을 참조]. 당시 철강 노동자들은 카네기에게 보낸 전문에서 이렇게 자조적인 심정을 토로하기도 했다. "친절한 주인님, 우리가 당신을 위해 무엇을 어떻게 해야 할지 알려주십시오 당신은 가난한 가정이 얼마나 달콤하고 행복하며 순수한가를 잘 알고 있으며, 호화 맨션에서 사는 부자들의 우울한 운명에 대해 동정심을 품고 있는 분이기 때문입니다."36)

이른바 '질서 있는 사회'란 이처럼 '주인님의 비열한 좌우명'에 따라 움직이는 사회를 말한다.

노동조합이 무력화되면서 노동자들은 계급 전쟁의 진실을 새삼 깨닫게 됐다. 계급주의적인 기업계가 계급 전쟁을 끊임없이 조장하고 있다는 것을 인식하게 된 것이다. 경제 신문들이 강경 노조들을 향해 "철지난 계급투쟁 이념"과 "무너진 맑스주의적 관점"에 아직도 매달려 있다며 이해할 수 없다는 반응을 나타내는 것도 당연했다.37)

사회 조직과 권력이 일부 계층에게만 집중돼 있는 상황에서 (선택적) 자유무역은 결코 공공복지 향상에 도움이 되지 못한다. 경제적 자유주의 원칙은 기본 인권을 충족시킬 때만이 긍정적인 결과를 낳을 수 있다. 만약 그것이 "유럽인들의 야만적 불공정"과 "비열한 좌우명"만을 맹목적으로 뒤따른다면 그 결과는 일부 힘 있는 자에게만 이로울 뿐이다. 때로는 힘없는 대중들에게도 혜택이 돌아가는 경우가 있는데, 그것은 결코 의도한 것이 아니며 우연히 그렇게 된 것일 뿐이다.

미국-캐나다 간의 자유무역 협정 역시 자유무역의 허구성을 잘 보여

주는 예이다. 협정을 체결한 지 불과 2년 만에 캐나다에서는 노동자 수만
명이 일자리를 잃었으며, 많은 사람들이 캐나다보다 노조 활동에 제약이
많은 미국으로 일자리를 찾아 이주할 수밖에 없었다. 결과적으로 캐나다
정부는 자국 노동자들을 어떤 대책도 없는 착취 상태로 내몰고 만 셈이다.
미국은 태평양 연안 연어에 대한 캐나다의 강력한 보호 조치를 폐지시켰
고, 캐나다의 살충제 규제 기준을 미국 수준으로 끌어내리는 데 성공했으
며, 중금속 오염 기준 완화, 벌목 후 식목을 위한 보조금 중지 등도 성공적
으로 이끌어 냈다. 특히 미국은 캐나다 의료보험 체제의 모델 격이었던
온타리오 주 자동차 보험 계획을 방해함으로써 결과적으로 미국 보험회사
들이 수억 달러의 이득을 볼 수 있도록 만들었다. 미국은 이런 모든 조치들
이 양국 간의 자유무역 협정에 대한 불법적 장애물들이라고 주장했다.
미국은 <관세 무역 일반 협정>(가트)에서 각국 정부가 식량 수출에 대한
통제권을 갖는다는 조항에 대해서도 반대했다. 미국의 입장은 확실하다.
다른 나라 사람들이 어떤 희생을 치르더라도 농산물을 포함한 모든 자연
자원을 미국이 통제해야만 한다는 것이다.

한편 석면 수출국이었던 캐나다는 미국이 석면에 대해 미 환경보호국
(EPA)기준을 부과하고 과학적인 인체 유독성 자료를 제시함으로써 무역협정
을 위반했다고 비난했다. 미 환경보호국이 기업 활동을 보장하는 '최소의
요구'를 남용하여 무역협정 정신을 저해하고 있다는 것이다. 가트 협상에서
미국은 정부 관리, 화학 및 식품 회사 관리들로 구성된 기구가 석면의 유해성
을 조사한 '과학적 결과'를 제시하면서 석면 수입 제한을 지지했다.[38]

국제무역에서 소위 부자 나라의 '비열한 좌우명'을 가장 노골적으로
보여주는 사례는 미국 정부가 자국산 담배를 제3세계에 수출하기 위해
행사했던 압력이다. 담배는 인체에 치명적인 영향을 주는 환각제 중 하나

이다. 이윤의 폭도 세계 챔피언 급이다. 부시 행정부는 (파나마 침공을 정당화하는 수단으로서) '마약 전쟁'을 선언하는 한편 살인 상품, 즉 미국산 담배를 팔아먹기 위해 제3세계 각국 정부에게 수입 담배 광고를 허용하라고 압력을 넣었다. 가트 또한 미국의 이런 요구에 합세하고 나섰다. 언론은 '마약 전쟁'에 대한 팡파르를 높이 올리면서도 정작 가장 대중적인 마약인 담배에 관해서는 거의 언급하지 않았다. 당시 미국 언론 어디에서도 "미국이 세계 최고의 마약 거래국이 되다"란 기사는 찾아볼 수 없었으며, 있다 할지라도 보잘것없는 수준에 불과했다.

『보스턴글로브』는 "동유럽이 제3세계권으로 편입되면서 미국의 담배 생산업자들이 이곳에 눈독을 들이고 있다"고 1면 머리기사로 보도했다. "대다수 미국 기업들이 동유럽 투자에 소극적인 데 비해 유독 담배 회사들만은 꼬리에 불붙은 것처럼 정신없이 달려들고 있다"는 것이다. 한 담배 회사 간부는 "헝가리 인들은 건강과 환경 문제에 거의 관심이 없다"며, 앞으로 "최소 십 년 동안 이곳에서 많은 이익을 올릴 수 있을 것으로 기대한다"고 말했다. 이 기사는 선진 30개국 중 동유럽 지역 국민 평균수명이 가장 낮다는 점도 지적했다.

경제 원칙이 얼마나 유연하게 적용될 수 있는가는 또 다른 사례를 통해서도 살펴볼 수 있다. 뉴햄프셔 주는 한 주류 업체를 집중적으로 후원함으로써 재정 문제를 해결하는 데 성공했다. 이 업체는 1991년 2억 달러어치의 술을 판매해 6천2백만 달러의 순수익을 올렸고, 수익은 매년 5백만 달러씩 더 늘어나고 있다. 술은 담배 다음으로 인체에 치명적인 영향을 미치는 기호품이다. 뉴햄프셔 주의 이 주류 업체는 실질적으로 주 정부 소유로 돼 있다. 뉴햄프셔 주는 미국에서 노동조합에 대해 가장 보수적인 곳으로 정평이 나 있다. 결과적으로 주 정부는 주류 사업으로 많은 돈을 벌어들임으로써 자유 시장 이념을 지켜 나가고 국민에게 무거운 세금을 부과하지 않아도 됐다. 비록 널리 알려지지는 않았지만 자유경제 이념의 또 다른 성공 사례인 셈이다.[39]

자유무역 협정이란 이론적으로 고임금 국가의 임금을 낮추고 저임금 국가에 자금이 쏠리도록 함으로써 빈부 격차를 줄이기 위한 것이다. 그러나 현재의 조건에서는 정반대의 결과가 나타나고 있다. 세계은행 환경부의 수석 경제학자 허먼 테일러는 "제3세계 실업인구의 증가로 인해 노동 공급이 늘어나면서 세계적으로 임금 체계가 혼란에 빠지게 될 것"이라고 분석했다. 이로 인해 아동노동 금지법, 노동시간 단축, 환경보호 등의 사회적 비용 상승을 유발하는 모든 것들이 억제될 수밖에 없다는 테일러의 지적은 정확하다.[40]

현재와 같이 권력과 부가 일부에 집중돼 있는 상황에서 선택적 자유무역은 힘없는 대중의 생활을 최저 생존 수준으로 끌어내릴 뿐이다. 앤드루 레딩은 "부시 행정부는 힘 있는 기업가, 엘리트들만이 목소리를 내는 정부"라고 지적하면서 "각국 정부와 기업가들은 자유무역이란 껍질 아래에서 인간의 복지 향상을 거부하고 있다"고 비판했다. 현 상태에서 가진 사람, 가진 국가들이 이처럼 교활한 좌우명을 구사하는 것은 어찌 보면 지극히 당연한 현상이다.[41]

좌우명이란 곧 "현재 시점에서 자신을 위해 할 수 있는 모든 것"을 뜻한다. 『월스트리트저널』은 1992년 리우 환경회의 당시 부시 대통령이 온실효과를 초래할 수 있는 유독가스에 대한 규제 조약의 체결을 막기 위해 참가국들에게 압력을 행사한 것에 대해 "뜻 깊은 승리"라며 찬양했다. 그리고 이 신문은 기사나 시사만화로는 리우 회담 결과를 멋지게 다루면서도 사설에서는 지구 온난화, 해수면 상승 등은 좌파의 속임수일 뿐이

라는 주장을 폈다.[42)

1980년대는 전반적으로 엄청난 특권을 독점한 극소수와 다수의 가난한 대중 간의 분쟁이 세계적으로 악화된 시기였다. 점점 더 많은 대중들이 결핍과 절망으로 고통 받았다. 아무리 풍요롭다 할지라도 인간의 기능은 지배 체제나 이데올로기의 지배 아래에서 작동하기 마련이다. 미국의 현 사회정책은 가난한 대중들을 도시 중심지에 몰아 놓고 서로가 서로의 먹이가 되게 만들거나 감옥에 가두어 버리는 것이 전부이다(4장 3절 참조).

1973년부터 뚜렷하게 나타나기 시작한 자본의 국제화로 인해 세계경제는 새로운 면모를 나타내게 된다. 1966년부터 1984년까지 세계 공산품 수출에서 미국이 차지하는 비중이 3.5퍼센트 줄어든 것도 새롭게 나타난 특징 중 하나이다. 그러나 미국에 본부를 둔 다국적기업들의 수출 비중은 약간 증가세를 나타냈다. 만약 해외 자회사로부터의 수입품을 국내 생산에 포함시킨다면 국제무역은 전혀 다른 양상을 띠게 될지도 모른다. 미국 다국적기업의 공산품 수출 총량은 1957년 18퍼센트였으나 1984년에는 41퍼센트로 늘어났다. 리처드 뷔 보프는 "만약 외국 자회사의 생산품을 미국산으로 친다면 미국의 수출량은 두 배가 증가하게 될 것"이라고 지적했다. 1992년 세계은행 보고서에 따르면 "세계 350대 다국적기업 내부에서 이뤄지는 무역이 총무역의 40퍼센트를 차지한다." 미국 무역의 3분의 1 이상이 모기업과 해외 자회사 간의 거래이다. 말레이시아의 대미 수출량 중 절반 이상이 미국 소유의 자회사에 의해 이뤄지고 있으며, 대만의 5대 전자 수출 회사들은 모두 실질적으로 미국 기업 소유이다. 싱가포르에서도 82년 수출 총량 중 47퍼센트가 미국 소유 기업에 의해 이뤄졌다. 한국의 경우도 일본 전자 회사들의 하청을 받아 제품을 생산, 수출했던 것이 세계 전자 업계에서 성장하는 밑거름이 됐다. 더그 헨우드는 "상대적 이익과 개방

무역 체제의 미덕을 강조한 모든 교과서적 무역 이론들은 한마디로 난센스"라면서 현재 무역 불균형의 실상은 1980년대보다 훨씬 심각한 상태에 놓여 있을 것으로 추정했다. "전 세계적 네트워크를 가진 수백 개의 막강한 다국적기업들이 무역을 좌지우지하며 정부의 무역 전략 수립을 위한 자문 역할을 하고 있다"는 것이다.

최근의 상업적 생산품들은 이러한 경향을 반영한다. 한 예로, 제너럴모터스의 폰티악 르망 한 대의 시장 판매가는 한국의 부품 생산업체들에게 3분의 1, 일본에 6분의 1, 그리고 독일, 싱가포르, 영국, 바르바도스, 기타 나라 등의 협력 업체에 6분의 1이 [그리고 나머지 3분의 1은 제너럴모터스 본사가 있는 미국에] 돌아간다. 사회적 단위체로서 국가와 인구는 쇠퇴할 수 있다. 그러나 다국적기업 제국은 투자 결정권을 마음대로 휘두르는 반면 노동자들은 이런 결정에서 소외된 존재로 점차 전락해 가고 있다. 세계무역의 4분의 1에서 2분의 1은 이미 북반구 다국적기업들이 차지하고 있다. 이와 같은 불균형이야말로 현재 시점에서 우리가 심각하게 고민해야 할 중요한 부분인 것이다.[43]

6. 새로운 제국 시대

지배자들이나 그들의 이데올로그들에 의해 현실이 아주 솔직하게 드러날 때도 있다. 영국 『파이낸셜타임스』는 『비비씨 월드 서비스』의 경제 전문 기자 제임스 모건의 기사를 인용해 다음과 같이 보도했는데, 「소비에트 권역의 몰락으로 국제통화기금과 선진7개국이 새로운 제국 시대의 창조와 세계 통치를 전담하다」란 제목의 기사 내용은 이렇다. "우리[영국]는 드디어 처칠 수상의 이상을 성취할 수 있는 기회를 맞게 됐다. '더 많은 것을 원하는' 가난한 나라들, 처음부터 통치권을 갖고 탄생한 강대국의 평화를 위협하는 나라들에 대해 이젠 더 이상 신경 쓸 필요가 없어졌다."

현재와 같은 상황에서 "새로운 세계 체제는 선진7개국, 국제통화기금, 세계은행, 가트가 실질적으로 조종하고 있는 것이나 마찬가지이며 개발도상국의 지도자들은 새로운 지배계급 체제 속에 흡수되고 있다." 여기에서 "새로운 지배계급"이란 구지배계급이다. 각 지역 권력자들은 강대국들에게 적절하게 봉사하는 한에서만 조금이나마 부를 배분 받을 수 있을 뿐이다.

제임스 모건 기자는 "자기들의 시장은 굳게 닫으면서 제3세계에는 개방을 강요"하는 부자 나라들의 위선적인 행동을 꼬집는다. 그는 아마 이런 내용을 덧붙였을 수도 있다. 세계은행 보고서에 따르면 선진 산업국가의 보호무역 조치로 인해 남반구의 수입이 급격히 감소하고 있는 것으로 나타났다. 게다가 선진국이 제공하는 원조금 중 대부분이 개발도상국 내의 부자들에게 돌아가고 있는 실정이다(그나마 필요한 곳보다는 소비를 위한 부분에). 운크타드는 산업국가들의 비관세 장벽들로 인해 제3세계의 섬유, 철강, 수산업, 사료, 농산물 분야 수출이 20퍼센트 감소했으며 매년 수십억 달러의 손해를 입고 있는 것으로 추정했다. 세계은행은 남반구 공산품 수출의 31퍼센트가 비관세 장벽으로 인해 타격을 입은 것과 달리 북반구는 18퍼센트만 타격을 받았다고 지적하기도 했다. 1992년 유엔 인간 개발 프로그램 보고서는 빈부 격차의 악화 추세를 지적하면서, 1960년 이래 국제통화기금과 세계은행의 정책으로 인해 빈부 격차가 두 배로 늘었다고 비판했다. 또 선진 산업 24개국 중 20개국이 십 년 전보다 더 강력한 보호무역 정책을 취하고 있으며, 특히 미국의 경우 레이건 행정부 당시 수입

제한 조치 품목이 이전보다 두 배나 늘어난 것으로 드러났다. 『이코노미스트』도 "지난 수십 년 동안 발전을 내세워 강대국들은 가난한 나라들로부터 매년 210억 달러 이상을 착취해 왔다"고 지적했다.

좀 더 구체적인 예를 살펴보자. 미국, 영국, 프랑스는 방글라데시의 섬유산업이 자국 산업을 위협한다는 이유로 쿼터제를 부과한 적이 있다. 당시 『파이낸셜타임스』는 "미국이 방글라데시산 타월에 대해 반덤핑 관세를 42퍼센트나 부과하는 바람에 방글라데시의 섬유산업이 큰 타격을 입게 됐다"고 보도했다. 미국이 세계에서 가장 가난한 나라의 하나인 방글라데시로부터 수입하는 타월의 총액수는 246만 달러에 불과했다. 이에 비해 미국과 유럽연합은 밀가루, 쇠고기 등을 덤핑으로 판매해 말리, 부르키나파소, 토고 등의 토착 생산업자들에게 치명적인 피해를 입혔다. 그런데도 미국은 트리니다드토바고의 저가 철강으로 인해 자국 철강 산업이 큰 타격을 입고 있다고 주장하고 있다.[44]

『파이낸셜타임스』는 "고질적인 재정 적자에서 벗어나려고 발버둥쳐 온 제3세계 정부 당국자들이 무역 규정을 지키지 않는 선진 산업국가들에 대해 큰 실망감을 나타내고 있다"고 보도했다. 세계은행의 루이스 프레스턴 총재도 남반구 국가들의 이 같은 불만을 염두에 두고 "선진국들이 보호무역 조치를 줄여 나가고 원조를 제공하겠다는 약속을 지키지 않으면서, 제3세계에 자국 구조조정의 부담까지 지라고 요구하고 있다"는 사실을 인정했다. 후진국 원조 문제를 논의하기 위한 선진국 회담이 열렸을 당시 세계은행 관계자들은 "부자 나라들이 또다시 약속을 지키지 않으려고 한다"고 공개적으로 비판했다. 전통적으로 많은 원조금을 내놓았던 스웨덴은 미국, 영국이 계속 비협조적으로 나온다면 더 이상 혼자만 큰 부담을 감수할 수 없다고 주장했다. 한 비정부기구(NGO) 회의에서는 "세계은행과 국제통화기금의 구조조정 프로그램으로 인해 백 개국 이상의 가난한 노동자들이 고통 속에 신음하고 있다"면서 "강대국들이 자국의 쿼터제, 자국내 각종 보조금, 높은 관세 등은 고수한 채 가난한 국가들에게만 시장 개방을 강요하고 있다"고 비판했다. 그 결과 임금과 생활수준은 '잔인할' 정도로 하락했고 각종 사회보장제도는 위축되고 말았다.[45]

모건은 "새로운 지배계급이 개발도상국과 동유럽으로 하여금 '적절한 개혁 정책'을 따르도록 촉구하고 있다"고 지적했다. '적절한 개혁 정책'이란 지배계급에게만 유리한 것일 뿐이다. 지배계급은 경제적 제재를 이용해 자신이 원하는 '적절한' 행동을 이끌어 내기 어려울 경우에는 다시 한 번 안보, 무력이란 수단을 동원할 준비 태세를 갖추고 있다.

물론 경제 위기는 지배계급에게도 부담을 주고 있는 것이 사실이다. 그러나 그들은 유사시 국가권력에게 도움을 요청할 수 있다. 1984년 컨티넨탈 일리노이 은행 및 신탁이 무너지게 됐을 때 미국 정부는 '역사상 최대 규모의 국영화' 조치를 단행했다(하워드 워치텔). 금융 위기가 발생했을 당시 사장이었던 로저 앤더슨은 구속되기는커녕 연방자문위원회 위원으로 선정돼 연방준비은행 폴 볼커 총재의 공식 자문역으로 활동하게 됐다. 올림피아와 요크 부동산 왕국이 30억 달러의 손실을 초래하면서 몰락하게 됐을 때에도 국민들은 세금으로 부담을 나눠야만 했다. 폴란드 노동자, 라틴아메리카 농부, 로스앤젤레스 빈민가 사우스-센트럴 주민들에게는 내핍이 당연하지만 부자들에게는 그렇지 않은 모양이다.[46]

미국 정부는 자국의 철강 산업을 보호하기 위해 1982년 이래 철강 수입량을 전체 시장의 20퍼센트 선에 묶어 놓고 있다. 동시에 저임금, 노조 비가입 외국 노동자들의 대거 유입(철강업계 전체 노동력의 3분의 1에서 2분의 1)을 허용함으로써 백 년 전 미국 노동자들이 피의 투쟁 과정을 거쳐 이룩했던 성과들을 무기력하게 만드는 데 성공했다. 그러나 『이코노미스트』는 이런 일련의 조치들을 "군살 빼기의 성공 사례"로 극찬했고, 『뉴욕타임스』도 정부의 철강 산업 보호 정책과 비노조 인력 이용을 통한 임금 절감 효과를 긍정적으로 평가했다.[47]

신제국주의 시대의 가장 큰 업적은 절대 다수인 민중의 '주변화'이다. 힘없는 민중들이 말뿐인 민주주의 이상을 진짜로 심각하게 받아들일지도 모른다는 우려도 없어졌다. 영향력을 행사하고 있는 가트와 국제통화기금의 가혹한 프로그램을 과연 어떤 국가들이 따를 것인가? 전 세계 생활을 실질적으로 지배하고 있는 다국적기업, 국제은행의 결정은 또 어떤 국가들이 따를 것인가? 북미자유무역협정(NAFTA)은 돈 많은 투자자들에겐 금광과도 같은 것이 될지 몰라도 노동자와 환경보호 차원에서는 대재난을 초래할 뿐이다. 북미자유무역협정 체결 직후까지 구체적인 내용은 전혀 외부에 알려지지 않았다. 이런 협상에 대해 법적으로 알 권리를 갖고 있는 노동 자문위원회조차 내용을 전혀 모르고 있다가 협상이 끝난 다음 날 신문을 보고 알 정도였다. 의회 또한 책임을 방기했다. 결국 시민은 아무것도 모른 것이다.[48]

지난 수백 년 동안 엘리트 민주주의는 매우 좁은 시야를 드러내 왔다. 한쪽 극단에 존 로크의 자유주의가 있다면 또 다른 극단에는 레이건주의자(보수주의자)들이 신봉하는 반동적 국가주의가 존재한다. 이들은 불법적으로 선전과 비밀공작들을 자행하는 한편 비밀 시효가 지난 공문서의 공개조차 거부함으로써 국민의 알 권리를 거부하고 있다. 레이건 시대에 언론 통제는 미국 역사상 유례없이 심각했다. 국무부 자문위원장은 정부의 공문서 은폐에 대한 항의로 사임하기도 했다. 신제국주의 시대는 민주주의의 공식적인 관례까지 무시하면서 극단적 독재를 향해 치닫고 있는 것이다.[49]

대중도 실상을 전혀 모르는 것은 아니다. 그러나 이에 대한 반응이 너무 제 각각인 데다가 자기 파괴적이기까지 하다. 돈 많은 재벌이 가난한 사람들을 구해 줄지도 모른다는 우스꽝스런 믿음, 순수하고 고상한 인격을 갖춘 지도자에 대한 신화, 맹목적인 광신, 대안 없는 회의주의가 힘없는 대중에게 행복을 가져다준 적은 없었다.

3장
썩은 사과는 도려내라

NOAM CHOMSKY

1. 제일 큰 '썩은 사과'

앞장에서 이미 살펴보았듯이 냉전 체제는 아메리카 대륙 정복 이후 계속
이어져 온 북반구와 남반구 간의 갈등 속에서 하나의 막간幕間과 같은 시대
에 불과했다. 나름대로 독특한 면이 없었던 것은 아니지만 본질적인 차원
에서는 별 차이가 없었기 때문이다.

아메리카 대륙 정복 이전에도 유럽은 동과 서로 분리돼 있었다. 로버트
브레너는 다음과 같이 설명한다. "15세기 중엽부터 서유럽 대다수 지역에
서는 경제적, 정치적 위기 상황이 종식되면서 새로운 경제 부흥을 맞게
됐다. 서유럽 공동체의 농부들은 상당히 오래 전부터 나름대로 조직화된
세력을 형성하고 있었던 데다가 인권 투쟁 전통, 정치적 자율, 경제적 통제
를 위한 촌락 연계 조직 등도 갖추고 있었다. 따라서 이들은 자유로운
이동을 규제하는 봉건적 통제를 부수고 완전한 자유를 얻는 데 성공했다.
반면 동유럽에서는 농노제가 팽배해 결국 '저개발의 발전' 현상을 초래했
다." 예를 들어 폴란드에서는 국가 생산력이 16세기 중엽에 절정에 이르렀
다가 하락세를 나타내 2백 년 뒤에야 겨우 회복이 가능했다. "동유럽에서
는 촌락 단위의 연대 정신이 서유럽보다 희박했으며 결국 이것이 전 지역
을 영주의 지배를 받는 식민 사회로 떨어지게 만든 것처럼 보인다"고 브레

너는 언급한다.

레프튼 스타브리아노스에 따르면 역사상 제3세계가 맨 처음 등장한 곳은 동유럽이다. 14세기 영국과 네덜란드의 섬유 업계와 금속 업계에 천연자원을 공급하는 역할을 담당하기 시작했던 동유럽은 이후 저개발의 길을 걷게 된다. "동유럽은 유럽 최초의 식민지였다. 16세기 유럽에서 동유럽은 자원을 공급하고 은행가와 자본가로부터 착취당하는 일종의 제3세계였다. 이곳에서 다양한 경험을 쌓은 은행가와 자본가들은 훗날 유럽으로부터 멀리 떨어진 외국으로 나아가 보다 능숙한 방법으로 착취하는데 성공했다"(존 페퍼). 러시아는 광대한 영토와 막강한 군사력을 지닌 국가였다. 따라서 다른 동유럽 국가들보다는 늦게 서구 경제체제에 종속되었다. 그러나 19세기에 접어들자 빈곤과 더불어 외국 기업에 의한 경제 종속화가 심각해지면서 남반구 식민지와 같은 운명에 처하게 된다.

19세기 말 러시아를 방문한 한 체코 여행객은 러시아의 모습을 이렇게 기록하고 있다. "러시아의 귀족 영주들 중 대다수는 유럽식으로 집안을 장식해 놓고 있다. 농촌에 세워져 있는 각종 공장들은 서유럽의 오아시스나 마찬가지이다. 거의 모든 기계장치들이 서유럽산이다. 철도, 공장, 은행, 육군, 해군, 그리고 관료 자체까지 서유럽산 일색이다." 1907년 러시아 철도는 무려 93퍼센트가 외국자본 소유였으며 해외 부채, 특히 프랑스에서 빌려온 부채가 눈 덩이처럼 불어났다. 즉 러시아는 제3세계화의 전형적인 방식을 따르고 있었던 것이다. 1914년 러시아는 이미 "서유럽 자본의 반半식민지 상태에 놓이게 됐다"(테오도르 샤닌).

"많은 러시아인들은, 각자의 정치적 신념과 상관없이, 러시아가 서유럽에 의해 반식민 상태에 놓이게 된 사실에 대해 분노했다. 볼셰비키 혁명은 결정적인 의미에서 이런 과정에 대한 대응이었다. 즉 서유럽, 경제 이기주의, 군사적 무기력에 대한 농경 사회의 대항이었던 것이다. 현재와 같은 북반구와 남반구 간의 빈부 격차 및 갈등은 20세기에 나타난 현상이다. 그러나 이보다 앞서 러시아에서는 유사한 상황이 전개되고 있었다. 19세기, 그리고 20세기 초반 동유럽과 서유럽은 이미 날카로운 대립 상태에 놓여 있었다"(제만).[1]

1917년 10월 러시아에서는 볼셰비키 혁명이 일어났다. 혁명을 통해 소비에트 연방(USSR)이 건설되자 미국, 영국, 프랑스, 일본은 즉각적인 군사 개입을 시작했고 이로써 냉전의 기본적인 구도가 탄생했다.

러시아 혁명은 그레나다 또는 과테말라의 경우와 비교해 볼 때 규모가 좀 더 컸다 뿐이지 기본적인 차원에서는 차이점이 별로 없었다. 볼셰비키 러시아는 한마디로 '급진 민족주의'를 표방했다. 기술적인 의미로 보자면, "서구 산업 경제를 거부"한다는 점에서 '공산주의'라고도 할 수 있다. 그러나 문자 그대로의 차원에서 보자면 결코 '공산주의'나 '사회주의'로는 볼 수 없었다. 혁명 이전에 존재했던 사회주의적 요소들이 혁명 이후 오히려 급격히 사라져 버렸기 때문이다. 러시아 볼셰비키 정권은 제3세계에 대해 강한 호소력을 행사했다. 물론 군사적으로 위협이 될 정도까지는 아니었다. 멜빈 레플러는 "미국으로서 볼셰비키는 악몽이나 다름없었다"고 지적한다. 미국 정치인들은 "혁명 이데올로기로 무장한 전체주의 국가가 제3세계 민중에 막강한 영향력을 행사해 급속한 경제 발전의 꿈을 불어넣으면서 서구를 향해 돌팔매질을 하도록 부추기고 있다"고 우려했다는 것이다. 앞 장에서 언급했듯이, 미국과 영국 관료들은 소련이 프랑스, 이탈리아 등 핵심 산업국가들에까지 영향력을 행사하게 될까봐 크게 두려워했다.

소련은 한마디로 제일 큰 '썩은 사과'였다. 혹자는 남−북반구 갈등에 관한 기본 논리와 수사(修辭)에 따라 볼셰비키 혁명 이후 서구의 침공을 일종의 '방어적 조치'로서 합리화할지도 모르겠다. 당시 서구는 새로운 소비에트 정부가 서유럽뿐만 아니라 실질적으로 전 세계 모든 국가들에게 영향을 끼쳐서 '자본주의 질서에 대한 도전'을 부추길지도 모른다는 두려움으로 방어적인 조치를 취할 수밖에 없었다는 것이다. 존 루이스 가디스와 같은 외교사가는 "미국은 냉전 체제가 시작된 1950년대보다 훨씬 앞선 1917년 이미 위험에 처해 있었으며, 소련의 새로운 사회질서와 혁명에 대한 방어 차원에서 적극적인 개입을 취할 수밖에 없었다"고 주장했다.[2]

'급속한 경제 발전'이 남반구에서 특별한 관심을 불러일으키자 서구의 정치인들도 이에 주목하기 시작했다. 1952년 알렉산더 거셴크론은 소련의 경제 발전에 관한 연구 논문에서 "소련의 산업 총생산이 혁명 전과 비교해 약 여섯 배 늘었으며 이 같은 수치는 러시아 산업 발전 역사상 유례가 없었던 놀라운 기록"이라고 지적했다. 이어서 그는 "하지만 소비에트 정부에 의해 추진된 대대적인 산업적 변화는 맑스 사상을 비롯해 그 어떤 사회주의 이념과도 거리가 멀 뿐만 아니라 엄청난 인간적 희생을 통해 이룩된 것"이라고 주장했다. 거셴크론의 논문이 발표된 지 십여 년 뒤 사이먼 쿠즈네츠는 경제 발전의 장기적 경향에 관한 논문에서, 1950년대 국민 일인당 생산량이 가장 빠르게 성장한 국가로 미국, 일본, 스웨덴과 함께 러시아를 꼽았다.[3]

2차 대전 직후 소련이 히틀러를 물리친 대가로 동유럽과 중앙 유럽 일부를 장악하는 데 성공하면서 초(超)민족주의적 위협은 더욱 커지게 된다. 이와 함께 동유럽과 중앙 유럽은 서유럽의 영향권으로부터 멀어졌다. '썩은 사과'가 규모 면에서나 군사력 면에서 엄청나게 커지게 되자 미국과 서유럽은 위험천만한 바이러스가 전 세계로 퍼져 나갈까봐 전전긍긍했다.

물론 레닌과 트로츠키가 권력을 잡기 이전에도 서구의 기업-정부-언론들은 노동자들의 단결권과 기본권에 대한 억압을 정당화하기 위해 '공산주의'와 '무정부주의'의 위협을 역설해 왔다. 윌슨 행정부는 볼셰비키 혁명을 빌미로 미국 내 노동운동과 독립적 사상을 탄압했으며, 정부의 이런 조치는 당시 기업계와 언론의 전폭적인 지지를 받았다. 이런 방식은 곧 하나의 기본적인 형태로 자리 잡게 된다. 10월 혁명은 서구에게는 '공산주의 공격에 대한 방어'란 명목으로 제3세계에 개입하는 명분을 제공하기도 했다. 미국이 볼셰비키의 위협으로부터 서유럽을 보호한다는 명분으로 무솔리니와 히틀러의 파시즘과 나치즘을 지지했던 것도 어찌 보면 이해할 만하다. 그러나 따지고 보면 그것은 서구 내부로부터의 위협에 불과했다. 왜냐하면 실제로 소비에트 붉은 군대가 서유럽으로 진군해 들어오리라 믿는 사람은 거의 없었기 때문이다. 이와 유사하게 훗날 미국은 멕시코 공산 세력으로부터 보호한다는 명분으로 니카라과를 침공했고, 그로부터 50년 뒤 이번에는 니카라과 공산 세력으로부터 멕시코를 보호하기 위해서라며 또다시 니카라과에 대한 침공을 자행했다.

미국을 비롯한 서구는 크렘린(나중에는 북경)의 전진기지를 분쇄하기 위해 사실을 자의적으로 해석하기도 했다. 1950년 프랑스는 베트남에서 민족주의적 독립 열망을 억누르기 위해 애를 쓰고 있었다. 당시 워싱턴은 동맹국인 프랑스를 돕기 위해 정보기관들에게 호치민이 모스크바 또는 북경의 꼭두각시라는 확실한 증거를 찾도록 명령을 내렸다. 그러나 많은 노력에도 불구하고 미국의 정보기관들은 베트남에서 '크렘린의 음모'를 발견하는 데는 실패했다. 중국과의 연관성도 찾을 수 없었다. 그러자 모스크바가 베트남을 완전히 신뢰한 나머지 완벽하게 자율성을 부여하고 있음을 보여주는 명확한 증거라고 결론을 모으게 됐다. "모스크바와 베트남

간에 접촉 증거가 없다는 점이야말로 극악무도한 '악의 제국'을 건설하겠다는 야욕을 입증하는 증거"란 것이다. 이처럼 미국이 사실을 자기 마음대로 해석한 사례는 한둘이 아니다.

과테말라도 이 같은 경우에 속한다. 과테말라 주재 미국 대사관의 한 외교관은 미국 정부가 양국간 선박 항해 금지 계획을 발효한다면 과테말라 경제가 파탄 지경에 놓이게 될 것은 불을 보듯 뻔하며, 이로 인해 친미 쿠데타가 일어나거나 정반대로 반미 공산 세력이 커질 것이 분명하고, 특히 후자의 경우 미국이 즉각적으로 강경한 조치를 취할 수 있는 정당한 이유가 될 것이라고 전망했다. 이런 발상에서 엠바고, 테러, 각종 폭력 등은 제3세계에 대한 미국의 일상적인 정책으로 자리 잡았으며, 결국은 해당국이 소련에게 도움을 청하도록 몰아붙임으로써 '소련의 음모'를 입증해 내곤 했다. 미국이 과테말라와 니카라과에서 행한 이런 방법들은 사실 서투르기 짝이 없었다. 그러나 나름대로 서구의 순응적인 지식인 사회에서 이런 전술은 대단한 성공을 거두기도 했다.[4]

2. 논리 없는 논리

2차 대전 동안 소련과 미국은 나치를 물리치기 위해 손을 잡았다. 그러나 이 동지적 관계는 양면성을 갖고 있었다. 루스벨트 대통령은 아들과의 대화에서 소련이 나치와의 싸움에서 지쳐 떨어질 때까지 미국은 기다리고 있다가 결정적인 순간에 참전을 선언함으로써 소련을 제거하는 것이 자신의 전시戰時 전략이라고 밝힌 적이 있다. 루스벨트에 관한 세계적인 전문가 워렌 킴벌은 "루스벨트 대통령이 미국의 2차 대전 개입을 최대한 막기 위해서 대소련 원조를 최우선으로 삼았다"라고 지적했다. 트루먼 대통령은 루스벨트보다 한 술 더 떴다. 1941년 독일이 소련을 공격하자 "독일이 승리하면 소련을 돕고, 소련이 승리하면 독일을 돕는 방식으로 미국은 양쪽이 최대한 서로를 죽이도록 만들어야 한다"고 말했다. 1943년 미국은 이탈리아에서 파시스트 부역자들과 동조자들을 다시 돕기 시작했다. 급진적인 사회 변혁을 막기 위한 방편으로 파시즘에 대해 관용을 베푸는 정책은 이후 전 세계에서 하나의 공식으로 자리 잡게 된다. 소련에 대한 [미국의] 공격은 전쟁 전의 결과도 아니고 전쟁 후 예견됐던 일도 아니라는 점을 상기하자.[5]

거대한 '썩은 사과'라는 골칫덩이는 정책 결정에 있어 변화를 가져왔다. 1945년 7월 전쟁장관이었던 스팀슨이 국무장관에게 제출한 한 연구 보고서에 따르면, 당시 군부 관계자들은 소련에 대한 미국의 군사적 견제와 세계 각 지역에 대한 미국의 통제력에 대해 상당한 만족감을 표시한 반면 다른 나라 국민들의 권리는 전혀 인정하지 않는 입장을 취했다. "파나마 또는 지브롤터[지중해 연안의 영국 식민지]에 대한 미국 및 영국의 일방적인 군사적 통제권은 그대로 유지하면서 다르다넬스 해협[역사상 아주 중요한 터키 북서부의 해협]에 대한 소련의 통제권(소련이 일 년 내내 얼지 않는 다르다넬스 해협을 확보함으로써 군사적으로 대단히 유리한 입지를 차지하게 됐다는 것이 미국과 영국의 분석이었다)을 부정하는 것은 비논리적이란 비판을 초래할지도 모르지만 미국의 계획은 '논리 없는 논리'를 갖고 있다"는 것이 군부 관계자들의 결론이었다. 즉 미국과 영국은 "꿈에도 영토 확장 야욕이 없다는 것이 분명하지만 소련도 완전히 그렇다는 증거는 없다"는 이야기다.

소련은 영토 야욕이 전혀 없다는 점을 아직도 완전히 입증하지 못하고 있다. 러시아는 공산주의 이념과 연관돼 있으며, 전 세계적으로 비등하고 있는 민중들의 권리 확장 움직임에 대해 최소한 피상적으로나마 영향력을 행사하고 있다. 소련은 지구상에서 영향력을 넓히기 위해 힘과 이데올로기의 결합을 꾀하고 있음이 틀림없다. 지난 수년간 소련의 행동은 우리의 생각이 잘못됐다는 것을 입증할 만한 증거를 제공하지 못했다.

간단히 말해서 소련은 "보다 넓은 영토를 차지하려는" 사악한 민중, "항상 부자들을 약탈하기 위해 안달이 난" 빈민들과 결탁하려는 의도가 없음을 스스로 증명해야 한다는 것이다(덜레스). 따라서 소련이 확실한 증거를 보여주기 전까지 그 어떤 범죄적 요소, 전복적인 사상과도 협조하지 않는 것은 지극히 논리적인 행동이라고 미국 관리들은 주장했다. 러시아는 "자본주의 질서의 존립"에 결코 위협이 되지 않는다는 점을 스스로 보여줘야만 했다(가디스). 부자는 하인들이 거주하는 지역을 포함해 아무 곳이나 드나들 권리가 있다는 원칙을 다시 한 번 강조하고 있는 셈이다.

'논리 없는 논리'란 관념은 적용 범위가 넓다는 점에서 대단히 유용한 이데올로기적 수단이 됐다.

미 중앙정보국의 전신인 전략정보국(OSS)의 윌리엄 도너반 국장은 소련의 위험성을 다음과 같이 언급했다. "전쟁으로 파괴되고 비참한 상황에 놓여있는 유럽에서 소련은 공산주의 프롤레타리아 철학이라는 대단히 강력한 카드를 제시하고 있다. 반면 미국과 영국은 소련만큼 역동적이고 매력적인 정치적, 사회적 철학이 없다." 십여 년 뒤 아이젠하워와 덜레스도 이와 비슷한 고충을 털어놓았으며, 인도차이나 사태가 악화됐을 당시에도 미 정부 당국자들은 같은 심정을 토로하곤 했다.[6]

1945년에 윤곽이 잡힌 미국 정부의 소련에 대한 추론은 냉전 체제 내내 계속 유지됐고 이후 북반구–남반구 갈등 문제를 바라보는 기본적인 입장으로 자리 잡았다. 이 같은 추론은 국내 정책에 종종 적용돼 오곤 했다. 예를 들어 1차 대전 직후 미국 내에서 급진적 사상이 대두되자 정부 당국은 신속한 진압의 필요성을 느꼈다(윌슨 행정부 때 이른바 '붉은 공포' 소동이 일어나자 팔머 법무장관과 『워싱턴포스트』는 소련에 의한 사주 가능성을 경고했다). 1986년 미국이 리비아의 주요 도시에 폭격을 감행했을 당시에도 정부는 "장차 있을지도 모르는 공격에 대한 방어"로서 폭격을 합리화했고, 미국의 이 같은 주장은 이른바 국제법을 옹호한다는 국가들로부터 지지를 받았다.[7]

"명백하고 현존하는 위험"을 당장 입증할 증거는 없지만 결코 용인할 수 없다는 것이 미국의 입장이었다.

미국의 논리는 간단하다. 강대국은 자기가 소유하고 있는 세계에 대한 통치 권리를 갖고 있으며 '안정'을 방해하는 그 어떤 잠재적 범죄행위도 절대 용납할 수 없다는 것이다. 위협은 애당초 싹의 단계에서부터 잘라 내야만 한다. 만약 그것이 자라나게 될 경우, 우리[강대국]는 모든 일을 바로잡기 위해 해야 할 일을 할 따름이다.

서구 지도자들을 괴롭힌 것은 스탈린의 범죄행위가 아니었다. 트루먼 은 일기에서 "스탈린과 협상할 수 있을 것 같다"며, "그는 솔직하고 아주 똑똑하다"고 기록했다. 아이젠하워, 라히, 해리만, 번스 등 미국의 다른 관리들도 이 점은 인정했다. 트루먼은 소련에서 일어나는 일에 관심이 없었다. 스탈린이 사망했을 때는 "진정한 파국"이 일어나게 될지도 모른 다며 그의 죽음을 대단히 아쉬워했을 정도였다. 그러나 트루먼은 미국과 소련의 협력 관계가 임시적이라는 점을 확실히 알고 있었다. 2차 대전 직후 리더십의 변화를 면밀하게 연구해 온 멜빈 레플러는 "트루먼이 스탈린을 좋아했다"면서 "그러나 두 사람 모두 진정한 열정이나 도덕성은 갖고 있지 않았다"고 지적했다. 즉 "트루먼과 스탈린은 권력과 자기 이익에만 몰두했을 뿐이며 지난 15년 동안 경제적 궁핍과 스탈린 체제의 테러, 나치 학살 등 숱한 어려움을 겪어 온 민중에 대해서는 관심이 없었다"는 것이다.[8]

당시 미국 관료들 중에서 소련이 서구를 직접 공격할 것으로 보는 사람은 거의 없었다. 그러나 소련의 막강한 군사력에 대해서만큼은 다음과 같은 두 가지 이유에서 우려를 나타냈다. 첫째는 소련이 미국의 '논리 없는 논리'를 인정하지 않고 전 세계 장악을 방해할지도 모른다는 점이다. 소련의 입장에서는 전통적으로 오랜 적국이었던 독일과 일본이 미국의 권력 체제에 편입돼 경제적 자립과 재무장을 추진하고 있다는 사실이 못마땅했다. 미국 관료들도 소련이 이런 이유로 안보 위협을 느끼고 있다는 점을 충분히 이해하고 있었으며, 바로 이 점 때문에 소련이 모종의 대응 조치를 취할 가능성이 충분히 있다고 생각했다.

두 번째 이유는, 힘없는 국가들을 자원봉사 지역으로 만들려는 미국의 계획을 소련이 방해하고 있다는 사실이었다. 게다가 크렘린은 미국이 무너뜨리려는 국가를 뒤에서 지원하고, 기회를 이용해 가능한 곳에서 이익을 챙기려 하고 있었다. 미국에 대한 대항 세력으로서 소련의 존재는 중립주의를 부추길 가능성이 높고, 결국에는 전통적인 특권과 권력 유지에 필수적인 지역에 대한 서구의 통제권을 무력화시킬 가능성이 높다고 미국 관리들은 우려했다. 이런 와중에 제3세계 지도자들은 국제 문제에서 스스로 독립적인 역할을 발견하게 된다. 1960년대, 미국은 과거 존경받는 국제 기구였던 유엔이 '다수의 전제 정치'에 빠지게 됐다고 신랄하게 비난했다.

미국은 한 때 강대국의 잔심부름꾼에 불과했던 약소국들의 영향력이 점차 높아지게 되자 유엔 자체를 무기력하게 만들기 위해 전력을 기울였다.[9]

미국의 입장에서 보자면 소련은 극단적 민족주의를 부추기고, 이른바 '썩은 사과' 효과로 '안정'을 훼손하는 범죄를 저질렀다. 소련의 범죄는 이것뿐이 아니다. 미국의 세계 질서 구상을 방해하고, 힘없는 희생자들이 저항하도록 도왔다는 죄도 있었다. 따라서 소련과의 타협이나 데탕트[긴장 완화]란 있을 수도 없는 일이었다. 1980년대 소련이 붕괴 과정에 처해 있을 당시에도 미국은 고르바초프의 "신사고 New Thinking"*[1]를 미국이 드디어 전 세계에서 마음대로 폭력을 휘둘러도 상관없게 됐다는 식의 허가증쯤으로 해석하거나 별다른 의미가 없는 소련의 제스처, 또는 정반대로 공산주의의 교활한 공격성을 나타내는 증거로 받아들였다.[10]

미국은 소련의 완전 항복을 제외하고는 냉전 체제의 갈등을 해소해야만 할 하등의 절대적인 이유가 없었다. 당시 소련 측 기록들을 자세하게 살펴볼 수는 없지만 현재까지 입수 가능한 자료들을 근거로 추측해 보건대, 스탈린과 후임 서기장들은 미국이 지배하는 세계 체제에서 이등 관리자로서의 역할을 기꺼이 감수하면서 외부의 개입 없이 자국의 영역을 다스리는 데 만족하고 국제적 '안정'을 위해 협조할 용의가 있었던 것으로 보인다. 소련으로서는 1930년대 스페인*[2]에서 공산주의자들의 군대가 민중

---

1) [옮긴이] 페레스트로이카(개혁)와 글라스노스트(개방)로 대표되는 일련의 개혁 정책을 가리킨다. 1980년대 말, 당시 서기장이었던 고르바초프는 정치, 경제, 사회 등 모든 영역에서 과감한 개혁 정책들을 추진한다. 이러한 정책들은 동유럽 민주화와 독일 통일에 결정적인 영향을 미쳤다는 평가를 받고 있다.
2) [옮긴이] 스페인 내란(1936~1939). 스페인 제2공화국 인민전선 정부에 대항해 군부를 주축으로 한 국가주의자들이 일으킨 군사 반란을 가리킨다. 내전 기간 동안 5만여 명의 민간인과 군인들이 사망하는 참극을 빚었다. 반란군은 무솔리니와 히틀러의 후원을 받았으며 공화파는 유럽 각국의 진보파와 미국, 소련 등으로부터 지원을 받았다. 1939년 결국 국가주의파가 마드리드에 입성, 프랑코의 독재 체제가 시작된다. 영국, 프랑스, 미국 등은 프랑코 정권을 곧 승인했다.

사회혁명에 맞서 공격의 선봉에 섰던 것처럼 다시 한 번 세계 안정을 위해 타협하겠다는 자세가 나름대로 돼 있었던 것이다.

워싱턴의 입장은 당시 국무장관이었던 딘 애치슨이 1949년 5월 독일 문제에 관한 각국 외무장관 회의를 앞두고 상원 외교위원회 실무 회의에 보고한 내용을 통해 명확히 드러난다. 레플러는 이 회의에서 애치슨이 소련과의 "비타협 원칙을 강경하게 표명하자 상원의원들이 상당히 놀랐다"고 적고 있다. 아서 반덴버그 상원의원이 미국의 이런 정책으로 인해 냉전 체제가 고착화될 가능성이 있다고 우려를 나타내자, 애치슨은 정부의 목적은 냉전을 피하는 것이 아니라 미국의 통솔권 아래 서구를 통합하는 데 있다고 반박했다. "클로드 페퍼 상원의원이 소련을 좀 더 공정한 시각에서 다루는 것이 좋겠다고 지적하자 애치슨은 비웃는 듯한 태도를 나타내며 크렘린의 위성국이 될지도 모르는 서독을 서유럽 쪽으로 끌어당겨서 서구 공동체의 번영을 이룩하는 것이 자신의 목표라고 설명했다." 이 목표가 달성된다면 소련의 힘을 훼손시킬 수 있을 뿐만 아니라 동유럽과의 준準식민 관계를 회복할 수도 있다는 것이다. 외무장관 회의가 예상대로 별 소득 없이 끝난 후 애치슨은 한층 의기양양한 태도를 보였다고 레플러는 기록했다. 애치슨은 소련이 "다시 수세 국면에 처하게 됐으며 독일을 잃게 됐다는 사실에 매우 신경이 날카로워졌다"고 주장했다.[11]

앞에서 살펴보았듯이 미국은 1949년 유럽 평화 정착에 대한 소련의 적극적인 관심을 새로운 기회가 아니라 '국가 안보'를 위협하는 것으로 받아들이고 있었다. 이런 맥락에서 미국은, 1952년 자유선거를 거쳐 하나로 통합되고 비무장화된 독일을 건설하자는 스탈린의 제안을 심각하게 고려하지 않았다. 흐루시초프가 1961~1963년 독일에서 소련 주둔군의 숫자를 대대적으로 감축한 이후 상호 철군을 제안했을 때에도 미국 정부는 같은 반응을 보였다. 케네디는 대통령 선거를 앞두고 소련이 "광대한 자연 자원 지역을 손아귀에 넣으려는 간접적인 전략을 구사함으로써 유럽 정복 까지 획책하고 있다"고 쓰고 있다. 여기서 간접적인 전략이란 제3세계의 비동맹주의, 중립주의에 대한 소련의 지원을 가리킨다. 1980년대 중반 고르바초프가 냉전 체제의 대립을 감소시키기 위해서 일방적인 군 병력 감축, 핵무기 실험 중지, 군사동맹의 폐기, 지중해 주둔 해군 함대 철수 등 일련의 파격적인 조치들을 취했을 때도 미국은 이를 철저히 무시했다. 미국으로서 긴장 완화란 제3세계 봉사 지역을 상실하게 될 뿐 하등 가치 없는 일에 불과했기 때문이다.[12]

1950년대 말 소련의 영향력은 절정에 도달하지만 서구에 비하면 아직도 한참 뒤떨어지는 수준이었다. 1980년 <방위정보센터>(CDI)의 한 연구 보고서는 2차 대전 이후 소련의 세계 각국에 대한 영향력을 분석하면서, 소련의 영향력이 이미 정점을 지나 하향 곡선을 그리고 있으며 1979년 현재 "세계 인구의 6퍼센트, 세계 국민총생산의 5퍼센트에 불과한 소련 영역 내에서만 영향력을 행사하고 있다"고 결론을 내렸다. 1960년대 중반 소련 경제는 이미 정체 상태에 들어서 있거나 퇴조를 나타내고 있었다. 1970~1975년 유아사망률이 30퍼센트 가까이 증가한 데다가 주택, 상업, 평균수명 등 거의 모든 부분에서 하락세를 기록했다.[13]

1962년 쿠바 미사일 위기[*3]는 소련 군사력의 취약성을 드러내는 계기가 됐으며, 엄청나게 치솟았던 군사비는 1970년대 말쯤에 가서야 겨우 안정세로 접어들게 된다. 당시 소련 경제는 명백하게 정체 국면에 처해

---

3) [옮긴이] 쿠바 미사일 위기. 1962년 10월 소련의 쿠바 핵미사일 배치를 둘러싼 미·소 간의 갈등으로 전쟁 발발의 위기까지 빚어졌던 사건. 케네디 정부는 소련의 핵미사일 배치를 막기 위해 쿠바에 대한 해상 격리 조치를 발표했으며, <미주기구>(OAS)도 이를 승인했다. 일촉즉발의 위기는 결국 10월 28일 흐루시초프 러시아 서기장이 미사일 회수를 선언함으로써 종결됐다.

있었으며, 정부는 점증하는 불평불만을 통제할 능력조차 없었다. 계획경제를 통해 기본적인 산업 발전을 이룩하는 데 성공했지만 그 이상의 발전은 불가능했다. 이와 더불어 세계경제 전체가 불황을 맞으면서 남반구의 대다수 지역 경제가 황폐화됐고 그 여파가 소련에까지 미쳤다. 1980년대에 이르자 소련 제국은 붕괴하기 시작했으며 결국에는 핵심 국가, 즉 역사상 항상 부유하고 강력한 권력을 소유했던 강대국들이 냉전에서 승리를 거뒀다. 구소련 제국에 속했던 국가들은 앞으로 전통적인 제3세계로 되돌아가게 될 것이 분명하다. 그러나 옛 공산당 특권층(노멘클라투라)은 제3세계 엘리트로서 국제무역 및 금융 업계와 결탁해 이익을 챙길 것이다.[14]

1990년 세계은행은 "소련과 중국은 이제까지 국제경제와 거리를 두면서도 경제적으로 비교적 성공한 대표적 국가"로 꼽힌다며, "두 국가는 지금까지 거대한 규모 덕분에 다른 국가들보다 내부 중심적인 발전을 효과적으로 수행할 수 있었지만, 결국에는 국제경제에 보다 적극적으로 참여하는 방향으로 정책을 바꿀 수밖에 없을 것"이라고 전망했다. 이 말을 보다 정확하게 해석하자면, 현재까지는 "거대한 규모" 덕분에 소련과 중국을 전통적인 종속 상태에 두려는 시도를 나름대로 거부할 수 있었지만 결국에는 강대국 지도자들이 지배하는 국제경제에 적극적으로 참여할 수밖에 없을 것이라는 뜻이 된다.[15]

소련은 전 기간에 걸쳐 다른 국가들을 위협하기 위해서 자국의 국력을 실제보다 크게 부풀리는 경향을 나타냈다. 냉전 관련 기록 가운데 역사적 가치가 가장 높은 문서로 평가받고 있는 「NSC 68」(1950년 4월)은 소련 경제의 취약성을 언급하면서 "전 세계에 걸쳐 절대적인 권위를 확립하겠다는 불가능한 목표에 매달리고 있는 '노예국가'"라고 지적했다. 결론적으로 지구상에서 이처럼 터무니없는 목표를 막을 수 있는 국가는 고상하고 완벽한 미국뿐이었다. 민주주의를 지키기 위해서 미국 국민이 어느 정도의 억압은 감수해야 한다는 위협은 참으로 놀랍다. 다시 말해 미국인들이 민주주의란 가치를 위해 "보다 많은 희생과 규율," 즉 사상 통제를 비롯하여 사회복지보다는 방위 및 외교에 대한 정부 예산의 집중 편성 정책 등을 받아들일 수밖에 없다는 것이다. 1948년 자유주의 운동가이자 중앙정보국에도 상당한 영향력을 행사하고 있던 코드 메이어는 자신의 저서에서 '파업권 거부' '시급한 방어 계획' 등의 필요성을 강조했다. "미국 시민은 사보타지와 외국 불순 세력의 공작으로부터 자신을 보호하기 위해 강력한 비밀경찰이 필요하다는 사실을 인정해야 한다"고 그는 주장했다. 윌슨 행정부 당시에도 '안정'을 내세워 파시즘적인 방법들이 동원되기도 했다.

1980년, 전후 양극 체제가 점차 다원화되면서 초강대국들의 헤게모니와 경제력은 이전 시대와 비교해 뚜렷한 하락세를 나타내기 시작했다. 이와 함께 한때 강대국들이 대외적으로는 동맹 체제를 탄탄하게 챙기면서 국내적으로는 질서 및 안정을 빌미로 부당한 정책들을 동원했던 냉전 체제도 함께 쇠퇴하게 된다. 물론 상대적인 영향력과 세력까지 완전히 없어진 것은 아니었다. 그럼에도 불구하고 미국 내에서는 거대한 소련 체제가 캄보디아, 니카라과, 모잠비크 등 기타 핵심 전략 지역에서 세력을 확장함으로써 미국의 생존을 위협하고 있다는 히스테리가 높아졌다.[16]

이 같은 국면은 소련의 군사비 지출에 대한 '환상'을 동반했다. 정확성 따위는 아예 필요 없었다. 1982년 펜타곤 자료에 따르면 "나토(외국으로부터 침략 받을 위험이 전혀 없었던 미국을 포함하여)는 1971~1980년 동안 바르샤바조약기구(당시 소련은 중국과의 국경에 대규모 군 병력을 배치해 놓고 있었다)에 비해 2천5백억 달러나 더 지출했다." 그러나 경제학자 프랭클린 홀즈먼의 분석대로 이런 수치조차 정확하지 않았으며, 특히 소련 군 병력을 과대평가한 부분이 많았다. 실제로 1970년대 동안 나토와 바르샤바 간의 격차는 7천억 달러에 이르렀다. 카터 행정부와 레이건 행정부를 거치면서 추진됐던 미군 병력 및 나토 군 확충 압력은 "소련이 군비를 꾸준히 증가시키고 있다는 잘못된 주장을 근거로 한 것이었다"고 레이몬드 가소프는 지적했다. 1970~1980년대 동안 미국 전략 핵무기와 탄두 숫자에 있어서도 나토는 소련을 훨씬 앞질렀다. 홀즈먼은 1970년대 말 강력한 정치적 압력 아래 중앙정보국이 사실을 왜곡했다고 주장한다.[17]

적대국의 군사력에 대한 과대평가는 북-남반구 갈등의 전형적인 특징이다. 미국에서는 한때 니카라과의 산디니스타가 텍사스까지 쳐들어올지도 모른다는 말까지 있었으며, 그레나다가 원유 공급 중단을 내세워 미국을 위협하고 있다는 이야기도 들렸다(로버트 라이킨). 물론 이런 방식은 냉전 때 처음 나타난 것은 아니다. 존 톰슨은 미국이 "외국의 침략을 받을 수 있다는 것을 과장하는 전통을 갖고 있다"고 지적하면서, 1880년대에도 해군 창설을 지지하는 사람들이 칠레로부터의 공격 위협을 이유로 내세웠던 적이 있다고 밝혔다. 무법 인디언과 흑인 폭도들의 위협을 방어를 하기 위해서 미국이 플로리다를 정복해야 한다고 주장했던 것도 비슷한 논리다.[18]

이런 목적은 사실 속이 빤히 들여다보인다. 정책 결정자들은 자신이 한 행동이 아무리 극악무도할지라도 스스로 정당성을 확신하고 있어야 한다. 그것을 위해선 두 가지 구실만 있으면 충분하다. 즉 자기 방어와 박애이다. 목적을 달성하기 위한 수단이 단순한 '사기'이거나 출세 지상주의적이어도 상관없다. 사실 이 세상에서 자기 이익을 위해 행동과 정책을 스스로 정당화하는 일만큼 쉬운 일도 없다.

냉전 체제의 경우, 기만적인 체제 확장을 부추긴 또 하나의 요소가 있다. 미국과 마찬가지로 소련도 자국의 이미지를 위대한 미래를 향해 전진하는 강대국으로서 과대 포장할 필요가 있었던 것이다. 결국 양대국의 선전 체계는 어떤 부분에 있어서는 입장이 똑같았던 셈이다. 그래서 그 손아귀로부터 빠져 나오기가 쉽지 않았을지도 모른다.

또 다른 기만적 요소는 냉전이 사회주의와 자본주의 체제 간의 투쟁이었다는 주장이다. 1917년부터 소련 체제는 사회주의 체제와 거리가 멀었다. 미국과 동맹국들이 진정한 의미에서 자본주의와 거리가 멀었던 것과 똑같다. 그런데도 양쪽의 선전 체계는 이런 기만을 그대로 유지해야 할 필요가 있었다. 서구 입장에서는 사회주의와 레닌식 전체주의를 연결시킴으로써 사회주의를 비방할 수 있었고, 소련은 스스로를 사회주의 이상과 결합시킴으로써 권위를 얻으려 했다. 앤드루 카네기는 『뉴욕타임스』와의 인터뷰에서 이렇게까지 말한 적이 있다. "사회주의야말로 이제까지 등장한 이론들 중 가장 숭고한 것이다. 언젠가는 사회주의가 세상을 지배하는 날이 오게 될 것이다. 그때 우리는 천년왕국을 달성하게 될 것이다."[19] 그러나 1980년대 초 소련은 이제 더 이상 막강한 국력에 대한 환상을 유지하기 힘들어졌고 결국 붕괴하고 만다.

3. 정상 상태로의 복귀

근대 초반 서구 은행가와 금융인들은 동유럽에서 훗날 좀 더 먼 땅[신대륙]에서 완벽하게 구사하게 될 기술을 연마했다(페퍼). 그리고 1980년대에 동유럽은 다시 한 번 자유방임 경제의 발전주의를 위한 '연습장'이 된다. 그러나 성공한 선진국 치고 자유방임 정책을 실천한 곳은 거의 없다. 자유방임 정책은 남반구에서 서구의 강요 아래 실행됐다가 파괴적인 결과만을 초래했다. 하버드 대학 경제학자 제프리 삭스는 1980년대 통화 안정을 내세워 볼리비아의 경제를 황폐화시키는 역할을 했다는 비난을 받고 있다. 삭스는 폴란드에도 가혹한 처방을 내렸다. 이 처방대로 따랐던 폴란드는 "과거 수익성 높은 개인기업이 풍부했으나 이제는 생산량이 40퍼센트나 떨어졌고 결국 사회적 혼란과 두 차례에 걸친 정권 붕괴를 겪었다"고 경제 분석가 에이브러엄 브럼버그는 지적하고 있다. 1991년 국내총생산(GDP)이 이전에 비해 8~10퍼센트, 투자는 8퍼센트나 떨어졌고, 실업은 두 배 증가하여 1992년에는 노동인구의 11퍼센트에 이르렀다. 삭스의 자유방임 정책을 적용한 지 2년 만에 폴란드의 국내총생산은 공식적으로 20퍼센트나 하락했다. "폴란드의 재정 상태는 급격한 인플레이션의 위협이 코앞에 닥쳐 있을 만큼 악화돼 있다. 실업도 더 이상 견디기 어려운 지경에 도달했다. 사회간접자본과 인력 개발에 관한 투자가 크게 축소해 그나마 남아 있던 성장 가능성도 기대하기 어렵다." 1992년 폴란드 경제에 관한 세계은행 보고서는 이렇게 결론지었다. 이 보고서에서 앤서니 로빈슨은 심각한 우려를 나타내고 있다. "폴란드 경제가 지난 2년간처럼 급격히 쇠퇴하거나 초인플레이션에 처하게 된다면 세계은행이 지지하고 있는 장기적 공급 측면의 개혁은 성공할 가능성이 거의 없다. 개인 저축은 초인플레이션과 1990년 경제 안정 프로그램에 의해 사실상 거품으로 날아가 버렸다. 매달 수천만 달러가 폴란드로부터 유출돼 문제는 더욱 악화되고 있다."

소련도 폴란드와 같은 길을 걷고 있다. 마이클 케인스는 "1990년 소련으로부터 해외로 유출된 자본은 140~190억 달러에 이를 것으로 추정된다"고 지적했다. 1991년 소련의 생산량은 하락세를 나타냈다. 당시 재무경제 장관이었던 예고르 가이다는 이듬해에도 생산량이 전해에 비해 20퍼센트나 더 떨어질 것으로 내다보고 조만간 '최악의 기간'이 도래할 가능성을 경고했다. 1992년 1월 1일부터 19일까지 경공업 생산량은 15~30퍼센트 떨어졌다. 육류, 곡류, 유제품 생산량도 3분의 1 이상 하락했다. 국제통화기금과 세계은행에 따르면 1989년부터 1992년 중반까지 폴란드의 산업 생산량은 45퍼센트 하락한 반면, 소비자가격은 40배나 뛰었고 실질임금은 거의 절반이 줄었다. 그 밖의 다른 동유럽 국가들도 사정은 비슷했다.

1990년대 초반 서구의 이데올로그들은 공산 체제의 몰락으로 우쭐해 있었다. 그러나 동유럽의 경제적 불안이 서구의 발전 가도를 방해할지도 모른다는 우려도 적지 않았다. 『뉴욕타임스』 폴란드 특파원 스티븐 엥겔버그는 「공산 체제의 유산이 폴란드 경제를 위태롭게 한다」란 제목의 기사에서 "공산 체제의 유산이 폴란드와 기타 동유럽 국가에서 시도되고 있는 경제개혁 계획을 실패로 돌아가게 만들 위험이 있다"고 주장했다. 이 기사는 자유 시장 정책이 바르샤바와 크라쿠프의 상업에 활기를 불어넣은 결과 사기업 수가 두 배가 됐다고 보도했다. 물론 이 기사는 국민 대다수가 너무나 가난한 나머지 기본 생필품조차 충분히 살 수 없는 지경에 있다는 사실에 대해서는 언급하지 않았다.

엥겔버그는 "노동자들이 사회적 혼란을 일으킬 가능성이 높다"며, 이들은 현재 공장에서 "구시대와 마찬가지로 영향력을 행사해 공장 폐쇄를 막고 정부로부터 보증을 얻어 은행에서 대출금을 받은 다음 공장 재건에 나설 가능성이 있다"고 전했다. <연대 노조 Solidarity Union>는 정부에 "과잉 부과된 세금을 탕감해 줄 것을 요구하는 한편, 폴란드 군대 증강을 위한 대규모 비행기 사업 계획에 문제를 제기했다." <연대 노조>의 한 간부는 "지금 항공 산업이 필요한지 그렇지 않은지 그리고 다른 식의 대체 방법은 없는지 정부는 결정해야만 한다"고 말했다. 그러나 서구의 전문가들은 정부가 그런 결정을 내리지 못할 것임을 알고 있었다. 그런 결정은 "자유 시장," 좀 더 정확히 말해 정부를 지배하는 거대한 제도에 의해 만들어진다고 보기 때문이다. 그러나 이런 문제가 미국에 적용될 경우, 첨단산업을 포함한 미국의 항공 산업의 운명에는 아무런 당혹스런 의문점들도 제기하지 않았다. 사실 미국 정부는 항공 업계를 포함한 첨단산업의 활성화를 위해 엄청난 규모의 공공 지원금을 쏟아 부어 왔다. 정부가 나서서 경영난에 시달리던 크라이슬러 자동차 회사를 구했던 것이나, 레이건 대통령이 컨티넨탈 일리노이 은행을 회생시킨 것도 모두 수천 억 원의 국민 세금을 쏟아 부었기 때문에 가능했다. 그러나 이런 조치들은 레이거노믹스*[4])와 근본적으로 모순된 것이었다. 미국이 제3세계에는 자유 경쟁을 강요하면서 어떻게 자국 내에서는 보호주의적인 정책을 시행할 수 있는가라는 질문을 던지는 것은 부질없는 일에 지나지 않는다.

『파이낸셜타임스』의 앤서니 로빈슨도 노동자들의 '주제넘은' 행동에 대해 언급하고 있다. 그는 "노동자들의 부당한 영향력 때문에 우리가 그토록 참을성 있게 전해 주고자 노력해 온 시장경제의 합리성과 민주주의가 훼손되고 있다"고 주장했다. 이런 논리 아래, 서구가 말하는 경제적 합리성이란 노동자 공동체와 가정의 파괴를 가져올 뿐이다. 칼 폴라니는 19세기 영국에서의 자유방임주의 실험에 관한 유명한 연구에서 "기업가들이 자유 시장 때문에 자신의 이익이 피해를 당하고 있다고 느끼면서 자유방임주의는 즉각 폐기됐다"며, 그것은 "인간과 사회의 본질을 파괴하고 주변 환경을 약육강식의 야생 상태로 변모시킬 뿐"이라고 언급했다.

---

4) [옮긴이] Reaganomics. 레이건 행정부가 미국의 경제 활성화를 내걸고 표방한 일련의 정책. 대폭적인 감세로 근로 의욕과 기업 투자 의욕을 고취시켜 공급 측면으로부터 경제 활성화를 달성하자는 것이 골자였다. 이와 함께 엄격한 통화 관리, 세출 억제를 통한 재정 적자 축소, 행정 규제 완화 등도 포함된다. 그러나 이 정책은 부채를 가속화하고 가난한 국민들을 위한 복지를 외면했다는 비판을 받기도 했다.

민주주의에 관해 살펴보자면, 기업의 전체주의적 구조에 민중이 참여할 여지는 거의 없다. 민중의 역할은 그저 명령을 따르는 데 있지 개입할 수는 없기 때문이다.

『뉴욕타임스』의 가브리엘 글레이저는 폴란드 경제 개방의 결과에 관해 장문의 기사를 쓴 적이 있다. 「급등하는 폴란드 시장: 금발에 파란 눈의 아기들」란 제목의 기사에서 그는 시장경제 체제에 따른 예상 밖의 부작용으로 급증하는 아동 입양을 꼽았다. 젊은 어머니들은 자녀에 대한 권리를 포기하도록 압력을 받고 있으며, 그 결과 해마다 입양 숫자가 수만 명에 이른다는 것이다. 이 기사에서 폴란드 입양 기관의 한 관계자는 "인정하고 싶지는 않지만 현재 폴란드는 백인 아기의 최대 수출국이 됐다"고 말했다. 또 다른 관계자도 여아의 경우 만5천 달러, 남아는 2만5천 달러에 거래되고 있다고 밝혔다. 이 관계자는 그 이상의 정보 제공을 거부하면서 교황으로부터 낙태를 막았다는 공헌을 인정받아 표창장까지 받았다고 자랑했다.

글레이저는 이런 부작용이 왜 '예상 밖'의 것인지에 대해서는 설명하지 않고 있다. 글레이저 자신이 기사에서 언급했듯이 동유럽, 제3세계에서는 이런 일이 별로 새로운 것도 아니며, 특히 루마니아는 1989년 혁명 이후 유아 매매로 악명이 높았다. 이런 현상은 남반구가 북반구 강대국들을 위한 일종의 '봉사 지역'으로 세계 질서에 통합되면서 나타난 여러 부수적 산물 중 하나일 뿐이다. 남반구가 자유 시장 세력에 종속되면서 심각한 부작용을 겪으리란 것은 처음부터 어느 정도 예상됐던 일이다.

보이지 않는 손의 '뜻하지 않은 부작용'은 공산 체제 붕괴 이후 러시아에서도 발견된다. 『뉴욕타임스』는 「러시아의 새로운 규범: 돈만 주면 뭐든지 된다」란 기사에서 "마약, 범죄, 부패, 매춘, 알코올 중독자의 급증만이 최근 러시아가 골치를 앓고 있는 문제들은 아니"라며, 러시아에서는 "자

기 자신을 위해서라면 무엇이든 가능하다는 인식이 만연돼 있다"고 지적
했다. 이 기사를 쓴 셀레스틴 볼렌 기자는 "협잡과 뇌물은 결코 새로운
현상이 아니"라며, 미국이나 서구와는 달리 "옛 공산 체제에서는 익숙했
던 현상이었다"고 쓰고 있다.

비슷한 시기에 『뉴욕타임스』는 워싱턴과 기업가들의 친아들과 같은
존재였던 브라질 페르난도 콜로르 대통령의 경제개혁 성공담을 보도했다.
그러나 정작 그는 지난 50여 년 동안 미 제국주의의 연습장이나 다름없었
던 이곳에서 새로운 부패 기록을 세웠다(7장 참조). 미국의 경우를 들자면,
미국 건립 시기부터 레이건 정권을 거쳐 1980년대 월스트리트에 이르기까
지 얼마든지 부패 사례들을 발견할 수 있을 것이다. 그런데도 부패를 '옛
공산 체제'의 본질적 특징이라고 말할 수 있을까? '자본주의적 민주주의'
아래에서 부패는 단지 '정도正道를 벗어난 탈선'일 뿐이며 과연 그때그때마
다 즉각 수정돼 왔을까?

볼렌은 계속해서 이렇게 쓰고 있다. "일부 졸부들이 대다수 시민들의
신경을 날카롭게 만들고 있다. 공산주의 붕괴 이후 러시아에서는 범죄(특
히 화이트칼라 범죄)가 치솟고 있으며 다른 동유럽 국가에서도 비슷한 현상
이 나타나고 있다. 그러나 아직은 뉴욕만큼 심각한 수준은 아니다." 자본
주의의 이상을 향해 진보할 수 있는 여지가 아직은 남아 있다는 이야기다.

동유럽 경제가 1980년대에 침체, 쇠퇴한 것은 사실이다. 그러나 그야말
로 '자유 낙하' 국면을 보인 것은 1989년 냉전 종식 이후 국제통화기금
관리 체제가 도입된 뒤부터이다. 1990년 불가리아의 사사분기 산업 생산
율은 전 해에 비해 17퍼센트 하락했고 헝가리도 12퍼센트, 폴란드는 23퍼
센트, 루마니아는 30퍼센트를 기록했다. 유엔 경제위원회는 1991년 말 보
고서에서 이 지역의 생산율이 1989년 1퍼센트, 1990년 10퍼센트, 1991년

15퍼센트, 1992년 15퍼센트 이상 떨어질 것으로 전망했다. 결과는 민주적 개방에 대한 환멸과 공산당에 대한 지지율 증가로 나타났다. 러시아에서 경제 붕괴는 많은 고통과 궁핍을 초래했을 뿐만 아니라 "옐친을 비롯한 모든 정치인에 대한 분노, 냉소주의"를 가져왔다. 제3세계 엘리트들과 마찬가지로 러시아의 지식인층에서도 '외국의 주인님들'을 위해 봉사하는 "신판 노멘클라투라에 대한 분노가 비등"하고 있다고 브럼버그는 지적한 적이 있다.

동구권에서 민주 세력에 대한 지지는 별로 높지 않은 편이다. 국민들이 민주주의 자체를 반대하기 때문이 아니라 서구 종속화에 대한 반감이 높기 때문이다. 결국 그것은 불안정, 쿠데타, 폭력의 표적이 될 가능성이 높다. 이런 경향에서 예외는 거의 없다.[20]

동유럽 대중의 민주주의에 대한 이 같은 환멸은 서구의 큰 관심을 끌지 못했다. 공산당 출신 여피들의 '관료적 자본주의'가 앞으로 문제를 일으킬지도 모른다는 우려가 없지는 않았지만 서구 기업의 권력에 도전하지 않는 한 문제될 것이 별로 없었기 때문이다. 그러나 그것조차도 부차적인 문제였다. 진짜 일차적인 문제는 세계경제 체제로의 통합, 즉 동구권을 과연 어떻게 하면 착취와 약탈의 대상으로 세계경제 체제에 통합시키느냐 하는 것이다.

국제통화기금의 후원을 등에 업고 유럽연합은 동유럽을 다음과 같이 시험해 보기 시작했다. 과거 공산 체제는 '보통 사람', 즉 민중을 지지하는 정책을 확실하게 포기했는가? 경제 자유화가 과연 더 이상 뒤집을 수 없는 대세임이 확실한가? '제3의 길'을 내세워 서구로서는 허용할 수 없는 노동자의 자율권, 자유와 민주주의를 향한 보다 근본적인 조치들을 시도하고 있지는 않은가? 유럽연합 수석 경제보좌관 리처드 포츠는 동구에서 수용

가능한 체제 변화는 민주주의적 형태가 아니라 "사회주의 계획경제로부터의 결정적인 탈출"이라고 정의했다. 최근 국제통화기금 보고서에서 피터 고윈은 "소비에트 체제는 동구권 국가들이 자원, 에너지, 농산물 생산자로서 세계시장에서 주요국으로 성장하는 데 별로 도움이 되지 않았다"는 점을 집중 부각시키고 있다. 폴란드와 체코슬로바키아에서 사업체의 소유권을 고용자에게 넘겨주려는 움직임이 있었지만, 이는 자유 시장경제 체제와 마찰을 일으킨다는 점에서 결코 허용될 수 없는 문제였다.

유럽연합은 회원국들의 산업과 농산물을 보호하기 위해서 관세장벽을 높임으로써 비회원국들의 경제 발전을 가로막았다. 폴란드를 예로 들면, 폴란드는 유럽연합의 요구에 따라 수입 장벽을 제거했는데도 유럽연합은 상호 개방을 거부했다. 유럽연합 철강 업계가 동유럽 산업의 '재건'을 촉구한 것도 실상은 서구 산업 체계 안으로 동구를 끌어들이려는 계획의 일환이었을 뿐이다. 화학 업계도 "구소련에서 자유 시장경제를 건설하는 것은 좋지만 서구의 화학 산업의 장기적인 생존력을 훼손해서는 안 된다"고 경고했다. 앞서 살폈듯이, 국가자본주의 체제는 겉으로는 자유 시장경제를 강조하면서도 핵심인 노동의 자유 이동 원칙은 한 번도 받아들인 적이 없다. 결국 동유럽은 제3세계와 마찬가지로 서구 강대국의 '봉사 지역'으로 몰락하고 만 것이다.[21]

이런 상황은 1930년대 일본이나 레이건과 부시 정권 때의 카리브 지역과 유사하다. 레이건-부시 대통령은 카리브 지역에서 개방-수출 중심 경제체제 건설을 부추기면서도 정작 자국에 대해서는 보호무역 장벽을 고수했다.[22]

미국은 동유럽의 경제 발전을 상당히 불편한 심경으로 지켜봐 왔다. 1980년대에 미국은 소련 제국의 분해를 추구하는 한편 동-서 무역 관계를 사실상 방해했다. 1991년 8월 조지 부시는 소련 연방에서 탈퇴하려는 우크라이나의 움직임을 막고 나섰다. 이유는 미국이 남반구 시장에서 아직도 할 일이 상당히 남아 있는 상태에서 동구권 시장이 빠르게 독립과 경제개혁을 이룩할 경우 독일과 일본의 영향력이 높아질 가능성이 높고, 결국 미국에게는 좋을 것이 하나도 없기 때문이다. 당시 민주당은 정부가 주력해 왔던 중미 원조 정책을 소련 원조 정책으로 바꿔야 한다고 촉구하면서 "그대로 방치할 경우 미국은 결국 동유럽이란 광대한 시장을 유럽연합과 일본에게 빼앗기고 말 것"이라고 경고했다. 1992년 부시 대통령은 이런 문제점을 해결하기 위해 <자유 지원 법안 Freedom Support Act>을 제안했다. 이 법안은 정부의 고위 당국자와 기업가들의 로비에 의해 만들어진 것이었다. 당시 러시아 주재 미국 대사 로버트 스트라우스는 "구소련의 거대한 소비 시장에서 미국 기업들이 경쟁자들을 물리칠 수 있는 즉각적 조치"를 촉구했다. "지원 법안은 미국 농부와 생산업자들에게 새로운 기회를 제공하고 미국 기업들이 광대한 신시장을 개척하는 데 도움을 줄 것"이라고 스트라우스는 주장했다. 결국 미국의 기득권층은 누구의 자유를 어떻게 지원하는가에 대해선 아무런 갈등을 느끼지 않고 있었던 것이다.[23]

4. 자유 시장의 성공 사례들

국제통화기금과 세계은행의 경제개혁 조치들이 과연 성공을 거둔 부분도 있었을까? 미국은 대표적인 사례로 볼리비아를 들고 있다. 경제 전문가들이 현재 동유럽에 도입하고자 열을 내고 있는 신경제정책 덕분에 1985년 경제 파국으로부터 벗어났다는 것이다. 그러나 정작 내용을 들여다보면 정반대이다. 공공 고용이 급격히 축소됐고, 국영 탄광 회사가 헐값에 해외 기업에 매각되는 바람에 대규모 실업 사태까지 발생했다. 실질임금 하락, 불평등 심화 현상도 뚜렷하다. 볼리비아 대도시에서는 멋진 상점과 호텔, 메르세데스 벤츠 자동차 등이 즐비한 반면 거지들의 숫자도 크게 늘었다. 일인당 국민총생산은 1980년의 4분의 3 수준, 외국 부채는 수출액의 30퍼센트를 잠식하고 있었다.

이런 '경제 기적'에 대한 보상으로 국제통화기금, 인터아메리칸 은행, 선진7개국 국가들은 볼리비아에 대한 재정 보조를 확대했고 비밀 자금을 지원하기까지 했다. 미국은 '경제 기적'의 구체적인 예로 가격 안정과 수출 증가를 꼽았다. 그러나 실상은 겉으로 나타난 수치와 딴판이었다. 수출이 늘었다고 하지만 전체 수익의 3분의 2가 코카인 수출을 통해서 얻은 것이었다. 결국 마약 거래로 벌어들인 돈이 화폐 및 가격 안정화에 기여한 셈이다. 마약 거래로 번 30억 달러 중 80퍼센트는 국내에서 소비됐고 나머지는 돈세탁을 위해 미국 은행들로 흘러 들어갔다. 따라서 마약은 미국 경제에도 도움을 주었다고 볼 수 있겠다.

가난한 볼리비아 농부들은 미국과 볼리비아 군부의 착취로부터 벗어나기 위한 수단으로 코카인을 생산할 수밖에 없었다. 월터 모랄레스는 볼리비아 노동력 중 20퍼센트가 코카인 재배 및 유통에 종사하고 있으며 코카인을 통한 수익이 볼리비아 국민총생산의 절반을 차지하고 있다고 분석했다. 영양실조에 걸린 5세 이하 어린이 숫자가 엄청나게 늘었으며 식량의 대외 수입 의존도도 높아졌다. 농부들은 신자유주의 경제모델로 인해 식량 위기가 악화되면서 사회 속에서 주변적 존재로 몰락하고 말았고, 결국은 생존을 위해 코카인을 재배할 수밖에 없는 몰락의 악순환 고리 속에 처하게 된다.[24]

미국의 적절한 개입과 전문가들의 도움으로 성공을 이룬 곳도 있다. 그레나다의 경우, 1983년 자유화 이후 이스라엘 다음으로 일인당 미국 원조금이 많은 국가가 됐다. 레이건 행정부는 그레나다를 '자본주의의 전 시장'으로 만들려는 계획을 갖고 있었다. 과테말라는 1954년에 미국의 '전 시장'으로 선포된 바 있다. 그러나 개혁 프로그램은 사회, 경제적 파국을 초래했으며 결국은 미국 기업계로부터도 비난을 받게 된다. 게다가 그레나다 침공은 현지의 정치 생명을 장기적으로 완전 말살하는 결과를 가져왔다. 카터 대통령 특별보좌관 피터 번은 그레나다 의과대학에 재직하고 있던 당시 자신이 목격했던 것을 다음과 같이 전하고 있다. "그레나다의 사회, 경제적 병폐를 풀 수 있는 창조적 비전을 찾아보기 어렵다. 친미 성향의 활기 없는 지도자만이 설치고 있을 뿐이다. 국민들은 알코올 중독, 마약 남용으로 신음하고 있으며 해외 이민만을 꿈꾸고 있다."

물론 낙관적인 면도 없지는 않다. 『월스트리트저널』의 론 서스킨드는 「그레나다, 해군 보호 아래 해외은행 천국으로 부상」이란 제목의 기사에서, 그레나다 은행 업계의 호황을 전하면서도 <미국 구호기금>(USAID)의 구조조정 프로그램 덕분에 "끔찍한 경제 상태에 처하게 됐다"는 사실에 대해서 아무런 언급을 하지 않고 있다. 어쨌든 그레나다는 카리브 해의 카사블랑카로서, 118개 해외은행을 통한 돈세탁과 탈세, 사기의 천국으로 급부상했다. 법률가, 회계사, 기업가, 마약 중개상 등이 안전하게 몸을 숨길 수 있는 천국이 된 것이다.[25]

미국의 파나마 해방도 비슷한 경우이다. 1989년 미국이 파나마를 침공한 이후 현지의 빈곤 수준은 전년도 40퍼센트에서 54퍼센트로 늘었다. 1992년 한 여론조사는 침공 당일 미군 기지에서 대통령으로 취임한 길레르모 엔다라 대통령은 만약 직접선거를 거쳤더라면 2.4퍼센트밖에는 지지를 얻지 못했을 것으로 분석했다. 침공 2주년인 1994년 파나마 수도에서는 미국의 침공과 엔다라의 경제정책을 반대하는 시민들이 검은색 상복 차림으로 행진을 했다고 프랑스 언론은 전했다. 미국의 엠바고와 침공에 의한 타격으로부터 경제는 회복되지 못했다. 중산층의 반 노리에가*5) 시위를 이끌었던 <시민 십자군단>의 한 지도자는 『시카고 트리뷴』과의 인터뷰에서 "1987년 노리에가를 몰아내기 위한 미국의 경제제재 조치는 정작 노리에가에게는 아무런 해를 미치지 못하고 우리 경제만을 폐허로 만들고 말았다"며, 이제야 우리는 "미국의 제재 조치가 사실은 파나마 경제 파탄 계획의 일부일지도 모른다는 믿음을 갖게 됐다"고 말했다. 1992년 6월 부시 대통령의 파나마 방문은 파나마 국민들의 부시에 대한 오랜 증오심에 새삼 기름을 부은 격이었다. 특히 주택가에 "총을 들고 정찰하는 미국 군인들"의 존재가 파나마 국민들의 신경에 거슬렸다. "8명 안팎의 미군 관계자들"을 대동한 보안대가 국회의원 집을 급습해 총질을 해대며 서류를 수색하고 여권을 압수한 것도 모자라 마침 혼자 집을 보고 있던 의원의 아내를 협박하는 사건이 발생하기도 했다.

멕시코의 유엔 대사 하비에 위머는 유엔 경제·사회·문화 권리위원회에 제출한 파나마 침공 후의 상황에 관한 보고서에서 "파나마 경제는 완전 붕괴 상태이며 식량, 주택, 건강, 교육, 문화 등 거의 모든 분야에서 큰 파국이 초래되고 있다"고 우려했다. 침공 결과 인권침해도 증가했는데,

---

5) [옮긴이] Manuel Antonio Noriega Morena(1938~). 파나마의 군부 지도자. 콜롬비아 빈민 출신으로 파나마 군에 입대, 아르눌포 아리아스 정부를 무너뜨린 쿠데타에 가담했다. 군 정보부장 재직 시절 미국 닉슨 정권과 결탁하는 한편 마약 밀매를 둘러싼 추문도 끊이지 않았다. 한편, 마약 밀매금의 세탁과 미국의 첨단 기술 및 첩보를 공산권에 팔아넘긴 증거들이 속속 드러났으며 특히, 파나마 운하 조약에 따른 조차 지대의 반환에 즈음하여 노리에가와 미국 정부 사이에는 갈등이 심화됐다. 1989년 반노리에가 쿠데타 실패 후 이듬해 미국은 파나마를 침공, 마약 밀매 혐의로 노리에가를 체포해 미국으로 압송했다. 노리에가는 1992년 종신형을 선고받고 현재 미국 교도소에 수감돼 있다.

특히 시민 저항과 야당 활동을 주도할지도 모르는 조직들에 대한 공격이 급증했다. 위머는 파나마에서 이처럼 인권침해 현상이 악화된 데에는 무엇보다 파나마 정부와 미국 정부의 책임이 크다고 보고했다. 과테말라의 『중앙아메리카 리포트』에 따르면, 당시 미국 내에서 벌어지고 있던 마약과의 전쟁도 사실은 중남미에서 미국이 자행하는 인권 탄압을 가리기 위한 연막작전에 불과했다.

사회적 통계 지표가 상승한 분야들도 없지는 않았다. 미 회계국 보고서는 파나마 침공 후 마약 거래가 두 배로 늘었고 돈세탁도 왕성하게 이뤄지고 있다는 사실을 인정했다. 미국 구호기금의 보고서에 따르면, 파나마는 중남미에서 마약 남용이 가장 심각한 국가이다. 특히 미국의 침공 이후 무려 4백 퍼센트가 늘었다. <라틴아메리카 연구센터>의 한 관계자는 마약 시장의 최대 고객은 미국 군대라는 주장을 펴기도 했다. 『크리스천 사이언스 모니터』도 "파나마 빈민과 젊은 층에서 마약 사용이 유례없이 치솟고 있다"고 우려를 나타냈다.[26]

이번에는 니카라과를 살펴보자. 차모로 정권과 니카라과 주재 미국 대사 해리 슐로드먼은 마약 유통 문제를 해결하기 위해 미국 마약단속국(DEA)의 니카라과 국내 활동에 합의했다. 마약단속국 측은 니카라과가 콜롬비아 코카인의 대미 수출 과정에서 중간기지 역할을 하고 있다고 믿고 있었다. 법무부의 한 검사도 니카라과 금융계가 마약 거래로 번 불법 자금을 세탁해 주고 있다고 주장했다. 게다가 차모로 정권은 니카라과 내에서 마약 문제가 점점 더 악화되고 있는 데 골머리를 썩고 있었다. 『중앙아메리카 리포트』는 "과거 니카라과에서는 마약을 사용하는 사람들이 거의 없었다"며, 그러나 미국 "마이애미에서 망명 생활을 하던 사람들이 차모로 정권의 출범과 함께 니카라과로 돌아온 후 마약 소비가 급증했다"고 보도했다. 현직 장관들이 콜롬비아 마약 카르텔을 위해 일하고 있다는 주장도 있었다. 1991년 4월 제9차 마약 거래 통제 국제회의에 참석한 니카라과 대표는 니카라과가 "미국과 유럽의 마약 거래를 연결하는 고리 노릇"을 하고 있다는 사실을 인정했다. 마나과[니카라과의 수도]의 거리는 떠도는 아이들과 마약 중독자들로 우글거렸다. 열 살 난 아이가 거리 한 구석에서 태연히 본드를 흡입하며 "이렇게 하면 배고픔이 없어져요"라고 말하는 나라가 바로 니카라과다.

1991년 8월 마나과에서는 마약 금지를 위한 정부 및 엔지오 간의 회의가 개최됐다. 이 회의는 파나마의 마약 중독자가 25만 명에 이르며 파나마가 마약 유통의 국제적 통로가 되고 있다는 내용의 보고서를 내놓았다(참고로 코스타리카의 마약 중독자는 40만 명, 과테말라 45만 명, 엘살바도르 50만 명이다). 특히 젊은 층에서 마약 상용이 늘고 있는 추세였다. 이 회의를 조직한 관계자는 "1986년 이전에는 마약에 관한 보고 건수가 거의 없었는데 1990년에는 최소 만2천 건이나 됐다"고 말했다. 그해 마나과에서만 118건의 마약 거래 사건이 발생했다. 미국 기자 낸시 너서는 마나과발 기사에서 마약 거래꾼들의 말을 인용해 "1990년 4월 비올레타 차모로 정권이 들어선 이래 코카인이 흔하게 거래되기 시작했다"고 보도했다. "산디니스타 체제에서는 마리화나는 있었지만 코카인은 거의 없었다"는 것이다. 정부 관계자도 "예전에는 코카인이 거래되기는 했지만 수적으로 대단히 적었는데 최근에는 엄청나게 늘었다"고 인정했다. 『마이애미 헤럴드』의 팀 존슨은 "파나마와 과테말라에 뒤이어 엘살바도르가 대미 코카인 공급 통로로 급부상하고 있다"고 보도했다.[27]

『중앙아메리카 리포트』는 "중앙아메리카의 새로운 성장 산업으로 마약이 각광받고 있다"면서 신자유주의 정책으로 악화된 경제 파국으로 인해 중미 인구 85퍼센트가 절대 빈곤 속에서 살고 있다고 비판했다. 콜롬비아는 파나마보다 더욱 심각한 상태이다. 미국에서 훈련받은 콜롬비아 무장 보안군은 야당 및 인권 운동가, 노조 운동가들을 대상으로 테러, 고문, 불법 납치, 살해 등을 마구 자행하고 있다. 판사 출신의 인권 운동가 호르헤 코메르 리자라로는 "미국의 경제원조가 콜롬비아 보안군의 부패를 더욱 부추기고 있으며 우익 정치인, 군부, 마약 중개상 간의 피의 동맹을 강화시키고 있다"고 비난했다. 페루의 상황도 이에 못지않다.[28]

그러나 이 모든 것들은 뿌리 깊이 박힌 병 때문에 겉으로 드러난 하나의 증세일 뿐이다. 보다 자세한 내용은 뒤에서 살펴보도록 하자.

5. 냉전 이후

냉전 체제의 붕괴와 함께 남-북반구 간의 갈등도 마감될까? 그러나 불행하게도 근본적인 변화를 기대할 수 있는 근거라고는 찾아볼 수 없다. 늘 그렇듯이 정책이란 변화 가능성에 적응해야만 하는 법이다. 1945년 이후의 신세계 질서, 1971년 리처드 닉슨의 '신경제정책'도 권력의 변화를 반영한 것이었다. 1970년대 말부터 가속화된 소련의 몰락은 생산과 금융의 국제화, 동맹 관계의 와해, 미국 경제의 (여전히 지배적 위치에 있지만) 상대적 약화, 강대국 국민 다수의 주변화 등 여러 면에서 새로운 변화를 만들어 냈다.

소련 제국의 붕괴 이후 신자유주의 체제의 확장과 개입 정책을 유지하기 위한 구실 찾기가 새로운 과제로 떠올랐다. 1980년대 전반에 걸쳐 소련이 급격히 약화되자, 미국으로서는 다른 나라의 문제에 개입할 수 있는 구실이 점점 없어지고 있다는 것을 깨닫게 됐다. 그래서 공산주의에 대한 대체물로 등장한 것이 중남미 마약 유통, 테러리즘, 이슬람 근본주의, 미치광이 아랍 국가 등이다. 여기에다 서구 문명을 위협하는 '흉악한 사탄' 만들기가 각광을 받게 된다. 여러 면에서 리비아는 더할 나위 없이 편리한 '샌드백'이었다. 그레나다, 쿠바, 니카라과의 산디니스타 등도 미국과 비교적 가까운 곳에 있다는 지리적 이유 때문에 미국의 안보를 위협하고 '국경 없는 혁명'을 퍼뜨리는 위험 요소로 주목받았다. 노리에가는 콜롬비아 마약 카르텔과 결탁해 미국 어린이들을 망치고 있는 악마이며, 사담 후세인은 호시탐탐 미국을 노리는 바그다드의 야수로 묘사됐다. 그러나 냉전 체제 때와 달리 방식은 좀 더 다양하고 복잡해졌다. 부시 대통령은 재임 당시, 전임자인 레이건 대통령과 달리 '거대한 국제 질서 구상'을 제시하지 못했다는 비난을 받았다. 그러나 하나의 '잔혹한 음모'[즉 공산주의]가 사라진 이후 국제 상황이 좀 더 복잡 미묘해졌다는 점에서 이 같은 평가는 공정하지 못하다.

1988년 『뉴욕타임스』의 냉전 문제 전문가 드미트리 사임스는 소련이란 적대국이 사라짐으로써 미국이 얻은 이익을 세 가지로 정리했다. 첫째, 나토에 대한 경제적 부담을 유럽 국가들에게 돌릴 수 있다. 둘째, 제3세계의 경제원조 요구를 부담 없이 거부, 채무 상환을 좀 더 강경하게 요구할 수 있게 됐다. 셋째, 미국 외교정책의 수단으로서 군사력을 보다 자유롭게 사용할 수 있게 됐다. 즉 미국의 이익에 도전하거나 도전을 꾀하고 있는 나라를 군사적으로 응징하는 데에 있어 소련의 '역개입'을 우려할 필요가 없어진 것이다. 미국은 제3세계를 좀 더 강하게 쥐어짜면서 부담 없이 폭력을 행사할 수 있으며, 결과적으로 '부자 클럽'의 파워를 되찾을 수 있게 됐다.29)

1989년 11월 베를린 장벽 붕괴는 냉전 종식을 상징하는 대사건이었다. 미국은 과거 냉전 체제에서 소련이 실제로 얼마나 위협적인 존재였는가를 밝혀내는 데 혈안이 됐다. 1990년 초 캘리포니아 주립대 소련 전문가 마틴 말리아는 "브레즈네프 서기장이 재임 당시 제3세계 전역에 개입했다"고 주장하고 "반면 미국 내의 소련 전문가들은 급진적인 사회 분위기에 휩쓸려 스탈린주의에 대해 철없는 환상과 숭배 의식을 갖고 있었다"고 꾸짖어 엄청난 반향을 불러일으켰다. 그러나 이제 1990년에 이르러 진지하게 이를 되돌아 볼 때가 됐다는 이야기이다.[30]

베를린 장벽의 붕괴 이후 과연 어떤 일이 일어났을까? 이를 통해 우리는 냉전 시대에 대해서도 많은 것을 배울 수 있을 것이다. 쿠바는 좋은 연구 대상이다. 과거 170년 동안 미국은 끊임없이 쿠바의 독립을 막았다. 1959년부터 미국은 쿠바를 크렘린의 전진기지로 인식해 왔다. 소련의 위협이 사라진 후 나온 반응은 한결 같았다. 이제 미국이 쿠바를 쳐야 한다는 것이다. 이번에는 '크렘린의 전진기지'가 아니라 인권, 민주주의가 공격의 이유였다. 그러나 정작 이런 가치들을 탄압한 것은 미국이었다. 미국은 쿠바를 포함해 오랫동안 중남미에서 힘없는 민중을 규합한 교회, 노조 등에 대한 탄압을 뒤에서 조종해 왔다. 이런 상황에서도 많은 정치 지도자와 운동가들은 미국의 압력에 맞서 스스로 인권과 민주주의를 이룩하기 위해 헌신적으로 노력해 왔다. 냉전 체제의 사기성을 이보다 더 명확하게 보여주는 예는 찾기 어려울 것이다(6장 참조).

미국은 아이티에서도 냉전과는 아무런 상관없이 지난 2백여 년 동안 독립을 가로막아 왔다. 1980년대 그리고 특히 베를린 장벽 붕괴 이후 아이티에서 발생한 일련의 사건들은 미국이 전통적으로 민주주의를 얼마나 '혐오'해 왔으며 인권에 무관심했는가를 잘 보여준다(8장 참조).

또 다른 예는 사담 후세인이다. 미국에서 사담 후세인은 야만적인 독재자로 인식돼 있지만 사실 그는 서구의 오랜 무역 파트너이자 친구였다. 1989년 10월 베를린 장벽이 비틀거리기 시작하자 백악관은 고위 당국자 비밀회의에서 이라크에 대한 십억 달러 차관 제공을 전격 결의했다. 이라크는 그렇게 엄청난 돈을 투자할 만한 가치가 없다는 재무부의 반대는 무시됐다. 국무부의 설명에 따르면 "이라크는 중동에서 미국의 이해관계에 매우 중요한 국가이며 중동 평화 정착에 긍정적 영향력을 행사할 수 있고 미국 기업을 위해 많은 기회를 제공"하기 때문이었다. 법칙대로, 후세인은 미국에 충성을 바치는 한 안전했다. 서구의 가장 큰 적은 바로 제3세계에서 자유와 민주주의가 발전하는 것이었다. 미국은 이런 적을 견제하기 위해 후세인을 지지했다.[31]

여기서 우리는 확실한 교훈을 얻을 수 있다. 미국 정책의 최우선순위는 바로 이윤과 권력이다. 그럴듯한 겉모습 수준을 넘어선 진정한 민주주의는 극복돼야 할 위협일 뿐이다. 인권은 선전을 위한 수단으로만 가치를 지니며 그 이상도 그 이하도 아니다.

드미트리 사임스가 앞서 지적했듯이, 공산 체제의 붕괴는 미국으로 하여금 다른 나라의 내정에 좀 더 공공연하게 개입할 수 있는 기회를 제공했다. 부시 대통령은 탈냉전 체제를 선언하면서 노리에가로부터 미국을 구하기 위해 파나마를 침공했고, 교묘한 선전 공작을 펼쳐 노리에가를 극악무도한 악한의 이미지로 부각시키는 데 성공했다. 노리에가에 비하면 후세인은 합창단 소년처럼 순진하고 유순하게 보일 정도였다. 어쨌든 미국 기업인들은 파나마에서 다시 경제권을 쥘 수 있게 됐고, 미국 정부도 파나마 운하를 다시 차지하고 보안군까지 좌지우지할 수 있다. 우리는 이런 일련의 사태에서 미국이 자국의 이익을 위해 어떻게 냉전 체제를

이용했는가를 다시 한 번 깨달을 수 있게 된다.[32]

탈냉전 체제 아래, 폭력의 제2막은 1990년 8월 2일 이라크의 쿠웨이트 침공과 함께 시작됐다. 이 사건을 계기로 후세인은 하룻밤 사이에 온건파에서 야만적 독재자로 바뀌어 버렸다. 미국과 영국 동맹 체제는 이 문제를 평화적 외교 방법으로 해결하려는 움직임을 막기 위해 재빨리 움직였다. 미국—영국의 이라크 침공은 여러 면에서 파나마 침공과 유사한 점이 많다. 『뉴욕타임스』는 이라크 사태에 대해 보도하면서도 8월 중순부터 정부 고위층에서 논의되고 있던 이라크 철수 협상에 대해서는 관심을 기울이지 않았다. 1991년 1월 15일 이라크 공습 전야에 실시한 여론조사에 의하면, 국민 대다수는 외교적 타결을 지지하고 있었다. 그러나 정작 국민들은 정부의 언론 통제로 인해 미국 정부가 이라크 측의 협상안을 계속 거부하고 있다는 사실을 거의 모르고 있었다. 여기서 다시 한 번 대중은 기득권층이 부여한 '제 위치'를 얌전하게 지킬 수밖에 없었다.

이라크 국민들도 전쟁에 대해 강력히 반발하고 있었다. 이라크 민주 야당은 늘 워싱턴으로부터 박대당하고 미국 정책과 마찰을 겪어 왔다. 1990년 8월 이전 미국이 이라크 독재자 후세인을 지지하고 시아파 및 쿠르드 반군 격퇴를 후원했을 당시 야당은 이에 대해 반대 입장을 표명했다. 이라크의 저명한 은행가인 아마드 찰라비는 "이라크 국민에게 전쟁은 최악"이라며, "안정을 내세워 독재 정권을 지지해 온 미국이 이제 후세인을 공격하고 있다"고 개탄했다. 이집트의 반(反)관영 언론들도 "미국의 유일한 목표는 민주화를 위한 모든 희생, 진보, 자유, 평등을 막기 위해 야수와의 타협까지도 불사하면서 절대적 헤게모니를 차지하는 것"이라고 비난했다. 그러나 미국 언론들은 아랍 동맹국들이 일치단결해 미국을 지지하고 있다는 점을 강조했다.

이 와중에서 유엔은 상당한 타격을 입었다. 안전보장이사회는 미국의 압력 때문에 이 문제에 거의 개입할 수 없었다. 게다가 미국은 회원국의 총회 소집 요구조차 거부하도록 안보리에게 강요했다. 미국이 자국의 이해관계가 걸린 문제가 발생할 때마다 회의 소집을 요구했던 것과는 천양지차의 태도였다. 미국은 자국의 이익에 배치될 경우 늘 외교 수단이나 국제기구를 완전히 무시하는 입장을 취해 왔다. 동남아시아, 중동, 중남미 등 어디에서나 그런 식이었으며, 앞으로도 변하지 않을 것이다.[33]

미국과 영국이 이라크 침공을 감행할 수 있었던 결정적인 요인은 소련이란 방해물이 없어졌다는 사실이다. 레이건 대통령의 라틴아메리카 담당 보좌관이었던 엘리오트 에이브래험은 "이제 미국은 소련의 대응을 두려워하지 않고 자유롭게 군대를 동원할 수 있게 됐다"고 환영했다.

미국은 중남미의 민주주의 발전에 대해 변함없이 적대적인 태도를 나타냈다. 베를린 장벽 붕괴 당시 온두라스에서는 대통령 선거가 시행됐는데, 부시 대통령은 "온두라스의 선거야말로 중남미에서 민주주의가 확산되고 있음을 보여주는 대표적인 증거"라고 치켜세웠다. 그러나 대통령 선거 후보자들은 대지주, 부유한 기업인들로 군부 및 미국과 밀접한 관계를 맺어 온 사람들이었다. 그러니 그들이 내세우고 있는 정책들이 모두 비슷비슷했다는 사실은 두말할 것도 없다. 선거를 앞두고 보안군에 의한 인권 탄압이 기승을 부리게 된다. 기아가 만연하고 자본 이탈, 부채 등도 증가했다. 그러나 사회질서, 그리고 미국 투자가들에 대한 큰 위협은 없었다.

당시 니카라과에서도 선거운동이 한창이었다. 산디니스타에게 승리를 안겨 줬던 1984년 선거는 미국의 통제권을 벗어난 상황에서 치러졌기 때문에 애당초 존재하지 않았던 것과 마찬가지였다. 따라서 그 선거 결과가 민중으로부터 지지를 얻었던 것과 상관없이 미국 입장에서는 '민주주의의 증거'로 간주할 수 없었다. 1990년 대통령 선거 운동에서 부시 후보는 "만약 경쟁 후보[빌 클린턴]가 당선된다면 니카라과 경제제재가 폐기될 우려가 있다"고 주장했다. 백악관과 의회는 중남미 지역의 다른 나라 지도자들과 국제재판소, 유엔 등의 경고를 무시하고 콘트라 반군을 지원해왔다. 언론도 비슷한 입장을 취했으며 정부가 니카라과 문제의 평화적 해결을 거부하고 있다는 사실을 무시했다. 니카라과 국민들로서는 아무 상관없는 미국 국민들의 투표 하나로 불법 경제 전쟁과 테러의 공포가 종식되느냐 마느냐가 결정돼야 하는 현실에 다시 한 번 자괴감을 느끼지 않을 수 없었다. 결국 선거 결과 니카라과에서는 미국의 지지를 받는 비올레타 차모로 정권이 들어서게 된다. 중남미 국가들은 이 같은 결과를 '조지 부시의 승리'로 해석했다. 반면 『뉴욕타임스』는 「미국식 페어플레이의 승리」, 「미국인들이 기쁨으로 하나 되다」 등의 기사들로 전면을 도배하다시피 했다.

물론 미국이 니카라과에서 어떤 방식으로 원하는 승리를 얻었는가에 대해서는 언론들도 잘 알고 있었다. 개중에는 니카라과에서 진정한 민주 세력을 누르고 미국이 대대적인 승리를 거둔 데 대해 내놓고 기뻐하는 언론도 있었다. 미국이 구사한 방식이란, 다름 아니라 경제를 파탄에 몰아넣음으로써 결국은 국민 스스로 정권 교체를 이룩하도록 만드는 것이었다. 이런 방식은 미국의 피해를 최소화하면서 해당 국민들을 고통 속에 몰아넣는 데 효과적이다.[34]

솔직한 태도는 늘 산뜻하다. 그리고 민주주의를 신봉하는 「미국인들이 기쁨으로 하나 되다"란 기사의 제목은 의미하는 바를 아주 정확히 표현하고 있다.

워싱턴은 앙골라 민주화에 대해서도 비슷한 방식을 사용했다. 앙골라는 수년에 걸친 내전*6)으로 수십만 명이 살해당했고 경제는 황폐화돼 있었다. 1975년부터 앙골라는 남아프리카 공화국과 요나스 사빔비가 이끄는 <앙골라 총독립국민연합>(UNITA) 테러 병력으로부터 공격을 받아 왔다. 미국의 원조를 등에 업은 UNITA는 나미비아와 자이레[현재 콩고]를 근거로 활동하고 있었다. 1991년 5월 평화조약이 체결되면서, 조항에 따라 앙골라에서는 선거가 치러지게 됐다. 남아프리카 공화국 언론인 필립 반 니케르의 지적처럼 미국은 평화조약이 체결된 이후에도 UNITA에 대해 지원을 계속했다. 그 결과는 UNITA에 대한 농부들의 강한 반감이었다. 그러나 네덜란드 출신의 한 건설 노동자는 "대다수 앙골라인들이 UNITA에 대해 반감을 갖고 있으면서도 선거에서 UNITA가 패배할 경우 전쟁이 계속될까봐 두려워하고 있다"고 전했다.

UNITA의 만행을 직접 목격한 사람이라면 앙골라 국민들의 이런 반응을 이해하기 어려울지도 모른다. 그러나 전쟁이 계속된다는 것은 앙골라 국민들에겐 더 이상 참기 어려운 일이었다. 집권 여당인 <앙골라 인민해방운동>(MPLA)은 전쟁과 내란으로 인해 국민들의 신뢰를 상실한 상태였다. 필립 반 니케르는 "새로운 백인 정책자들이 앙골라를 '재식민화'하고 있다"고 지적했다. 그들로서는 UNITA가 이기건 MPLA가 이기건 사실 별 상관이 없었다. 만약 UNITA가 이긴다면 앙골라가 담긴 접시를 당겨 먹으면 되는 것이고, MPLA가 이겨도 돈으로 앙골라에 대한 영향력을 유지할 수 있다고 보았기 때문이다.35) 그러니 미국 언론들이 1970년대부터 앙골

---

6) [옮긴이] 앙골라 내전. 1970년대 중반 이후부터 1990년대 말 현재까지 아프리카 앙골라에서 집권 <앙골라인민해방운동>(MPLA)과 맑스주의에 반대하는 <앙골라 총독립국민연합>(UNITA) 간에 벌어지고 있는 내전.

라 내전 종식을 위한 미국의 헌신적인 협상 노력을 찬양하고, 니카라과 문제의 정치적 해결을 위한 부시 행정부의 '평화 정책'을 지지하고 나섰던 것은 당연한 일이었다.36)

1990년 9월 펜타곤의 라틴아메리카 전략 개발 워크숍에서도 민주주의에 대한 전통적인 태도가 다시 한 번 드러나게 된다. 이 회의는 멕시코 독재 정권과 미국의 관계가 '지극히 긍정적'이며 부정선거, 고문, 노동자 및 농민에 대한 부당 대우는 사실과 무관하다는 결론을 내렸다. 반면 멕시코 내의 민주화 움직임에 대해서는 "경제적, 민족적 차원에서 미국에 대한 도전을 야기할 가능성이 있다"는 평가를 내렸다.37)

매년 백악관은 미국 정부가 군사적 위협을 막기 위해 사용하는 막대한 군사비 내역에 관한 보고서를 의회에 제출한다. 1990년 3월 냉전 체제의 붕괴 이후 첫 보고서가 나왔는데, 러시아가 미국의 관심 대상에서 제외된 반면 제3세계는 새로운 주적主敵으로 규정돼 있다. 이 보고서는 제3세계, 특히 중동 지역을 미국 군사력의 표적으로 지목하고 있다. 제3세계 군사력이 점점 더 첨단화됨에 따라 미국도 방위산업 기지를 강화하기 위해 새로운 기자재 발명 및 연구 개발에 좀 더 많은 투자를 해야 한다는 것이 보고서의 결론이었다.38)

간단히 말해서 미국의 주요 관심사는 '부자 나라 클럽' 내에서의 권력 유지, '봉사 지역'에 대한 장악, 그리고 국내 첨단산업에 대한 국가의 공공 보조금 지급 등이었다. 민주주의는 반드시 억압돼야만 한다. 인권 역시 당치도 않다. 미국의 이런 정책은 안정적으로 유지됐으며 노골적으로 나타났다.

6. 유화 노선

냉전의 종식과 함께 미국은 남반구를 통제하는 수단으로 군사력을 좀 더 자유롭게 사용할 수 있게 됐지만, 몇 가지 요인들이 이와 같은 전통적인 방법에 호소하는 것을 방해하고 있다. 지난 수년간 확산된 반인종주의, 십여 년에 걸친 세계적인 불황 등이 대표적인 예이다. 그럴 경우, 국제통화기금 관리나 선택적으로 자유무역에 호소하는 등의 경제적 수단에 의한 통제도 가능하다. 어쨌든 다양성과 독립성은 경제적 지배자들의 이익과 안정을 위협하지 않는 한도 내에서만 허용될 수 있다. 이런 가치들을 위협하는 자에 대해서는 오로지 철권만이 있을 뿐이다.

또 다른 방해 요소는 해외 모험을 위한 국내 기반이 서서히 손상되고 있다는 점이다. 부시 정권 초기에 작성됐던 『국가 안보 정책 검토』는 "힘없는 적들은 즉각적, 결정적으로" 격퇴해야 한다면서, 그 이유로 "국내의 정치적 지지 기반이 약하기 때문"이라고 지적했다.[39] 또 다른 문제는 [미국 외의] 다른 경제력의 중심들[유럽연합이나 일본 등]이 고유의 이해관계를 가지고 있다는 것이다. 물론 경제 강대국들은 제3세계를 봉사 지역으로 남겨 둘 필요가 있다는 점에서 공동의 이해관계를 갖고 있다. 이 밖의 문제로는 경제 세계화가 가속화되면서 국가 간 경쟁이 치열해졌다는 점을 들 수 있다. 이런 것들이 점점 중요성이 높아지고 있는 요인들이다.

사실 제3세계를 장악하기 위해 군사력을 동원하는 것은 최후의 수단이다. 그보다는 경제적 무기가 훨씬 효율적이며 바람직하다. 가트 조항에서도 이런 메커니즘을 찾아볼 수 있다. 서구 강대국들은 자국 이익 보호를 전제 조건으로 민주화를 요구한다. 최근에는 자국 이익 중에서도 지적소유권 보호, 서비스 및 투자에 관한 각종 규제 철폐 등이 큰 비중을 차지하고 있다. 이런 요구들은 결국 제3세계의 발전 프로그램을 훼손하며 서구의 다국적기업과 금융기관의 손에 경제, 사회 정책을 맡기는 결과를 초래하게 된다. 미국 주요 기업들이 참여한 다자간 무역 협상의 윌리엄 브룩 의장은 농업 보조금 지급을 둘러싼 갈등보다도 위와 같은 문제들이 훨씬 심각한 문제를 초래하고 있다고 지적한다.[40]

서구의 부유한 산업국가들의 공통된 특징은 철저하게 기득권층과 세계경제를 움직이는 다국적기업의 이익이란 관점에서 자유화와 보호주의를 동시에 추구하고 있다는 점이다(미-일 반도체 협약, 자발적 수출 협정 등). 다국적기업들은 제3세계의 자원을 마음대로 이용하면서 신기술, 세계 투자, 생산 등을 독점하는 반면, 제3세계 정부가 가진 권한이란 노동자 등 힘없는 국민들을 통제하는 경찰 역할에 불과하다. 다국적기업들이 제3세계 정부에게 신기술 개발, 생산 등의 기능을 허용하지 않는 이유는 국내 압력에 의해 이런 기능들이 노동자의 영향력 아래 놓이게 될 경우 다국적기업의 이익이 막대한 타격을 입을 수 있기 때문이다. '자유무역'이란 좀더 정확하게 표현하자면 초국적 은행과 기업이 좌지우지하는 무제한적 시장 법칙으로 정의되는 세계경제 지배 체제(하워드 워치텔)일 뿐이다. 다른 말로는 거대한 기업 집단 내부 또는 기업 집단 간의 상호 관계, 국가가 자국의 다국적기업과 금융기관을 보호하고 보조금을 지급하는 등의 개입 정책을 바탕으로 한 '기업 상업주의'(피터 필립스)로도 정의할 수 있겠다.[41]

제3세계 지식인들도 강대국의 이런 정책을 강하게 비난하고 있다. 그러나 이런 목소리들은 이라크 민주 세력의 목소리만큼이나 국제사회에서 주목을 받지 못하고 있는 실정이다.

한편 미국은 일본이 이끄는 동아시아 지역 및 유럽연합과의 좀 더 효율적인 경쟁을 위해 블록 경제체제를 시도하고 있다. 여기서 캐나다는 미국을 위해 자원 및 숙련된 노동자를 제공하는 중요한 공급지 역할을 하도록 돼 있다. 이 과정에서 캐나다의 복지 체계, 노동권, 문화적 독립성 등은 점점 의미를 잃고 결국은 미국 경제체제에 흡수되고 있다. 캐나다 노동 의회는 미국과의 자유무역 협정 체결 후 2년 동안 캐나다에서 22만5천 명이 일자리를 잃었고 캐나다 기업들이 속속 미국 기업에 합병되고 말았다고 지적했다(2장 5절 참조). 멕시코, 남미, 카리브 지역 국가들은 싼 노동력의 주공급원이었다. 멕시코, 베네수엘라는 미국 기업들이 자국의 원유 생산에 참여할 수 있도록 허용했다. 당시 『월스트리트저널』은 "미국 기업들이 드디어 멕시코 국영 석유 회사들의 경영을 도울 수 있게 됐다"고 흥분했다. 지난 수년간 우리[미국 기업]의 가장 큰 소원은 이웃의 형제 국가들을 돕는 것이었는데 드디어 무식한 노동자들이 미국의 필요성을 인정하게 됐다는 식이었다.[42]

미국의 이런 정책은 남미로 확대 적용되고 있다. 미국은 걸프 지역 석유 생산에 대해서도 절대적인 영향력을 계속 유지하고자 애쓸 것이다. 미국 이외의 다른 경제 강국들도 나름대로 아이디어를 갖고 있는 만큼 경제 갈등은 앞으로 심각해질 가능성이 충분히 있다.

부자와 강자는 재생산된다. 그러므로 제3세계가 북반구 강대국에게 늘 뒤떨어져 있는 것은 별로 새삼스럽지도 않은 사실이다. 미국의 한 통계 자료는 아프리카 일인당 평균 국민총생산(남아프리카공화국은 제외)은 1960년부터 1987년 사이에 무려 50퍼센트나 떨어졌다고 밝혔다. 이 같은 수치는 라틴아메리카에서의 국민총생산 하락률에 버금가는 것이다.[43]

같은 이유로 북반구의 강대국 내부에서도 식민화 현상이 일어나고 있다. 국민 대다수는 날로 억압받는 주변적 존재로 변화해 가고 있으며, 이런 추세는 지난 20여 년에 걸친 경제 침체로 인해 점점 더 악화되는 중이다. 미국처럼 막대한 부를 가진 국가 내부에서도 멕시코나 브라질에서처럼 심각한 빈부 격차를 어렵지 않게 발견할 수 있다. 결국 '신제국주의 시대' 속에서 민중 대다수를 위한 전망은 결코 낙관적이지 않은 것이다.

4장
우리는 합법적 해적이다

NOAM CHOMSKY

1. 계산된 자유

미국의 국제 정책 담당자들 가운데, 조지 케넌만큼 정책의 본질을 명확하게 꿰뚫고 있는 사람은 그리 흔치 않다. 그는 1984년 미국이 현재의 세계적 빈부 격차를 그대로 유지하려면 '이상주의적 슬로건'을 포기하고 '직접적인 권력 개념'을 지향해야 한다고 조언했다. 미국 정부가 이런 가이드라인으로부터 벗어난 예는 거의 없다. 민주주의와 시장이란 이상들은 바람직한 것이지만, 그것도 미국이 권력을 유지한다는 조건 아래서 그렇다. 만약 비천한 민중이 머리를 빳빳하게 세운다면 어떤 방식으로든 두들겨 패서 복종하게끔 만들어야 한다. 그렇기 때문에 제3세계에서 비합법적 폭력을 동원하는 것이 때때로 필요하다는 이야기이다. 만약 시장의 힘이 자국의 특권에 개입하게 된다면 자유무역이란 슬로건은 즉시 불구덩이 속에 던져지게 되기 마련이다.

베네수엘라의 페레스 히메네스 독재 정권 당시 한 미국 은행가는 다음과 같이 문제의 진실을 제대로 말했다. "이곳에서는 돈으로 뭐든 원하는 대로 할 수 있는 자유가 있다. 돈 있는 자가 정치적 자유도 갖는다."[1]

이런 신조는 기존의 국가-기업 협력 관계 속에 매우 깊이 뿌리내려 있기 때문에 바꾸기가 거의 불가능하다. 때로는 인권이 '정책의 전면에 부각되는 경우도 있다. 그러나 이해관계가 걸려 있을 경우 그럴듯한 '수사 修辭'는 재빨리 묵살되게 마련이다. 인도네시아 정부가 동티모르 주민들을 학살했을 때, 그리고 소모사 정권의 국가 보안대가 수천 명을 무참히 살해한 사건이 일어났을 때에도 미국은 오히려 독재 정권들을 비호했으며 중국과 캄보디아 폴 포트에 대해서도 같은 입장을 취했다.

이런 사례들은 부지기수다. 근본 방침을 정확하게 드러내는 또 다른 예로 1980년 5월 한국에서 군부가 광주 민주화 운동을 진압했을 때 미국 정부의 반응을 살펴보자. <아시아 인권감시단>은 "공수부대가 광주에서 사흘 동안 독일 나치와 같은 만행을 저질렀다. 그들은 어린이, 여성, 할머니 등을 포함한 비무장 시민들을 무참히 살육했다"고 고발했다. 이 단체는 그러한 광란으로 최소 2천여 명이 사망했을 것으로 추정하고 있다. 당시 미국 정부는 전두환과 시민위원회로부터 동시에 도와 달라는 요청을 받았다. 민주주의를 촉구하는 시민위원회는 미국 정부가 전두환의 만행을 견제해 줄 것을 요구했다. 반면 전두환의 요구는 미 8군이 광주 시민 진압을 위한 2만 명의 군 병력 이동을 허가해 달라는 것이었다. 전두환의 제안은 미국 정부로부터 긍정적인 반응을 얻었고, 미국 정부는 확고한 지지를 과시하기 위해 미 해군과 공군을 배치하기도 했다.

"카터로부터 도움을 기대했던 한국인들은 망연자실했다. 미국이 전두환을 노골적으로 지지했다는 뉴스는 전국 일간지들의 1면을 장식했고, 군 헬리콥터는 상공에서 스피커를 통해 비탄에 빠진 광주 시민들에게 이 뉴스를 전했다"(팀 셔록). 며칠 뒤 카터는 전두환 군사 집단에 대한 경제 지원 의사를 보다 명확하게 드러내기 위해 수출입 은행장을 서울에 파견하는 한편 6억 달러의 차관을 승인했다. 전두환이 강제로 대통령에 오르자 카터 정권은, 우리는 민주주의를 선호하지만 "한국인 자신들의 판단에 따르자면, 그들은 민주주의를 할 준비가 되어 있지 않으며, 나로서는 어떤 것이 낫다고 설명해야 할지 모르겠다"고 밝혔다.

전두환은 민주주의를 내세우면서도 수천 명에 달하는 '불순 세력'을 검거, 강제로 군이 운영하는 '삼청교육대'에 보냈다. 새로운 헌법 아래서 노조의 입지는 크게 약화되었고 조합원의 숫자가 이전에 비해 30퍼센트나 하락했다. 수백 명의 노동 운동가들이 체포됐으며 언론 통제도 기승을 부렸다. 카터에 뒤이은 레이건 정부는 한국에서의 이런 '진보'에 만족한 나머지 정권 출범 후 첫 미국 방문 외교사절로 전두환을 선정하기도 했다. 1986년 한국을 방문한 슐츠 국무장관은 전두환 정권의 '탁월한 안보 체제' 및 경제 확립과 민주주의를 향한 '인상적 움직임' 등에 대해 침이 마르도록 칭찬했다. 슐츠 장관은 전두환에게는 강한 지지를 표명한 반면 민주적 야당을 거칠게 비판하면서 김대중, 김영삼 등 야당 지도자들의 접견 요청 은 거부했다. 그러고는 "국가마다 민주주의의 형태는 다 다르기 마련"이라고 발언했다.

냉전 종식 후 얼마나 달라졌을지 살펴보자면, 부시 대통령은 백악관을 방문하는 첫 아프리카 지도자로 자이레의 독재자 모부투*1)를 선정했다. 그는 모부투의 인권 탄압에 대해서는 한마디도 언급하지 않고 "우리의 가장 소중한 친구들 중 한 명"이라고 모부투를 치켜세웠다. 부시는 모부투 이외에 바그다드, 베이징의 친구에게도 민주주의와 인권에 기여한 점에 대하여 보답했다. 루마니아의 미친 독재자 차우세스쿠*2)도 부시의 친구였다.2)

---

1) [옮긴이] Mobutu(1930~   ). 1965년 쿠데타로 정권을 장악한 벨기에령 콩고(현재 자이르) 대통령.
2) [옮긴이] Ceausescu(1918~1989). 전 루마니아 국가평의회 의장. 1989년 반정부 시위를 무차별 유혈 진압하다가 임시정부에 체포돼 부인과 함께 처형됐다.

2. 꿀벌의 비행

현재와 같이 지적으로 부패한 국면에서 민주주의나 인권과 마찬가지로 경제 학설은 지배자가 피지배자들을 보다 효과적으로 착취하고 강탈하기 위한 권력의 도구일 뿐이라는 사실이 강조되어야 한다. 강대국들은 이해관계가 걸려 있는 한 결코 스스로 학설 그 자체를 위한 조건을 받아들이지 않는다. 그리고 역사는 그런 이념으로부터의 명백한 이탈이야말로 발전의 중요한 요소였다는 사실을 증명하고 있다.

적어도 1950년대 알렉산더 거센크론이 경제에 대한 국가의 개입을 강조한 이래 경제사가들은 '후발 경제'의 결정적인 요소는 바로 국가의 개입이란 점을 인정하고 있다. 대표적인 예가 바로 일본을 포함한 신흥공업국들이다. 일본의 저명한 경제학자들은 일본이 2차 대전 이후 경제 발전을 이룩한 것은 통산성이 기존 경제 이론을 무시하고 "산업 정책을 결정하는 핵심적인 역할"을 정부 관료에게 맡겼기 때문이며, 이 같은 방식은 "사회주의 국가의 경제 관련 조직과 상당히 비슷한 체계"라고 지적했다. 산업은 곧 정부 조직의 한 부문이었으며, 정부는 산업체와의 밀접한 관계 속에서 움직였다. 일본 정부는 발전을 방해할 수 있는 시장의 결함을 극복하기 위해 강력한 보호무역 정책, 보조금 지급, 세제 감면, 금융 통제 등의 다양한 방법을 동원했다. 표준 학설을 거부하면서, 통산성은 "비교 우위를 노동집약 부문들에서 찾으려고 할 경우 일본의 장기적 자립성은 지체되거나 심지어 침식될지도 모른다"고 결의했다. 경제적 훈고에 관한 근본적인 도전이 일본의 기적을 무대에 올렸다고 경제학자들은 결론을 내린다. 서구 학자들도 이에 대해서 부정하지는 않고 있다. 찰머스 존슨 같은 학자는 일본을 "유일하게 제대로 굴러가고 있는 공산주의 국가"로 평가했을 정도이다.

어떤 이들은 —— 반쯤 농담으로 —— 일본이 미국의 보수적인 브루킹스 연구소 및 표준 학설의 주창자들을 재정적으로 지원하는 이유가 사실은 전통적 경제 이론에 대한 신념을 강화시킴으로써 경쟁국들에게 타격을 주기 위해서라고 해석하기도 한다.[3]

일본의 주변부에 위치한 신흥공업국들도 동일한 경우이다. 앨리스 암스덴은 한국 경제성장에 관한 중요한 연구에서 서구적 기준으로부터 벗어난 임금 체계와 토지 분배, "투자와 무역을 자극하려는 목적으로 가격을 '왜곡'하기 위해" 일본 모델을 본 뜬 국가 개입, 노동에 대한 엄격한 통제, 더욱 엄격한 자본 통제, "가격 상한제, 자본 이탈에 대한 통제" 등을 지적했다. 이런 면모들은 한국을 포함한 동아시아에서 전반적으로 찾아볼 수 있다는 것이다. 경제학자 스티븐 스미스는, 경우에 따라 국가 주도로 이뤄지는 수출 지향적 성장 정책은 신자유주의적인 '새로운 정설' 에 관한 학설을 반박하기도 한다고 지적한다. [동아시아의] 성공은 "단기적인 비교 우위보다 장기적인 발전 목표"를 중시하기 위해서 시장 유인을 의도적으로 변경시키는 "적극적인 무역 및 산업 정책"에 기반을 뒀다. 가장 광범위한 비교 연구는 "상당한 수출 팽창의 시기가 거의 언제나 강력한 수입 대체의 시기를 뒤따른다"고 결론 짓는다 —— 시장을 위반하는 국가의 개입 조치.

브라질과 동아시아 신흥공업국을 비교해 보면, 1980년까지만 하더라도 두 지역은 '적극적인 수출 정책'과 수입 대체 산업화가 서로 평행선을 이루며 발전해 나가고 있었다. 그러나 브라질은 부채 위기를 겪으면서 국제통화기금, 세계은행의 '새로운 정설'을 채택하게 된다. 국제통화기금과 세계은행은 브라질 경제 구조를 개혁한다는 이유로 '국내 성장 목표 이상의 무역 자유화'에 박차를 가했으며, 일차 생산품 수출로 전환했다. 그러나 결과는 암울했다. 반면 국가가 경제에 적극적으로 개입했던 신흥공업국들은 시장의 파국과 자본 이탈을 막아냈으며 자본 유치에 성공했다.[4]

중국도 흥미로운 경우이다. 중국은 지구상에서 서구 경제 전문가들의 참견을 막아낸 유일한 '공산주의' 국가로서 급속한 경제 발전을 이룩하고 있다. 현지 특파원 데이비드 프랜시스는 중국의 "성공 비결은 바로 '군郡 단위 마을 기업'이며, 중국에서 대다수의 공장들은 농부 소유로 돼 있기 때문이다"라고 지적한다. 세계은행 대변인은 이런 마을 기업들이 "중국 국민총생산의 20퍼센트에 육박하는 중요한 역할을 하고 있으며 1억 명 이상의 고용을 창출하고 있다"면서 앞으로 "중국 경제에서 유일무이한 역동적 기업으로 역할을 하게 될 것"으로 전망했다.

19세기 이후 독일 경제가 눈부신 기적을 이룩한 것도 기존의 자유 시장 개념으로부터 벗어났기 때문에 가능했다. 2차 대전 후 독일에서는 '코포라티즘'을 구성하여 정부의 후원과 관리 아래 "고용주와 고용자 간의 광범위한 협력" 체제가 형성됐다(찰스 마이어). 이런 착상은 중앙 집중적 금융 제도의 역할을 소극적으로 다루지만, "독일의 정치 경제에서 특히 유의미한 동력"이라고 미쉘 휄쇼프는 말한다. 독일에서는 "공급 중심 경제와 군사 케인스주의라는 레이건의 악몽" 그리고 "재정 적자와 통화 감축"이 맹렬한 비판을 받았다(제임스 스펄링). 네덜란드의 경우도 전후 경제 재건을 위해 정부가 관리하는 카르텔 체제를 도입했다. 즉 생산, 판매, 공급, 가격 등 경제의 거의 전 분야가 정부의 통제를 받았던 것이다. 1992년에 운영됐던 4백 개 이상의 카르텔 모두가 유럽연합 이후에도 살아남지는 못하겠지만, 정부는 새로운 과학기술을 도입하는 기업을 보호해 주는 '적극적인 카르텔'을 '허가'해 주겠다고 발표했다.

저임금 정책은 다국적기업들로서는 상당히 매력적이지만 경제 발전의 주요 요소로 보기는 어렵다. 암스덴은 "독일과 미국은 영국과 경쟁하기 위한 카드로 저임금 정책을 내세운 적이 거의 없다"고 지적한다. 일본의 경우도 마찬가지인데, 노동자들의 임금을 깎기보다는 현대적 기계화에 주력하여 1920년 영국 직물 산업을 눌러 버렸다. 각국의 산업 생산력에 관한 미국 매사추세츠 공과대학의 연구에 의하면 전통적인 "공예 전통"에 따라 능숙한 노동력을 많이 확보한 독일과 일본은 미국보다 현대 산업에서 성공할 수 있는 더 좋은 조건을 갖고 있다. 이에 비해 미국은 "대량생산 모델" 속에서 노동자들을 주변화하며 오히려 기술을 박탈하는 전통을 갖고 있다. 물론 위계질서의 완화, 생산 노동자의 책임성 강화, 새로운 기술 훈련 등은 미국에서도 좋은 결과를 낳았다. 경제학자 데이비드 펠릭스도 라틴아메리카와 동아시아를 비교하면서 매사추세츠 공과대학의 연구와 비슷한 지적을 했다. 라틴아메리카보다 대미, 대유럽 의존도가 낮은 동아시아는 외국산 소비재를 그리 선호하지 않으며 "공예 전통을 이어받아 기술 개발에 주력하고 있다"는 것이다. 암스덴도 한국 경제가 성공한 부분적인 이유는 노동자들이 관료 조직에 순응하는 한편, 높은 수준의 기술을 갖고 있는 것과 상당 부분 관련이 있다고 지적했다.[5]

그렇지만 정통 경제 이념으로부터의 일탈 현상이 '후발 경제'에만 있는 것은 아니다. 앞서 언급했듯이 영국이 산업화 초기에 경제 발전을 이룩한 것이나 미국이 경제 대국으로 성장한 것도 비슷한 경우이다. 높은 관세율 등 국가의 경제 개입 정책이 소비자들에게 부담을 안겨 준 것이 사실이지만 섬유, 철강, 컴퓨터 등 국내 산업 각 분야의 발전을 이룩하는 데 기여한 것도 사실이다. 미국은 건국 초기 값싼 영국 상품의 수입을 막는 한편 국가가 뒷받침하는 시장과 기술 발전을 위한 공공 보조금 지급, 자본집약적 농업의 활성화 등을 추구했다. 1930년대에 관세 폐지 조치를 취했다면 "뉴잉글랜드 산업의 절반 이상"이 파산 지경에 처했을지도 모른다고 경제 사가 마크 빌스는 결론 내린다.

19세기 영국 정부는 제약 없는 시장경제를 실험해 봤다가 곧 포기하고 말았다. 자유무역은 (선택적으로) 도입됐으며, 국내의 세력가들은 자유 시 장경제의 즉각 폐기를 강력하게 촉구했다. 미국에서도 기업가들은 문제에 부딪힐 때마다 국가에 도움을 요청했다. 1880년대부터 이들은 정부의 산 업 보호 및 보조 정책 등을 요구했다. 1930년대 미국에서 순수한 의미로서 의 자본주의에 대한 신념은 사실상 사라졌다. 선진 강국들은 속속 국가 주도 경제체제를 도입했다. 심지어는 레이건 정권의 악명 높은 자유주의 경제 시대에서조차 미국의 기업가들은 부와 이익을 보호하기 위한 국가의 개입을 당연하게 받아들이는 분위기였다.[6]

산업 발전에 있어 '보이는 손'의 핵심적인 역할 — 생산, 시장 및 연구 개발의 계획과 조정 — 은 지난 30여 년에 걸친 알프레드 챈들러의 연구를 통해 잘 알려져 있다. 챈들러, 데이비드 랜즈의 연구를 요약하고 확장하면 서 경제사가 윌리엄 래소닉은 산업 자본주의가 세 국면을 통과해 왔음을 논증한다. 첫째는 19세기 가족 소유 기업들과 실질적인 수준의 시장 조정 을 기반으로 한 영국의 '소유자 자본주의'이다. 둘째는 경제 계획을 수립하 고 조직하는 '행정 조정' 체계를 갖춘 미국식 '관리 자본주의'이다. 셋째는 보다 효과적으로 장기 계획을 세우고 시장을 조정하는 일본식 '집단 자본 주의'이다. 각각의 경우 사적 기업은 다양한 방식으로 국가의 통제력에 크게 의존했다. 다국적기업들은 내부 조정을 거쳐 국가가 지원하는 경제 체계를 전 세계적으로 확대시키게 된다.[7]

발전 경제학자 랜스 테일러는 "국가 개입을 통한 수입 대체는 산업화의 기본"이라고 지적하면서 "장기적인 측면에서 볼 때 현대 경제성장에 있어 자유방임으로의 이행이란 존재하지 않는다"라고 진술한다. "국가는 항상 자본가 계급을 창조하기 위해 개입해 왔으며 늘 그것을 조절해 왔다. 그러므로 국가는 자본가 계급에 의해 장악될 것을 염려해야만 했으나, 국가는 늘 그곳에 존재해 왔다." 게다가 투자자들과 기업가들도 시장의 파괴적인 측면으로부터 자신을 보호하고 자원, 시장, 투자 기회를 확고히 하며, 이윤과 권력을 확보하고 불리기 위해 국가권력을 요구해 왔다.[8]

워싱턴은 규정상의 구실이 없어지자 선진 산업에 대한 지원을 계속하기 위해 새로운 길을 찾아야 하는 처지에 놓이게 됐다. 그중 하나가 바로 무기의 해외 판매인데, 이것이 국제 수지 균형 위기를 완화시키는 데 도움을 주었다. 부시 행정부는 냉전 체제가 완전 종식된 이후에도 방위무역센터(CDT)를 만들어, 미국 무기를 구입할 경우 십억 달러에 이르는 차관을 정부가 보증해 주겠다고 제안하면서 무기 판매를 촉진했다. 미국 정부는 미국산 무기 판매를 촉진시키기 위해 전 세계 50개 국에 9백 명 이상을 판매 사절로 파견했다. 펜타곤의 고위 관리들도 외무 관리들이 무기 수출업자들에 대한 조력을 확대해야 한다는 1990년 7월 명령서의 정책을 뒤따르고 있다. 걸프전은 사실상 무기 판매업자들을 위한 것이었다는 점이 명백히 드러나고 있다. 1991년 5월 펜타곤과 무기 업계 관계자 간의 회의 기록을 보면, 업계 참석자들은 정부가 미국 군사 장비 정보를 파악하고 전 세계무역 관련 행사에 관리들을 파견해 무기 판매를 도와줘야 한다고 요청하고 있다. 펜타곤은 이런 제안에 동의했다.

브루킹스 연구소의 로렌스 코브 전 국방차관보는 냉전 체제의 종식에도 불구하고 미국의 방위산업체들은 순조로운 무기 판매 실적을 올림으로써 주식시장에서도 호황을 누렸다고 지적했다. 1989년 총 120억 달러에 달했던 무기 판매 실적은 1991년 오히려 4백억 달러로 증가했다. 방위산업체들은 미군의 무기 구입량은 다소 줄었는데도 다른 지역에서 판매가 비교적 순조로웠던 덕분에 결국 냉전 체제 이전보다 더 좋은 실적을 올릴수 있었다. 1992년 초 에이피 통신원 베리 슈웨드의 보도에 따르면 "1991년 5월 부시 대통령은 중동에 대한 무기 판매를 자제해 줄 것을 요청했다." 그러나 "약 60억 달러어치의 무기가 이 지역으로 흘러 들어갔고," 이라크의 쿠웨이트 침공 이후 중동에 대한 미국산 무기 수출은 190억 달러에 이른다. 1989~1991년 미국의 제3세계 무기 수출은 138퍼센트가 증가하여미국은 세계 최고의 무기 판매국의 위치를 차지하게 된다. 국무부 대변인리처드 부셔는 1991년 5월 이후 방위산업체는 무기 판매 억제를 요구한부시 "대통령의 발의 및 가이드라인을 완전히 따르고 있다"고 공식적으로밝혔다.

부시 정부의 이 같은 무기 수출 억제 요구와 미국의 걸프전 승리는결과적으로 걸프전 참전이 평화와 안정을 지키기 위해서였다는 정부 측의선전과 잘 맞아떨어졌다. 1991년 2월 6일 국무장관 제임스 베이커는 백악관 외교위원회에서 중동 지역에 대한 무기 판매를 금지하는 조치에 대해설명했고, 대통령도 같은 해 3월 6일 양원 합동 의회의 승리를 축하하는연설에서 무기 판매 규제야말로 자신의 전후 주요 정책 목표 중 하나라고천명했다. "만약 중동 페르시아 만 인근 국가들이 새로운 무기 경쟁에뛰어들게 된다면 인류의 비극이 초래될 것"이라고 부시는 역설했다.

그보다 며칠 전 행정부는 상원 외교관계 위원회에 무기 판매 실적과관련된 극비 문서를 제출했다. 이중 절반이 중동 지역과 관련된 내용이었는데, 이집트에 16억 달러의 최첨단 전투기를 판매하는 계획도 포함돼있었다. 부시 대통령이 양원 합동 의회 연설을 한 일주일 뒤 의회는 아랍에 미리트 공화국에 7억6천만 달러에 달하는 아파치 헬리콥터 판매 계약이 성사됐다는 보고를 받았다. 당시 펜타곤은 파리 에어쇼에서 사상 유례없는 무기 판매 붐을 조성하면서 미국산 무기들이 힘없는 제3세계를 얼마나 멋지게 파괴했는지를 자랑스럽게 떠들었다. 영국도 미국과 비슷한 양상을 보인다. 아마도 강대국 중 중동 지역 무기 판매를 실제로 엄격히 제한한 나라는 중국이 유일했다. 미국과 서구 강대국들은 중동에 무기를 팔지 말라고 요구해 놓고 실제로는 철저히 무시하는 이중성을 다시 한 번 나타냈다.[9]

미국은 자국산 무기 판매를 위해 적극적으로 나설 뿐만 아니라 외국 정부에 무기 수입용 차관까지 제공하고 있다. 윌리엄 하퉁은 "미국이 경제 위기를 겪고 있는 외국을 돕기 위해 쓰는 구호금은 일본, 독일에 비해 훨씬 떨어진다. 그나마 해외 원조 예산 중 무려 3분의 1이 미국 무기 구입에 필요한 차관 제공의 형식으로 쓰이고 있다"고 폭로했다.

펜타곤 체제(항공우주국과 에너지국을 포함하는)의 개입은 방위산업계에만 머무르지 않고 첨단산업계 전반에 걸쳐 광범위하게 이뤄지고 있다. 즉 생명공학, 약학, 농산업 등 최근 국제적으로 기술 개발 경쟁이 치열한 분야에서 국가 개입이 핵심적인 역할을 하고 있는 것과 마찬가지이다. 레이건 정부는 망해 가는 은행과 산업체들을 지원하고 미국의 기업력을 고무시키기 위해 보호무역 조치를 강화했다.

국제통화기금 기준에 따르면 미국은 8년에 걸친 레이건 체제로 인해 발생한 각종 경제적 문제점을 해결하기 위해 전 세계에서 가장 먼저 구조 조정을 단행해야만 하는 국가임에 틀림없다. 그러나 약소국에나 어울리는 그런 조치를 강대국인 미국이 받아들일 리 만무하다.

앞서 언급했듯이 세계은행은 산업국들의 보호무역 조치로 인해 남반구의 국가 수입이 크게 떨어졌다고 평가하고 있다. 물론 선진국들이 후진국에게 개발 원조금을 제공하는 경우도 있다. 그러나 그것 역시 선진국의 수출을 늘리기 위한 하나의 수단에 불과할 뿐이다. 그 대표적인 예가 <평화를 위한 식량>이란 프로그램이다. 이 프로그램은 미국 농부들에게 국가보조금을 지원하고 다른 국가들을 미국의 '식량 종속국'으로 만드는 데 목적을 두고 설계되었다(허버트 험프리 상원의원). 그리고 나아가 제3세계 정부로 하여금 군수품을 사들이도록 만들어 (따라서 미국 군수품 생산자에게 보조금도 지급하여) 결국은 전 세계적 안보 네트워크를 강화하는 데 목적을 두고 있다.

이번에는 마셜 플랜을 살펴보자. 이것은 "유럽에서 정치, 사회, 경제적 혼란을 막고 공산주의(소련의 개입이 아니라 각국 공산당)를 봉쇄하며 미국의 무역 체제를 유지하고 다각적 목표를 이룩하는 데" 목적을 두고 있었다. "유럽과 미국의 사기업"에 경제적 자극을 제공하고, "사기업을 위태롭게 할"지도 모르는 "사회주의적 기업과 정부의 통제"를 제거하는 것도 목적이었다(마이클 호건). 1984년 레이건 행정부 당시 통상부는 국가 개입의 황금시대가 사라져 가고 있다고 지적하면서, 마셜 플랜은 "유럽에 대한 미국 기업의 직접투자 기반, 즉 다각적기업의 세계적 확대 기반을 마련하고 '미국의 힘'으로 보호하기 위한 것"이었다고 평가했다. 최근 이스라엘, 이집트, 터키에 대한 미국의 원조도 엄청난 원유를 보유한 중동을 미국이 확실하게 지배하려는 것과 밀접한 관계가 있다.[10]

이와 유사한 사례들은 얼마든지 있다.

강대국들이 약소국에게 행사하는 무기로서 '자유무역'을 얼마나 유용하게 써먹어 왔는지는 리우 환경회의에서도 드러났다. 1992년 6월 지구 온난화 문제를 해결하기 위해 개최된 리우회담을 앞두고 (부자들의 클럽에

속한 "경제인들 사이의 합의를 촉구하기 위해서" 세계은행은 연구 자료 하나를 발표했다. 『뉴욕타임스』의 기업 담당 기자 실비아 나사르는 「자본주의가 오존을 구할 수 있을까」(이 기사는 '예스'란 대답을 전제로 한다)란 제목의 기사에서 세계은행 수석 경제학자 로렌스 서머스의 말을 인용해 세계 환경 문제는 주로 "좁은 경제 기반에서 정책을 잘못 적용한 결과"로 초래됐다며, 특히 산업을 육성하고 도시 노동자들의 생계비를 낮게 유지하려는 정책으로 "국내 소비자들에게 기름, 석탄, 천연가스를 너무 싼 값에 공급해 남용하도록 만든 것"이 환경문제의 주요 원인이 됐다고 보도했다. 즉 가난한 국가들이 "자국 경제를 개선하기 위한 극도의 고통"을 이겨낼 수 있고 기아로부터 주민을 보호할 용기만 있다면 환경문제도 상당 부분 없어질 가능성이 높다는 이야기이다. 세계은행은 "러시아를 비롯한 가난한 국가에서 자유 시장이 정착되기만 한다면 강대국들이 1990년대에 채택한 그 어떤 노력보다도 지구 온난화 속도를 늦추는 데 효과적일 것"이라고 제안했다.

『뉴욕타임스』는 위의 기사가 실린 같은 날짜의 경제면에 『이코노미스트』가 폭로한 세계은행 극비 메모와 관련된 기사를 싣고 있다. 메모 작성자는 마찬가지로 로렌스 서머스이다. 그는 "우리끼리 하는 말이지만 세계은행이 앞장서서 선진국의 오염 산업을 [제3세계로] **더 많이** 이전시키면 왜 안 되는가"라고 적었다. 그렇게 하는 것이 좋은데, 예를 들어 발암물질은 선진국 국민들에게는 치명적이지만, 해마다 "5세 이하 어린이 천 명당 2백 명 꼴로 목숨을 잃는" 가난한 국가에서는 별로 큰 문제가 되지 않을 수도 있다는 게 서머스의 논리였다. 가난한 국가들은 이미 **심각하게** 오염돼 있기 때문에 당연히 오염 산업도 그곳에 있어야 합당하다는 이야기이다. 서머스는 "가난한 국가에 유해 화학 폐기물을 버리는 것은 경제적 논리상 비난의 여지가 없으며 사람들은 그것이 비교적 현실적인 방안이란 것을 인정해야 한다"고 적었다.

『이코노미스트』는 "세계은행이 무시해 온 문제를 서머스가 제기하고 있다"고 하면서, "경제적 논리로 보자면 논박하기가 쉽지 않다"고 지적했다. 믿기지 않겠지만 사실이다. 이런 식으로 자본주의는 환경 위기를 극복할 수 있다는 것이다. 진정 자유 시장 자본주의는 놀라운 도구가 아닐 수 없다. 자본주의의 이처럼 대단한 능력을 고려할 때 노벨경제학상은 매년 한 번이 아니라 두 번씩은 나와야 할 듯하다.

서머스는 메모가 언론에 유출된 이후 "논쟁을 야기하기 위해" 구상을 적어 본 것에 불과하다고 해명했다. 또 세계은행이 내놓은 환경 위기 대처 방안을 "신랄하게 비꼬기 위한 대응"이었다고 말하기도 했다. 아마 세계은행의 연구 자료도 마찬가지일 것이다. 사실 전문가들이 내놓은 지적 생산물이 진정한 목적을 갖고 있거나 한지, 아니면 단순히 남을 한 번 비꼬아 보려는 것인지 도대체 가늠하기가 어려울 때가 한두 번이 아니다. 지배 원리에 종속된 거대한 수의 민중들은 그와 같이 음모가 숨어 있는 질문을 숙고해 볼 만한 사치를 누리지 못하고 있다.[11]

아서 맥키원은 보호주의와 국가 개입을 통한 산업 및 농업 발전에 관한 글에서 자유무역도 쓰임새가 있다며 다음과 같이 말하고 있다. "고도로 발전된 국가들은 자국의 힘과 세계시장 통제권을 확고히 하기 위해 자유무역을 내세울 수 있으며 기업은 그것을 노동에 대항하는 무기로 사용할 수 있다. 가장 중요한 것은 자유무역이 공정한 소득 재분배, 진보적 사회 개혁 프로그램, 민중의 경제적 자결권 등을 제약할 수 있다는 점이다." 신자유주의 신학의 '신세기 복음주의자들'이 기존 이념 체제 내에서 대승리를 거둔 것은 결코 놀라운 일이 아니다. 헤겔의 말처럼 신의 "계획을 실행하는 것이 […] 세계의 역사이다." "그것과 일치하지 않는다면 부정적인 것은 존재 가치가 없다."[12]

3. 복음福音

전후 경제 호황기 동안, 이데올로기적 제도들은 피지배 민중들에게 이른바 지고의 진리인 자유 시장경제주의를 주입시키기 위해 열을 올렸다. 남반구의 민중들은 지난 수년간 자유 시장경제로 인해 황폐화되다시피 했음에도 불구하고 잇달아 전해지는 멋진 뉴스에 마음을 빼앗겼다. 동유럽인들도 멋진 행운을 나눠 갖자는 서구 강대국의 제안에 귀가 솔깃했다. 서구의 표적이 된 국가의 지배 엘리트들은 자유 시장경제를 지지했다. 그들은 하층민들에게 어떤 일이 벌어지든 간에 자신의 이익에만 관심이 있었다.

경제의 국제화가 가지는 또 다른 측면은 두 겹의 제3세계 모델을 중심부 나라들로 확대시킨다는 것이다. 시장 원리는 해외에서뿐만 아니라 국내에서도 이데올로기적 무기 역할을 하며, 그 고도의 선택적인 적용은 원리 체계를 통해 안전하게 가려진다. 부와 권력은 자본 이동과 커뮤니케이션의 국제화로부터 이익을 얻는 투자자 및 전문 직업인들의 몫일 뿐이다. 자유 시장경제 이념에 따르면 일반 국민을 위한 서비스, 즉 교육, 보건, 교통, 도서관 등은 서비스로서 '잉여물'이기 때문에 경우에 따라서는 얼마든지 축소되거나 아예 없어질 수도 있다. 물론 반드시 필요한 서비스 분야도 있다. 예를 들어 사회적으로 무능한 사람들을 다루기 위한 교도소 등은 확대될 필요가 있다고 한다. 랠프 네이더와 <정신병 환자들을 위한 국민

연대>란 단체는『공공 시민』이란 공저에서 최근 미국 내에서는 정신적으로 병든 사람들을 위한 치료 및 보호시설이 점점 줄어들어 교도소가 "정신병원의 역할을 대신"하고 있는 추세라고 꼬집었다. 이 연구를 주도한 한 정신과 의사는 "백 년 전보다 요즘 교도소에 정신병자 수감자 숫자가 훨씬 많다"라고 말한다. 교도소 수감자 중 30퍼센트가 아무런 죄도 저지르지 않은 정신적 환자들이다. 마약과의 전쟁도 교도소 시설의 확대를 가져온 주요 요인 중 하나이다. 1980년대 말 미국 교도소의 수감자 숫자가 급격히 증가한 것은 마약 거래 및 소지로 인한 범죄자가 늘어난 데다가 '보수주의자들'이 엄격한 처벌을 선호했기 때문이다. 미국은 세계에서 가장 높은 수감률을 자랑하는데, "대개 마약 관련 범죄들" 때문이다(매시아 팔코).『월스트리트저널』은 우리가 중국에서 살고 있지 않은 것이 얼마나 행운인지 모른다며, 그곳의 "꾸물거리는 경찰-국가의 심성은 마약 중독 등 사회적 질병을 치유하는 데 있어 서구식 창조적 해결 방식과는 거리가 멀다"고 설명한다.

교도소는 경제적 측면에서 상당히 긍정적인 케인스주의적 자극제의 역할을 한다. 즉 교도소와 교도관을 늘리면 건설업과 화이트칼라 고용에 있어 촉진 효과를 얻을 수 있다.『보스턴글로브』는 1면에서 포트 데번스에 새 연방 교도소를 건설하면 최근 군사기지 폐쇄로 인해 타격을 입었던 지역 경제에 활력을 불어넣게 될 것이라고 주장한다.[13]

신자유주의 신봉자들이 가장 신랄하게 공격하는 공공 서비스 중 하나가 바로 교육이다. 자유주의적 성향을 가진『보스턴글로브』는 공공 교육의 붕괴를 막기 위한 "절망적인 도시" 볼티모어의 실험을 소개했다. 볼티모어에서는 경영 불능 상태에 빠진 몇몇 공립학교가 영리 법인에 넘어갔는데, 이 기업은 "기업가 정신"을 도입할 것이다. 즉 "사적 부문의 효율성과 새로운 교육 모델은 […] 예를 들어, 경영 개혁을 위해 비노조 관리인들을 고용하고 특수 학급을 없애 버린다." 또 고임금 정규직 교사를 해고하고 그 자리를 저임금 인턴 교사나 자원 봉사자(주로 부모)로 대체해 버린다. 이 신문은 자본주의의 이런 기적들은 "교육체계의 개선책을 찾고 있던 미국인들에게 귀중한 교훈을 제공할 것이다"라고 지적했다.[14)]

최근 이데올로기적 공세의 주요한 특징은 '거대 정부'를 향한 공격과 가난한 납세자 —— 여타의 발전 국가들과 비교하여 (가장 적은 누진세율, 고수익을 통해서) 과소 과세된 —— 에게 원조를 청구한다는 데 있다.[15)] 그러나 교육, 보건, 도로 등 공공의 서비스는 날이 갈수록 황폐화되는 반면 부자들을 위한 복지 정책, 보호주의적 장치, 공공 보조금, 긴급 기업 구제 등은 점점 더 늘고 있다. 자유 시장경제에 대한 칭송은 하늘까지 울려 퍼질 지경이다. 국가-법인 기업-언론 동맹이 이런 위업을 이룩했던 것이다.

4. 산업 정책의 재구성

세계는 복잡하다. 성공한 계획이라 할지라도 대가를 치르기 마련이다. 『월 스트리트저널』은 '공급 중심 경제와 군사 케인스주의로 대표되는 레이거노 믹스의 악몽'을 가장 열렬하게 옹호한 신문이었지만, 지금은 부와 권력을 침해하는 예측 가능한 효과에 관하여 불평하고 있다. 이 신문은 최근 기사 에서 "미국이 그나마 다른 나라에 비해 우월한 위치를 유지하고 있었던 공공 고등교육이 국가의 예산 삭감으로 인해 큰 타격을 입었다"고 보도했 다. 이 기사는 "유능한 인재들을 절실하게 요구"하고 있는 기업계의 우려를 반영한 것이었다. 사실 이런 결과는 힘없는 민중을 위한 연방 서비스가 축소될 때부터 이미 예상됐다. 계급 전쟁을 조율한다는 것은 결코 쉬운 일이 아니다.

1980년대 레이건 정권은 공공 기구와 국민 개개인에게 유례없이 엄청난 액수의 부채를 남겼을 뿐만 아니라 미국을 선진국 가운데 개인 투자율이 가장 낮은 국가로 만들었다. 1980년대 동안 미국의 투자율은 2차 대전 이후 최저 수준으로 떨어졌다. 1989~1990년간 미국은 일본에 비해 인구는 두 배나 되는데도 정작 총투자액은 뒤떨어졌다. 첨단업계 종사자 인구도 줄었고 보건 및 교육 등 미래를 위한 투자로서의 연구 개발비도 줄었다. 1992년 국립과학재단이 펴낸 한 보고서는 연구 및 개발 투자비가 위험 수위로 떨어졌다고 경고했다. 또 이런 경향이 계속된다면 "미국의 기술 경쟁력이 치명적 타격"을 입게 될 것이라고 지적했다. 이 보고서는 잘못된 경영과 법인의 부채를 비판하면서 미국의 연구 개발비는 주요 무역 경쟁국들에 비해 뒤떨어져 있으며, 특히 비군사 산업 분야만 본다면 25퍼센트나 뒤진 상태라고 밝혔다. "1990년 7월 경기 침체 국면이 시작됐을 당시 기업 이자율은 세전稅前 이윤의 44퍼센트를 잠식할 정도로 악화됐는데, 이 같은 수치는 1960~1970년대보다 두 배나 높은 것"이라고 경제학자 로버트 폴린은 지적하고 있다. 반면 소비와 투기는 엄청나게 늘었다. 기업 인수 및 합병(M&A)에만 1조 달러가 쓰인 반면, 기업 합리화는 찾아볼 수 없었고 부채만 엄청나게 늘어나는 추세였다. 그 보고서는 (1986~1987년 사이에) 이런 기업이 5퍼센트 증가한 것과 대조적으로 연구 개발비는 5퍼센트 감소했다고 발표했다.[16]

지난 40여 년 동안 미국의 산업 정책은 첨단산업을 정기적으로 부양하고 경영 결정의 위험성을 완화시키기 위한 국가의 시장 보증과 이른바 펜타곤 시스템을 기반으로 이뤄졌다. 정부는 경제적 자극이 필요할 때마다 국가 안보를 내세우곤 했다. 1950년 한국전쟁, 케네디 정권의 쿠바 미사일 위기,

임박한 소련의 세계 정복 야욕, 카터 후기-레이건 초기의 '취약한 창 Window of vulnerability' 등이 모두 경제적 자극을 위한 구실로 이용됐다. 이처럼 정부가 경제에 적극적으로 개입한 덕분에 미국은 첨단산업 분야에서 선두를 지킬 수 있었다. 기업인 등 기득권층은 냉전 체제가 붕괴된 후 소련의 위협이 미국 '경제의 중요한 대들보' 노릇을 했다는 것을 인정하는 한편 아쉬움을 나타내기도 했다. 그동안 국가의 경제 개입을 합리화하기 위해 언제든 소련의 위협을 동원할 수 있었기 때문이다. 보스턴 연방준비은행의 한 간부는 2차 대전 이후 미국 경제는 군사비 증가에 힘입어 불황의 늪으로부터 벗어날 수 있었다고 분석하면서 "그때만큼 군사비 증가가 경제에 큰 이익을 준 적이 없다"고 말한다.

많은 경제학자들은 부시 정권에서 미국 경제가 불황에 시달렸던 주요 원인으로 군사비 축소를 꼽고 있다. 군대가 무기나 기타 물건을 주문하면 공장이 돌아가면서 재화 및 서비스가 산출될 뿐만 아니라 다양한 효과, 즉 일자리가 생기면 고임금 봉급자들을 위한 소비재 생산이 활기를 띠게 되고, 기업의 이익도 높아지고 정부로부터 공공 보조금을 얻을 수 있는 기회가 많아지게 된다. 미국 기업연구소의 보수적인 경제학자 허버트 스타인은 "군사비 증가의 실제 경제적 효과는 숫자로 보는 것보다 훨씬 크다"고 말한다. 『뉴욕타임스』의 경제 전문 기자 루이스 우치텔도 "소련의 급작스런 붕괴"는 2차 대전 이후 미국 경제를 지탱해 온 장치를 훼손했다. 첨단산업계를 비롯해 제너럴일렉트릭 등 "대표적인 군수품 생산업체들"의 타격이 크다고 보도했다.[17]

냉전 체제는 사라졌고 지난날처럼 자유 시장 자본주의의 덕목을 무조건 찬양하는 것도 이젠 더 이상 간단하지 않다. 새로운 방법이 요구되는 것이다.

최근 선진국에서 가장 인기 있는 분야는 생명공학이다. 경쟁 분야들이 대부분 그렇듯이, 의약 및 보건 산업, 농산업 분야도 연구, 개발, 마케팅을 위한 국가보조금에 의존해 왔다. 이런 분야들은 점점 더 역할이 커지고 있다. 2차 대전 직후 전자, 컴퓨터 산업체들이 각광 받았던 것처럼 최근에는 비슷한 메커니즘 속에서 생명공학 회사들이 뛰어오르고 있는 것이다.

『월스트리트저널』은 미국국립보건원(NIH)이 "1889년 토지 투기가 대대적으로 일어난 이래 최대 규모의 재산권 경쟁"에 뛰어들고 있다고 보도했다. 미국에서는 해마다 수천 건의 유전자 관련 특허권 신청이 쏟아지고 있는데, 정부 추산에 따르면 2000년에는 미국이 생명공학 기술로 해마다 벌어들이는 수익이 연간 5백억 달러 이상이 될 것으로 예상된다. 미국에서 생명공학과 관련된 특허권은 1980년 대법원이 지방 분해 기술에 대한 특허권을 인정해 준 이래 매년 급격히 증가하고 있다고 『월스트리트저널』은 보도한다. 골수이식과 유전자를 이용한 각종 치료 요법, 동물 및 씨앗에 대한 유전자 조작 기술 등도 특허권으로 보호받을 수 있다.

우리는 이제 생명의 본질을 통제하는 시대에 살고 있다. 과거 무기 개발 경쟁의 핵심 기술이었던 전자공학은 생명공학에 비하면 보잘것없어 보일 정도이다.

강대국들은 마음만 먹으면 언제든지 생명공학 기술을 이용해 앙갚음을 할 수도 있다. 국내외의 과학 공동체도 그러한 시도에 적대감을 표현해 왔다. 냉소적인 시각을 가진 한 과학자는 이대로 가다가는 장차 부모가 자녀를 갖기 위해 정부나 생명공학 회사에 로열티를 내는 시대가 올지도 모른다고 개탄하기도 했다. 전국 과학아카데미회의는 "미국을 비롯한 국제적인 유전자 공동체가 미국 국립보건원의 움직임에 격렬하게 반대한다는 강력한 전언을" 전달했다고 『사이언스』는 보도한다. 미국과 유럽의 지도적 과학 조직의 대표자들은 "만약 국립보건원이 계속 이런 식으로 나간다면 생명공학의 국제적 협조는 파괴되고 생산 개발을 방해하는 특허의 폭주 시대가 도래하고 말 것이라고 경고"했다. 제1회 남-북 인간 게놈 *3)회의는 "지적소유권은 결과 그 자체보다는 결과의 사용에 기초해야 한다"는 조항을 만장일치로 통과시켰다. 유럽의 저명한 과학자들도 생명공학 기술에 대한 특허권을 금지하는 국제 협약을 요청했다. 미국 산업생명공학협회의 대표자는 업계에서도 "보류하고 있지만, 그러나 국립보건원으로서는 특허 신청을 하지 않을 수 없었"을 것이라고 말했다.

1992년 3월 마크 해트필드 상원의원은 유전적으로 관련된 유기체에 대한 특허권을 일시 중지(모라토리엄)시키는 법안을 제안했다. 그러나 이 법안은 "업계와 생명공학 협회의 대대적인 반대 로비"에 밀려 무산되고 말았다. 모라토리엄을 선언하게 될 경우 "생명공학 분야에서 미국의 우월한 위치가 훼손"될 우려가 높다는 것이다. 정부 측도 "특허권은 생산 발전의 필수 요소"라는 입장을 나타냈다. 한편 국립 과학 및 기술공학 연구소는 연구서에서 "연방 재원을 민간 응용 연구로 연결하기 위해서" 반+국영 업체에 연구비로 50억 달러를 제공해 줄 것을 제안하기도 했다. 『민간 기술에서 정부의 역할: 새로운 협력 관계의 조성』이란 제목의 또 다른 보고서에서는 "상업적인 생명공학 산업을 발전"시키기 위해서는 정부와

---

3) [옮긴이] genome. 생물의 생존에 필요한 최소한도의 염색체에 포함된 유전자 전체를 가리키는 용어. 인간 게놈이 완전하게 규명될 경우 의약품 개발 및 질병 치료에 획기적인 발전이 가능할 것으로 기대되고 있다. 1992년 12월 15개 국 과학자들로 구성된 '인간 게놈 프로젝트'는 인간의 23쌍 염색체 가운데 22번 염색체에 관한 유전자 정보를 완전 해독해 내는 성과를 올렸다. 그러나 민간 생명공학 회사들이 프로젝트와 별도로 인간 유전자 특허를 잇달아 신청함에 따라 윤리성 시비가 끊이지 않고 있다. 미국 제약회사 인사이트 파머 슈티컬 사의 경우 인간 유전자 총 십만여 개 중 절반인 5만여 개의 특허 신청을 해 놓은 상태이다. 과학자들은 "인류 공동의 재산을 특허 대상으로 삼는 것은 비윤리적"이란 입장인 데 반해 제약업계는 "거액의 투자에 대한 대가는 당연한 것"이라며 반발하고 있다.

업계가 "밀접한 관계"를 유지해야 한다고 요청한다. 이 보고서는 "상업성이 아직 부족한 분야의 연구 개발"을 촉진함으로써 과학 기술을 상업화하고 업계를 돕기 위해서는 정부로부터 재정적 후원을 받는 '민간 과학 기술 회사'를 설립할 필요가 있다고 권고한다. 비용이 이익으로 전환되는 시점에 이 기업을 민간 업계에 넘겨주자는 것이다.[18]

'칼자루를 쥔 자의 야비한 좌우명'은 국가자본주의 사회의 당연한 귀결이다: 공적 보조, 사적 이윤.

보고서가 발표된 지 수주일 후 국립보건원의 생명공학 프로젝트에 참여했던 사람들이 대거 사표를 내고 개인 연구소를 만들었다. 이들은 벤처 자본가 집단으로부터 7천만 달러의 자금을 얻었다. 이 투자 기금 법인의 회장은 말한다. "인간 게놈을 둘러싼 국제 경쟁이 치열해졌다. 국립보건원은 이런 경쟁에서 이길 만큼 충분한 자금이 없었다. 나는 스스로 물어보았다. '세상에! 만약 미국에서 인간 게놈 연구에 성공하지 못한다면 미국의 생명공학은 끝장이나 다름없지 않은가?'" 그는 자신이 마치 미국 경제를 구제하려는 자선가라도 된 듯이 말하고 있다. 그러나 만약 연구가 성공한다면 그는 독점 특허권을 통해 엄청난 이익을 챙길 것이다. 과학자들은 "인간 게놈을 특정 투자가들이 독점하게 될 수도 있다는 가능성을 우려"하고 있다. 그래서 특허권 방지를 위한 국제 협약을 촉구하고 있는 것이다. 그러나 현재 생명공학 기술을 독점하기 위한 국가 간의 경쟁은 나날이 치열해져 가는 추세이다.[19]

미국 정부가 가트 협상에서 지적 재산에 대한 보호 강화를 요구하고 있는 것도 바로 이런 맥락이다. 『이코노미스트』는 "지적소유권에서 미국의 이해는 결코 이타주의적인 것이 아니"며 "영화부터 마이크로칩에 이르기까지 미국은 1990년 지적소유권 무역으로 120억 달러 이상의 이익을 올렸다"고 보도한다. 그러나 대다수의 개발도상국들은 손해를 보았으며, 제3세계는 이런 게임에 아예 끼지도 못하고 있는 형편이다. 1992년 한 연구 자료는 미국에서 가장 대중적인 의약품 스무 개의 가격은 1984~1991년 평균 인플레이션보다 네 배 이상 치솟았다고 폭로했다. 당연히 의약 회사들은 엄청난 이익을 챙길 수 있었다.

『뉴욕타임스』에 의하면 "막대한 규모의 세금이 공공 보조금이란 명목으로 기초 생체 의학 연구소에 지급돼 왔다"고 한다. 그러나 공공 보조금으로 개발된 약품 가격은 전 세계의 가난한 주민은 물론 보조금을 낸 납세자조차 쉽게 구입하기 어려울 만큼 비싸다. 하지만 '지적소유권' 보호란 기본적으로 공공 보조금을 받은 업체의 독점적 이익을 보장해 주기 위한 장치이지 납세자에게 이익을 돌리기 위한 것은 결코 아니다. 특히 남반구 국가들은 독자적으로 적은 비용을 들여 약, 종자, 기타 필수품을 생산할 권리조차 거부당하고 있는 실정이다.

이쯤 되면 미국 정부가 세계 종種 보존 협약에 대한 승인을 왜 거부했는지 이해할 수 있을 것이다. 환경부 차관 커티스 볼렌은 이 협약이 "미국 기업이 개발도상국에게 생명공학 기술을 이전할 경우 특허권을 적절하게 보호해 주지 못하게 된다"고 말했다. 또 『뉴욕타임스』는 협약이 "미국이 선도하고 있는 경쟁 분야인 생명공학 기술을 통제하려 한다"고 보도한다.[20]

미국 국제무역위원회에 따르면, 지적소유권이 미국의 요구에 따라 보호될 경우 미국 기업들이 제3세계로부터 일 년간 벌어들이는 수익은 610억 달러에 이를 것으로 추정된다. 기타 인접 분야까지 포함할 때 제3세계가 부담해야 할 지적소유권 비용은 천억~3천억 달러에 달한다. 앞으로 농부들은 다국적 종자 회사에서 로열티를 내고 씨앗을 사서 추수를 한 다음,

종자를 받아 두었다가 이듬해 다시 씨를 뿌리는 것조차 재산권 침해란 이유로 금지 당하게 될지도 모른다. 케빈 왓킨스는 "열두 개도 안 되는 종자, 약제 회사들이 전 세계 종자 무역의 70퍼센트를 장악해서 엄청난 이익을 챙길 날도 멀지 않았다"고 말한다.[21]

미국은 미래에 대한 독점적 통제권을 추구하고 있다. 미국 정부의 보호를 받고 있는 종자, 약제 회사들은 제3세계에서 오랜 세월에 걸쳐 축적해 온 지식을 이용해 개발한 신기술로 연간 천억 달러 이상의 이익을 올리고 있으면서도 정작 제3세계 민중들에게 그 이익을 돌려주는 데에는 인색하기 그지없다. 토착민들은 수천 년에 걸쳐 개량한 종자와 약물 등을 서구 연구자들에게 제공했는데도 결국 아무런 대가를 받지 못하고 있다. 민속 식물학자 대럴 포시는 "토착민들이 발견한 약용 식물을 이용해 만든 의약품 시장 규모가 연간 430억 달러에 달한다"고 평가한다. 그러나 "전통적인 약물에 기초해 개발한 의약품이 벌어들이는 수익 중 토착민에게 돌아가는 이익은 0.001퍼센트도 안 된다"는 것이다. 그는 최소한 동일 규모의 이윤이 자연 살충제, 벌레 살충제, 식물 유전자로부터 나오고 있다고 믿는다. 국제 종자 시장 규모는 연간 150억 달러에 달하는데, 이중 대부분은 "혁신적인 제3세계 농부들이 수백 수천 년 동안 골라내고, 양성하고, 개량하고, 개발한 농산물로부터 얻은 유전자들에 기초한 것"이라고 마리아 엘레나 우르타도는 부연한다.[22]

오로지 부자와 강자의 지식만이 보호받을 가치가 있다.

인도의 특허법에 관한 실무 집단 대표는 이렇게 한탄한다. "엄청난 모순과 위선에 기가 막힐 지경이다. 부자들은 자유경쟁을 요구하면서도 실제로는 독점을 추구하고 있다. 이것은 갈취나 다름없다. 예전에는 군대를 동원해 무력으로 약탈했다면 이제는 경제 규칙을 내세워 하고 있다는 것뿐이다." 봄베이 의약 회사의 한 간부도 덧붙인다. 서구는 "자국의 후발 업체를 보호하고 부를 창출하는 세계를 상대로 해적질을 해 왔다. 이제 강대국들은 자기네들이 한 번도 해보지 않은 것[자유 시장경제]을 힘없는 다른 나라들에게 강요하고 있다." 강대국들은 "자국 산업과 인프라를 잘 구축해 놓고 나서야 특허권을 허용하는 특성이 있다. 1966년 독일은 의약품 생산에 대한 특허를 허용했고, 일본은 1976년, 이탈리아는 1982년 처음 허용했다." 이제 인도처럼 가난한 국가는 새로운 경제 규칙 속에서 저렴한 비용으로 의약품을 생산하는 권리조차 박탈당하고 만 것이다.

여타의 개발도상국과 마찬가지로, 오늘날에 강요하고자 하는 규칙을 미국도 지키지 않았었다. 19세기 미국은 지적소유권을 인정하라는 유럽 강대국들의 요구를 자국 경제 발전에 저해된다는 이유로 거부했다. 일본도 미국을 모방해 버렸다. 오늘날 지적소유권 개념은 강대국의 요구에 유리하도록 세련되게 다듬어졌다.[23]

왓킨스는 남반구 국가들이 강대국들의 이런 일련의 행동을 일종의 '난폭한 해적질'로 보고 있다고 지적했다. 왜냐하면 앞서 언급했듯이 서구 기업들이 특허권으로 보호하는 유전자 중 대다수가 제3세계에서 셀 수 없이 많은 세대를 거치며 재배, 개량된 것들이었기 때문이다. 따라서 종자, 약제 회사들이 "엄청난 이익을 챙기는 동안 제3세계의 천재적 농부들은 예나 지금이나, 개체 종자 유전물을 골라내고 개발하면서도 아무런 보상도 받지 못했다." 이집트의 유력지『알-아람』은 신세계 질서를 "성문화된 국제 해적질"로 규정하면서, 부시 행정부가 국내 정치적 목적을 위해 카다피와의 갈등을 부채질하고 있다고 비난했다.[24]

다국적기업들은 생태학적으로 불안정한 자사 상품들을 수출하기 위해 국내의 필요에 맞는 생산을 포기하도록 제3세계 국가들에게 압력을 가하고 있다. 이런 압력으로 인해 제3세계의 토종 농업과 지식은 크게 훼손됐다. 그 결과 세계의 생물적 자원 —— 대부분 제3세계에 있는 —— 이 쇠퇴했을 뿐만 아니라 질병 및 해충의 발생 위험도 잠재적으로 아주 심각한 수준까지 증가했다. 생명공학 기술이 어떤 치유책을 제시하든지 간에 관련 기업의 점증하는 보호 요구가 효력을 발휘하는 경우, 결국 권력과 부는 다시 한 번 지배자들의 몫으로 돌아갈 뿐이다.

501년, 새로운 제국주의 시대를 맞아 이처럼 민중은 권력 분배 및 정책 결정 과정으로부터 소외당하고 있다.

5장
인도네시아를 장악하다

NOAM CHOMSKY

1. 현실과 그것에 대한 매도

인권은 미국이 민주주의, 시장경제와 함께 오랫동안 추구해 온 지고한 원칙 중 하나이다. 사실 인권은 위의 두 원칙보다 더 우위에 있는 원칙이라고 할 수 있다. 그것은 미국 '외교정책의 정신'이었다. 그러나 이런 정신이 실제 행동으로 실천에 옮겨진 것은 가공할 범죄에 대한 민중의 저항이 더 이상 억누르기 어렵게 됐을 때뿐이었다.

미국의 인본주의 정신이 늘 완벽했던 것은 아니다. 언론은 정부가 "지나치게 이상주의적인 외교정책을 추구하고 있다"며 비판해 왔다. 고상함을 지키느라 '사나운 야만인'들을 제대로 다루지 못하고 있다는 것이다. 케네디 대통령의 보좌관이었던 맥스웰 테일러는 "한국전쟁은 도대체 우리가 얼마나 더 부드럽게 나가야 하는가에 대해 심각한 질문"을 던져 보는 계기가 됐다며, "인도주의적인 서구 정치인들"이 "무자비한" 아시아 지도자들과 과연 "경쟁할 수 있을 것인가"에 대해 회의가 들지 않을 수 없다고 토로했다. 베트남전쟁이 점차 통제 불능 상태에 빠지게 되자 지도적인 자유주의적 비평가들은 테일러와 비슷하게 "아시아에서 서구의 미래에 관한 불편한 생각"을 하게 됐다. "가련한 아시아"는 약자의 전략을 십분 활용해 우리를 "대량 학살"에 이르도록 자극하고 있다. 하지만 우리는

"기존의 가치 체계를 버리면서까지 스스로를 파괴하기"를 원치 않는다."
부드러운 인도주의자로서의 우리에게 "대량 학살은 짊어지기 곤란한 짐"
이다(윌리엄 파프, 타운센드 후프스). 전략 분석가 알버트 월스테터는 "베트
남인들은 우리가 상상할 수 있는 것보다 훨씬 더 고난을 잘 감내하는 능력
이 있다"고 설명한다. 한마디로 말해, 미국인은 이 잔혹한 세상에서 살기
에는 너무나 고상한 존재라는 이야기다.

이런 딜레마는 심오한 사상가들도 지적했던 문제이다. 헤겔은 이렇게
생각했다. 아프리카 "니그로들은 인간성의 경멸을 전시"하여 "유럽인과
의 싸움에서 스스로 수천 명이 사살당하도록 허용했다. 생명은 스스로
가치를 지닐 때만이 가치가 있다." 즉 우리의 고결한 가치를 이해할 수
없는 야만인들 때문에 정의와 미덕에 대한 우리의 헌신이 흔들리는 경우가
있다는 주장이다.[1]

올바름이라는 짐을 지기는 쉽지 않다.

이 신념에 찬 선언들을 검사해 볼 방법이 있다. 이를테면 미국의 원조
와 인권 상황 간의 상관관계를 조사해 보는 것이다. 라틴아메리카의 저명
한 인권 전문 학자 라스 슐츠는 미국의 원조금이 "라틴아메리카의 독재
정권으로 부당하게 흘러 들어가는 경향이 있으며, 미국은 시민을 고문하
는 등 기본적 인권을 침해하는 자들을 원조하고 있다"는 사실을 발견했다.
여기서 원조는 군사적 원조까지 포함하는 것으로, 다른 정권보다 인권을
외교정책의 전면에 내세웠던 카터 정권 때에도 마찬가지였다. 에드워드
허먼은 방대한 연구에서 미국 정부가 인권을 내세우는 것과 달리 실제로는
해외 독재 정권을 원조하고 있으며, 이런 방식이 전 세계적으로 이뤄지고
있다는 점을 지적했다. 허먼의 다른 연구는 그 이유를 보여준다. 원조는
투자 환경 개선과 밀접한 관계가 있다는 것이다. 그리고 투자 환경 개선은

신부와 노조 지도자를 살해하고, 조직체를 구성하려는 농부들을 대량 학살하고 자유 독립 언론을 탄압함으로써 확립된다. 따라서 원조와 엄청난 인권침해 간에는 이차적인 상관관계가 있음을 알 수 있다. 레이건 정권 때에 이르면 미국의 외교에서 위와 같은 행동은 별로 새삼스런 일도 못 된다.

또 다른 접근은 만행의 원천과 그에 대한 반응 간의 관계를 탐구하는 것이다. 이 주제를 다룬 연구 성과물들은 상당히 많은데, 재미있는 사실은 저마다 비슷한 결론을 내리고 있다는 점이다. 즉 미국은 공식적인 적대국의 만행에 대해 고민과 분노를 나타내는 경향이 있으며 언론을 통해 상세히 보도하는 것뿐만 아니라 실제보다 더 나쁘게 묘사하기 위해 뻔뻔스런 거짓말을 자행하기도 한다. 물론 이런 만행의 책임이 상당 부분 미국과 연결돼 있을 경우에는 정반대의 반응을 보이곤 한다(미국의 이해관계와 상관없는 일에 대해서는 일반적으로 무관심한 태도를 나타내기도 한다). 비교 탐구할 필요도 없이, 우리는 스탈린의 러시아와 나치 독일에서도 이와 똑같은 일이 자행됐다는 것을 잘 알고 있다. 부와 권력의 위기 상황에서 조지 케넌의 표현대로 "인권 같은 비현실적 목표"와 실제 정책 간에 어떤 차이점이 있는가에 대해서는 엄청나게 많은 연구물들이 발표돼 왔다.[2]

그러나 그 어떤 사실도 미국의 신성한 이념을 훼손하지는 않았다. 당연하다. 민주주의와 시장경제의 경우와 마찬가지로, 실제 기록이란 헤겔의 표현처럼 "부정적이고 무가치한 존재"를 다루는 것이지 "신의 계획"이나 "신성한 이념의 순수한 빛"을 다루는 것은 아니기 때문이다. 그 핵심은 때때로 현대 학자들에 의해 표현되어 왔는데, 특히 현실주의 학파의 기초자로 꼽히는 한스 모겐소는 사실 기록을 이끌어 내는 것은 "현실의 왜곡과 진짜 현실을 혼동하는 것"이라고 갈파했다. 현실 그 자체는 국가의 "초월

적 목표"로서 숭고한 것이지만, 사실 기록이란 왜곡된 현실을 담는 것일 뿐이다.[3]

강대국의 선의와 어긋나는 끔찍한 만행을 고발한 기록은 곡해되기 일쑤이다. 이것이 바로 지난 5백 년 동안 이어져 왔던 서구 정복의 전형적인 특징이다. 그 대표적인 사례가 바로 지난 수십 년 동안 중앙아메리카에서 미국이 자행했던 만행이다. 전통 문화란 기둥처럼 깊이 뿌리 박혀 빼내거나 변화시키기 어렵다는 것은 유럽 식민주의에 의한 최초의 아시아 전진 기지인 네덜란드령 동인도 등을 살펴보면 더욱 실감할 수 있을 것이다.

2. 닻을 단단히 매기

조지 케넌은 1948년에 "인도네시아 문제는 우리와 크렘린과의 투쟁에서 가장 결정적인 쟁점이다"라고 말했다. "인도네시아는 일본 홋카이도부터 수마트라에 이르는 군도," 즉 아시아에서 "공산주의에 대항하는 정치, 경제적 세력의 닻"과 같은 역할을 한다는 것이 케넌의 분석이었다. 또 그는 인도네시아를 "군사행동을 위한 전초기지"로 부르기도 했다. 케넌은 만약 인도네시아가 공산화된다면 남아시아 전역을 "전염시킬" 가능성이 많다고 생각했다. 게다가 인도네시아는 풍부한 자원을 갖고 있었기 때문에 일본을 포함해 동남아시아에 미국 지배 체계로서 "남부 제국"을 건설하는 계획을 달성하려면 없어선 안 되는 지역이기도 했다.

미국 입장에서 인도네시아의 '극단적 민족주의'는 별로 도움 될 것이 없었다. 민족주의가 강해지면 동남아시아가 중심부의 산업 권력에 봉사하는 지역으로서 "주요한 기능을 이행"하지 못하도록 방해할 우려가 높았기 때문이다. 따라서 미국은 네덜란드 지배자들을 부추겨 인도네시아를 독립시키되 당분간 네덜란드의 신탁통치 아래 둠으로써 전후 "서구 경제 회복과 미국의 전략적 이익"에 기여하도록 만들었다고 레플러는 말한다. 일본의 재건도 마찬가지다. 이처럼 독립 민족주의에 대한 원칙적인 적대감은 미국 외교정책에서 중요한 의미를 지니고 있다.4)

인도네시아는 네덜란드로부터 독립한 이후 민족주의 성향의 지도자 수카르노*1)에 의해 지배되었다. 미국은 처음에는 수카르노 정권을 기꺼이 인정했다. 특히 수카르노와 군부가 1948년 마디운 지역에서 공산당(PKI)의 토지개혁 운동을 완전히 제압한 이후 미국의 호감은 더욱 커지게 됐다. 당시 수카르노 측은 3만6천 명을 체포, 공산당 지도부를 실질적으로 괴멸시켰다. 그러나 수카르노의 민족주의적, 중도주의적 노선은 미국으로선 도저히 받아들일 수 없는 것이란 사실이 곧 드러나게 된다.

당시 인도네시아의 주요 세력 집단은 군부와 공산당이었다. 당시 공산당은 인도네시아에서 유일하게 대중에 기반을 둔 정치 세력이었다. 수카르노는 이 두 세력 사이에서 균형을 잡아 나가면서 국정을 이끌어 나갔다. 서구의 목표는 대체로 군부를 통해 공유되었으며, 따라서 군부는 온건 노선으로 비쳐졌다. 그런 목표를 성취하기 위해서는 반미 극단주의자를 제거해야만 했다. 여타의 방법은 실패했을지라도 대량 학살이 최후의 수단으로 남아 있었다.

1950년대 초 미국 중앙정보국은 우익 정당들을 암암리에 지원했으며, 1957~1958년에는 수카르노 암살과 정권 탈취를 계획하고 있던 군부를

---

1) [옮긴이] Sukarno(1901~1970). 인도네시아 독립 운동가 겸 초대 대통령(1949~1966). 1949년 네덜란드로부터의 독립을 이끌었으며, 그해 대통령으로 당선된 후 군부와 공산 세력 간의 균형을 이루는 정책을 취했다. 그러나 정치적, 경제적 혼란이 악화되는 가운데 1966년 군부 쿠데타로 인해 실각했다. 막딸 메가와티는 수하르토 정권에서 민주 투사로 활약, 1999년 10월 민주당 당수로서 부통령에 당선됐다.

지지하고 함께 참여했다. 군부 쿠데타가 진압된 이후도 미국은 여전히 군에 대한 지원 및 훈련 프로그램을 중단하지 않은 반면 정부에 대해서는 경제원조를 삭감했다. 이것은 쿠데타를 불러일으키는 고전적인 기법이었다. 이런 정책은 수년 후 칠레나 호메니이*2) 집권 직후 이스라엘을 경유하여 이란에 무기를 공급하면서 미국 정부가 취했던 정책과 매우 비슷하다. 바로 이런 분위기 속에서 이란-콘트라 스캔들*3)이 가능했던 것이다.5) 정부뿐만 아니라 기업과 대학도 일조했음은 물론이다.

1962년 프린스턴 대학에서 출간된 저서에서 랜드 연구소의 가이 포커(랜드 연구소와 중앙정보국을 통해 미국의 대외 정책 과정에서 핵심적인 역할을 했던 인물)는 자신이 인도네시아 군부와 접촉했던 것은 인도네시아를 위해 "집안을 깨끗이 청소해"주기 위해서였다고 주장했다. 1963년 전직 중앙정보국 요원 윌리엄 킨트너는 중앙정보국의 지원을 받는 펜실베이니아 대학 연구소에 재직하고 있었는데, "만약 공산당이 법적 존립 근거를 유지하고 소련도 영향력을 계속 강화했더라면 인도네시아에서는 합법적인 선거를 통해 공산 정권이 들어서는 첫 동남아시아 국가가 됐을 것"이라고 지적했다. "당분간은 서구의 도움을 받아 자유세계의 아시아 정치 지도자들이 ── 군부와 함께 ── 정치적 안정을 이룩하면서 적[공산 세력]의 정치적 게릴라와 병력을 제거해 나가는 것이 필요하다." 그러나 민중에 기반을

---

2) [옮긴이] Khomeini(1900~1989). 이란 시아파 종교 지도자. 1979년 레자 샤 팔라비 왕정을 붕괴시킨 혁명을 주도, 이후 십여 년 동안 이란 최고 정치, 종교 지도자로 활동했다. 이슬람 근본주의를 이슬람권에 전파시키기 위해 전력을 기울였으며, 극도의 반미 정책을 취해 미국과 첨예한 갈등을 빚었다.

3) [옮긴이] 이란-콘트라 스캔들. 1985~1986년 미국 국가안전보장회의(NSC)가 이란에 충성하는 시아파 테러 집단에게 레바논 억류 미국인 석방을 대가로 무기를 불법 판매한 사건. 이런 행동은 테러 집단과의 일체의 협상을 거부했던 미국 정부의 공식 입장과 정면 배치되는 것이었다. NSC는 무기 판매로 받은 4천8백만 달러 중 일부를 니카라과의 산디니스타 정권 전복을 위해 콘트라 반군에게 제공했다. 이 같은 사실이 폭로돼 큰 파문을 일으키자 실무를 맡았던 올리버 노스 중령 등 NSC 관계자들이 의회 청문회에 서기도 했다.

둔 정치 세력을 뿌리 뽑는 일은 결코 쉽지 않았다. 1964년 랜드 비망록에서 포커는 미국이 지원하고 있는 집단은 "과거 독일 나치가 공산당을 무자비하게 제압했던 것처럼 단호한 자세를 갖고 있지 못한 것 같다"며, 우파와 군부는 "숫자나 대중적 지지 기반은 물론이고 단결성, 조직성, 지도력 면에서도 나치보다 훨씬 취약하다"고 염려하고 있었다.

그러나 포커의 이 같은 비관은 기우였음이 드러났다. 1965년 9월 30일 공산주의에 의한 쿠데타 시도로 추정되는 사건과 여섯 명의 인도네시아 장성이 살해되는 일이 있은 후, 책임을 맡았던 친미적인 수하르토*4) 장군은 피의 숙청을 개시했다. 이 과정에서 살해당한 수많은 사람들 중 대다수는 공산당원이 아니라 농사지을 땅도 없는 농부들이었다. 1969년 이 사건에 관해 포커는 "군부는 내가 불과 일 년 전 기대하지도 않았던 잔혹한 행위를 유도해 냈으며, 그 결과 수많은 공산당 동조자들이 제거됐다"고 말했다.

군부에 의한 학살 규모는 아직도 알려지지 않고 있다. 미 중앙정보국은 최소 25만 명이 살해당했다고 추산했으며, 나중에 인도네시아 보안 당국자는 50만 명 이상으로 발표하기도 했다. <국제사면위원회>는 '백만 명 이상'이란 수치를 제시했다. 숫자야 어떻게 됐든 간에 이 과정에서 얼마나 야만적인 행위가 벌어졌는가에 대해서는 의심하는 사람이 거의 없다. 보안당국의 발표에 의하면 75만 명 이상이 체포됐는데, 그 대다수는 재판도 받지 않고 감옥에서 인간 이하의 대우를 받아야만 했다. 군부는 수카르노 대통령을 제거하고 통치권을 장악하는 데 성공했다. 드디어 인도네시아는

---

4) [옮긴이] Suharto(1921~   ). 1965년 자카르타 유격대 사령관이었던 수하르토는 공산 세력이 일으킨 쿠데타를 진압한다는 명분으로 군 병력을 동원, 인도네시아의 실권자로 급부상했다. 1966년 수카르노 대통령을 실각시킨 후 이듬해 제2대 대통령으로 취임, 1998년 대대적인 민주화 운동에 의해 실각할 때까지 32년 동안 철권통치로 온갖 탄압과 부패를 자행했다.

서구의 착취에 문을 활짝 열었다. 다만 지도자의 탐욕에 의해 지체됐을 뿐이다.

이 모든 과정에 미국이 어느 정도까지 개입했는지는 확실치 않다. 우선 공식 기록에 빈 부분이 너무 많다. 가브리엘 콜코는 "1965년 9월 30일 이전 3개월 동안 미국의 행적에 대한 기록이 거의 없다"며 결국 "1965년 7월 이전과 9월 이후의 이용할 수 있는 세세한 기록을 통해 정부가 상당히 당혹감을 느낄 만한 뭔가가 있다는 것을 추정해 볼 뿐이다"라고 말한다. 그러나 전 중앙정보국 요원 랠프 맥키히는 중앙정보국이 공산당에 대한 공격 기반을 마련하기 위해 모종의 공작을 펼쳤음을 언급하기도 했다.[6]

워싱턴은 인도네시아에서 학살이 벌어지고 있다는 것을 알고 있었으며, 군부의 이 같은 만행을 암묵적으로 승인했음이 틀림없다. 10월 29일 마셜 그린 인도네시아 미국 대사가 워싱턴의 딘 러스크 국무장관으로부터 받은 전문에는 미국은 "반공산당 캠페인을 계속 지원해야 한다. 군부만이 인도네시아에서 질서를 유지할 수 있는 유일한 세력"이라고 적혀 있다. 미국은 인도네시아 군부를 돕기 위해 민첩하게 움직였다. 그러나 자세한 사항은 여전히 공개되지 않고 있다. 10월 30일과 11월 4일 자카르타 미국 대사관이 본국에 보낸 전문에는 인도네시아 군에 대한 통신 장비 납품이 가속화됐으며 미국 항공기 판매가 이미 승인 났다는 구절이 있다. 한 정부 관리는 "대사관과 미국 정부는 인도네시아 군부가 하고 있는 일에 대해 여러 면에서 존경과 공감을 표한다"고 기록하기도 했다.[7]

여기에서 쿠데타의 본질을 좀 더 확실하게 규정하기 위해 몇 가지 쟁점들을 구분해 살펴볼 필요가 있다. 그중 하나가 역사적 사실에 대한 질문이다. 1965~1966년 인도네시아와 워싱턴에 과연 어떤 일이 벌어졌을까? 더불어 미국 정부와 지식 사회는 어떤 반응을 나타냈는가? 후자의 질문은 문화적 차원의 문제이기도 하다. 사실 정치사는 애매모호할 경우가 많다. 반면 문화사는 정치사가 누락한 많은 증거들을 제공해 준다. 문화사는 장기적인 함의에 관하여 훨씬 많은 정보를 건네준다. 그것은 우리가 미래를 위한 교훈을 도출해 내는 바로 그런 반응들이다.

당시 워싱턴이 인도네시아 '군부가 하고 있던 일'에 대해 공감하고 있었다는 점은 논쟁의 여지가 없다. 브랜즈의 분석은 이 점에서 특히 흥미를 자아낸다.[8] 인도네시아 쿠데타에 관한 많은 연구자들 중 브랜즈는 미국의 역할에 대해 가장 회의적인 입장을 취하고 있다. 당시 미국의 역할은 기본적으로 혼란스러워 하는 관찰자에 머물러 있었을 뿐이며 "위험한 상황을 호전시킬 수 있는 능력이 별로 없었다"는 것이다. 또한 살육이 진행되는 상황을 "호전"시키려고 워싱턴이 열의를 다했다는 것에 관하여 의심하지 않는다.

브랜즈의 시각에 따라 인도네시아 사태를 재구성해 보도록 하자. 1964년 초 미국은 인도네시아 "군부의 반공산당 대응을 부추기기 위해 은밀하게" 움직이고 있었다. 그리고 미국이 이미 예상했던 대로 공산당과 군부의 갈등이 노골화되기 시작할 경우 "군부는 워싱턴에 자기편이 있다는 것"을 알게 될 것이라고 확인해 주었다. 딘 러스크 국무장관은 "민간 행동 및 군사훈련 프로그램을 존속시키는 목적"은 "앞으로 계속될 공산당과의 투쟁에서 인도네시아의 반공 세력을 강화시키는" 데 있다고 논평했다.

1965년 내내 워싱턴의 주요 관심사는 인도네시아 군부의 반공산당 행동을 어떻게 하면 더욱 효과적으로 이끌어 낼 것인가였다. 미국의 밀사인 엘스워드 벙커는 군부 고위층이 미국의 의도대로 움직이면서도 국민들로부터 신식민주의자와 제국주의자의 동조자로 비난받지 않게 만들려면 워싱턴은 절대 앞으로 나서지 말아야 한다고 생각했다. 국무부도 같은 의견이었다. 하지만 전망은 불투명했고, 브랜즈는 1965년 9월 "미국 관료들은 조만간 인도네시아에서 좋은 소식이 올 것을 거의 기대하지 않고 있었다"고 이야기했다.

9월 30일 인도네시아에서 군부에 반대하는 대규모 파업 시위가 일어났다. 브랜즈는 워싱턴은 물론이고 중앙정보국도 파업에 대해 전혀 눈치도 채지 못하고 있었다고 주장한다. 존스의 후임이었던 그린 대사는 파업에서 공산당이 어떤 역할을 했는지 확증할 수 없다고 워싱턴에 보고했다. 그럼에도 불구하고 그때 이후로 공식 논평은 '공산당의 쿠데타 기도'였다고 한다.

워싱턴은 인도네시아로부터의 '좋은 소식'을 오래 기다릴 필요가 없었다. 브랜즈는 계속해서 "미국 관리들은 인도네시아 상황이 극적으로 변하고 있다는 것을 금세 깨닫기" 시작했다. 게다가 "그들의 관점에서 보자면 좋은 변화"였다. "자카르타 교외 지역에서는 공산당의 퇴각이 시작되고 있다는 정보가 도착했다. 자카르타와 워싱턴에 있는 미국 관료들이 가장 우려하는 점은 군부가 이런 절호의 기회를 제대로 이용하지 못할지도 모른다는 것이었다." 군부가 최후의 행동에 대해 망설이는 듯하자 미국은 "장교들을 움직일 수 있는" 방법을 모색했다. 그린 대사는 "공산당이 사기꾼이자 범죄 집단이며 은밀한 만행을 저질렀다는 소문을 퍼트리는" 방법을 권유했다. 물론 그 자신도 공산당이 그런 일을 하지 않았다는 것은 알고 있었다. 하지만 맥키히의 중앙정보국 내부 기록에 관한 설명에 따르면, 이 방법은 대단히 효과적이었다. 행정부의 온건파를 대표하는 조지 볼도 미국 정부가 전면에 나서지 않고 군부 뒤에 머물러 있는 것이 바람직하다는 생각을 갖고 있었다. 왜냐하면 "인도네시아 장군들이 독자적으로 매우 잘하고 있기 때문"이며(브랜즈), 도움이 필요할 경우 "그들

뒤에는 미국이 있다는 사실을 이미 잘 알고 있을 것"(볼)이기 때문이다. 볼은 자카르타의 미국 대사관에 보낸 서한에서 "우리의 진정한 노력이 수카르노와 그의 정치적 동료인 수반드리오에 의해 물거품이 되지 않도록 아주 신중"하게 움직이도록 지시했다.

브랜즈는 미국의 은밀한 지원이 "공산당 축출을 어느 정도 부추긴 것"은 사실이지만 "어차피 일어날 일을 좀 더 앞당겼을 뿐"이라며, 과정이야 어찌됐든 전반적인 경향은 정부의 입장에서 매우 고무적이었다고 결론 내린다. 그는 계속해서, 그해 12월 중순 조지 볼은 군부의 공산당 제거 작전이 '매우 신속하고 부드럽게 진행되고 있다'고 만족감을 나타냈다. 그린 대사도 본국에 "공산주의자들이 빠르게 제거되고 있다"고 보고했다. 1966년 2월 초 존슨 대통령은 인도네시아에서 십만여 명이 사망했다는 보고를 받았다. 중앙정보국이 대통령에게 수카르노의 정치 생명이 끝장났고 "군대가 공산당을 실제로 파괴했다"고 보고한 직후였다.

브랜즈에 따르면, 이처럼 군부가 승리를 거뒀지만 워싱턴은 "여전히 수하르토에 대해 일말의 불안감을 버리지 않고 있었다." 결과가 아직 확실하지 않다는 것이 이유였다. 그러나 이런 의구심도 곧 사라졌다. 대통령 보좌관이었던 월터 로스토는 "수하르토가 만들어 낸 '신질서'가 미국에게 대단히 유리하다는 사실을 깨달았다." 비로소 미국은 공개적으로 경제를 지원하기 시작했고 수하르토의 위대한 승리를 대대적으로 칭송하게 된다.

이런 회의적인 시각에 따르면 "미국은 수카르노 정권을 무너뜨리지 않았으며 공산당 일소 과정에서 수십만 명이 학살당한 일에 대해서도 책임이 없다." 미국 정부는 당시 인도네시아에서 유일한 대중조직이었던 공산당의 일소를 위해 군부를 후원했을 뿐이고, 역효과를 우려해 직접 개입을 꺼렸다는 것이다. 결국 미국은 인도네시아에서 학살이 자행됐다는 '좋은 소식'을 반겼고, 이른바 온건파 세력이 유혈 사태 속에서 승리를 이룩한 후 '신질서'를 확립할 수 있도록 열의를 갖고 도와준 죄밖에 없다.

3. 축하

인도네시아 사태에 대해 서구는 어떤 태도를 보였을까? 공식적인 첫 반응은 바로 안도감과 자긍심이었다. 국무부 차관보 알렉시스 존슨은 1966년 10월 "위대한 인도네시아에서 공산주의 세력이 제거된 것"은 "베트남전쟁과 더불어 지난 십 년간 아시아 역사의 흐름을 바꿔 놓은 기념할 만한 사건이었다"고 축하했다. 로버트 맥나마라 국방장관은 상원 외교위원회에서 의원들로부터 쿠데타 이전부터 인도네시아 군부를 지원해 온 미국에게 "돌아온 이익"이 있었는지 질문을 받았다. 그는 보상은 있었다고 말했는데, 그럼으로써 그 보상을 얻는 과정에서 생긴 엄청난 시체 더미는 정당화되어 버렸다. 1967년 3월 맥나마라가 존슨 대통령과의 사적인 대담에서 인도네시아 군부에 대한 미국의 원조가 "기회가 왔을 때 공산당의 붕괴를 촉진시켰다"고 말했다는 기록도 남아 있다. 맥나마라는 특히 인도네시아 군 장교를 미국 대학에 유학시켜서 훈련시켰던 것이 효과적이었다고 자평했다. 이런 교육 과정이 "인도네시아의 새로운 정치 엘리트에게 중요한 영향을 미쳤다"는 이야기였다. 이것은 오랫동안 라틴아메리카의 표본의 되었고 동일한 결과를 가져오게 된다.[9]

　학자들은 미국 정부가 베트남전쟁에 적극 개입하게 된 것도 인도네시아에서의 승리 이후 상당히 고무돼 있던 점과 무관하지 않다고 보고 있다. 정부로서는 인도네시아의 장군들이 마음대로 활동할 수 있으려면 뒷마당

격인 베트남이 반드시 필요하다는 생각을 갖고 있었다. 1966년 11월 존슨 대통령은 군부대 방문 연설에서 미국 군대의 공적 덕분에 "오늘날 인도네시아 1억 국민이 과거에는 생각지도 못했던 자유를 누리고 있다"고 말했다. 이런 반응들은 곧 인도차이나 전쟁에 대한 미국의 논리를 나타낸다.[10]

일반적인 회의주의 노선에 따라서, 브랜즈는 이상의 주장들이 과장됐다고 믿는다. 그는 인도네시아 "장교들의 권력 장악에 책임이 있음을 인정하려는" 맥나마라의 "시도"는 존슨 대통령의 "수하르토 정권을 향한 열의"에 대한 반응이었다고 본다. 인도네시아 군부에 대한 미국의 확신은 "분명히 수하르토 자신의 가능성 판단에 **어느 정도** 효과를 미쳤"지만, 많은 영향을 끼치지는 않았는데, 왜냐하면 "미국은 좌파보다 우파를 선호한다는 명백한 사실을 단순히 반복해서 말했을 뿐"이기 때문이다 ─ 여기서 우파란 대량 학살을 자행하고 테러주의적인 '새로운 질서'를 정착시키는 자들이 포함된다. 베트남전쟁과 관련하여, 중앙정보국 국장 헬름스는 왈트 로스토우에게 보낸 서한에서, 중앙정보국은 "베트남에서 발휘한 미국의 결단력과 같은 것이 인도네시아 사태의 결과에 어떤 방식으로도 직접적인 영향을 미쳤"고는 생각하지 않는다고 썼다. 브랜즈 자신의 논리에 따르면, 존슨 행정부는 인도네시아가 "미국이 당시 남베트남을 구해 내려고 하면서 겪었던 운명"을 겪게 될까봐 걱정스러워 했다. 다행스럽게도 인도네시아는 자신을 스스로 구해 냈다.

미국 의회에서도 인도네시아 군부의 학살 만행에 대한 비판은 찾아보기 어려웠다. 불쌍한 인도네시아 민중을 돕겠다고 나선 구호 기관은 거의 없었다. 반면 세계은행은 군사정권에게 엄청난 액수의 차관을 제공했다. 그 결과 인도네시아는 세계에서 세 번째로 큰 채무국의 위치에 오르게 된다. 유럽의 각 정부와 기업들도 세계은행의 뒤를 따라 군사정권에 손짓을 했다.

1973년 미국은 공산 세력을 진압한다는 이유로 캄보디아 농촌 지역에 대규모 폭격을 감행한다. 그린 대사는 의회 증언에서 평화를 위해 학살이 계속돼야 한다고 주장했다. '하노이에서' 이미 경험했듯이 캄보디아 공산주의자들을 협상 테이블로 끌어내기 위해서는 '피의 강물'만이 유일한 방법이라는 것이다. 여기서 그가 말하는 '경험'이란 1972년 크리스마스에 미군이 하노이를 폭격한 것을 말한다. 이 폭격은 하노이 측으로 하여금 10월에 합의한 협정 내용을 수정하도록 압력을 행사하기 위해 취해진 것으로, 결국 닉슨 행정부는 협정 자체를 백지화했다가 비용 부담 때문에 공습을 중지한 후 다시 원문 그대로 받아들였다. 이런 일련의 사건들이 언론을 통해 거의 보도되지 않아 왔기 때문에, 그린은 대량 학살과 관련한 자신의 어마어마한 날조가 폭로되지 않을 것이라고 확신할 수 있었다.[11]

다시 인도네시아로 눈길을 돌려 보자. 미국 언론은 인도네시아 쿠데타에 우호적인 반응을 나타냈고 승리감에 고취되기까지 했다. 『뉴욕타임스』의 인도네시아 특파원 맥스 프랜켈은 존슨 정부의 군대가 통제권을 확보하자 관료들이 인도네시아에서 "극적으로 새로운 기회"를 잡게 되어 매우 기뻐하고 있다고 보도했다. "군부는 힘을 보여줬고," 따라서 "인도네시아는 한때 불가피한 대세처럼 보였던 평화적 정권 교체 가능성으로부터 멀어지게 됐다." 미국 정부의 입장에서는 미국이 통제하지 못하는 '내부로부터의 평화적 정권 교체'는 생각조차 할 수 없는 일대 재난이다. 정부는 "군부가 상당한 정치 세력인 공산 세력을 파괴하고 무력화시킬 것"이며, "인도네시아 사회의 모든 곳에서 공산주의의 영향력을 제거"할 것으로 믿고 있다. 결과적으로 "불과 2주 전만 하더라도 절망뿐이었던 인도네시아에 이제 희망이 가득하다"는 식이었다.[12]

인도네시아 민중 세력의 몰락 가능성에 모두가 열광한 것은 아니다. 일본의『아사히신문』은 인도네시아의 미래에 대해 상당한 우려를 나타냈다. "인도네시아 풀뿌리 민중들 사이에 공산주의가 깊숙이 침투해 있다는 사실에 비추어 볼 때, 군부가 보다 강경한 조치를 취하게 될 경우 그렇지 않아도 혼란한 인도네시아 정치는 더욱 황폐해질 가능성이 높다."13) 그러나 이런 우울한 반응은 소수에 불과했다.

1966년 중반『유에스 뉴스 앤드 월드 리포트』지의 열정 어린 긴 기사는 결과가 잘 알려진 후에, 「인도네시아 […] 되찾은 희망」이란 제목으로 인도네시아 인들은 "이제 수배되거나 감옥에 잡혀갈 걱정을 하지 않고 누구나 자유롭게 말하고 토론할 수 있다"고 보도했다. 시사 주간지『타임』도 「미소 띤 복수」란 제목의 커버스토리에서 수하르토 정권의 등장은 서구에게 "지난 수년간 아시아 뉴스 중 최고 뉴스"라고 칭송하면서, "거의 주목받지 못하는 40만 명의 생명을 구해 낸 맹렬한 숙청"이라고 다섯 쪽에 걸친 기사와 여섯 컷 이상의 사진을 게재했다. 또 인도네시아의 새로운 군사정권을 "완벽하게 합헌적"이라고 규정하고, "힘만이 아니라 법에 기초"한다고 했다. 심지어 "차분한 결단력을 가지고 있는" 지도자 수하르토의 "순진한 얼굴"에 대한 묘사까지 나온다. 군부가 3백만 명에 달하는 공산당원들을 제거하고 '민중의 진정한 영웅'인 수카르노를 몰아낸 것이 곧 민주주의의 승리로 간주돼 버린 것이다.14)

『뉴욕타임스』의 저명한 정치 사설가인 제임스 레스턴의 칼럼 「아시아의 희미한 빛」도 비슷한 시각을 나타내고 있다. 국무부와 밀접한 관계를 맺고 있던 레스턴은 독자들에게 베트남전의 우울한 뉴스 때문에 아시아에서 이뤄지고 있는 보다 "희망적인 발전들을 간과해서는 안 된다"고 충고했다. 그가 말하는 발전에는 친중국 정책의 수카르노가 머리가 모자라는 반공주의적인 수하르토 장군에 의해 야만적으로 제거당한 사건도 물론 포함돼 있었다.

워싱턴이 세계에서 여섯 번째로 인구가 많은 부유한 나라 인도네시아에서 일어난 최근 변화를 자신의 공으로 돌리려는 태도는 바람직하지 않다. 그렇다고 해서 워싱턴이 아무런 관계가 없었다는 말은 아니다. 인도네시아에서 대량 학살 사건이 발생했을 당시와 그 전후 기간에 현지 반공 세력과 워싱턴 간에 유례없이 활발한 접촉이 있었던 것은 사실이다. 당시 수하르토 군대는 식량과 군수품 부족에 시달리고 있었으며, 미국으로부터 제3세계 국가들을 경유하여 지원을 받고 있었다. 만약 미국이 베트남에서 확실하게 군사력을 보여주지 않았더라면 인도네시아 군부는 쿠데타를 아예 엄두조차 내지 못했을 것이다. 그리고 미국의 간접적인 지원이 없었다면 쿠데타를 승리로 이끌기 어려웠을 것이다.

같은 날 실린 인도네시아 기사는 현지의 분위기를 좀 더 긍정적으로 묘사하고 있다. 「인도네시아 국민들, 다시 미국 영화를 즐기다」란 제목의 이 기사는 "최근 인도네시아 수도에서 가장 인기 있는 공식 이벤트"는 미국 영화 상영이다. "비싼 리무진 자동차를 타고" 도착한 "멋진 옷차림의 인도네시아인들"에게 미국 영화를 보여주는 것이다. 이는 "인도네시아 정부의 반미, 친공산주의 정책에 대한 사회적 거부감을 보여주는 증거"이며 구름 사이로 비추는 희미한 빛이라고 묘사했다.[15]

브랜즈를 비롯한 자들의 회의적인 시각에 따르자면, 미국 정부가 대량 학살과 '신질서'의 확립에 공이 있다고 정당하게 주장할 수 있다는 레스톤의 자부심 어린 주장은 이해할 수 있을지라도 과장된 것임을 상기해 보자.

인도네시아 유혈 사태에 대한 논설의 반응은 신중했다. 『뉴욕타임스』는 사설에서 군부가 "정치적 시한폭탄인 공산당 해체"에 성공한 것을 높이 평가하는 한편 "최근 유혈 사태 동안" 워싱턴이 군부에 대한 공개적 지원을 자제하고 "현명하게 거리를 둔 것"에 대해 좋은 점수를 주었다. 그러나 워싱턴이 군부의 만행을 막기 위해 좀 더 적극적으로 노력했어야 했다는 주장은 어디에서도 찾아볼 수 없었다. 논설들은 워싱턴이 계속 신중한 자세를 취하도록 요구하면서도 대량 학살을 자행했던 '온건파즉 수하르토 측]'에 대한 국제적 지원의 필요성을 강조했다. 1966년 2월 『뉴욕타임스』는 사설에서 인도네시아 군부가 권력을 장악하고 "공산당 전체 조직을 해체시킨 것"이 미국의 이익에 도움이 된다고 주장했다. 그해 8월 사설에서는 수십만 명의 "공산주의자 및 친공산주의자들이 엄청나게 학살당했다"고 인정하면서 "이런 상황이 [⋯] 미국 정부에게 심각한 의문을 제기하도록 만든다"고 지적했다. 그러면서 다시 한 번 워싱턴이 "인도네시아의 새로운 지도자들에 대해 공개적인 지지 표명을 자제"함으로써 "현명하게도 혼란 속으로 빠져 들어갈 위험을 피했다"며, 만약 그렇지 않았다면 미국은 물론 인도네시아 지도자들에게도 "피해가 갔을 수도 있다"고 밝혔다 — "심각한 의문"이란 것이 기껏 이 정도이다. 한 달 뒤의 논설은 워싱턴이 "인도네시아를 잃었다가 다시 찾은 데" 안도의 숨을 내쉬고 있다고 보도했다. 이른바 '온건파'는 승리를 이룩한 대가로 미국으로부터 "쌀, 면화, 기계류 등 푸짐한 선물"을 보상받았고 "엄청난 대량 학살"이 있기 전까지 보류되었던 경제원조가 재개됐다. 미국은 인도네시아의 "새로운 체제와 손을 잡아야 할 적절한 이유"가 있는데, 그것이 바로 경제적 이윤임은 두말할 나위도 없다.[16]

그러나 몇 년 뒤 인도네시아 상황은 혼란에 빠지게 된다. 1977년 『로스앤젤레스타임스』의 아시아 전문 기자 조지 맥아서는 공산당의 권력 장악 시도로 인해 인도네시아에서 다시 유혈 사태가 일어나고 있다고 하면서, 위태로운 공산주의자의 잔인한 칼날이 목을 겨누고 있다고 보도했다.

당시 인도네시아 군부는 세계 최악의 인권유린을 자행하고 있었다. 1975년 포르투갈 식민지였던 동티모르*5)를 침공, 같은 해 캄보디아 폴 포트*6)의 만행에 버금가는 "엄청난 대량 학살"로서 인종 청소를 단행했다. 당시 인권 정부를 자처하던 카터 행정부와 그 동맹국들은 인도네시아 군부의 만행에 대해 아무런 행동도 하지 않았다. 『뉴욕타임스』도 북아메리카 및 유럽의 동료들과 함께 미 국무부와 인도네시아 정부가 들려주는 (부차적인) 가공된 이야기에만 귀를 기울이고 쉽게 얻을 수 있는 사실 자료에 눈을 감아 버림으로써 학살을 용이하게 만들었다. 동티모르에 관한 미국, 캐나다 언론의 관심은 포르투갈 제국의 붕괴라는 맥락에 머물러 있었기 때문에 동티모르 주민들의 인권 같은 것은 아예 관심의 대상이 되지도 못했다. 미국의 무기 유입과 함께 인도네시아의 만행이 정점에 이르렀던 1978년에 들어서면 동티모르에 관한 언론의 기사 건수는 거의

---

5) [옮긴이] 동티모르. 인도네시아 사부 해와 티모르 해 사이에 있는 섬으로 열도 동쪽 끝에 자리 잡고 있다. 주도는 딜리. 특히 티모르 해저에 묻혀 있는 대규모의 유전자원 개발권을 둘러싸고 인도네시아, 오스트레일리아, 티모르 간에 치열한 각축을 벌여 왔다. 서티모르는 행정상 인도네시아의 일부로 취급되며, 동티모르는 1975년 포르투갈의 영토였다가 그해 11월 28일 동티모르 민주공화국으로 독립했다. 그러나 12월 7일 인도네시아의 침략을 받고 이듬해 합병됨으로써 독립을 위한 유혈의 역사가 시작된다. 동티모르의 독립 운동을 잔혹하게 진압해 국제적 비난의 표적이 됐던 인도네시아 정부는 수하르토 정권의 붕괴 이후 1999년 동티모르 독립 의사를 묻는 자유투표를 실시, 주민 대다수의 찬성 결과에 따라 독립을 인정했다.

6) [옮긴이] Pol Pot(1926~1998). 캄보디아 정치 지도자. 1960년대 초반부터 공산당 당 서기로 활동한 그는 1975년 론놀 정부를 전복시키는 데 성공했다. 1976년부터 베트남의 캄보디아 침공으로 정부가 무너진 1979년 1월까지 크메르루주 정부의 총리로 일했다. 폴 포트 치하의 크메르루주 정권에서 2백만 명 이상의 국민이 강제 노역, 기아, 고문, 처형 등으로 사망, 캄보디아 전역이 '킬링 필드'로 변모하는 참극이 초래됐다. 폴 포트는 베트남이 지원하는 신캄보디아 정부와 맞서 싸우기 위해 크메르루주 군을 이끌고 캄보디아 산악 지대로 들어가 투쟁을 계속하다가, 정치적 실권을 잃고 1998년 피살됐다.

제로에 가까워진다.[17]

"유혈 사태를 일으킨" 장본인인 이른바 온건파들을 추켜 올린 신문은 『뉴욕타임스』뿐이 아니었다. 『크리스천 사이언스 모니터』는 "많은 서구인들이 자카르타의 새로운 온건파 지도자 수하르토를 관심 깊게 주시하고 있다"고 보도했다. 『뉴욕타임스』의 동남아시아 특파원 필립 셰넌은 수하르토의 인권 전력은 "얼룩"져 있다면서 다소 신중한 논평을 덧붙이고 있다. 런던의 『이코노미스트』는 다국적기업에 대한 수하르토의 열성적인 지지 정책에 홀딱 반했는지, 대량 학살자이자 고문 가해자인 그를 "마음속 깊이 자비로운 인물"로 묘사하기까지 했다. 그러나 불행하게도 자비롭기 그지없는 수하르토의 성품에 이의를 제기하려는 사람들도 있었다. 동티모르와 서파푸아(이리안자야)의 "게릴라 선전 선동가"들은 인도네시아 "군 병력이 야만적 행동과 고문을 자행하고 있다"고 고발한다. 주교를 비롯한 가톨릭 교단, 오스트레일리아와 포르투갈에 머무르고 있는 수천 명의 인도네시아 난민, 인도네시아 주재 서구 외교관, 현장을 목격한 서구 언론인, <국제사면위원회> 등 인권 단체로부터도 비슷한 고발이 터져 나왔다. 그러나 그들은 인권 운동가가 아니라 "선전 선동가"로 치부됐다. 왜냐하면 [미국 등 강대국들의 입장에서 볼 때] 나쁜 이야기만 했기 때문이다.[18]

『월스트리트저널』의 아시아 지국장 베리 와인은 수하르토가 몇 가지 문제점, 특히 1982~1985년 반정부 인사 수천 명을 범죄자란 이유로 체포한 일이 있는 것은 사실이지만 "전반적으로 볼 때는 잘 하고 있다"고 평가했다. 베리 와인의 예찬 칼럼은 『아시아 위크』가 수마트라에서 무장 병력이 불순 세력을 단속한다는 이유로 주민 3백 명이 사는 마을을 불태우고 수십 명을 살해했다고 보도한 지 불과 수주일 뒤 나온 것이다. 『월스트리트저널』도 앞에서 논의한 '정치적 올바름'의 개념을 사용하면서, 수하르토에게 "인도네시아 안정의 주인공"이란 호칭을 부여했다. 여기서 우리는 정치적 올바름의 차원에서 '안정'이란 단어가 어떻게 쓰이고 있는가를 다시 한 번 확인할 수 있다. 물론 이 즐거워하는 기사는 1965년 사건에 대해서도 간과하지 않고 있다. 그러나 단 하나의 문장만을 읽을 수 있을 뿐이다. 수하르토는 "쿠데타 시도를 진압하라는 명령을 내렸고, 성공했다."[19]

인간은 야수를 죽일 때 도덕적 가책을 느끼지 않는다. 따라서 '인간 이하의 존재', '인간 모양을 한 야수', 즉 공산주의자, 테러리스트 등을 박멸하는 데에 어떤 가책도 가질 필요가 없다. 그리고 이들을 박멸하는 세력, 즉 우리 시대의 '나치'는 언론으로부터 '온건주의자'로 칭찬을 받곤 한다. 관례가 곧 기준이다. 수하르토의 동맹자가 되기를 열망했을지도 모를 '온건한' 그라마회[과테말라의 독재자] 장군을 상기해 보라.

4. 결산하기

1990~1991년 발생한 일련의 사건들은 미국의 후원 아래 자행되고 있는 인도네시아 만행에 대해 이례적으로 우려를 불러일으켰다. 1990년 5월 <스테이트 뉴스 서비스>는 워싱턴에서 『샌프란시스코 이그재미너』의 캐시 카데인이 폭로한 기사를 인용한 보고서를 배포했는데, 내용은 이렇다.

미국 전직 외교관들의 증언에 따르면 미국은 인도네시아 군부에 수천 명에 달하는 공산당 지도자들의 이름을 넘겨주었으며, 이를 계기로 인도네시아에서 좌파 사냥이 시작됐다. […] 미국 고위 관리에 따르면, 미국 정부는 인도네시아 군부에 5천여 명의 이름을 제공했고, 후에 사망자 명단과 일일이 대조하기도 했다. 외교관 로버트 마텐스는 이 명단에 공산당 지도부 인사들이 총망라돼 있다시피 했으며, 공산당 각 지부, 공산당 국민노동연맹, 여성 및 청년 단체 등 대중조직 지도자들의 이름도 포함돼 있었다고 말했다.

캐시 카데인은 당시 자카르타 주재 미 중앙정보국 부副 책임자였던 조세프 라자스키와 미국 대사관 관계자들도 이른바 '총살 명단'을 인도네시아 군부에 넘겨주었다는 사실을 인정했다고 보도했다. 당시 중앙정보국 국장이었던 윌리엄 콜비는 이 작전을 베트남 정치인 암살 공작이었던 피닉스 프로그램과 비교하기도 했었다는 것이다(물론 콜비는 이 같은 사실을 부정했다).

국무부 정보과 인도네시아 담당자인 하워드 페더스피엘은 "그들이 도살되고 있었지만, 아무도 공산주의자들에 대해서는 신경 쓰지 않았다"고 말했다. 마텐스는 "그 명단이 군대에게 큰 도움이 됐다"고 했다. "아무도 그에 관하여 고민하지 않고 있었다." "수많은 사람이 죽고 어쩌면 내 손에도 피가 묻어 있을지 모르지만 괜찮다." 그러나 "어떤 순간에는 강하게 나가야 할 때가 있는 법이다."

몇몇 소규모 일간지들이 이 기사를 그대로 받아서 게재했다. 그렇지만 아무도 그에 관하여 고민하지 않았다. 모든 것은 일상으로 돌아갔다. 문제는 미국이 이미 십여 년 전 과테말라에서도 비슷한 방식으로 학살을 초래했다는 점이다.[20]

약간 귀찮게 했던 카데인의 보도는 곧 망각 속으로 사라졌다. 약 두 달 뒤『뉴욕타임스』의 마이클 와인스는 기사에서 정부의 판에 박힌 선전만을 되풀이했다. 그린 전 미국 대사는 이 기사에서 미국은 명단과 무관하다는 점을 다시 한 번 강조하면서 카데인의 보도에 대해 "쓰레기"라는 비난

을 퍼부었다. 와인스는 로버트 마텐스가 『워싱턴포스트』로 보내온 편지에
서 문제의 명단은 당시 인도네시아에서 이미 언론 등을 통해 널리 알려져
있었던 것일 뿐이라고 주장한 점을 강조했다. 그러면서도 『뉴욕타임스』가
지난날 학살자를 칭송하고, 미국이 담당한 역할을 긍정적으로 평가했던
것에 대해서는 아무런 언급도 하지 않았다.[21]

『워싱턴포스트』의 스티븐 로젠펠트는 카데인의 폭로 기사에 당혹감
을 느꼈던 소수의 주류 언론인들 중 한 사람이었다. 그의 반응 또한 교훈
적이다.

『워싱턴포스트』는 카데인의 기사가 발표된 후 인도네시아 인권 운동
가 카멜 부디아르호가 보내온 편지를 게재했다. 그는 이 편지에서 미국이
인도네시아에서 벌어졌던 만행에 직접 개입했다는 사실을 입증해 줄 수
있는 자카르타 미국 대사관과 워싱턴 국무부(특히 그린과 러스크) 사이에
오간 전문電文 자료들이 이미 가브리엘 콜코에 의해 출판되어 있다고 지
적했다. 한 달 뒤, 로젠펠드는 어느 정도 관심을 표명하면서, "내가 읽은
어떤 설명" — 이른바 콜코의 책 — 에서는 대량 학살의 빌미가 됐던
쿠데타 시도로 추정되는 사건에 공산주의자가 연루돼 있는지 의문을 제
기했다(결정적인 쟁점의 회피, 재치 있는 필체에 주의하라). 그러나 로젠펠드
는 계속해서, "콜코의 미국에 대한 전형적인 수정주의적 비난, 그 최초의
관점이 그의 결론을 신뢰하지 못하도록 만든다"고 했다. 그는 "좀 더 주
류 정치관을 가진 사람이 자료를 정선해서 독립적인 시각에서 이 문제에
대해 설명해 줄 필요가 있다"는 바람을 표명했다. 그의 구원을 향한 요청
은 기사 표제에서 잘 드러난다. 「인도네시아 1965년: 냉소적으로 현존하
는 해?」

다행스럽게도 이 기사가 요청한 구원은 금방 찾아 왔다. 일주일 뒤

로젠펠드는 다시 「인도네시아 1965년: 부적절한 미국의 해」란 기사를 썼다. 그는 이 기사에서 첫 번째 기사가 나간 후 "정치적 편견이 없는" 한 역사학자로부터 "독립적인 설명"을 담은 편지를 받았다고 밝혔다. 이 편지를 읽은 결과 자신이 사랑하는 조국이 아무런 잘못을 저지르지 않았다는 것을 새삼 확인할 수 있었다고 한다. 그것은 "완전히 기쁘고 놀라운" 정정이었으며, 결국 미국은 수카르노 축출 및 민중 학살에 아무런 책임이 없다고 결론 내렸다. 따라서 "이제 인도네시아에서의 미국의 역할이라는 문제에 대한 정리가 끝났다."[22]

남의 말을 잘 믿는 사람은 세상 살기가 편한 법이다.

인도네시아를 둘러싼 논쟁의 결산을 끝내는 그 문제의 인물은 앞서 검토했던 바로 브랜즈였다. 로젠펠드가 그렇게 당당하게 말했던 "정치적 편견이 없는" "독립적" 시각의 소유자가 다음과 같이 주장하는 브랜즈인 것이다: 베트남전쟁은 남베트남을 구원하기 위한 노력이었다. 거대한 대량 학살 과정에서 "군대가 인도네시아 공산당을 실질적으로 파괴했다"는 워싱턴에 도착한 정보는 "좋은 소식"이었다. "은밀한 전쟁의 가장 심각한 결함"은 "좋은 여론에 독을 푸는 불가피한 경향"이다. 즉 미국에 "누명"을 뒤집어씌운다는 것이다. 이보다 훨씬 더 "기쁘고 놀라운" 중요한 사실은 질질 끄는 의심을 잠들게 한다는 것이다. 브랜즈의 연구는 선을 위한 모든 의문을 종결시키기 때문에, 우리는 워싱턴이 히틀러나 스탈린 시대 이후로 가장 커다란 대량 학살을 부추기기 위해 수단 방법을 가리지 않았고, 성과를 열광적으로 환영했으며, 수하르토의 '신질서'라고 적절히 이름 붙여진 것을 지지하는 과업으로 즉시 방향을 전환했다는 사실을 인식하면서도 이제 쉽게 휴식을 취할 수 있다. 아주 고맙게도, 자유주의의 양심에 거리낄 것은 아무 것도 없다.

카데인의 기사에 대한 흥미로운 반응 중 하나가 바로 『뉴욕 출판 평론』에 기고한 다니엘 모이니한 상원의원의 글이다. 그는 "우리가 제대로 된 역사의 기억을 오염시키고 있으며" 유쾌하지 않은 사실을 은폐하고 있지는 않나 하는 두려움을 느끼고 있다고 고백했다. 또 현재 진행 중인 러시아 구체제[소비에트 연방]의 숨겨진 역사의 "추악했던 범죄들이 속속 밝혀지고 있는 상황"과 비교하기도 했다. 그러나 "미국에는 그와 정반대로 그런 역사가 없다." 우리의 역사는 아주 순수하다. 미국은 구소련 체제와 달리 새삼 들춰내야 할 범죄 행적이 없다. 물론 미국도 완벽한 존재는 아니다. 그리고 모이니한이 진술하듯이 그동안 "미국이 한 모든 일이 공개적으로 이루어졌던 것은 아니다." 미국도 많은 것을 숨기고 있다. 그리고 그것은 인류 역사상 가장 중대한 범죄이다.[23]

모이니한 상원의원이 이 글을 쓸 당시 인도네시아에서 어떤 일이 벌어졌는지를 몰랐다고 보기는 어렵다. 무엇보다도 그는 인도네시아 만행과 특별한 관계를 맺고 있는 인물이다. 그는 인도네시아가 동티모르를 침공할 당시 유엔 대사였다. 그러나 그는 자서전에서 인도네시아 측의 만행에 대한 국제적인 비난에 대해서는 언급하지 않은 채 오히려 당당한 태도를 보이고 있다. "미국의 어떤 조치도 전혀 효과가 없었음을 입증하고자 했다. 그 임무가 나에게 주어졌고, 나는 임무를 성공적으로 수행했다." 모이니한은 동티모르 참상을 잘 알고 있었다. 자서전에서 몇 주 안에 "인구의 10퍼센트"인 6만 명이 살해당했는데 이것은 "2차 대전 당시 [나치에 의해 죽은] 소련인의 수치에 버금간다"고 쓰고 있다. 그래서 그는 나치와 비교하는 공을 세웠다. 그리고 그는 학살 과정에서 미국 정부가 어떤 역할을 했으며, 그것을 은폐하기 위해 정계와 언론계가 어떻게 손을 잡았는가에 대해서도 잘 알고 있었다. 그러나 동티모르 대량 학살에서 미국의 역할에 관한 정보가 속속 공개돼 국제적인 파장을 일으키는 가운데에서도 모이니한은 아무런 반성의 기미도 나타내지 않았다.

1990년 8월 이라크의 쿠웨이트 침공을 계기로 인도네시아에 대한 국제적인 관심이 다시 높아지게 됐다. 이라크의 쿠웨이트 침공과 인도네시아의 (좀 더 살인적인) 동티모르 침략 사이에는 상당히 유사한 점이 많다. 그리고 동티모르에서 수하르토가 저지른 만행과 캄보디아에서 일어난 폴 포트의 만행 사이에도 본질적인 공통점이 있다는 점이 부각되기 시작했다. 1990년경 미국을 비롯한 서구 강대국들은 인도네시아 학살에 대해 "무관심한" 태도로 일관했다는 비난을 받았다. 그러나 인도네시아의 가공할 전쟁 범죄에 서구의 외교적, 군사적 지원이 제공됐다는 사실은 계속해서 은폐됐다.

동티모르, 캄보디아, 쿠웨이트 문제에 대해 서구가 상반되는 반응을 보인 이유는 무엇일까? 윌리엄 쇼크로스는 동티모르와 캄보디아 사례의 차이점에 대하여 "좀 더 구조적으로 심각하게 설명"한다. 동티모르의 경우 캄보디아에 비해 "상대적으로 자원이 부족"하고 지리적으로도 타이-캄보디아 국경만큼 리스본이나 오스트레일리아로 망명하기가 용이하지 않았기 때문에 그 심각성이 크게 부각되지 않았다는 것이다. 프랑스 언론인 제라르 샬리앙은 프랑스 정부가 폴 포트의 만행에 대해 엄청난 분노를 나타낸 반면 인도네시아 정부의 학살에 대해서는 적극적인 지지를 표명했다고 비난하면서 티모르는 "지리적으로나 역사적으로나 변두리 신세"라고 지적했다. 프레드 할리데이는 동티모르와 달리 쿠웨이트의 경우 "1961년부터 독립국가로 국제적인 인정을 받아 왔다"고 지적했다. 또 동티모르에서 인도네시아 군 철수를 완강히 거부했던 수하르토와 달리 사담 후세인은 미국이 '위기 상황의 종결'을 막기 위해 협상을 거부하는 상황에서도 쿠웨이트로부터의 철군을 제안했다. 평범한 눈으로 보면 인도네시아의 동티모르 침공 과정에서 "미국의 영향력은 사실 다소 과장된 것인지도 모른다." 또한 미국이 "동티모르에서 벌어지는 학살을 외면하지 않았"더라면 그 같은 "살육이 초래되는 것을 어느 정도 막을 수 있었을지도 모른다"(제임스 펠로스). 그러나 이런 시각조차 미국이 구체적으로 잘못한 일은 없다는 전제조건을 깔고 있다. 인도네시아의 만행이 절정에 이르렀을 때 미국이 무기 공급을 늘임으로써 결정적인 기여를 했다는 점에 대해서는 간과하고 있기 때문이다. 지식인들은 공식화된 적대국이 저지르는 범죄에 대해서만 비난하길 좋아했다. 부끄러운 이야기는 시시콜콜히 들추면서 명백한 진실은 외면하거나 은폐하는 테크닉을 구사하고 있는 것이다.[24]

미국에 비해 오스트레일리아는 솔직했다. 당시 외무장관 개러스 에반스는 "어떤 나라가 군대를 동원해 영토를 침공했을 경우 그것을 막아낼 국제적 구속력은 없다"고 설명하면서 "세계는 아주 불공정한 곳"이라고 덧붙였다. 그러나 호크 총리는 (이라크가 쿠웨이트를 침공한 것에 대해서는) "강대국이 힘없는 이웃 국가를 침공하고도 벌을 받지 않는다는 것은 있을 수 없는 일이다"라고 공언하면서, 앵글로 아메리칸에 의해 만들어진 "신질서" 속에서 "앞으로 침략자는 이웃 약소국을 침공하기 전 반드시 다시 한 번 생각해 보아야 할 것"이라고 주장했다. 약소국은 "위기가 닥쳤을 때 혼자 모든 것을 감당하지 않아도 될 경우 안정감을 느낄 수 있을 것이다." "이제 최소한, 모든 국가는 국제 관계 속에서 법질서가 힘의 질서보다 앞선다는 것을 알아야만 한다."

오스트레일리아는 티모르와 역사적으로 밀접한 관계를 갖고 있는 국가이다. 2차 대전 동안 오스트레일리아는 티모르를 점령하려는 일본군을 막아내기 위해 치열한 접전을 벌였다. 이 과정에서 수만 명의 티모르인들이 목숨을 잃었다. 수하르토가 동티모르를 점령했을 때 오스트레일리아는 이를 열렬하게 옹호했던 국가 중 하나다. 그 이유는 첫째, 동티모르 앞바다 밑에 저장된 풍부한 천연가스와 원유였다. 1984년 4월 외무장관 빌 헤이든은 오스트레일리아가 동티모르의 자원에 관심이 있다는 것을 솔직히 인정했다. 1989년 12월 후임 개러스 에반스는 인도네시아와 동티모르의 자원을 나누어 관할한다는 내용의 협약을 체결했다. 이듬해인 1990년 오스트레일리아는 각국 석유 회사들에게 동티모르 유전 채굴권을 허용해준 대가로 3천1백만 호주달러를 벌었다.[25]

한편 영국의 정치인과 지식인들이 전통문화의 가치를 역설하는 동안, 브리티시 에어로스페이스 사는 인도네시아 정부와 제트 전투기의 공동 생산 및 판매에 전격 합의했다. 『파 이스턴 이코노믹 리뷰』의 보도처럼 당시까지 영국이 "아시아 국가와 맺은 최대 규모의 무기 판매 계약"이었다. 옥스퍼드 대학의 역사학자 피터 캐리는 영국이 "1986~1990년간 인도네시아에 2억9천만 파운드어치의 무기를 판매했으며, 그 결과 인도네시아의 주요 무기 공급국 중 하나가 됐다"고 밝히고 있다.[26]

일반 국민들은 국제정치의 바람직하지 못한 진실로부터 계속 '보호'받아 왔다. 그러니 1990년 가을 걸프전을 틈타 인도네시아 군대가 동티모르를 침공한 사건, 서구의 원조를 받은 인도네시아가 서파푸아에서 원주민 백만 명을 학살한 사실(인권 운동가와 일부 생존자들은 이중 수천 명은 화학무기에 의해 희생당했다고 폭로했다) 등에 대해 까맣게 몰랐던 것도 지극히 당연한 일이었다. 따라서 국제법, 침략자의 범죄, 아주 뜨거운 이상주의에 대한 엄숙한 담론들은 아무 문제없이 계속될 수 있다. 소위 문명화됐다는 서구의 관심은 오로지 정부가 제시한 공식적인 적대국에 의한 범죄[이라크의 사담 후세인 등]에게만 쏠려 있을 뿐이다.[27]

동티모르 사태는 재빨리 잊혀지는 듯했다. 그것은 단지 걸프전 동안 씁쓸한 냉소주의를 설명하는 수많은 유사한 사례들 가운데 하나에 불과했기 때문이다. 그러나 1991년 11월 다시 이 문제가 국제적인 주목을 받게 된다. 그것은 전적으로 인도네시아 정부의 바보 같은 실수 때문이었다. 인도네시아 군이 동티모르 수도 딜리에서 국민들을 학살하는 장면이 미국 텔레비전 카메라에 잡힌 것이다. 특히 미국의 엘런 네언 기자와 에이미 굿맨 기자가 군인들에게 심하게 구타당하는 모습이 카메라를 통해 전 세계에 방송됐다. 수하르토 정권이 미국 기자의 구타 사건 책임자들을 징벌하는 듯한 제스처를 취하자, 미국 정계와 재계는 이것이야말로 인도네시아가 진보하고 있다는 것을 보여주는 인상적인 증거라고 평가하며 유야무야 넘어갔다.

이런 와중에서도 사업은 계속 이뤄졌다. 딜리 학살 사건이 발생한 지 불과 몇 주일 뒤 인도네시아와 오스트레일리아 정부는 동티모르 원유 채굴에 관한 여섯 개 조항이 담긴 협약을 체결했다. 사실 동티모르 석유 자원은 오래 전부터 서구의 지대한 관심사였다. 1992년 중반에는 오스트레일리아, 영국, 일본, 미국 등 세계 각국의 55개 석유 회사가 이 지역과 11개의 협약을 체결하기도 했다. 비유가 부정확할지 모르겠지만 만약 쿠웨이트 석유 자원을 약탈하기 위해 이라크를 비롯해 서구의 55개 석유 회사가 달려들었더라면 국제사회가 어떤 반응을 보였을지 궁금하다. 영국은 무기 판매에 박차를 가하면서, 1992년 1월 인도네시아에 대한 전함 판매 계획을 공표했다. 인도네시아 법정이 티모르의 '체제 전복 세력'에게 딜리 학살을 선동했다는 혐의를 씌워 15년 형을 선고하는 동안, 브리티시 에어로 스페이스와 롤스 로이스는 수백만 파운드어치의 호크 전투기 판매 계획을 맺었다. 이미 인도네시아는 15대의 호크 전투기를 보유하고 있었고, 티모르를 진압하는 데 사용하기도 했다. 이러한 항공 산업의 전망으로 인해 영국 기업들의 인도네시아에 대한 세일즈 캠페인도 활기를 띠었다.[28]

『뉴욕타임스』 칼럼니스트 제임스 레스턴의 표현대로 1965년부터 1966년까지 전 세계를 비추었던 이른바 '아시아의 희미한 빛'은 오늘날까지도 남아 있는 서구 강대국들의 인권과 민주주의에 대한 전통적인 태도, 그리고 그 과정에서 교육받은 지식층의 역할을 극명하게 보여준다. 아울러 그것은 실용주의란 이름으로 고결한 문화를 가진 인간의 가치가 어떻게 효과적으로 말살됐는가를 드러내고 있다.

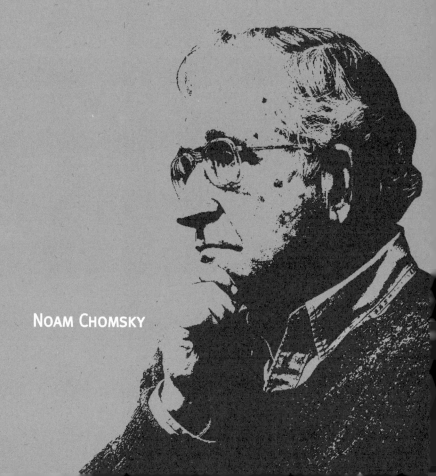

6장
쿠바는 우리의 텃밭이다

NOAM CHOMSKY

오래된 와인을 새 병으로 옮겨 담으면 맛이 변할 수도 있다. 그러나 정복자의 '야만적인 부정'으로 피해를 입은 사람은 지난날의 쓰디쓴 경험과 상처를 잊는 법이 거의 없다. 그러나 몽둥이를 휘둘렀던 사람(가해자)의 경우에는 아무런 문제가 되지 않는다. 프랜시스 제닝스는 미국 독립 전쟁 동안 원주민들이 " '오랜 보호자이자 친구'인 영국 국왕을 위해 싸웠다"고 쓰고 있다. 또한 흑인 노예들도 영국 정부가 1775년 노예 해방령에서 "무기를 지닐 능력과 의지가 있는 […] 흑인 또는 기타 모든 노예들"을 해방시키자는 내용에 대단히 고무된 상태였다는 것이다. 그러나 미국 독립 선언에서는 "사우스캐롤라이나와 조지아 주의 비위를 맞추기 위해"(토머스 제퍼슨) 노예무역에 대한 비난이 삭제됐다. 당시 독립 운동가들은 일반 피고용인까지도 개인의 재산으로 생각했다. 피고용인들은 조지 워싱턴의 군대에 입대하는 것도 금지돼 있었는데, 왜냐하면 "모든 견습공과 하인들은 주인의 재산이며 주인으로부터 이런 재산을 빼앗는 것은 인간의 권리를 침해하는 행위이고 […] 대륙의회의 뜻과 반대되는 것이며 선민善民의 평화에 저촉되는 일이기" 때문이다(펜실베이니아). 이것은 리처드 모리스가 진술하듯이, "애국적인 고용주들이 피고용인들의 혁명적 열정을 어떻게 생각하고 있었는지"를 보여 주는 지표라고 할 수 있다.

당시 흑인 노예 사이에서는 자유에 대한 갈구가 높아지고 있었다. 물론 연방 판사 레온 히긴보담처럼 백인 주인들 중에서는 흑인 노예들에게 "자신들의 상황에 만족하고, 다음 세상에서 조건이 좋아지기를 기대"하라고 충동질하는 자들도 포함돼 있었다. 폭동의 테러를 피해 도망친 대량의 피난민들 중에는 빈곤을 겪어본 적이 없는 수많은 '보트 피플'이 포함돼 있었지만, "영국, 서인도, 캐나다, 아프리카로 자유를 찾아" 도망쳤던 사람들은 수천 명의 흑인들이었다(아이라 벌린). 한편 인디언들은 독립 전쟁에서 미국이 승리할 경우 어떤 일이 일어나게 될 것인가를 잘 알고 있었다. 당시 알렉산더 해밀턴이 발표한 「연방 문서」는 그들을 이렇게 규정했다. "서쪽 국경에서 살고 있는 야만적인 종족들은 우리의 적이다. 그들은 천성적인 유럽 편이다. 왜냐하면 대부분 우리를 두려워하면서 그들에게 희망을 걸고 있기 때문이다." 이런 우려는 결국 곧 현실로 나타났다.[1]

라틴아메리카는 미국이 추구하는 세계 정복 정책의 본질을 잘 드러내고 있다. 1822년 라틴아메리카의 대표적인 독립운동 지도자인 시몬 볼리바르*[1]는 "이 위대한 대륙 중남미의 머리 꼭대기에 대단히 강력하고 부유하며 전쟁을 좋아하는, 무엇이든 할 수 있는 국가[미국]가 자리 잡고 있다"고 말했다. 피에로 글라이제시스에 의하면 볼리바르는 미국이 라틴아메리카에게 위협적인 존재란 것을 간파하고 있었다. 반면 "영국에 대해서는 보호자란 인상을 갖고 있었다." 지정학적인 현실을 고려할 때 당연히 그럴 수밖에 없었다.[2]

영국으로서는 대서양 건너의 공격적인 벼락부자와 정면충돌을 피해야

---

1) [옮긴이] Símon Bolívar(1783~1830). 남아메리카의 군인, 정치가. 스페인계 베네수엘라 귀족 집안에서 태어나 유럽의 합리주의 사상으로부터 영향을 받아 라틴아메리카 독립을 추구하게 된다. 누에바 그라나다(현재의 콜롬비아, 베네수엘라, 에콰도르. 1819년 당시에는 콜롬비아 또는 그랑 콜롬비아로 불렸다)와 페루, 볼리비아에서 스페인 통치에 맞서 혁명을 지도했고, 콜롬비아 대통령(1812~1830)과 페루 대통령(1823~1829)을 지냈다.

할 나름대로의 이유가 있었다. 카리브 해와 관련하여, 1822년 외무장관 조지 캐닝은 "미국이 파나마 운하*²⁾를 장악하게 될 경우 우리의 자메이카 무역은 완전 파국에 이를 수 있다"며 미국의 막강한 영향력에 우려를 나타 내기도 했다. 앞서 지적했듯이 잭슨 민주당 정권은 경제적으로 영국의 목을 조르고 있었을 뿐만 아니라 "모든 국가들을 발밑에 두고 세계무역을 지배하겠다"는 야망을 갖고 있었다.³⁾

당시 미국은 미주 지역에 있는 스페인 식민지의 독립을 기대하지 않았 다. 글라이제시스는 "그 당시 의원들은 토론에서 스페인 식민지의 독립 문제보다도 그리스 정세에 더 큰 관심을 나타냈다"고 기록하고 있다. 이런 태도에는 라틴아메리카의 스페인 식민지들이 인디언의 피가 섞인 "애매 모호한 백인 국가" 또는 기껏해야 "수준이 낮아진 스페인계" 국가인 데 반해, 그리스는, 유럽의 인종주의 학자들이 구성한 역사 관점에 따라, 문명 을 창조하는 아리안의 거인으로서 특별한 국가라는 인식이 깔려 있었다.⁴⁾ 또 미국의 입장에서는 건국의 아버지들이 흑인 노예제도를 그대로 유지했 던 것과 달리 시몬 볼리바르가 자신의 노예를 풀어 준 것도 마땅치 않았다. 썩은 사과 한 개가 사과 상자 전체를 썩게 만들 수 있듯이 볼리바르가 라틴아메리카 전역에 지극히 위험한 사상을 퍼트릴 가능성이 많다고 본 것이다.

당시의 주요 지적 평론들은 한 발 더 나아가서 문제를 제기했다. "아시 아와 아프리카가 유럽의 식민지가 됐듯이 남아메리카는 북아메리카의 것

---

2) [옮긴이] 파나마 운하. 중앙아메리카의 운하로 대서양과 태평양을 잇는 전략적, 경제적 요충지이다. 1879년 프랑스 외교관 페르디난 드 레세프가 회사를 구성해 착공한 후, 1903년 파나마와 미국간의 헤이-뷔노파리야 조약을 통해 미국이 운하 건설권과 운영 독점권을 차지하게 된다. 그러나 1904년 8월 15일 운하가 개통한 후 양국 간에는 운하 지배권을 둘러싼 갈등과 충돌이 끊이지 않았다. 1977년 카터 대통령과 파나마 정부는 2000년에 운하에 대한 모든 권리를 파나마에 넘겨준다는 내용의 조약을 체결했다. 이에 따라 파나마 운하는 1999년 12월 말 파나마로 완전 이양됐다.

이 돼야 한다." 즉 그곳은 **우리의** 제3세계라는 것이 그들의 결론이었다. 이런 인식은 20세기에도 마찬가지였다. 『뉴욕타임스』의 바버라 크로셋은 "지역별 문제 공유"를 확립하기 위한 제임스 베이커 국무장관의 노력을 언급하면서 "유럽 및 아시아의 무역 블록화는 결국 지구상 최대 자유무역 지역에 의해 제지당할 것"이라고 지적한다. 1992년 세계은행도 한 보고서에서 미주 자유무역 협정으로 미국은 브라질과 멕시코를 제외한 다른 라틴아메리카 국가들보다 훨씬 많은 이득을 보게 될 것으로 전망했다. 여기에서 브라질과 멕시코가 제외된 이유는 이곳 자본이 국제 자본과 연결돼 있기 때문이다.[5]

19세기 영국은 미국이 서반구에서 영향력을 확대하는 것을 견제했다. 그러나 토머스 제퍼슨은 "우리의 연방" 개념은 "북미뿐만 아니라 중남미 대륙에 걸쳐" 확고히 뿌리내렸다고 평가하면서 라틴아메리카에서 스페인의 통치는 "우리가 이 지역을 마지막 최후의 조각까지 완전 접수하기" 전까지만 유효할 뿐이라고 주장했다.[6]

라틴아메리카의 독립 문제는 미국 내에서도 갈등을 빚었다. 특히 상인들은 자신에게 "이익이 되기만 한다면 반란파를 도와주는 경향"이 강했다고 글라이제시스는 기록하고 있다. 반란파들은 (영국과 마찬가지로) 미국 상인과 상선들에게 활동 근거를 제공했고, 미국 상인들은 그 대가로 스페인 측을 기꺼이 공격하기도 했다. 물론 그들의 아메리카 상선에 대한 테러 활동의 확장이 도덕적 분개와 정부의 단속을 유발하기도 했지만 말이다. 이 과정에서 독립국가였던 아이티도 흑인 노예해방을 조건으로 적극적으로 라틴아메리카의 독립을 지원했다. 그러나 미국 정부의 입장에서 보자면 아이티는 다른 나라에게 나쁜 영향을 줄 수 있는 썩은 사과가 될 가능성이 높았다. 미국이 아이티의 자립을 어떻게 짓밟았는가에 관해서는 8장에서 자세히 살펴보겠다.

결국 시몬 볼리바르의 범아메리카주의는 동시대 미국의 먼로독트린의 범아메리카주의와 정면 배치되는 것이었다. 1916년 한 영국 관리는 볼리바르가 범아메리카주의를 확립할 당시 "자신의 정책이 미국의 후원으로 완성되리라고 예상하지 못했다"고 기록했다. 그 결과 "볼리바르는 실패하고 먼로 대통령은 승리를 차지했다"고 글라이제시스는 논평한다.

쿠바의 위치도 중요한 의미를 갖는다. 미국은 "지정학적 이유와 설탕 및 노예의 풍부함"을 내세워 쿠바의 독립을 강력하게 반대했다(글라이제시스). 제퍼슨은 나폴레옹에게 중남미 진출권을 허용하는 대가로 쿠바에 대한 미국의 독점권을 인정해 줄 것을 요구하라고 메디슨 대통령에게 조언했다. 그러나 미국은 절대 쿠바를 위해 독립 전쟁에 나서서는 안 된다는 것이 그의 생각이었다. 1823년 제퍼슨은 다시 먼로 대통령에게 보낸 편지에서 쿠바는 결국 미국의 차지가 될 것이라고 전망했다. 당시 국무장관 존 퀸시 애덤스는 "쿠바는 미국의 상업적, 정치적 이해관계에서 대단히 중요한 존재"라고 묘사했다. 그는 쿠바가 "정치적 중력 법칙"에 따라 "익은 열매"처럼 미국의 손에 떨어질 때까지 스페인의 통치를 인정할 필요가 있다는 주장을 폈다. 의회와 행정부에서도 전반적으로 스페인의 라틴아메리카 통치에 대해 긍정적인 분위기였다. 미국은 쿠바의 해방을 막기 위해 유럽 강대국, 콜롬비아, 멕시코 등에 접근해 지지를 구했다. 미국이 가장 신경을 쓰는 부분은 쿠바 독립운동이 내세우고 있는 노예제 폐지와 평등권이었다. 미국 기득권층은 이처럼 위험한 사상이 미국 해안까지 밀려들어와 전 사회를 "부패시킬" 가능성을 반드시 막아야만 했다.[7]

19세기 말 미국은 이제 영국의 견제를 무시할 정도로 강력해졌기에 쿠바를 침공해 해방 투쟁을 적시에 진압했다. 미국의 독트린은 쿠바를 실질적인 식민지로 만드는 것을 정당화했다. 뉴욕의 언론들은 쿠바인을 "무식한 니그로, 잡종, 또는 다고스[스페인 사람을 비하한 말]"라고 불렀으며, 한 장교의 말을 인용해 퇴화한 쿠바인들은 "아프리카 야만인들보다도 자치 정부를 수립할 능력이 없다"고 주장했다. 결국 쿠바라는 '익은 열매'는 독립적 발전의 전망을 빼앗긴 채 미국의 '농장'으로 보내졌다.[8]

약 한 세대 뒤 라틴아메리카에 대한 미국의 경제적, 정치적 지배는 확고하게 자리 잡았다. 프랭클린 루스벨트 대통령은 '선린정책'을 내세우는 한편 '시장의 힘'을 빌어 보다 효과적으로 통제하게 된다. 당시 섬너 웰레스 쿠바 주재 미국 대사는 라몬 그라우 산 마르틴 박사가 이끄는 현 정부는 미국의 "수출 무역"을 위협할 우려가 있으므로 반드시 전복시켜야 한다고 제안했다. 미국의 라틴아메리카 전문가로 유명했던 그는 쿠바의 노동자들이 설탕 공장을 접수해 이른바 "소비에트 정부"(웰레스의 표현 그대로)를 세웠다는 사실을 특히 못마땅하게 생각하고 있었다. 그는 코델 헐 국무장관에게 보낸 편지에서 "이 정권은 정책의 신뢰성은 물론 정권의 안정성도 없다"고 보고했고, 헐 국무장관은 언론과의 인터뷰에서 미국 정부는 그라우 정권만 아니라면 쿠바 "섬에서 공화국 인민의 의지를 대표하고 질서를 유지할 수 있는 그 어떤 정권이라도 환영한다"고 선언했다. 웰레스 대사는 법과 질서가 유지되고 있다는 사실은 인정하면서도 그것은 표면적인 안정일 뿐이며 사실은 "공포의 고요 상태"에 지나지 않는다고 설명했다. 국무부의 아돌프 베를도 쿠바 정국을 "수동적 무정부 상태"라고 불렀는데, '논리 없는 논리'에 버금가는 교묘한 표현이 아닐 수 없다.

프랭클린 루스벨트 대통령은 그라우 정권이 천5백 명에 불과한 "지방 군대"와 "소수의 학생들"의 지지를 받고 있을 뿐이며 합법성을 결여한 정권이라고 언론에 발표했다. 웰레스의 후임인 제퍼슨 캐퍼리 대사는 그라우 "정권을 지지하는 것은 무식한 대중과 군대뿐"이며 "상류층에서는 거의 외면하고 있다"고 주장했다. 그러나 미국의 지지를 등에 업고 그라우 정권을 무너뜨린 멘디에타 정권이 국민 대다수로부터 외면당하자 이번에는 "쿠바에는 무식한 대중이 너무 많다"고 말을 바꿨다.

그라우 정권에 대한 루스벨트의 거부는 곧 "쿠바의 경제적 죽음을 의미"하는 것이었다고 데이비드 그린은 지적한다. 미국은 "인정할 수 없는 정권과 새로운 설탕 구입 계약을 체결할 수 없다"고 버텼다. 설탕 수출이 막힐 경우 쿠바의 종속 경제는 생존이 불가능했다. 이런 상황에서 풀겐시오 바티스타 참모총장은 미국이 원하는 메시지가 무엇인지를 간파했다. 그는 그라우를 버리고 야당 지도자 카를로스 멘디에타 편으로 돌아섰으며 드디어 미국으로부터도 지지를 얻어내는 데 성공했다. 멘디에타 정권에서 양국은 다시 관계를 회복했지만, 쿠바는 '미국의 보호 체제' 속으로 좀 더 깊숙이 편입되고 말았다고 미국 관세위원회의 한 관계자는 말한다. 미국은 쿠바에 진출한 자국 기업을 보호하기 위해 위계화되고 억압적인 사회체제를 유지했다.[9]

이로부터 불과 몇 해 뒤 멘디에타 정권을 지원했던 바티스타는 쿠데타를 통해 정권을 잡는다. 그리고 바티스타 독재 정권은 미국의 상업적 이익을 철저히 보호해 줌으로써 전폭적인 지지를 얻을 수 있었다.

1959년 1월 카스트로가 바티스타 독재 정권을 타도하자 미국은 노골적인 적개심을 나타냈으며, 예전의 모습으로 돌아갔다. 그해 말 중앙정보국과 국무부는 카스트로 정권은 반드시 무너져야 한다는 결론을 내렸다. 이유는 첫째 "쿠바 내에서 미국 기업의 이익이 심각한 영향을 받고 있다"는 것이다. 둘째는 바로 '썩은 사과' 효과이다. 1959년 11월 국무부는 "미국은 카스트로의 이념에 동조하는 라틴아메리카 국가들에 대해서 정부 차원

의 경제원조는 물론 개인기업의 투자도 결코 용인하지 않겠다"고 공식
선언했다. 그러나 한 가지 전제조건이 있었다. "카스트로에 대한 지지도가
높기는 해도 점차 낮아지고 있다는 점에서, 미국 정부는 그의 몰락이나
정책적 실책을 부추겼다는 질책을 받을 만한 그 어떤 행동도 공개적으로
취할 의사가 없다"는 것이었다.

당시 각 여론 기관들은 대다수 쿠바인들이 카스트로를 지지하고 있으
며 쿠바의 미래를 낙관적으로 바라보고 있다는 보고서를 백악관에 제출했
다(1960년 4월). 공산주의에 대해 우려하는 사람은 7퍼센트에 불과했고, 카
스트로가 선거에서 질 것으로 예상하는 사람도 2퍼센트에 불과했다. 소련
이 쿠바에 영향력을 행사하고 있다는 증거도 거의 없었다. 줄스 벤자민의
지적처럼 "공산주의자들의 세계 전복 음모가 없는데도 미국에서는 공화
파든 민주파든 할 것 없이 모두 카스트로를 미국에 대한 위협적 존재로
간주하고 있었다."

1959년 10월, 플로리다 기지에서 발진한 미국 전투기들이 쿠바를 전격
공습한다. 그해 12월 중앙정보국은 카스트로를 무너뜨리기 위해 게릴라에
게 무기를 제공하고 설탕 공장에서 사보타지를 일으켰다. 1960년 3월, 아
이젠하워 정부는 "쿠바 국민의 이익에 좀 더 헌신적이며, 미국 정부가
받아들일 수 있는" 새로운 정권 수립을 위해 카스트로 정권을 타도하겠다
는 계획을 공식 채택했다. 그러면서도 여전히 "직접적인 개입은 피한다"
는 기존 정책을 강조했다.

케네디 정부에 이르러 카스트로 정권에 대한 사보타지와 테러 공작은
더욱 가열됐다. 이와 함께 작은 국가로서는 도저히 감당하기 어려운 경제
압력을 가하게 된다. 쿠바 경제는 대미 수출입 의존도가 대단히 높았기
때문에 엄청난 피해가 불가피했다. 이른바 '뉴 프론티어'를 내세운 케네디

정권은 처음부터 쿠바에 대해 일종의 강박관념을 갖고 있었다. 1960년 케네디는 대통령 선거 유세 중 아이젠하워와 닉슨 대통령이 "미국으로부터 150킬로미터밖에 떨어져 있지 않은 […] 쿠바에 철의 장막"이 세워지도록 허용함으로써 결국 미국의 안정을 위협했다고 맹렬하게 공격했다. 국방장관 로버트 맥나마라는 "피그스 만 침공*3)(1961년 4월)이 실패로 돌아간 이후 우리는 카스트로란 말만 나와도 신경질적인 반응을 보였다"고 인정했다. 케네디가 쿠바 침공 결정을 내리기 직전 아서 슐레진저는 대통령에게 만일 미국이 "제2의 쿠바"를 허용하게 된다면 그 파장은 "라틴아메리카 전역으로 확산될 것"이라고 조언했다. 케네디 정권의 라틴아메리카 정책은 이처럼 공산주의란 바이러스가 다른 지역으로 퍼져서 미국의 헤게모니가 훼손되는 일이 벌어지는 것을 막아야 한다는 발상에 근거를 두고 있었다.

피그스 만 침공이 실패한 후 백악관에서 열린 첫 각료 회의는 "거의 야만적인" 분위기였으며 "공격 작전에 대해 필사적이었다"고 체스터 볼스는 기록했다. 대통령의 태도도 그보다 더 호전적일 수는 없었다. 케네디는 대국민 연설에서 "허약하고 자만에 빠진 방종한 사회는 역사의 파편들과 함께 쓸어 내야 하며, 강한 사회만이 […] 살아남을 수 있다"고 말했다. 케네디는 쿠바와 경제, 외교, 금융 등 모든 관계를 단절했다. 이런 조치는 결국 대미 의존도가 높았던 쿠바 경제를 파탄으로 몰아넣었다. 케네디는 쿠바를 외교적으로 고립시키는 데 성공했지만, 1961년 쿠바에 대한 집단

---

3) [옮긴이] 피그스 만 침공. 1961년 4월, 천5백여 명의 반카스트로 쿠바 망명객들이 미국 정부의 재정 지원을 받아 쿠바 남서부 해안 피그스 만을 침공했다가 실패한 사건. 이를 계기로 미국과 쿠바 간의 관계는 물론 동서 냉전이 악화됐다. 1961년 4월 15일, 쿠바인이 조종하는 미국 국적 비행기 세 대가 쿠바의 공군기지를 폭파한 것과 함께 지상에서도 공격이 시작됐으나, 19일 마지막 주력부대가 체포되면서 미국의 쿠바 공습은 실패로 끝나고 말았다.

적 제재 조치를 이끌어 내는 데에는 실패했다. 멕시코의 한 외교관은 케네디의 쿠바 제재 요구를 거부한 이유에 대해 "만약 멕시코 정부가 쿠바 때문에 국가 안보가 위협받고 있다고 발표한다면 4천만 국민들이 아마 배꼽을 잡고 웃을 것"이라는 태도를 보였다. 다행스럽게도 미국의 지식인 계층은 정부의 주장과 달리 자유세계에 대한 쿠바의 위협을 좀 더 냉철하게 평가할 수 있었다.[10]

케네디 정부는 쿠바와 미국 간의 경제 교류를 전면 중단하는 엠바고를 내렸다. 이론상으로는 엠바고 항목 중 의약품과 필수 식량은 제외돼 있었다. 하지만 1963년 10월 쿠바는 사이클론 플로라가 휩쓸고 지나가는 바람에 수많은 사상자가 발생하는 엄청난 피해를 입었는데도, 미국은 엠바고를 내세워 의약품과 식량 제공을 계속 거부했다. 이것이 기본적인 진행 절차다. 1980년 8월 서인도제도에 허리케인이 덮쳤을 때에도 카터 정부는 그레나다가 구호 대상에 포함되는 한 참여할 수 없다고 버텼다(서인도제도는 그레나다 배제를 거부했고 결국 원조를 받지 못했다). 1988년 10월 니카라과가 허리케인 때문에 폐허가 되다시피 했을 때에도 미국 정부는 비슷한 태도를 보였다. 워싱턴은 미국과 오랜 관계를 맺어 온 이웃 지역이 자연재해와 기아로 신음하고 있다는 사실에 대해 기쁨을 감추지 못했으며 니카라과의 산디니스타에 대한 반감을 노골적으로 드러냈다. 산디니스타의 민중은 폐허 속에서 신음하고 미국은 흡혈귀 같은 본능을 만족시켰다. 미국의 우방국들은 미국의 요구를 뒤따랐으며 늘 하던 대로 궤변을 통해 자신의 위선을 합리화했다. 1992년 9월 니카라과 해변 마을을 거대한 파도가 덮쳐 수백 명이 죽거나 실종되는 사건이 발생했을 때에도 워싱턴의 태도는 달라지지 않았다. 당시 『뉴욕타임스』는 「미국 정부, 니카라과에 구호 손길 뻗다」, 「미국을 포함한 각국 오늘 니카라과 생존자들을 위해 즉각 구호품을 보내다」등의 기사를 게재했다. 워싱턴도 "5백만 달러 규모의 원조를 즉각 제공하겠다"고 발표했다. 그러나 5백만 달러는 예전에 원조하기로 약속했다가 엠바고와 함께 취소했던 것을 다시 집행한 것일 뿐이란 사실은 거의 알려지지 않았다. 게다가 실제 집행된 돈은 2만5천 달러에 불과했다.[11]

자주독립이라는 범죄를 저지른 국가는 잔혹한 무기들을 총동원해서라도 반드시 죄과를 치르게 만들어야 하는 법이다.

케네디 정부는 '썩은 사과' 효과를 막기 위해 자국 내에 라틴아메리카에 대한 사상과 정보가 자유롭게 흘러 들어오는 것을 철저히 금지하는 문화적 검역을 실시했다. 1963년 3월 케네디 대통령은 7명의 중미 대통령과 회동해 "파괴적인 쿠바인들의 국내외 운동을 제지하고 인쇄물, 선전물 및 자금의 유입을 막기 위해 즉시 효과적인 공동 조치를 발효시킨다"는 데에는 합의했지만, 여행 및 문화적 교류의 통제라는 미국의 방식을 모방하지 않으려는 라틴아메리카 각국 정부의 의지는 케네디식 자유주의자들과 그들의 과잉 자유주의에 엄청난 곤란을 지속적으로 안겨 주었다.[12]

피그스 만 침공이 실패한 후 케네디는 카스트로 정권을 무너뜨리기 위해 국제 테러까지 동원했다. 암살 기도 등 미국이 쿠바에서 저지른 각종 만행은 서구 사회에서 거의 알려져 있지 않다. 케네디가 달라스에서 암살당한 그날도 쿠바에 대한 테러 계획이 수행되고 있었다. 케네디 암살 후 린든 존슨 대통령은 케네디의 테러 계획을 공식적으로 취소시켰다. 그러나 그것은 닉슨 정권 때 다시 살아나 더욱 강화됐다. 일부 테러 계획들은 중앙정보국의 통제 밖에서 이뤄지기도 했다는 주장도 있지만, 케네디-존슨 행정부 때 국방부 고위 관료였던 로스웰 길패트릭은 그런 주장에 회의적인 견해를 나타내고 있다. 카터 행정부는 미국 법원으로부터 쿠바 선박의 강제 구인에 대한 합법성을 인정받기도 했는데, 이는 카스트로는 잘 지키고 있던 반反 나포 국제 협정에 정면 위배되는 것이었다. 레이건 정권 은 외교 무대에서 쿠바를 철저히 소외시키면서 더욱 강경한 제재 조치를 취하게 된다. 아바나 주재 미국 관리였던 웨인 스미스는 레이건 정권이 쿠바를 견제하기 위해 공공연하게 거짓말을 동원하기도 했다고 훗날 털어 놓았다.[13]

쿠바의 입장에서 보자면 케네디의 테러 공작은 침공의 전주곡이었다. 1962년 쿠바에서 소련이 미사일을 철수하기 한 달 전인 9월, 중앙정보국은 "현재 소련이 쿠바에 군사기지를 짓는 주목적은 미국이 어떤 수단을 동원 해서라도 무너뜨리고자 하는 공산 정권의 힘을 강화하기 위한 것"이라고 보고했다. 10월 초 국무부는 이와 같은 판단이 합당한 것임을 다시 한 번 확인했다. 당시 미국 정부가 갖고 있었던 대소對蘇 공포가 과연 어느 정도나 현실적으로 타당했는지에 대해서 우리는 그저 상상해 볼 수만 있을 뿐이다.

이런 상황에서 맥나마라 국방장관은 안드레이 그로미코 소련 외무장 관이 "쿠바의 방위력 강화를 위해 미사일을 보냈을 뿐"이라고 주장한 것에 대해 "만약 내가 소련이나 쿠바의 관리였다면 미국이 쿠바를 침공할 가능 성이 있다는 당신의 주장을 받아들였을지도 모르겠다"고 인정했다(맥나마 라는 부적절한 판단이었다고 말한다). 그리고 미국 침공 후 핵전쟁이 발발할 가능성은 "99퍼센트"였다고 덧붙였다. 특히 소련이 쿠바에서 미사일을 철수하는 조건으로 미국도 터키에서 미사일을 동시 철수하라는 흐루시초 프의 제안을 케네디가 거부했을 당시 양국은 핵전쟁 발발의 위기로 치닫고 있었다(터키 미사일 철수 제안은 이미 명령이 내려졌기 때문에 불필요한 일이었 다). 사실 쿠바는 '몽구스'란 이름의 미국 테러단이 쿠바 내에 잠입, 공장을 폭파시켜 (카스트로의 말에 의하면) 4백여 명이 사망하는 사고가 발생한 직후 핵 발사 단추를 누를 뻔했다.[14]

"쿠바 국민의 진정한 이익과 미국이 받아들일 수 있는" 정권을 수립하기 위해 카스트로를 몰아내야만 한다는 1960년 3월의 계획은 현재까지도 여전히 유효하다. 미국은 지난 170년 동안 그래 왔듯이 아직도 쿠바의 독립을 저지하려는 유서 깊은 작업을 추구하고 있다. "겉으로 드러나지 않는 방식으로 개입한다"는 아이젠하워의 범죄 지령도 여전히 유효하다. 이 말은 곧 미국은 "쿠바 인민의 진정한 이익"을 위해 헌신할 뿐이며 그동안 수많은 침략, 테러, 경제 압력을 저질렀다는 기록을 숨겨야 한다는 의미이기도 하다.

은폐 명령은 충실하게 이행돼 왔다. 학계뿐만 아니라 언론계에서도 현재 쿠바가 처해 있는 곤경의 원인을 사악한 독재자 카스트로와 '쿠바 사회주의'의 책임으로만 돌린다. 『뉴욕타임스』는 카스트로가 오늘날 쿠바의 "빈곤, 고립, 소련에 대한 지나친 종속" 등에 책임져야 한다고 일러준다. 또한 미국의 도움을 거부함으로써 "쿠바의 독재자는 스스로 자신을 위기로 몰아넣고 있다"고 결론 내린다. 그러면서도 우리는 쿠바 사태에 직접 개입해서는 안 된다고 주장한다. 이유는, 직접 개입하지 않더라도 "피델 카스트로는 순교자로서가 아니라 내부적인 실패로 인해 스스로 몰락"하도록 돼 있기 때문이다. 『뉴욕타임스』는 정부는 평화적 입장을 취하면서 지난 30여 년처럼 침묵을 지키며 옆에서 지켜보아야 한다고 충고한다.

뉴스 보도도 공통적으로 동일한 관례를 반복한다. 『뉴욕타임스』의 카리브 지역 특파원 하워드 프렌치는 쿠바를 "중증 환자, 자유 시장경제 속의 괴상한 공산 국가," "경제적 현실"에 맞서 헛되이 싸우는 "공산주의의 막다른 골목" 등으로 보도한다. 문제는 쿠바의 몰락을 앞당기기 위해 미국이 엠바고를 더욱 강화할 것인가 아니면 "경제 현실"이 스스로 알아서 "극적인 변화"를 가져올 때까지 기다리고 있을 것인가 하는 점이다. 이 두 가지 입장을 벗어난 의견들은 단지 '괴상한' 발상에 지나지 않는다. 사상의 자유 시장 속에서 활동하는 책임 있는 언론인들은 이런 의견들을 거들떠보지도 않는다.

『보스턴글로브』의 라틴아메리카 전문기자 파멜라 로스터블 역시 비슷한 입장을 취하고 있다. 로스터블은 『마이애미 헤럴드』의 안드레스 오펜하이머의 저서 『카스트로의 최후』를 평하면서, 이 책은 쿠바가 "전형적인 부패 독재국가"이며, "경직된 권력 논리로 이상을 눌러 버리는 자에 의해 통치"되고 있는 "실패한 체제에 매달려 있는" 국가란 사실을 보여준다고 해설한다. 저자는 "일반 쿠바인들의 삶"이 얼마나 비애와 불합리한 독재로 신음하고 있는가를 상세히 드러내고 있다. "다른 메시아적 독재자들처럼 카스트로 역시 스스로 자기 파멸의 씨앗을 뿌리고 있다"는 것이다. 이 기사에서 '미국'이란 단어는 한 번도 등장하지 않는다. 그리고 쿠바 국민의 삶과 실패한 체제, 카스트로의 자기 파멸에 미국이 어떤 식으로 기여해 왔는가에 대해서도 전혀 언급이 없다. 로스터블은 니카라과에서 미국이 지원한 정부가 집권한 후 부패가 폭증했다는 사실을 언급하면서도, 그것은 미국 때문이 아니라 산디니스타와 우파 간의 적개심에서 비롯된 것이라고 분석한다.

『뉴욕타임스』의 클리포드 크라우스도 『카스트로의 최후』에 대한 서평에서 쿠바의 고난은 악마 같은 지도자의 광기와 범죄 행위 때문임을 강조하고 있다. 카스트로(쿠바가 아니다)는 "미사일 위기, 엠바고, 식량난, 끝없는 물자 통제 등등 일련의 재난에도 불구하고 지금까지 살아남았다." 오펜하이머는 깊은 식견으로 쿠바인들의 일상생활을 재치 있게 묘사하고 있다

(희생자들이 고통 받는 것을 보는 일만큼 재미있는 것이 또 있을까). 그러나 더욱 중요한 것은 이제까지 꿈에도 몰랐던 카스트로 정권의 부정을 파헤쳤다는 것이라고 한다 — 만족할 줄 모르는 권력욕과 폭력욕의 소유자인 카스트로는 니카라과 인들을 미국의 테러 부대에 저항할 수 있도록 훈련시키기 위해 "숙달된 장교들"을 파병했다. 그는 "니카라과를 침공한 레이건 정부"에 대한 보복을 고려하고 있다. 그리고 "미국 침공을 목적으로" 파나마 군대에 원조를 제공하는 등 "우리가 이미 알고 있는 것보다도 훨씬 더 깊숙이" 개입하고 있다.

여전히 회의적인 반응을 보이는 독자들을 위해 저자는 "카스트로가 앙골라의 맑스주의 정부를 지원함으로써 1980년대 앙골라 내전의 평화 협상을 가로막는 장애물이 됐다"고 주장한다. 그러나 미국은 전 세계의 모든 국가들이 앙골라의 새 정부를 인정했음에도 불구하고 유독 승인을 거부했으며, 『뉴욕타임스』 등 언론들도 쿠바가 앙골라를 원조하고 나서자 흥분했다. 또 워싱턴은 남아프리카공화국에서의 폭력 사태가 성공적으로 해결되고 협상을 위한 분위기가 무르익기 시작했을 때에도 서구 자본가들의 이익을 보호하기 위해 수십만 명의 인명을 앗아갔던 테러리스트들에 대한 지원을 계속했다.[15]

그러나 이런 주장들은 도덕적으로 비겁하기 짝이 없는 지식인 계층의 선전 체계가 만들어 낸 '냉소적이고 강박적인 작품'이다. 미국 언론의 이 같은 태도는 60여 년 전 『뉴욕타임스』 논설위원들이 정부의 카리브 해 정책을 찬양하면서, 미국은 "전 세계에서 최선의 임무"를 수행하고 있으며 니카라과 국민들은 "폭도 산디노"를 추적하는 미 해병대 군인들을 환호성으로 환영했다거나, "정부가 전 세계에서 드디어 은혜와 자비와 평화를 호흡하려던 순간" 충돌이 발생한 것이 안타깝다고 보도했던 시절과 별로 달라진 게 없다는 것을 다시 한 번 입증한다. 쿠바에 대해서도 미국은 "쿠바인을 구원해 자치 정부를 수립하도록 가르칠 수 있다"고 주장했다. 하지만 쿠바의 독립이란 사실상 미국 기업의 이익을 '보장'해준다는 전제 아래에서만 허용될 뿐이었다. 『뉴욕타임스』는 계속해서, 쿠바는 "미 제국주의의 위협"에 대해 불평하지 않는 날을 "곧 맞게 될 것"이라고 지적하고, 마침내 쿠바인들이 미국의 친절한 가르침으로 "안정의 비밀을 터득해"가고 있다고 흐뭇해했다. 또 쿠바에서 미국의 "상업적 이해관계가 침해받지 않는 한," 우리는 "자유 쿠바인들과 함께 번영을 이룩해 나갈 것"이며, 따라서 "쿠바인 그 누구도 미 제국주의를 입에 올리지 않게 될 것"이라고 주장했다.[16)]

미국 언론은 카스트로의 범죄와 만행에 대해 늘 안타까운 심정을 토로해 왔다. 과연 이것이 진정일까? 그러나 앞서 보았듯이 대부분 냉소적인 말뿐이다. 언론은 쿠바에 대해서는 그토록 떠들어 대면서도, 정작 미국의 지원을 받는 라틴아메리카의 독재국가에서 벌어지는 참상에 대해서는 무시하거나 사실을 은폐해 왔다. 이렇게 이중적인 태도를 나타낸 경우는 역사상 그야말로 헤아릴 수 없다.[17)]

미국은 '쿠바 국민의 진정한 이익'과 '민주주의'에 솔직히 별 관심이 없는 반면 쿠바와 관련된 미국 기업계의 '진정한 이익'에 대해서는 첨예한 반응을 나타낸다. 쿠바와 라틴아메리카 여론의 동향에 대해서도 관심이 높다. 케네디 대통령은 쿠바에 대한 경제봉쇄와 여행 및 통신 교류 금지 조치가 어떤 결과를 가져올지 잘 알고 있었다. 따라서 케네디가 쿠바 국민 다수가 카스트로 정권과 1959년 5월 발효된 농업 개혁법을 지지하고 있다는 여론조사 결과에 두려움을 느꼈던 것도 어찌 보면 이해할 만하다. 특히 유엔은 농업 개혁법이 전체 라틴아메리카가 "뒤따라 시행해 볼 만한 바람직한 사례"라고 높이 평가하기도 했다. 또 1980년 쿠바를 시찰한 <세계보건기구>(WHO) 관계자는, 경제적 어려움에도 불구하고 쿠바의 보건 기구는 "선진국의 수준"에 버금가며, 쿠바 일반 국민들의 "건강 상태도 다른 라틴아메리카 국가들에 비해서 명백히 좋다"고 보고했다. 유니세프도 『1990년 세계 아동 현황』이란 보고서에서 코스타리카, 칠레가 비록 낮은 비율을 보일지라도, 대다수 라틴아메리카 국가들이 세계에서 가장 높은 유아사망률을 나타내고 있는 데 비해 "쿠바만이 유일하게 선진국과 비슷한 수준을 나타내고 있다"고 지적했다. 쿠바는 생명공학 분야에서도 다른 라틴아메리카 국가들보다 앞서가고 있다. 쿠바 문제에 관해 보다 객관적인 입장에 있는 오스트레일리아 언론은 '워싱턴의 영향력' 아래에서 쿠바의 재건이라는 '역사적인 전략적 목표'를 성취하려는 노력들을 다음과 같이 평가하고 있다.

쿠바가 이 모든 환경 속에서도 살아남았다는 것 자체가 하나의 업적이다. 쿠바의 국민 일인당 사회총생산(GSP, 임금 및 사회보장)은 라틴아메리카에서 가장 높은 수준을 나타내고 있으며, 2위 국가와 비교해도 두 배나 높다. 1981년부터 1990년 사이의 경제 발전은 놀라울 정도이다. 더구나 경제적 어려움에도 불구하고 평균 쿠바인들은 다른 라틴아메리카 사람들보다 좋은 의식주 환경을 누리고 있다. 특히 쿠바 정부는 긴축정책의 부담을 국민 각자가 공평하게 나누어 부담하도록 노력하고 있다.

1989년 11월 엘살바도르의 예수회 대학 학장인 이냐시오 엘라쿠리아 신부는 라틴아메리카 교회 잡지에 기고한 글에서 "쿠바 모델은 생활에 필요한 기본욕구를 비교적 단기간 안에 만족시키는 데 성공했다"고 평가하면서, 반면 "다른 라틴아메리카 국가들은 자본주의 체제가 갖고 있는 본질적인 악과 민주주의의 이념적 오류를 드러내고 있다"고 주장했다. 엘라쿠리아 신부는 이 기사가 공개되자마자 미국에서 훈련받은 엘살바도르 특수부대원들에 의해 암살당해 이름 모를 곳에 파묻혔다.[18]

다른 수많은 사례들과 마찬가지로 서구 강대국이 카스트로 정권을 반대한 것은 독재정치 때문이 아니었다. 수하르토, 후세인, 그라마호 등도 카스트로와 마찬가지로 독재자였지만 미국의 경제 이익을 충실히 보호해 줬기 때문에 그 대가로 국제적 지지를 받을 수 있었다. 강대국이 쿠바에 대해 두려움과 분노, 그리고 복수심을 느낀 이유는 바로 쿠바가 은폐할 수 없는 지적인 문화를 갖고 독자적으로 성공을 이룩했기 때문이었다.

1980년대 동안 미국은 경제 전쟁을 확대하여 쿠바의 주요 수출 품목인 니켈을 포함한 모든 쿠바 공산품의 해외 수출을 차단했다. 정치적 알츠하이머병에 걸리지 않은 사람들은 1988년 4월 미국 재무부가 제3세계를 통한 니카라과 산 커피의 수입을 금지시켰다는 사실도 기억해 낼 것이다. 그 이유는, 독일 제3제국의 언어를 떠올리게 하는 『보스턴글로브』의 말처럼, "니카라과의 흔적이 없어질 만큼 충분한 공정을 거치지 않았다"는 것이었다. 정부는 스웨덴의 한 의료기기 회사가 쿠바에 제품을 수출하려는 것까지 막았는데, 이 회사의 제품 부속품 중 하나가 미국산이란 것이 이유였다. 또 경제 위기에 신음하고 있는 소련에 대해 원조 의사가 있음을 타진하면서, 그 조건으로 소련이 쿠바에 대한 모든 원조를 중지해 줄 것을 요구했다. 고르바초프 서기장이 미국의 요구대로 쿠바 원조 중지 조치를 발표하자 미국 언론들은 「베이커 국무장관 환호성」, 「소련, 미국 경제원조의 장애물을 거두다」, 「31년간 미국의 신경을 건드린 쿠바-소련 관계 청산」 등의 기사로 지면을 도배하다시피 했다. 드디어 미국의 오랜 상처가 치유되는 순간이었다.

1991년 초 미국 정부는 쿠바 침공을 포함해 카리브 지역에 대한 군사작전을 재개했다. 이와 함께 그해 중반 쿠바와 미국 간의 송금 중지를 선포하는 등 엠바고를 더욱 강화해 나갔다. 1992년 4월 부시 대통령은 선거에 대비하면서, 국적을 불문하고 쿠바행 선박은 미국 내 모든 항구에서 잠시도 머무를 수 없다는 조치를 내렸다. 의회에서는 자유주의자들의 주도로 이름마저 냉소를 자아내는 '쿠바 민주주의 법'이 통과됐는데, 쿠바에 대한 엠바고를 미국 내 기업뿐만 아니라 해외에 있는 미국 기업 지사로까지 확대 적용한다는 것이 골자였다. 또 만약 쿠바에 잠시라도 머물렀던 선박이 미국 내에 진입하게 되면 즉시 모든 화물을 압수한다는 조항도 포함돼 있었다. 미국 내에서 쿠바의 독립에 대한 증오는 이처럼 아무런 망설임이나 자성의 기미도 없이 극단으로 치달았다.[19]

워싱턴은 (20세기 초 영국의 견제가 제거된 것과 마찬가지로) 소련이란 방해물이 없어지고 쿠바와 동유럽 간의 경제 관계가 붕괴함으로써 경제 전쟁이 목적했던 바를 쉽게 달성하게 됐다는 사실을 굳이 숨기려 하지 않고 있다. 만약 어떤 나라의 정부가 한때 하수인으로 이용했던 외국의 독재자가 더 이상의 협조를 거부할 때, 그가 과거 저지른 온갖 범죄를 재판에 부쳐야 한다는 이유로 함부로 쳐들어가서 그를 체포해 온다면 과연 어떤 일이 벌어질까? [파나마의 독재자 노리에가 체포에서 보듯이] 누가 미국의 권위 있는 사법 체계에 의문을 제기할 수 있겠는가? 유엔이 한때 미국에 저항해 보려고 한 적이 있기는 하다. 그러나 미국은 유엔 안전보장이사회 상임이사국으로 거부권을 행사함으로써 이 사안이 토론 의제로 오르는 것 자체를 원천 봉쇄해 버렸다. 미국 대법원도 정부가 외국의 범죄자를 납치, 자국 내에서 재판할 권리가 있다는 판결을 내렸다. 1937년 아돌프 히틀러가 히믈러 갱단을 동원해 스위스에 머물고 있던 독일 이민자들을 강제로 납치해 온 사건을 일으킨 뒤 국제법 원칙에 호소하는 스위스 정부의 엄중한 항의를 받고 다시 돌려보냈던 것과 비교해 보면 천양지차가 아닐 수 없다.[20]

『워싱턴포스트』의 사설들은 쿠바의 경제난에 관한 논평 기사에서 미국 정부가 카스트로를 무너뜨릴 기회를 잡아야 한다고 촉구하면서, 카스트로의 "최대 적수인 미국이 마지막 순간에 미적거리고 있다가는 쿠바 국민의 신뢰는 물론 세계의 모든 민주주의자들의 신뢰를 저버리고 말지도 모른다"고 언급했다. 1980년대 내내 이 사설들은 니카라과에 대해서도 정부가 강경 한 조치를 취해야 한다고 촉구했다. 고르바초프의 '신사고'에 대해서도 조롱하는 입장을 취했다. 국제사법재판소를 통해 재판을 받는 방법을 이용하여 미국의 자유로운 손에 목표를 넘겨주려고 하지 않는다는 이유였다(언론과 자유주의 시사 해설가들은 국제사법재판소를 믿을 수 없다고 결론지었다). 『워싱턴포스트』가 쿠바 국민들에게 말하는 바는 아이젠하워-케네디 시절에 국무부가 말했던 내용과 거의 동일하다. 윌리엄 맥킨지는 필리핀의 "엄청난 수의 대다수 국민들"이 "우리의 통치권을 환영"할 뿐만 아니라 "음모적인 […] 소수에 반대"한다고 말했으며, 식민 총독 레너드 우드는 쿠바의 품위 있는(즉 유럽인 같은) 국민들은 "퇴보"하지 않도록 보호해 줄 미국의 지배나 미국과의 합병을 선호한다고 말했다.[21] 미국은 세계의 고통 받는 사람들을 사악한 독재자들의 음모로부터 보호하기 위해 늘 선의를 갖고 있었다는 것이다. 『워싱턴포스트』의 민주주의에 대한 사랑과 관련되는 한, 사랑이란 곧 침묵을 의미한다. 다른 언론들도 별반 다르지 않다.

쿠바와 관련된 일련의 기록들을 살펴보면, 냉전 체제가 정치적 색깔과 상관없이 제3세계의 독립을 억압하는 핑계였을 뿐이란 사실을 깨달을 수 있다. 이런 전통적 정책 방향은 오늘날까지 기득권층에서 아무런 변화 없이 계속 이어지고 있다. 차이점이라면 '다 익은' 열매가 합당한 주인의 손에 떨어질 때까지 기다릴 것인가, 아니면 나뭇가지를 흔들어서 떨어지도록 약간의 노력을 기울일 것인가 중에서 어떤 것을 선택하느냐 뿐이다.

고통이 증가할수록 저항-억압-불안의 악순환은 가속화될 수 있다. 어떤 단계에서 내부 붕괴가 일어날 경우, 미국은 그것을 구실 삼아 쿠바의 '해방'을 내세우면서 다시 한 번 해병대를 보낼 수 있다. 이로써 미국은 위대한 지도자들과 그들의 올바름에 신념에 찬 찬가를 불러 주면서, 구질서 회복이란 목적을 달성할 수 있게 된다. 필요하다면 맹목적 애국주의 열정을 부추김으로써 이 과정을 보다 빠르게 만들 수도 있다. 그러나 한 가지 분명한 사실은 워싱턴이 앞으로도 기존의 정책 기조로부터 크게 벗어날 것 같지는 않다는 점이다.

7장
남미의 거인, 브라질을 길들이다

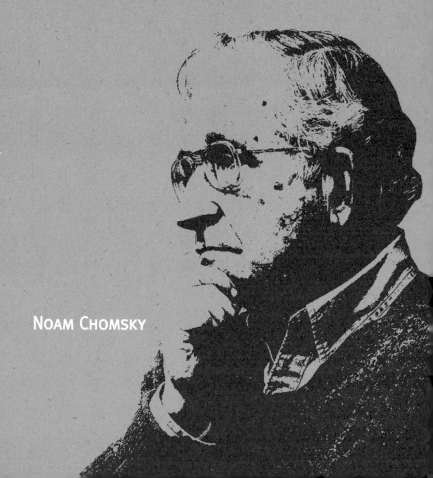

NOAM CHOMSKY

1. 남반구의 거인

1929년 『워싱턴포스트』는 사설에서 "광대한 자원을 보유한 브라질이 수년 내에 세계적인 강대국으로 부상할 것이 확실하다"며 "미국은 남미에서 이처럼 위대한 국가가 등장해 영원한 번영과 평화를 이룩할 수 있게 된 것을 진심으로 기쁘게 생각한다"고 언급했다. 이런 예상은 전혀 근거 없는 것이 아니었다. 피터 에반스는 "브라질은 거대한 영토, 낮은 인구밀도, 풍요한 자원의 결합체이기에 주목할 만하다"고 평가했다. 게다가 외부로부터 당장 공격받을 위험도 거의 없었다. 19세기 전반부 브라질의 일인당 실질 국민소득 성장률은 미국을 앞질렀다. 브라질의 주요 수출품인 커피도 토착 자본의 손안에 있었다(19세기 말과 20세기 초 브라질은 전 세계 커피 생산량의 80퍼센트를 차지했다). 그러나 몇 가지 약점도 있었다. 가장 큰 문제는 해외 수출에 대한 경제 의존도가 너무 높다는 점이었다. 이로 인해 브라질 같이 풍요한 농업 국가가 정작 국민들이 소비할 주식량을 외국으로부터 수입해 와야만 했다. 하지만 1926년 『뉴욕 헤럴드 트리뷴』이 지적했듯이 '남반구의 거인' 브라질은 물질적 풍요로움과 국력 면에서 '북반구의 거인'인 미국에 필적할 만했다. 미국 언론인들의 표현대로 브라질은 실제 "무한한 가능성을 지닌 거대한 국가," "상상력을 자극하는 국가"처럼 보였다.

브라질에 대한 미국의 관심은 서서히 타오르기 시작했다. 1924년 『월스트리트저널』은 "전 세계에서 가장 착취할 만한 가치를 지닌 땅"으로 브라질을 지목했다. 5년 뒤, "미국 기업가들은 수출 시장에서 경쟁국인 영국을 앞질렀다고 자랑"했으며, "뉴욕은 새로운 자본 투자의 주요 원천으로서 런던을 대신했다"(조셉 스미스). 사실 1913~1930년까지 미국의 투자액은 이전 기간과 비교해 열 배, 무역은 두 배 이상 증가했다. 반면 영국은 20퍼센트 가까이 하락세를 기록했다. 이런 사정은 라틴아메리카에서도 동일했다. 1920년대 라틴아메리카에 대한 미국 기업의 직접투자 총액도 거의 두 배가 증가해 35억 달러에 이르렀고, 주식 투자(채권 및 유가증권)는 네 배가 늘어 17억 달러 이상을 기록했다. 고메스 독재에서의 베네수엘라의 유전, 볼리비아와 칠레의 광산, 쿠바의 산물 등은 미국 기업의 좋은 표적이었다. 1925~1929년 사이에 미국 자본은 라틴아메리카에 빠르게 흘러 들어갔는데 매년 평균 2억 달러에 이르렀던 것으로 추정된다. 반면 미국 투자가들이 라틴아메리카에서 벌어들이는 돈은 매년 평균 3억 달러였다.[1]

브라질에 대한 미국의 관심은 1889년으로 거슬러 올라간다. 당시 브라질에서는 군주정이 무너지고 공화정이 들어섰다. 이때 미국은 스미스의 표현대로 "라틴아메리카 시장에서 경쟁자인 유럽을 축출하고 미국의 경제적 성장을 보다 확고히 할 필요가 있다는 광대한 전략의 일환"으로 워싱턴에서 범아메리카 회의를 개최됐다. 당시 미국은 브라질 공화정을 인정하는 데 주저하고 있었다. "미국의 보수적인 정치인들이 권위와 안정의 상징이 군부의 폭력에 의해 축출된 데에 본능적으로 경계심을 가지고 있기 때문"이었다. 그러나 당시 국무장관 내정자였던 제임스 블레인은 "브라질이 남반구의 다른 국가들에게 미치는 영향력은 미국이 북반구에 대해 갖고 있는 영향력과 비슷하다"며 미국 기업이 브라질에서 얻게 될 상업적 기회 역시 막대하다는 점을 인정하고 있었다. 비로소 미국의 브라질에 대한 경계심은 사라졌다.

1906년 브라질은 '셈을 할 수 없을 만큼' 엄청난 상업적 기회를 제공해 줄 것이란 미국의 기대를 등에 업고 제3차 범아메리카 회의의 주최국으로 선정됐다. 여기서 엘리후 루트 국무장관은 미국과 브라질이 "손을 맞잡고 단일하고 영구한 아메리카의 결속을 이룩하자"고 선언했다. 1900~1910년 간 미국과 라틴아메리카의 무역 및 투자는 이전에 비해 두 배 가량 증가하여 세계에서 가장 빠른 성장률을 기록했다. 1차 대전 이후 세계적 권력이 미국으로 옮겨지게 되면서 워싱턴은 먼로독트린의 범위를 카리브 지역 밖으로 까지 확대 적용했다. 남반구 전역에 걸친 미국의 정치, 경제적 영향력은 이미 크게 증가한 상태였으며 1920년대에는 거의 절대적인 수준에 이르게 된다.[2]

브라질 시장에 대한 미국의 지배력은 2차 대전 후 최고조에 이르렀다. 미국은 브라질 수입량의 절반을 공급했고 수출량의 40퍼센트 이상을 사들였다. 당시 워싱턴 정책 결정자들의 시각은 매우 팽창적이어서 라틴아메리카는 아주 부분적인 역할만을 수행해야 한다고 보았지만, 관심이 없었던 것은 아니었다. 스티븐 레이브는 "신세계 질서 속에서 라틴아메리카의 역할"은 "원료를 수출"하고 "미국 잉여 자본을 흡수하는 것"이라고 규정했다. 즉 브라질은 다른 남반구 국가들과 마찬가지로 핵심 산업국가들의 이익을 위해 "주요 기능을 완수"하고 "착취"당해 마땅하다는 논리였다.[3]

1945년 신세계 질서에 대한 레이브의 설명은 지금도 거의 그대로 적용된다. 시몬 볼리바르가 "이 거대한 대륙의 머리 꼭대기에 앉아 있는 대단히 부유하며 호전적이고 무엇이든 다 할 수 있는 강력한 국가[미국]"에 대해 나타냈던 우려 역시 오늘날 크게 달라지지 않았다. 콜럼버스 정복 시대에 유럽이 남반구에 부여했던 '봉사 지역'으로서의 역할은 우리가 진보시킨 '신제국주의 시대'에도 여전히 계속되고 있다.

2. 세계 자본주의 체제의 복지

1945년의 미국 주류 학계는 신세계 질서에 대해 비교적 솔직한 분석을 제시했다.

> 중앙정보국 소속 역사학자인 제럴드 헤인스는 브라질과 미국의 관계에 대해 다음과 같이 솔직하게 언급하고 있다. "2차 대전 이후 미국은 자국의 이익으로 부터 벗어나 전 세계 자본주의 체제의 복지를 위해 책임을 떠맡게 됐다." 헤인 스는 서유럽 동맹국들의 "식민지 경제 이익"에 대한 1948년 중앙정보국 문서, 또는 일본의 "남부를 지향하는 제국"을 재개해야 한다는 조지 케넌의 요청을 인용하면서 실질적 이익에 관한 분석을 진척시킬 수 있었을지도 모른다.4)

헤인스는 "미국 정치 지도자들은 미국의 필요성과 기준에 따라 전 세계를 재구성했다"고 분석한다. "개방된 세계"란 부자들이 마음대로 착취할 수 있도록 개방된 세계를 의미할 뿐이다. 그는 "미국은 전 세계적으로 개방을 요구하는 동시에 폐쇄적인 반구半球 체계"를 추구했다고 설명한다. 라틴아메리카 전문가인 데이비드 그린도 2차 대전 이후 형성된 세계 질서 체제를 "개방적 세계 속의 폐쇄적 반구"로 표현했다. 다시 말해서 미국은 이미 손에 넣은 지역 또는 결정적으로 중요한 지역(라틴아메리카와 중동

등)에 대해서는 다른 나라들이 접근하지 못하도록 완강하게 폐쇄적인 태도를 유지하는 한편 다른 지역에 대해서는 개방을 요구하고 있다는 것이다. 헤인스의 문장은 허풍이 심한 문호 개방 원리를 학리상 승인된 의미로 포착한다. 즉 우리가 가진 것은 (충분히 중요하다면) 지키고, 그렇지 않을 것은 개방하라.

1944년 국무부는 「미국의 석유 정책」이란 제목의 비망록에서 구체적인 원칙을 명백히 하고 있다. 당시 미국은 가장 많은 석유 보유량을 나타내고 있는 서반구의 석유 생산을 완전 장악하고 있었다. 그러므로 서반구의 석유 생산에 관한 한 폐쇄 정책을 유지해야 한다. 반면 나머지 지역은 미국에 마땅히 석유 개발권을 허용해야만 한다. 이 비망록은 "이미 미국 손안에 있는 지역은 방심하지 않고 보존하는 동시에 새로운 지역에 대해서는 미국 기업들이 다른 국가들과 함께 동등한 기회를 얻을 수 있도록 문호 개방 원리를 요구한다"고 되어 있다.[5]

먼로독트린은 처음부터 라틴아메리카를 미국 것으로 만들겠다는 야망을 품고 있었다. 그리고 이런 야망은 부단히 행동으로 옮겨졌다. 우드로 윌슨 대통령의 국무장관 로버트 랜싱의 적절한 표현에 따르면, 대통령은 아래와 같은 주장을 발설하는 것이 "졸렬"하기는 해도 "반박 불가능"하다는 점을 잘 알고 있었다.

먼로독트린을 지지함에 있어 미국은 자국의 이익을 고려하지 않을 수 없다. 미주 국가들의 결속은 하나의 부수적인 결과이지 목표가 아니다. 그러므로 이기적으로 보일지 모르겠다. 하지만 기본적으로 먼로독트린은 지고하고 관대한 동기를 지니고 있었다.

1898년 비스마르크는 바로 이런 이유 때문에 먼로독트린을 "지극히 미국적이며 변명의 여지없이 오만한 발상"이라고 비판했다.

윌슨 대통령의 선임자였던 태프트 대통령은 "서반구 전체가 사실상 미국의 것이 될 날"이 "그리 멀지 않았다"며 "실제로 우리의 인종적 우월성 덕분에 서반구는 이미 우리 것이나 다름없다"고 예견했다. 1940년대 중반 국제적으로 엄청난 힘을 갖게 된 워싱턴은 "주변 지역에 대한" 그 어떤 개입도 허용할 이유가 없다고 생각하고 있었다(스팀슨).6)

헤인스는 1945년, 세계 질서 속에서 미국의 목표는 라틴아메리카에서 미국을 제외한 "모든 국가의 영향력을 제거하는 것"이었다고 지적한다. 미국은 프랑스, 영국, 캐나다 등의 경쟁을 물리치고 라틴아메리카를 "미국 산업의 잉여 생산물과 개인 투자를 위한 중요한 시장으로 확보하는 한편 이 지역의 광대한 자원을 착취하고 공산주의를 뿌리 뽑기 위한" 작전을 시작했다. 존 포스터 덜레스 국무장관의 표현대로 여기서 "공산주의자"란 "언제나 부자들을 넘어뜨릴 생각만 하는 빈민들"에게 접근하는 사람으로 이해됐다. 미국의 이 같은 계획은 중동 지역에서도 마찬가지였다. 미국은 2차 대전 후 먼로독트린을 중동, 남부 유럽, 북아프리카까지 확대 적용했다.

헤인스는 라틴아메리카에서 미국의 최대 관심사는 브라질이며, 이 나라에서 '경제 민족주의'가 등장하는 것을 막고 트루먼과 아이젠하워 정권이 염려한 "과도한 산업 발전"을 저지하기 위해 노력했다고 지적한다. 즉 미국 기업과 경쟁할 수 있을 정도의 발전은 저지하고, 미국 이외의 외국자본과 경쟁하는 것은 허용한다는 것이다. 앞서 논의한 것처럼(2장 1절), 1945년 미국은 라틴아메리카에 대해 각종 요구를 하게 된다.

새로운 것이 있었다면 그것은 요구의 성격이 아니라 규모였다. 데이비드 그린은 2차 대전 이전 라틴아메리카에 대한 미국의 선린정책은 "시장

개발을 위해 생산품을 다양화하는 데 주력했다"며, 그러나 "그것도 서반구에 있는 기존의 생산 품목과 경쟁하지 않는 분야에만 한정됐다"고 평가했다. 여기서 '서반구에 있는 기존의 생산 품목'이란 물론 미국의 생산 품목을 의미한다. 미주 자문위원회는 미국이 라틴아메리카 생산품의 수입을 좀 더 늘림으로써 이 지역 국가들이 "**미국 상품을 좀 더 구매**할 수 있는 능력"을 키워 줘야 한다고 제안했다(강조는 그린). 당시 라틴아메리카 경제 발전을 위한 미국의 프로젝트는 "생산재보다 소비재"에 집중돼 있었는데, 이는 특히 "중장비 또는 중공업 수출"에 라틴아메리카가 끼어들어 미국과 경쟁하는 사태를 막기 위해서였다.

예외적인 경우도 동일한 논리를 보여준다. 워싱턴은 브라질의 철강 산업 프로젝트에 자금을 대주기로 약속했다. 그러나 관변 경제학자 사이먼 핸슨이 지적했듯이 미국의 철강 수출 정책이 본질적으로 변했기 때문은 아니었다. 즉 브라질의 철강 공장들이 "단순한 수준의 공업 제품"을 생산하기 시작하면 곧 기술을 한 단계 더 발전시키기 위해 "값비싼 미국산 기자재 등을 수입"할 수밖에 없게 되고 결국 미국 수출 시장은 안전하게 유지될 수 있다는 것이 미국 정부의 계산이었다. 이 과정에서 결국 가장 "피해를 본 국가는 영국과 독일"이라고 핸슨은 결론을 내리고 있다.[7]

아주 개괄적으로, 헤인스는 미국의 지도자들이 "제3세계의 산업화 계획에 반대했으며 경제성장을 촉진시키기 위한 공식 차관에 기반하는 해외 원조 프로그램도 거부했다"고 지적한다. 대신 제3세계 경제를 "미국이 주도하는 자유무역 체제 속으로" 편입시키는 "중상주의적 접근"을 선호했다. 정부는 미국 사기업의 이익을 위해 브라질의 산업 발전을 통제하는 동시에 미국 수출 시장을 넓히고 자본 투자 기회를 늘리고자 노력했다. 이 과정에서 미국이 실제로는 "추구하면서도 공개적으로 인정하길 꺼린" 부분이 바로 "신식민지적 관계"였다. 그러나 두 나라의 실제 관계를 들여다보면, "브라질은 미국 산업을 위해 자원을 공급하고 미국은 공산품을 브라질에 파는 신식민지적 관계"를 맺고 있었다. 여기에서 우리는 경제 이론이 현실에 얼마나 유연하게 적용될 수 있는가를 다시 한 번 살펴볼 수 있다. 미국은 기본적으로 "브라질의 경제 발전이 미국에게 이익을 가져다주고 미국과 경쟁을 벌이지 않는 한 별 문제가 없다"는 입장이었다. 특히 토지개혁처럼 "안정적 기반을 해치는" 프로그램만 없다면 브라질의 농업 발전도 허용할 용의가 있었다. 미국산 농기계에 의존하고 있는 데다가, "커피, 카카오, 고무, 황마 등 미국 생산품을 보완하는 상품"을 육성하고 유제품이나 밀 등 "미국 농산품을 위한 새로운 시장"을 창출하는 효과를 올릴 수 있기 때문이었다.

헤인스는 "브라질 국민들의 요구는 부차적인 문제"였다고 한다. 덜레스 장관의 말대로 "불만을 다독이고 미국의 우방국이란 인식을 유지할 수 있는 수준에서"만 브라질의 요구를 들어 줄 필요가 있었다.

냉전 체제는 빠르게 정착했다. 1946년 아돌프 벌 브라질 주재 미국 대사는 소련이 브라질에서 모종의 공작을 벌이고 있다는 우려를 제기했다. 벌은 뉴딜 시대부터 케네디의 뉴 프론티어 시대에 이르기까지 한 시대를 풍미했던 대표적인 자유주의 정치가 중 한 사람이다. 그는 러시아인들이 나치와 유사하다고 경고했다. "끔찍하게, 냉소적으로, 무시무시하게, 그들은 미국을 곤란하게 만들려는 사고와 행동의 중심지를 모색하고 있다." 이 점에 있어서 그들은 우리와 아주 다르다는 것이다. 그러나 미국 정보기관은 소련이 브라질에서 특별히 문제가 될 만한 공작을 하고 있다는 증거를 포착하는 데 실패했다. 그럼에도 불구하고 대개 그렇듯이 결론은 그런 것과 무관하게 매듭지어졌고, 벌의 입장은 인정받았다. 헤인스가 요약했듯이, 몇 달 뒤 정보기관은 "소련이 향후 중남미 해상에서 어업권을 확보할 가능성이 있다"고 보고했다. 그러므로 어떤 가능성도 붙들지 못하도록 해야 한다는 것이었다. 여기에서 다시 한 번 미국의 세계 정책을 지배하는 '논리 없는 논리'가 발휘된다. 잠재적 공산주의자들은 앞으로 미국의 목표를 방해하기 이전에 제거될 필요가 있다는 것이다.

헤인스는 미국 지도자들이 브라질을 "현대적이고 과학적인 산업 발전 방법을 실험해" 보는 곳으로 이용해 왔다고 분석한다. 미국의 전문가치고 브라질 경제 발전을 위해 훈수 한 번 둬 보지 않은 사람이 거의 없을 지경이었다. 심지어는 아마존 열대우림을 통과하는 대륙 횡단 철도를 건설하라고 권고하는 사람도 있었다. 사실 이것은 브라질 자연 조건을 고려할 때 농담에 가까웠다. 하지만 미국의 전문가들은 미국의 이익이 걸려 있는 사안에 대해서는 언제나 심각한 조언을 아끼지 않았다.

헤인스는 연구서 전체에 걸쳐 '최선의 의도' '확신컨대' 등의 단어를 유난히 자주 동원하고 있다. 그의 말대로 '확신컨대' 브라질에 대한 미국의 다양한 조언들은 자국 투자자들에게는 이익을 가져다줬을지 몰라도 브라질 국민들에게는 파멸적인 결과를 초래했다.

3. 민주주의를 보호하기

헤인스는 미국 관리들이 "민주주의의 보호자"로 후원하고 있는 브라질 군부의 미래에 대해서도 전망하고 있다. 미국의 민주주의 프로그램은 결국 1964년 군사 쿠데타를 초래했으며 전후 브라질 의회주의의 역사를 종식시키는 불행을 가져 왔다. 그리고 브라질에는 고문 등 인권 탄압이 횡행하는 신나치 안보 국가 체제가 들어서게 된다. 미국에서 훈련받은 인연으로 친미, 신자유주의 신봉자가 된 군부 지도층은 제도화된 가학적인 폭력을 기반으로 존경받을 만한 '경제 기적'을 창출하는 데 성공했다.

2차 대전 이후부터 미국은 라틴아메리카 군부를 자국의 명령 체계 안으로 흡수하기 위해 온갖 노력을 기울여 왔다. 특히 전쟁 기간 라틴아메리카는 미국산 무기 사용을 표준화함으로써 통합된 무기 공급 체계의 토대로 자리 잡았다. 그런 조치는 미국의 군수 산업을 활성화하는 데 "아주 유익하다는 것을 입증"해 주었다(아놀드 장군은 전후 항공 산업을 예로 든다). 미국은 라틴아메리카에 대한 군수품 공급을 이용해 정치적, 경제적 영향력을 행사하는 동시에 현지의 민주주의적 경향을 견제하고 "전복" 세력을 분쇄할 수 있는 기회까지 갖게 된다. 여기에서 당연한 수순은 라틴아메리카 군대의 미국 현지 훈련 프로그램을 맡아 경쟁자인 유럽을 퇴출시키는 것이었다. 1946년 트루먼 정권 때 체결된 미주 군사협력조약은 "미국이 지배하는 군사적으로 폐쇄된 남반구"(그린)에서 군수품 공급 및 군사 훈련을 독점함으로써 유럽을 견제하는 것이 주요 목적이었다. 그리고 미국은 곧 원하던 목적을 성취했다.

라틴아메리카의 "전복 세력"을 분쇄하기 위한 미국의 노력이 전면으로 드러나기 시작한 것은 1943년이었다. 당시 볼리비아의 한 광산에서 대규모 광부 파업이 발생했다. 회사 측은 파업을 진압하기 위해 정부군을 끌어들였고, 결국 수백 명이 사망하는 비극이 발생했다. 미국은 일 년 뒤 민족주의적이며 반독재, 친노동적 정책을 추구하는 <민족혁명운동>(MNR)이 독재 정권을 타도하고 새 정부를 구성할 때까지 볼리비아 사태에 대해 관망하는 자세를 유지했다. 그러나 미국은 새 정부가 들어서자마자 '친파시스트 정권'(이것은 정말 허술하기 짝이 없는 주장이다) 또는 '앵글로-

양키 제국주의를 반대하는 정권'(앞의 것에 비해 이것은 매우 정확한 표현이다)으로 부르며 비난하기 시작했다. 또 모든 공직에서 MNR 운동원들이 물러나야 한다고 요구했으며 군사정권의 편을 들어 타도할 것을 선언했다. 당시 국무부 메모에 따르면 광산 소유주들은 "MNR 정권이 노동자의 지위 향상에 관심을 갖는다고 하면서 기존 광산 이권을 훼손할까봐 두려워하고 있었다." 그리고 이보다 더 큰 두려움은 바로 급진적 민족주의였다(2장 1절 참조).

라틴아메리카 군부의 역할이 '남반구의 안보'로부터 '내부적 안정'으로 결정적으로 바뀐 것은 케네디 정권 때였다. 이것은 곧 국민에 대한 전쟁이었다. 학계의 전문가들은 미국에서 훈련받은 군부는 '현대화'한 세력이라고 냉정하게 설명했다.

이처럼 군부의 성격이 변한 기본적인 이유에 대해서는 1965년 로버트 맥나마라 장관 재직 당시 국방부 비밀 연구 보고서에 잘 드러나 있다. 이 보고서는 "라틴아메리카 군부는 내부적으로 안보 능력을 개선"하고 "미국의 영향력도 잘 확립"하는 등 지금까지 전체적으로 임무를 잘 수행해 왔다고 분석했다. 이제 군부는 자신의 임무를 잘 이해하고 있으며, 1961~1962년 케네디 행정부가 군부에 대한 훈련 및 군수 공급을 증가시킨 결과 군부가 이런 능력을 갖추게 됐다는 것이다. 여기에서 말하는 '임무'에는 이른바 문민정부가 "국가의 복지에 해악이 된다는 판단이 내려질 경우" 군부가 정부를 전복하는 것도 포함돼 있었다. 케네디 정권의 자유주의자들은 "라틴아메리카의 문화적 환경"을 고려할 때 이곳의 군부가 과연 "미국의 목적을 잘 파악하고 그것을 지향하고 있는지" 확실히 해 둘 필요가 있다고 주장했다. 또 미국은 라틴아메리카의 "현재 계급 구조 내에서 주요 집단 간의 권력 투쟁" 결과를 잘 유도함으로써, "미국이 라틴아메리카에 대해 갖고 있는 정치적 이해관계"의 핵심 기반인 "경제적 뿌리," 즉 "미국인의 사적 투자"와 무역을 확실히 보장할 수 있도록 만들어야 한다고 덧붙였다.8)

이처럼 케네디-존슨 정부의 정책 입안자들에 의해 꾸며진 천박한 맑스주의적 수사는 기업 언론만이 아니라 내부 기록 문서에도 공통적으로 나타난다.

브라질로 다시 돌아가 보자. 1961년 8월 후아오 굴라트가 대통령으로 당선된 직후 군부에서는 쿠데타 계획을 본격화하기 시작한다. 군부는 굴라트의 민중주의적 발언이 그렇지 않아도 못마땅하던 터에 급기야는 노동자들의 최저생계비를 상향 조정하겠다는 발표까지 하자 분노를 터트렸다. 미국 업계도 굴라트 정부가 "브라질 경제를 착취하는" 외국자본에 대해 브라질 밖으로 돈을 송금하는 것을 금지하는 법안을 통과시키자 심각한 우려를 나타냈다. 굴라트가 믿음직한 브라질 엘리트 출신으로 반反공산주의자였음에도 불구하고, 미국 노동계 지도자들과 미 대사관 관리들은 굴라트가 브라질 노동자, 농민운동 단체에 개입돼 있을 뿐만 아니라 공산주의자들을 각료로 임명하는 데 경계의 시선을 보내고 있었다. 중앙정보국은 굴라트가 취한 일련의 정책을 "명백한 공산화 과정"이라고 경고했다. 적당한 냉전 상황은 취임하기 전부터 이미 케네디에 의해 정식화돼 왔던 것이다.

1962년 초 브라질 군부는 주 브라질 미국 대사인 링컨 고든에게 쿠데타 계획을 사전 통보했다. 케네디 대통령의 개인적인 주도 아래 미국 행정부는 브라질의 우파 정치 지도자들을 비밀리에 지지했다. 케네디 대통령은 고든이나 미국 기업가들과 마찬가지로 "브라질 군부가 (라틴아메리카) 미래의 열쇠를 제시해 줄 것"이란 느낌을 갖고 있었다고 루스 리콕은 단언한다.

1962년 12월 로버트 케네디 법무장관은 브라질을 방문해 굴라트 대통령과 면담을 갖고 대통령이 "공산주의 문제에 대해 보다 강경하게 대응해 줄 것"을 요구했다. 로버트 케네디는 굴라트에게 브라질 행정부, 군부, 노동조합, 학생운동 단체 등에 "반미 민족주의적 좌파와 공산주의" 세력이 깊숙이 침투해 있는 것에 대해, 그리고 "미국을 비롯한 외국의 개인 투자자를 나쁘게 대우"하고 있는 것에 대해 케네디 대통령이 매우 심각하게 우려하고 있다고 전했다. 그리고 만약 미국의 원조를 원한다면 "주요 직위"에 친미 인사를 등용하고 미국이 추천하는 경제개혁 조치를 시행하라고 요구했다.

이처럼 케네디 정부가 원조를 조건으로 긴축 계획을 요구하고 좌파의 영향력에 관해 훈계를 하고 나서자 브라질과 미국의 관계는 긴장 상태에 빠지게 됐다. 1963년 3월 중앙정보국은 다시 한 번 브라질 군부의 쿠데타 계획을 정부에 보고했다. 당시 미국 기업인들은 쿠데타를 부추기기 위해 정부가 브라질에 대한 모든 원조를 중지할 것을 요구하고 있었다. 그해 8월 국방부의 버논 왈터스는 굴라트가 로버트 케네디의 요구와는 정반대로 친미적 친민주주의 인사(두 개의 용어는 동의어로 간주된다) 대신 "극단적 민족주의자들"을 관리로 등용하고 있다고 펜타곤에 경고했다. 존슨 행정부에서 양국 간의 관계는 더욱 악화 일로로 치닫는다. 앨버트 고어 상원의원은 상원 외교 분과위원회에서 대브라질 원조 계획에 관해 언급하면서, "진보를 위한 동맹의 전제조건으로 우리가 제시했던 개혁들을 지지했던 브라질 의원들이 모두 현재 투옥돼 있다"는 이야기를 들었다고 주장했다. 고든 브라질 대사는 워싱턴에 보낸 전문에서 브라질에 대한 미 정부의 군사적 원조를 대폭 증가해 줄 것을 요구했는데, 이유는 "좌파 굴라트 정권을 제압하기 위한 전략"에서 군부가 필수적이었기 때문이었다. 그동안 중앙정보국은 이미 "신, 국가, 가정, 자유와 같은 오랜 주제들이 언제나 효과를 발휘한다는 것을 입증하면서, 브라질에서 굴라트 반대 시위를 재정적으로 후원하고" 있었다.

브라질 군부에 대한 원조는 곧 문민정부에 대한 전복 기도란 점을 잊지 말아야 한다. 이런 방식은 앞서 살펴보았듯이 인도네시아와 칠레에서 이미 효과를 발휘했고, 1980년대 초반 이란에서도 시도된 바 있으며, 훗날 (보다 정교해진) 이란-콘트라 스캔들로 불리는 사건의 발단이 됐다.[9]

3월 31일 브라질 군부는 미국의 지지 및 행동 계획을 통해서 정권을 잡는 데 성공했다. 고든 대사는 워싱턴에 보낸 전문에서 브라질 군부가 "민주적 반란"을 성취했다고 보고했다. 이 혁명은 "자유세계를 위한 위대한 승리"이며, "서구로서는 모두 잃을 뻔했던 모든 남아메리카 공화국들"을 되찾고, "사기업의 투자 환경도 크게 개선"할 수 있는 기회였다. 고든 대사는 2년 뒤 의회 증언에서 "브라질 혁명[쿠데타]의 기본 목표는 민주주의를 파괴하는 것이 아니라 보호"하는 데 있다고 말했다. 그는 이 민주적 반란이야말로 "20세기 중반 가장 중요한 단 하나의 자유의 승리"였다고 주장하면서, "세계 역사의 중요한 전환점 중 하나"가 될 것이라고 했다. 국무장관 딘 러스크는 미국 정부는 쿠데타 정권이 "합헌적 절차에 따라 정권 승계"를 이룬다면 승인하겠다는 식으로 정당화했다. 아돌프 벌은 굴라트가 제거돼야만 하는 카스트로의 복제 인간이었다는 데 동의했다.

쿠데타의 성공 이후 미국 노동계 지도자들은 브라질 군부의 폭력적 전복에 신뢰를 보낸 것에 대한 적절한 보상을 요구했다. 그러나 새 정부는 노동운동을 분쇄하고 가난한 노동자들을 기업 이익, 특히 외국 기업에 종속시켰다. 실질임금이 3년 동안 25퍼센트나 감소하는 가운데에서도 상류층은 "브라질 경제 기적의 주요 소비자"로서 더욱더 풍요를 구가하게 된다(실비아 앤 휴렛은 야만적인 억압과 생계 기준의 인하가 "브라질 국내 경제에서 자본주의의 새로운 성장 순환을 창조하기 위한 불가피한 전제조건"이라고 본다). 워싱턴과 금융계는 브라질의 상황에 만족감을 느꼈다. 헌정 질서의 유물이 사라지고 투자 환경이 개선됐기 때문에, 세계은행도 15년 만에 처음으로 브라질 쿠데타 정권에게 차관을 제공했다. 브라질에서 고문, 살해, 기아, 질병, 유아 사망 그리고 기업의 이익 등이 크게 늘어남에 따라 미국의 경제원조도 **빠르게** 증가했다.[10]

4. 승리를 지키기

토마스 스키드모어의 연구에 따르면 브라질 군사 "정권이 가장 의지하는 동지"는 바로 미국이었다. 미국은 군사정권 수립에 "기여"했다는 것을 내세워 마치 "국제통화기금이라도 된 것처럼 브라질 경제정책의 **모든** 측면에 사사건건 간섭"하고 나섰다. 1966년 신임 브라질 대사는 "국민들에게 인기가 없는 세금, 임금, 물가 정책 등을 결정하는 행정 사무실에는 반드시 미국인 고문이 근무하고 있다"는 사실을 알게 됐다. 다시 한 번 미국은 "산업 개발을 위한 현대적이고 과학적인 방법들을 시험해 보는 실험 지역"(헤인스)으로 브라질을 이용하게 된다. 이 과정에서 미국이 모든 권리들을 차지한 것은 두말할 나위도 없다. 미국의 조언 아래 브라질은 통화주의적 규준에 따른 "모든 의무를 이행"하고, 시장경제를 강화하는 등 정통 신자유주의 정책을 충실하게 실천에 옮겼다(스키드모어). 이른바 '경제 기적'은 파시즘적 국가 안보 체제의 구축과 병행하여 전개됐으며,

이것은 우연이 아니었다. 몽둥이를 휘두를 수 없는 정권은 국민에게 해로운 영향을 미치는 조치를 수행할 수 없는 법이다.

스키드모어는 신자유주의 개혁이 (외국 기업에게 도움이 된 것은 사실이지만) "브라질의 자본주의 구축"에는 실패했다고 평가한다. 경제개혁은 심각한 경기 침체를 초래해 수많은 기업들을 파산시켰다. 결국 브라질 정부는 자국 기업들이 해외 기업의 손으로 더 이상 넘어가는 것을 막기 위해 국영기업을 강화하고 공공 부문에 관심을 기울이기 시작했다.

1967년 경제 위기를 극복하기 위한 새로운 경제 사령탑으로 경제학자 안토니오 델핌 네토가 주도하는 테크노크라트들이 임명됐다. 그는 보수적인 경제 이론으로 학계에서 존경받는 인물이었는데, 3월 31일 "사회에 의한 거대한 운동"[쿠데타]을 "집단적 동의의 산물"(특히 "사회"라고 칭하는 것에 의한)로 보면서 열렬한 지지를 보낸 바 있다. 그는 곧 경제적 자유주의 원칙에 충실한 정책을 펴 나갈 것을 선언하면서 무기한적인 임금 통제를 실시했다. 스키드모어는 특히 강력한 언론 통제, 사법부의 독립 박탈, 학계 탄압, 애국심을 부추기기 위한 교육과정 재편 등 파시즘적 통치 체제가 전 사회적으로 강화되고 있기 때문에 "노동자의 저항은 미미한 수준으로 교묘하게 진압됐다"고 지적한다. 당시 브라질 학교에는 새로운 필수과목 중 "도덕적 시민교육"이란 것이 있었는데, "종교적 정신, 인류의 존엄성, 자유에 대한 사랑을 보존하고 신의 가르침 안에서 책임을 다함으로써 민주주의의 원칙을 옹호"하는 데 목적을 두고 있었다. 이 정도면 1980년대식 '보수주의자들'만이 아니라 1992년 공화당 선거 유세문 작성자까지도 깊은 인상을 받지 않을 수 없었을 것이다.

1970년 대통령은 "사이비 브라질 국민"을 위한 권리는 없을 뿐 아니라, 억압이 "가혹해지고 무자비"해질 것이라고 공표했다. 스키드모어는 가족이 보는 앞에서 아이를 학대하고 아내를 집단 강간하는 전문 기술을 포함한 고문이 "육체와 영혼의 탄압에 의지하는, 소름끼치는 일상"이 됐다고 적고 있다. "고문 잔치"는 그릇된 사상을 가진 모든 사람에게 "적나라한 경고"였다. 그것은 "델핌을 비롯한 테크노크라트들"이 "자유 시장의 덕목"을 설교하면서 근본적인 사회 경제적 우선순위에 관한 공개적인 논쟁을 아주 쉽게 회피하도록 만드는 아주 "강력한 도구"였다. 이런 수단들을 통해서 브라질은 높은 경제성장을 회복했으며, 실질적인 경제 주체였던 "외국의 개인 투자자들에게 다시 한 번 매력적인" 투자 대상으로 떠올랐다. 1970년대 말에 이르면 "브라질에서 지역 자본에 의해 지배된 산업은 곧 미국에서 번창하는 소규모 사업과 동일한 산업"이 된다. 다국적기업과 그들의 지역 연합체는 훨씬 이윤이 높은 성장 부문을 지배했다. 비록 세계 경제의 변동에 따라 외국자본의 약 60퍼센트가 미국 국적을 갖고 있지는 않았다고 할지라도 말이다(피터 에반스).

계속해서 스키드모어는 국민총생산과 외자 유입률이 급속히 성장하는 등 거대 경제지표는 비교적 만족스런 수준을 유지했다고 한다. 1970년대 초 이처럼 브라질의 무역이 '극적으로' 개선된 것은 군부와 테크노크라트가 보유한 무기에 탄알을 제공한 것과 다름없었다. 따라서 정부는 "가난과 불평등한 소득분배에 대한 진정한 해답은 급속한 경제성장이며 경제적 '파이'의 크기를 키우는 것"이라는 이념에 더욱 집착하게 된다. 그리고 이런 정책은 서구의 지지를 받았다.

그러나 당시 브라질 사회를 한 발짝만 가까이 들여다보면 신자유주의 원리의 또 다른 면모를 발견할 수 있다. 파시스트 신자유주의자들이 향유했던 권위주의적 지배의 장점에도 불구하고, 1965~1982년 군부독재 기간의 평균 경제성장률은 1947~1964년 의회정치 기간의 성장률과 비교해 그리 높은 것도 아니었다고 경제학자 데이비드 펠릭스는 지적한다. 그리고 "기적을 일으킨 몇 해 동안" 군부와 테크노크라트들이 주도하는 '우파 소비주의' 아래에서 국내 저축률도 개선될 기미가 없었다. 국내시장은 부자들을 위한 소비재에만 치중해 있었다. 물론 이 같은 현상은 이른바 '레이거노믹스' 기간의 미국을 비롯해 동일한 신자유주의 원리에 종속된 다른 국가들에서도 비슷하게 나타났다.

에반스에 따르면 1960년대 말과 1970년대 초 브라질은 "세계에서 가장 빠르게 성장하는 미국의 수출 시장"이었으며 독일 다음으로 투자 회수율이 높은 국가가 됐다. 그러나 실제 브라질 안을 들여다보면, 나라 전체가 마치 외국인 소유의 자회사가 된 것 같았다. 1975년 세계은행 보고서는 경제 기적의 정점에 있던 당시 브라질 인구 중 68퍼센트가 일상생활에 필요한 최소 칼로리에도 못 미치는 음식을 섭취하고 있고, 아동 인구 중 58퍼센트는 영양실조에 걸려 있다고 보고했다. 보건부 지출액도 1965년보다 낮은 수치를 기록했다.[11]

1972년 브라질을 방문한 뒤, 하버드 정치학자 새뮤얼 헌팅턴은 파시스트 테러 정치의 완화, 하지만 점진적인 완화를 촉구했다. 만약 전면적인 완화 조치를 취하게 되면 "폭발적인 효과를 일으켜 통제 불가능의 상태에 빠질"지도 모른다는 것이 헌팅턴의 경고였다. 또 제도적 안정을 위해 터키나 멕시코 식의 일당 지배 체제를 확립하는 것도 바람직하다는 충고를 덧붙였다.

그러나 수년 뒤 풍선은 터져 버리고 말았다. 1980년대에 들어 브라질은 전 세계적인, 특히 아프리카와 라틴아메리카의 파멸을 초래한 경제 위기 속에 휩쓸려 들어갔다. 무역은 격감했고 인플레이션과 부채는 통제 불가능한 상태로 치솟았다. 기업들이 잇달아 파산함에 따라 실질 소득수준은 격감하고 실업률도 50퍼센트에 이르렀다. 그것은 "스태그플레이션에 새로운 의미를 부여하는" 과정이었다고 스키드모어는 지적한다. 델핌의 신자유주의 경제성장 정책은 "완전 붕괴"하고 만 것이다. 4년 후 브라질 경제는 서서히 회복세를 나타내기 시작했다. 그것은 대부분 신자유주의 원리에 의해 통화의 가치가 떨어져 발생한 수입 대체 산업화 덕분이었다. 이와 함께 군부독재 정권이 무너지고 문민정부가 들어섰다. 새 정부에게 남겨진 숙제는 경제적, 사회적 파탄을 수습하는 일이었다.

5. 미국의 진정한 성공담

1989년 저서에서 제럴드 하인즈는 지난 40여 년에 걸친 미국의 브라질 정책을 "미국의 진정한 성공담"으로 묘사한다. 미국 덕분에 브라질이 "자본주의에 굳건히 기반을 둔 인상적인 경제성장"을 이룩했다는 것이다. 정치적인 측면에서도 마찬가지였다. 미국이 아직 브라질을 좌지우지하기 이전인 1945년 초 주 브라질 대사 벌은 "모든 브라질 인들이 선거 기간에 미국인들처럼 자신의 정견을 마음대로 발표하고 선거 유세를 할 수 있게 됐다"고 기록했다. 우리 모두는 평등하며 한 가족으로서 조화와 행복 속에 지내고 있다. 정부는 국민들의 요구에 즉각적으로 반응을 한다. 그러므로 아주 "민주적"이다 ── 경제활동 규칙을 문제시하지 않는다는 원칙적인 의미에서.

　자본주의적 민주주의의 이 같은 성공은 공산주의권의 실패와 비교하면(물론 비교한다는 것 자체가 불공정하다) 대단히 인상적인 것이 사실이다. 실제로 미국의 브라질 정책은 성공적이었다. 워싱턴은 처음부터 "브라질의 대미 금융 의존도를 강화하고, 자원 할당에 효력을 미치는 정부의 정책 결정에 영향력을 행사하여 결국 브라질을 미국이 지배하는 무역 체제 안으로 편입"시키려는 목적을 갖고 있었다. 그리고 이 목적을 달성함으로써 미국은 막대한 투자 이익을 챙길 수 있었다고 헤인스는 적고 있다.

"자본주의에 기반을 둔 현대 과학적 발전 방법"은 브라질에게도 큰 혜택을 가져다주었다. 그러나 이것을 이해하기 위해서는 좀 더 정확하게 살펴볼 필요가 있다. 피터 에반스는 경제 기적이 최고조에 달했던 1970년대에 브라질이 완전히 다른 두 개의 사회로 양분됐다고 지적한다. 즉 "인구의 1~5퍼센트에 달하는 소수 엘리트 사회와 인구 80퍼센트에 달하는 빈곤 사회로 양분돼" 근본적인 갈등을 빚고 있던 것이다. 현대화, 서구화된 엘리트 사회는 자본주의의 성공으로 더욱 부유해졌다. 그러나 빈곤 사회는 더욱 깊은 절망 속으로 빠져들었다. 과거 "무한한 잠재력을 가진 거대한 국가"로 칭송 받던 브라질 인구 4분의 3이 이제는 자유세계의 또 다른 세계라고 할 만한 동유럽 경제조차 부러워할 수밖에 없는 처지에 살고 있는 것이다.

"미국의 진정한 성공담"의 대표적 사례로 꼽히던 브라질 경제성장의 '실상'은 1986년 새로운 문민정부가 의뢰한 조사 보고서를 통해 낱낱이 드러났다. 스키드모어는 "브라질은 세계에서 여덟 번째로 큰 경제 규모의 국가임에도 불구하고 사회복지 지표들에서는 아프리카나 아시아 저개발 국과 같은 수준"이라고 지적한다. 이것은 지난 "20여 년에 걸친 관료 정치"와 "케이크 부풀리기"에만 몰두했던 신자유주의 원리의 결과이다. 브라질은 "세계에서 가장 소득분배가 불균등한" 국가, 보건과 복지 면에서 엄청나게 낙후한 국가가 되고 말았다. 유엔이 발표한 『인간 개발 보고서』(교육, 보건 수준 등을 측정하는)도 브라질을 알바니아, 파라과이와 비슷한 80위에 올려놓았다. <유엔식량농업기구>(FAO) 는 브라질 인구의 40퍼센트 이상 (약 5천3백만 명)이 배고픔에 시달리고 있다고 보고했다. 브라질 보건장관도 해마다 수십만 명의 어린이들이 기아로 죽어 가고 있다고 추정한다. 1990 년 유네스코 자료에 따르면 브라질 교육 수준은 기니비사우와 방글라데시 보다 약간 높을 뿐이다.[12]

'성공담'은 인권 단체인 <아메리카 워치>가 1992년 5월 발표한 보고서에 요약돼 있다. "풍요한 천연자원과 막대한 산업 기지를 지닌 이 나라는 십 년 이상 계속되고 있는 경제 위기로 인해 현재 개발도상국들 중에서도 가장 많은 부채에 시달리고 있다. 비극적이게도 브라질 정부는 1억4천8백 만 명에 달하는 국민들에게 적절한 생활수준을 제공하지 못하고 있을 뿐 아니라 1985년엔 총인구 3분의 2가 기아 상태에 방치돼 있었다. 이런 빈곤 은 토지에 접근할 길이 차단됐기 때문인데, 브라질은 세계에서 토지 소유 집중도가 가장 높은 나라 중의 하나이고 소득분배도 가장 불균등한 나라 중의 하나이다."

기아와 질병이 치솟고, 노예 상태나 다름없는 계약 노동자들이 빚 때문 에 도망쳤다가 채권자에게 붙잡혀 구타당하거나 살해당하는 사건도 비일 비재했다. 1992년 초 <가톨릭교회 토지 조사위원회>라는 단체는 군사정 권의 비호를 받았던 한 목탄 광산에서 4천여 명의 노동자들이 비참하게 강제 노역을 당했다는 사실을 폭로했다. 노동자들은 하루 16시간씩 일하 고도 급료는커녕 구타, 고문당하고 심지어는 쥐도 새도 모르게 살해당했 다는 것이다. 브라질에서는 농업 인구 중 1퍼센트에 불과한 부농이 절반 이상의 토지를 소유하고 있다. 정부는 외국의 주인이 일러준 훈계에 따라 수출 곡물을 장려하고, 투자할 만한 자본을 가진 농부만 우대하여 나머지 대다수는 주변화시키는 정책을 펴 왔다. 북부와 동북부의 부유한 토지 소유자들은 군부 경찰이나 총잡이들을 고용해 농민들의 가옥과 곡물을 불태우고, 가축을 쏴 죽이고, 농민의 권리를 방어하려는 조합 운동가, 신부, 수녀, 변호사들을 거리낌 없이 죽였다. 이런 탄압을 도저히 견딜 수 없는 농민들은 고향을 떠나 아마존이나 도시의 판자촌으로 흘러 들어가 빈민이 됐다. 생존을 위해 아마존의 나무를 베고 땅을 개간한 그들이 이제 열대우림을 황폐화시키는 주범으로 비난받고 있다. 브라질 의학 연구자들은 아마존에 살고 있는 주민들을 새로운 인종, '피그미 족'이라고 부르고 있다. 지구상에서 가장 풍요한 땅에 살고 있는 사람들이 수출용 농작물만을 재배하는 대농장에 토지를 빼앗긴 채 만성 영양부족으로 인해 일반인에 비해 40퍼센트밖에 되지 않는 두뇌 능력을 지닌 저능한 존재가 되어 버린 것이다.[13]

브라질은 세계적으로 아동 착취의 중심지이기도 하다. <국제노동기구>(ILO)는 브라질에서 7백만 명의 어린이들이 건강과 교육을 빼앗기고, "어린이 시절을 빼앗긴 채" 노예, 매춘부로 일하며 착취당하고 있다고 추정한다. 본드 흡입으로 "배고픔을 잊기 위해" 마약을 거래하는 아이들은 그래도 사정이 좀 나은 편이다. 거리에서 떠도는 아이들 중 보안군에 붙잡혀 간 후 고문, 살해당하는 경우도 있기 때문이다. 리우데자네이루의 법무국장 헬리오 사보야는 "청소년 선도 차원"에서 "구걸, 절도, 본드 흡입하는" 어린이 7백만~8백만 명을 체포했다고 밝혔다(런던의 『가디언』). 리우에서는 시 의회 위원회가 15개의 살인 부대 조직을 폭로했다. 이 부대원들은 대부분 경찰 출신으로 상인들로부터 재정적인 지원을 받아 왔다는 사실도 밝혀졌다. 살인 부대에 의해 살해돼 유기됐다가 나중에 변두리에서 발견된 어린이 시체들을 보면 하나같이 손발이 묶인 채 고문과 총상의 흔적이 남아 있었다. 거리의 소녀들은 매춘부로 일하도록 강요받고 있다. 한 의료 기관은 1991년 1월부터 10월까지 리우에서만 427명의 어린 이들이 대부분 살인 부대에 의해 목숨을 잃었다고 발표했고, 1991년 12월 브라질 의회 보고서는 지난 4년간 어린이 살해 건수를 7천여 건으로 추정 했다.[14]

이런 것이 세계 어느 곳보다 훨씬 "착취할 만한 가치가 있는" 지역에서 이뤄진 우리의 위대한 "자본주의에 굳건히 기반한 근대 과학적 발전 방법" 에 바쳐야 할 진정한 제물이다.

브라질에서 신자유주의 경제정책이 이룩한 위와 같은 업적들을 우리 는 결코 폄하해서는 안 된다. 브라질처럼 풍요로운 자연조건을 가진 국가 에서 이런 악몽을 만들어 내는 것도 정말 탁월한 능력이 아닐 수 없다. 그러니 신제국주의 시대의 지배계급과 이데올로기적 언론인들이 스스로 이룩한 성공을 그토록 열광적으로 자축하는 것도 충분히 이해할 만하지 않은가.

6. 의기양양한 IMF─근본주의

브라질 경제의 실패를 곧 신자유주의 이념의 실패로 볼 수 없다는 주장도 있다. 애당초 브라질은 '미국식 자본주의'가 역설하는 신자유주의의 진정 한 미덕을 구현하기에 내부적으로 한계가 많았다는 이야기이다. 그렇다면 더 좋은 사례로 베네수엘라를 들 수 있다. 베네수엘라는 중동을 제외하고 석유 매장량이 가장 많은 국가이다. 베네수엘라의 '성공담'을 한 번 살펴보 도록 하자.

미국─베네수엘라 관계 전문가인 스티븐 레이브는 2차 대전 후의 저작에서, 베네수엘라를 외국자본의 착취로 이끌었던 "악랄하고 부패한 후안 고메스*1)정권을 미국이 어떤 방식으로 적극 지지했는지"를 파헤치고 있다. 국무부는 늘 그래 왔던 것처럼, 베네수엘라에서 "미국의 경제적 헤게모니"의 가능성을 인지했기에 [미국 이외의 다른 나라에 대한] '문호 개방' 정책을 묵살해 버렸다. 따라서 영국의 특권을 금지하도록 베네수엘라 정부에게 압력을 가했다(영국 및 프랑스가 선점하고 있던 중동 지역에서는 석유에 대한 미국의 권리를 지속적으로 요구, 확보하면서). 1928년 베네수엘라는 이미 세계적인 수출국의 지위에 올라서 있었는데, 사실상 실제 기업체는 거의 미국 기업이 소유하고 있었다. 2차 대전 동안 미국은 석유 생산으로 벌어들이는 돈을 베네수엘라와 50 대 50으로 나누는 협약을 체결했다. 전쟁 기간과 그 이후 석유 생산량이 엄청나게 늘면서 미국 "석유산업은 막대한 이윤"을 챙기게 됐으며 아울러 베네수엘라 "경제정책"에 깊숙이 간여할 수 있게 됐다.

1949~1958년 페레스 히메네스*2) 정권 동안 "베네수엘라와 미국은 우호적인" 관계를 맺고 있었다. 정부는 공산 세력 색출을 이유로 고문, 테러 등 인권 탄압을 자행했으나 냉전 체제라는 특수성 속에서 별다른 제재를 받지 않았다. 오히려 히메네스는 1954년 아이젠하워 대통령으로부터 공로 훈장을 받기까지 했다. 아이젠하워는 축사에서 히메네스가 "외국자본을 대폭 끌어들여 자원 개발을 촉진하고 국민 복지를 향상시켰다"며 극찬을 아끼지 않았다. 물론 이 과정에서 철강 기업을 비롯하여 베네수엘라에 진출한 미국 기업들이 큰 이윤을 얻은 것은 두말할 나위 없다. 하나만

---

1) [옮긴이] Juan Vincente Gómez(1864~1935). 남아메리카 최고의 부자로 알려진 베네수엘라의 독재자 (1908~1935 재임).

2) [옮긴이] Marcos Pérez Jiménez(1914~). 베네수엘라의 군인이자 정치인. 1948년 쿠데타로 집권한 뒤 1958년 미국으로 도망갈 때까지 부패, 인권 탄압, 실업률 증가 등으로 베네수엘라를 어지럽혀 놓았다.

예를 들자면, 당시 뉴저지 주에 있는 스탠더드 오일사의 경우 베네수엘라 지사에서만 연간 순이익의 절반을 벌어들였다.

2차 대전 당시부터 미국은 서반구에서의 "정치 군사적 영향력을 확대하고 군수산업의 활성화"를 위한 방편으로 베네수엘라에서 군사 통치권을 완전 장악하고자 노력해 왔다(레이브). 케네디 정권 당시 베네수엘라 미국 대사였던 앨런 스튜어트는 "미국을 선망하는 반공산주의 군부는 미국의 안보 이해를 유지해 주는 핵심 도구"라고 설명했다. 케네디 정부는 "좌파 정치에 대한 역공작과 내부 안보를 위하여" 베트남의 경우처럼 전투작전 자문단들을 배치하는 식으로 베네수엘라 비밀경찰에 대한 원조를 아끼지 않았다. 앨런 스튜어트는 베네수엘라 정부가 급진파를 체포하는 장면을 '연출'하여 베네수엘라 국민들에게만이 아니라 워싱턴에 좋은 인상을 심어 줄 필요가 있다고 제안했다.

1970년 베네수엘라는 세계적인 석유 수출국으로서의 지위를 사우디아라비아와 이란에 양보하게 된다. 워싱턴과 미국 투자자들은 베네수엘라 정부의 석유(및 철강) 산업 국유화 조치가 자신들이 원하는 방향으로 이뤄진 데 만족을 나타냈다. 미국 통상부의 한 관리는 베네수엘라를 "세계에서 가장 독특한 시장 중 하나"로 평가하기도 했다.[15)]

1988년 미국은 사회민주주의자인 카를로스 안드레스 페레스*[3)] 정권의 복귀[재선]에 내심 우려했으나, 페레스가 수많은 저항을 무릅쓰고 국제통화기금의 구조조정 정책을 추진하자 안도의 한숨을 내쉬었다. 하지만 1989년 2월, 수도 카라카스에서 수천 명이 정부의 경제정책에 반대하며 시위를 벌이다가 이중 3백여 명이 경찰에 의해 살해당하는 사건이 일어

---

3) [옮긴이] Carlos Andrés Pérez(1922~). 베네수엘라의 대통령(1974~1979, 재선 1989~1993). 미국으로부터의 베네수엘라 자주 노선을 비교적 뚜렷이 했다는 평가를 받고 있다.

났다.

　미국 언론은 이 시위를 거의 보도하지 않았지만, 베네수엘라에서는
무정부 상태에 이를 만큼 심각한 파장을 일으켰다. 특히 1991년 11월 평화
시위 도중 3명의 학생이 죽었고, 2주 뒤 카라카스에서는 군대가 페레스의
경제정책에 항의하는 만5천여 명의 평화 시위를 해산시키기 위해 최루탄
을 발사하기도 했다. 이듬해 1월 베네수엘라의 <노동조합연합>은 신자유
주의 프로그램이 지난 3년 동안 노동자의 구매력을 60퍼센트나 하락시키
면서 "대량 궁핍"을 야기한 반면 소수 금융업자와 다국적기업의 배만 부르
게 만들었다고 비난하면서 앞으로 더욱 심각한 어려움과 갈등이 빚어지게
될 것으로 전망했다.16)

　한편 이른바 '경제 기적'은 계속 진행되고 있었다. 『뉴욕타임스』 특파
원 제임스 브룩크는 베네수엘라가 "지난 5년 동안 역대 최저 인플레이션을
기록했으며 외환 보유고가 넘쳐 나고 1991년에는 9.2퍼센트의 성장률을
올려 미주 지역 최고치를 나타냈다"고 보도했다. 그러나 그는 같은 기사에
서 1991년 카라카스의 최저임금이 1987년에 비해 44퍼센트나 떨어졌고
"부의 편중" 현상이 더욱 심화됐다는 낯익은 결함도 빼놓지 않았다. 쿠데
타 시도가 있은 지 몇 주 후에 (미국에) 알려진 또 다른 결함은, 정부도
자인했듯이 막대한 부를 소유한 베네수엘라에서 단지 57퍼센트의 사람만
이 하루 한 끼 이상 먹을 수 있다는 사실이었다. 1991년 8월 대통령 직속
아동권리위원회는 보고서에서 1984년 베네수엘라에서 "영양실조"에 걸
린 사람이 인구의 11퍼센트였는데 1991년에는 세 배나 늘었다고 예전엔
주목받지 못한 또 다른 결함을 폭로했다. 실질소득 하락률은 1988~1991년
기간 동안 55퍼센트를 기록해 1980~1988년에 비해 두 배나 증가했다는
것이다.17)

1992년 2월 4일 군부의 쿠데타 기도가 실패했지만 국민들의 "기뻐하는 반응은 거의 찾아볼 수 없었다"고 에이피 통신은 보도했다. 『파이낸셜타임스』는 "이번 쿠데타 시도는 국민들의 삶을 피폐하게 만들면서도 거시경제적 성공담을 설파해 온 경제정책에 대한 분노와 좌절을 더욱 자극했다"고 전했다. 특히 빈민과 노동자계급을 비롯하여 내심 쿠데타를 "반기는 사람이 대부분"이었다고 브룩크는 보도했다. 페레스 정부는 브라질의 관료들처럼 미국이 가르쳐준 대로 무엇이든 따라 했다. 농민과 기업체에 대한 "지원금 삭감, 국영기업의 민영화, 경쟁적 경제체제 도입" 등, 이 모든 것은 신자유주의의 공식에 충실한 것이었다. 그러나 뭔가가 잘못되고 있었다. 물론 성장률은 인상적이었지만, 스탄 야브로의 보도에 따르면, "대부분의 경제 분석가들은 페레스의 긴축 조치가 아니라 1991년의 가파른 유가 상승이 베네수엘라 성장의 원동력이었다는 데 동의"하고 있으며, "새로 창출된 부가 베네수엘라의 중하층 계급에 돌아가지 못하여, 생계 수준이 급격히 하락했다"는 사실을 당연히 이해하고 있다고 한다. 그 결과 "빈민가에서는 영양실조와 불결한 환경조건 때문에 지난 2년간" 죽어 가는 아이들이 늘어나고 있다. 베네수엘라 부유층은 벌어들인 돈을 산업체에 재투자하기보다는 금융 투기에 쏟아 부었다. 1991년 베네수엘라에서 부동산과 금융 서비스로 인해 발생한 수익은 산업 분야에서 발생한 총수익과 거의 맞먹을 정도였다.[18]

요컨대, 전형적인 경제 기적이란, 제레미 시브룩이 새로운 "국제통화 근본주의International Monetary Fundamentalism"라고 지칭하는 것을 성직자적 열정으로 설교했던 신자유주의 이념을 부추기는 빛 좋은 개살구였던 셈이다.[19]

7. 상을 타기 위한 경쟁자들

라틴아메리카에서 브라질한테만 노예 노동, 살인, 아동 학대로 상을 주는 것은 다소 공정하지 못하다. 무엇보다 '남반구의 거인' 국가인 만큼 다른 나라에 비해 그럴 만한 기회도 풍부하고 규모도 클 수밖에 없었다. 브라질과 비슷한 사례는 라틴아메리카 전역에서 나타난다. 대표적인 것이 바로 과테말라이다. 과테말라는 1954년 미국의 절대적인 영향력 아래 놓이면서, 미국식 자본주의가 이룩한 또 하나의 성공담이 됐다.

유니세프의 자료에 따르면 과테말라 아동들의 영양실조 상태는 아이티보다도 훨씬 심각하다. 과테말라 보건부는 청소년 인구 중 40퍼센트가 정기적으로 영양실조에 시달리고 있으며, 250만 명의 어린이들이 학교를 중퇴하고 범죄로 살아가고 있다고 보고한다. 대략 25만 명은 정치적 폭력으로 고아가 됐다. 물론 인구 87퍼센트가 절대 빈곤 아래에서 살고 있는 국가에서 어린이들이 이처럼 비참한 상태에 처해 있다는 것은 그리 놀라운 일이 아닐지도 모른다. 1980년에는 생존에 필요한 최소한의 식량마저 섭취할 여유가 없는 사람이 52퍼센트였는데, 1990년대 초반에는 72퍼센트로 증가했다. 6백만 명이 의료 혜택을 거의 받지 못하고 있으며, 360만 명은 식수 부족에 시달리고 있다. 반면 토지 소유 집중은 점점 높아져서 2퍼센트의 인구가 토지의 70퍼센트를 소유하고 있다. 1989년 구매력은 1980년대의 신자유주의 조치가 강화되어 훨씬 더 떨어졌으므로 1972년의 22퍼센트 선에 머무르고 있었다.

대량 학살, 소수 인종 청소, 납치, 고문 등 자유세계 승리의 기본적인 부산물들은 새삼 언급할 필요도 없다. 그러나 과테말라에서 어떤 일이 벌어졌는지에 대해 윤곽만이라도 간단히 살펴보고 지나가도록 하자. 1954

년 과테말라에서는 미국의 원조를 받은 군부가 쿠데타를 일으켜 개혁적인 성향의 민주주의 정권을 무너뜨리는 데 성공했다. 이와 함께 테러가 시작됐다. 쿠데타 이후 두 달 동안 공산주의자 색출을 이유로 8천여 명의 노동자와 농부들이 살해당했다. 워싱턴은 이 과정에서 과테말라를 '민주주의의 선전장'으로 만들려고 노력했는데, 미국 대사관을 통해 색출 대상 명단을 제공하는 등 공포 정치에 적극적으로 참여했다. 비슷한 시기에 크메르 루주는 대량 학살을 저질렀다고 비난받고 있었다. 테러는 1960년대에 미국의 개입으로 다시 시작됐다. 1970년대 말 그 과정은 더욱 야만적인 수준으로 치달았다. 440여 개의 마을이 완전 파괴되고 십만여 명(교회 측 집계로는 15만 명)이 사망 또는 실종되는 참극이 벌어졌는데도 레이건 정부는 열렬한 지지를 표명했다. 이 같은 정부군의 만행으로 인해 고산지대의 광대한 자연환경이 복구 불가능할 정도로 파괴된 것은 두말할 나위도 없다. 목적은 민중 조직을 뿌리 뽑고 자유와 사회 개혁을 향한 열망을 짓밟기 위해서였다. 미국이 통제력을 회복한 이후 독재 정권 아래에서 살해, 실종된 비무장 민간인의 숫자는 무려 20만 명에 이르는 것으로 추산되고 있다. 이것은 말 그대로 대량 학살이라고 해야 할 사건이다. 이같이 참혹한 상황 속에서도 과테말라 민중과 양심적 지도자들은 인간 정신의 놀라운 승리를 보여주면서 미국이 주도하는 신나치즘을 향해 부단한 투쟁을 계속해 오고 있다.[20]

테러는 지금도 계속되고 있지만 미국이나 서구에는 거의 알려지지 않고 있다. 가톨릭 교단의 인권 단체인 <주교인권사무소>가 펴낸 보고서는 1992년 전반부에만 최소한 399명이 보안군의 '비합법적 행동'에 의해 암살당한 것으로 추정하고 "매일 수십 건씩 헌법에 보장된 인권에 대한 침해 사례가 보고되고 있다"고 폭로했다. 테러는 신자유주의 경제 프로그램과도 떼려야 뗄 수 없는 관계이다. 미국 국무부의 연간 인권 보고서에 따르면 "1991년 과테말라 노조 지도자 20여 명이 자신과 가족에 대한 테러를 피하기 위해 미국으로 망명했다." 노동자에 대한 대표적인 탄압 사례 중 하나가 1991년 미국 계열의 의류 회사인 필립스-반 호이센 사에서 일어난 노동조합 파문이다. 회사 측은 노동자들이 합법적으로 노조를 구성하자 노조 지도자들과 조합원들을 위협하고 납치, 살해했다. '경제 기적'에 위협을 가하는 움직임에는 철저히 폭력으로 응징하겠다는 것이었다. 선풍기도 없는 폐쇄된 창고에서 하루 16시간씩 일하고서도 고작 2달러의 임금을 받고, 때로는 성적 육체적 폭력에 시달리는 것을 과연 '경제 기적'이라고 할 수 있을까? 당시 미국 노조연맹은 이런 사실을 미국 통상대표부에 항의했지만 외면당했을 뿐이다.[21]

1963년 과테말라에서는 대통령을 뽑는 자유선거가 치러질 예정이었다. '민주주의의 선전장'으로 기대를 모았던 이 선거는 그러나 케네디 행정부가 과테말라 민주주의의 아버지인 후앙 호세 아레발로[*4]가 당선되는 것을 막기 위해 군부 쿠데타를 후원하는 바람에 물거품이 되고 말았다. 아레발로는 1945년 친미 성향의 우비코 독재 정권이 무너진 후 선거를 통해 대통령에 당선됐던 인물이다. 1966년 치러진 선거는 군부의 세력을 강화하고 공포 정치를 더욱 확산시키는 결과를 가져왔다. 미국은 1985년 선거를 "과테말라 민주주의의 재건을 위한 마지막 단계"로 격찬하기도 했다. 1990년 11월 국민들의 무관심 속에서 치러진 대통령 선거에서는

---

4) [옮긴이] Juan José Arévalo(1904~   ). 과테말라 대통령(1945~1951). 강력한 민족주의 외교정책을 추진했으며 국내적으로는 노동운동을 고무시키고 광범위한 사회 개혁을 실시했다. 쿠데타 이듬해인 1944년 10월 20일, 과테말라 역사상 최초로 조직화된 노동 세력이 중요한 역할을 했던 선거에서 85퍼센트의 엄청난 지지를 얻고 당선됐다. 통치 기간에 각종 사회보장제도, 노동법, 교육 및 보건 사업 등을 강력히 추진했다.

우파 신자유주의자 후보 두 명 중 호르헤 세라노가 당선됐다.

미국은 과테말라를 '민주주의의 선전장'으로 치켜세우고 있지만 사회 상황을 들여다보면 비참할 뿐이다. 1954년 쿠데타 이후, 테러는 투자 환경을 개선시켰다. 미국의 적극적인 지원 아래 이뤄진 수출 중심의 경제 발전 프로그램으로 국내 소비용 농산물과 육류까지 내다 판 결과, 산림과 전통적인 농경문화가 파괴됐을 뿐만 아니라 기아에 시달리는 인구가 급증했다. 살충제 남용도 심각해 모유에서 추출된 디디티의 양은 세계 최고 수준이다(세계보건기구 기준의 185배). 이런 상황에서도 미국의 다국적 곡물 회사와 현지 지사는 이익을 챙기기에 바빴다.

1992년 1월 세라노 대통령은 의회에 제출한 보고서에서 신자유주의 경제 프로그램이 '경제 기적'을 이룩했다고 선언했다(1992년 정부 예산에서 군사비는 전 년에 비해 백 퍼센트 증액됐다). 서구 언론들도 과테말라의 자본주의적 민주주의에 대한 칭송으로 일관하다시피 했다.

그러나 우리는 인구의 절반에 이르는 가난한 국민들이야말로 신자유주의의 희생자임을 잊지 말아야 한다. 그들의 고통은 이미 오래 전에 시작됐다. 수잔 호나스는 "1524년 스페인 정복 이전"만 하더라도 과테말라는 "구조적, 물질적 황폐함"과는 거리가 멀었으며, "비록 1524~1540년간 과테말라에서 4백만~5백만 명의 원주민 인디언이 사망했다는 바르톨로메데 라스카사스의 계산이 다소 과장된 것일지는 모르지만, 어쨌든 그만큼 엄청난 피해를 입었던 것만큼은 사실"이라고 지적했다. "1519~1650년간 중앙아메리카와 멕시코 지역에서 인디언 인구 중 어림잡아 3분의 2내지 7분의 6이 사망한 것으로 추정된다."[22]

어린이 노동 착취도 전통적인 '봉사 지역'들에서 오랫동안 증명돼 왔다. 인도만 보더라도 6세 이상 어린이 천4백만 명이 하루 16시간 이상 노예와 다름없이 노동을 착취당하고 있다. 인도의 한 유력지는 "풍요한 자연환경을 자랑하는 남인도"에 "기아와 자살, 절망"만이 넘쳐 난다고 지적하고 있다. 1991년 두 달 동안 이 지역에서는 최소 73명의 직조공들이 굶어 죽은 것으로 추정된다. 이런 처참한 상황은 "광란의 수출 주도" 정책과 국제통화기금 구조조정 정책 아래에서 빈익빈 부익부 현상을 부추기는 조세 정책에 의해 더욱 가속화됐다.[23]

태국의 상황 역시 심각하다. 서구는 태국을 또 다른 '자본주의의 성공담'으로 자랑하고 있지만, 태국 및 국제 인권 단체와 언론들을 통해 드러난 인권 실태를 보면 끔찍할 뿐이다. 방콕의 언론만이 약탈을 증언하고 있다. 캄보디아 전문가인 마이클 비커리는 "공장에서 도망친" 십대 어린이들이 하루 18시간씩 일하는 것은 물론이고 피곤에 지쳐 일을 못하게 되면 구타, 고문당하기 일쑤였다는 최근의 사례를 폭로하고 있다. 12~14세 소녀 18명이 섬유 공장에서 "임금도 못 받고" 하루 15시간씩 일하다가 구출되기도 했다. 북동부에서는 가출한 십대들이 공장에 끌려가거나 강요에 의해 유럽, 일본 관광객을 상대하는 매춘부로 일하는 경우도 있었다. 태국의 저명한 정치학자는 다음과 같이 논평한다.

태국에서는 부모가 자기 아이를 노예로 팔았다는 이야기를 흔하게 들을 수 있다. 팔려 간 아이들은 끔직한 환경에서 노동을 착취당한다. […] 그중에는 부모가 고용자로부터 돈을 더 빌리는 조건으로 자식의 노예 기간을 연장하는 경우도 적지 않다. (소녀들은) 산업부에 등록돼 있지 않은 불법 공장에서 강제로 일하고 있다. […] 아홉 살밖에 안 된 어린이가 하루 12시간씩 일하면서 문자 그대로 감옥 생활을 하고 있는 것이다. […] 불평을 하거나 도망치려는 아이들은 심하게 처벌을 받기도 한다.

이 같은 아동 착취는 수백만 명의 빈민들이 잔혹하게 착취당하며 살아가고 있는 비참한 현실의 한 부분에 불과할 뿐이다. 비커리는 "거의 매년 이런 사건들이 태국 언론에 의해 폭로"되고 있으나, "정부 당국자들은 매번 충격을 표하면서 정작 근본적인 개혁은 이뤄지지 않고 있다"고 말한다. 왜냐하면 이것은 "태국식 자본주의," 다시 말해 "자본주의의 성공담"이라는 "경제 기적"의 구조적 현상이기 때문이라는 것이다. '성공담'이 재앙의 자취를 남기고 있다는 것은 '아이러니'라고 하지 않을 수 없다. 또 다른 '아이러니'는 미국의 주요 원조 수혜국인 태국과 미국 주도의 경제 전쟁을 통해 고통 받았던 캄보디아 및 베트남을 비교해 보는 비커리의 신랄한 논평을 통해 드러난다. "베트남 농민들이 비교적 자율적으로 농사를 짓고 있는 데 비해 태국 농민들은 토지 및 생산에 대한 통제권이 거의 없다. 어린이 노동 착취만 하더라도 베트남에서는 1975년 이후 거의 자취를 감춘 것과 달리 태국에서는 악화 일로로 치닫고 있다."[24]

다시 과테말라로 돌아가 보자. 페루의 한 종교계 언론이 라틴아메리카 지역에 대한 실태 조사를 실시했는데, 우루과이 출신 언론인 사무엘 블릭센은 과테말라시티의 거리 부랑아 5천여 명 중 다수가 매춘을 하고 있다고 보도했다. 1990년 9월 어린이 시체 세 구가 발견됐는데 모두 귀가 잘리거나 눈알이 빠져 있는 상태였다. 이는 보안군에 의한 아동 학대를 듣거나 목격한 사람들이 사실을 폭로할 경우 똑같은 보복을 당할 것이란 일종의 경고로 추정됐다. 페루에서는 사금 채취를 위한 노동력으로 어린이들을 경매에 부치기도 한다. 사금 채취를 하다가 몰래 도망쳐 나온 한 어린이는 무릎까지 올라오는 강물 속에 들어가 매일 18시간씩 일을 해야만 했으며 임금으로는 겨우 하루치도 못 되는 소량의 식량을 받았을 뿐이라고 폭로했다. 에콰도르에서도 4~14세 어린이 십만여 명이 하루 10~12시간씩 노동에 시달리고 있으며 이중 다수는 성적으로 학대당하고 있다. "파나마에서는 1989년 미국의 침공으로 미성년자 보호 법률사무소 건물이 거의 아무 일도 할 수 없을 만큼 폭파됐다. 침공 직후 음식물을 찾기 위해 상점을 강탈하는 범죄 집단들이 수없이 증가했는데, 그중 대략 45퍼센트는 훔친 군사 무기를 사용하는 어린이들이었다." 유니세프는 라틴아메리카에서 비천한 노동, 절도, 마약 거래, 매춘 등으로 연명하고 있는 어린이가 6천9백만 명에 이를 것으로 추정한다. 1991년 11월 중미 보건장관 회의에서 공개된 자료에 따르면 이 지역에서 해마다 백만 명이 태어나는데 그중 3분의 2가 영양실조로 죽거나 고통 받고 있다. "얼마 전까지만 하더라도 라틴아메리카 하면 배고픔에 지친 어린이들이 거리에 쓰러져 잠을 자고 있는 이미지를 떠올렸다. 그러나 지금은 빈민가에 나뒹구는 어린이들의 시체뿐이다"(블릭센).[25]

멕시코 국립자율대학(UNAM) 부설 법률연구소의 빅토르 카를로스 가르시아 모레노 교수는 멕시코시티에서 열린 '국제아동매매' 근절 회의에 제출한 보고서에서 해마다 2만여 명의 어린이가 "장기 매매, 성적 착취, 또는 실험용"으로 미국으로 불법 수출되고 있다고 폭로해 파문을 일으켰다. 브라질 상파울루 대학 신학과의 바루엘 신부도 "살해된 아동 시체 중 75퍼센트가 안구 등 장기가 추출된 상태였다"고 유엔에 보고했다. 1991년 7월 라틴아메리카 성공회 의장인 로페즈 로드리게스 주교는 "현재 교단에서 불법 입양 거래, 장기 매매를 조사하고 있다"고 발표했다.

라틴아메리카에서는 장기 추출을 목적으로 한 아동 납치 사건이 흔하게 일어나고 있다. 이것이 사실이든 아니든 간에, 현지 언론과 학계 그리고 인권 단체들은 아동들이 처해 있는 비참한 현실에 심각한 우려를 감추지 못하고 있다.[26]

또 다른 사례들도 있다. 『영국 의학 저널』은 아르헨티나 사법부가 국립 정신병원 원장, 의사, 장기 거래꾼들이 한 통속이 돼 환자들의 장기를 매매했다는 증거를 잡고 수사 중이라고 보도했다. 에이에프피 통신은 "아르헨티나 국민들은 지난 십 년 이상 병원에서 끔찍한 만행들이 저질러졌으며, 우루과이에서 암약하던 아르헨티나 장기 매매단이 체포됐다는 뉴스가 속속 전해지자 완전 충격에 빠져 있다"고 전했다. 아르헨티나 보건부도 "아동 매매 및 장기 매매는 사실"이라고 인정했다.

콜롬비아에서는 보안군이 가난하고 힘없는 사람들을 살해한 다음 의과대학에 연구용으로 팔아넘기는 사건까지 일어났다. 이들은 희생자의 숨이 끊어지기 전에 장기를 추출하는 끔찍한 일도 마다하지 않았다. 그러나 이런 범죄 사실들은 보안군이 미국의 적극적인 지원을 받고 있다는 이유로 국제적으로 별다른 관심을 끌지 못했다. 보안군에 의해 희생당한 가난한 일반 국민, 정치 운동가, 노조 운동가, 인권 운동가 등은 미국과 세계은행이 주도하는 신자유주의 경제 발전을 방해할지도 모르는 '불순 세력'일 뿐이기 때문이다.[27)]

신자유주의 경제 발전이 초래한 또 하나의 결과는 살충제 중독의 만연이다. 미국 『마이애미 헤럴드』의 크리스토퍼 스캔런은 "코스타리카 피타하야에서 15년간 일해 온 농부가 중독성이 강한 아메리칸 시아나마이드사의 살충제를 뿌리다가 사망했다"며 다음과 같이 보도했다. "국제보건기구에 따르면 해마다 22만 명이 살충제로 인해" 사망하고 있다. 살충제로 죽은 사람들이 묻혀 있는 피타하야의 공동묘지는 이런 전 세계적 상황에 비추어 보자면 하나의 작은 사례에 불과하다. 살충제로 인해 신경계 질병 등 각종 병에 걸린 사람은 한 해 2천5백만 명에 달한다. 코스타리카와 파나마에 있는 미국 소유의 대농장에서 일하다가 살충제로 사망한 구아이미 인디언들의 숫자만 해도 큰 공동묘지를 이루고도 넘칠 지경이다. 전 세계에서 살충제로 사망한 사람들의 99퍼센트는 농약의 20퍼센트를 사용 하는 제3세계 국민들이다.

문제는 미국의 화학 회사들이 국내에서는 환경기준에 걸려 판매하기 힘든 살충제를 정부 규제가 약한 제3세계에 내다 팔고 있다는 것이다. "2차 대전 이전 독일에서 만든 신경가스를 포함한" 이런 살충제들은 농부 와 그 가족들에게 치명적인 영향을 끼치고 있다. 코스타리카 의료계는 부시 행정부에 자국을 포함한 제3세계로부터 모든 종류의 미국산 살인 살충제를 회수해 줄 것을 요구하고 있지만 "미 정부는 업계 편만 들고 있다"고 스캔런은 보도했다. 정부가 내건 이유는 시장에 개입하는 것이 결코 바람직하지 않다는 것이다. 그러나 이것은, 부자들의 이해관계에 개 입하고 싶지 않다는 뜻이었다. 환경보호국의 윌리엄 조던 국장도 살충제 문제에 대한 가장 바람직한 해결책은 미국 정부의 개입이 아니라 "위험성 에 대한 사전 교육 강화"라고 주장한다. 진보란 늘 문제를 안고 있기 마련 이지만, 그것 때문에 "진보 자체를 포기할 수는 없다"는 것이다. 아메리칸 시아나마이드사의 한 간부는 코스타리카에서 농부들이 사망한 사건에 관 해 기자들이 논평을 요구하자 "나는 요즘 편안하게 밤잠을 자고 있다"며 여유 만만한 태도를 보였다. 정치인들이나 이데올로그들도 그와 같은 태 도였을 것이 분명하다. 미국 정치인들과 기업인들이 제3세계 문제에 신경 을 쓰는 경우는 공식적인 적이 잘못을 저지르거나 반동적인 정치 이념이 등장했을 때뿐이다.[28]

코스타리카는 현재 미국 기업과 워싱턴 밑에 완전히 예속된 상태라 해도 과언이 아니다. 그러나 미국은 코스타리카에 대해 늘 불편한 심경을 나타내 왔다. 미국은 지난날 코스타리카가 사회민주주의를 추구하고, 중미 국가로서는 드물게 국가 주도형 경제 개발 전략으로 상당한 성공을 거두자 견제의 눈길을 보냈다. 그러나 1980년대에 들어서면서 코스타리카가 엄청난 부채 때문에 이른바 '중미식 경제형'으로 기울게 되자 안도의 한숨을 내쉬게 된다. 이런 상황 속에서도 코스타리카 정부는 제 분수를 모르고 행동했다. 1991년 11월 코스타리카 정부는 미국인 목장주 존 헐이 마약 거래는 물론 농부 6명을 살해하는 등 갖가지 범죄를 저지른 후 고향으로 도망치자 미국 정부에 대해 범인 인도를 요구했다. 코스타리카 정부의 이런 요구는 당시 미국의 입장에서 상당히 곤혹스런 것이었다. 미국은 리비아 정부에 트랜스월드항공 여객기 폭파 사건을 일으킨 리비아 범인 두 명을 인도해 줄 것을 요구하고 있었다. 범인들을 미국이나 제3국 법정에 세워 재판 받도록 하겠다는 것이었다. 미국은 리비아에 대한 요구만을 국제적으로 크게 부각시키면서 정작 코스타리카 정부의 요구는 교묘히 묵살하는 데 성공했다.

코스타리카는 미국 시민의 재산을 몰수하는 범죄까지 저질렀다. 그리고 미국이 약속했던 경제원조의 동결이란 죗값을 치르게 된다. 가장 심각한 사건은 오스카르 아리아스*5)대통령이 코스타리카에 있는 미국 기업인 소유의 토지를 몰수해 국립공원에 흡수시켜 버리는 '당돌한 범죄'를 저지른 것이었다. 코스타리카는 보상금을 지급했지만, 워싱턴은 충분하지 않다고 판단했다. 문제의 땅은 명목상으로는 미국 기업가 소유였지만 실제로는 니카라과 내 미국 테러 부대에 비행기로 보급품을 실어 나르기 위해 중앙정보국이 불법 비행장으로 사용하던 곳이었다. 워싱턴은 아리아스 대통령이 충분한 보상금도 주지 않고 미국 시민의 재산을 몰수한 것은

---

5) [옮긴이] Oscar Arias(1941~   ). 코스타리카 대통령(1986~1990). 1987년 8월 과테말라에서 체결된 중미평화협정을 이끌어 낸 공로로 그해 노벨평화상을 수상했다.

범죄와 다름없는 행위이며 당연히 원주인에게 땅을 반환해야 한다고 주장했다. 미국 언론도 리비아 테러에 대해서는 연일 떠들어 대면서도 정작 코스타리카 문제에 대해서는 침묵을 지켰다.[29]

강자의 이런 뻔뻔한 태도에 대해서는 진정 할 말이 없을 뿐이다.

『마이애미 헤럴드』는 중미의 자연림이 "서아프리카 지역을 제외하고 세계에서 가장 빠른 속도로" 사라지고 있다고 보도하면서 이 지역의 숲은 "조만간 사라질" 가능성이 높다고 경고한다. 일차적인 책임은 농경지 개발과 땔감 확보를 위해 숲을 훼손하고 있는 농부들에게 있는 것이 사실이다. 그러나 전문가들은 코스타리카를 비롯해 중미 전 지역에서 "악화되고 있는 토지 집중 현상"을 가장 큰 원인으로 꼽고 있다. 농민들이 숲 속으로 들어가 거주지와 농토를 개간하게 된 것은 애당초 부자에게 자기 땅을 빼앗기고 쫓겨났기 때문이다. 또 하나의 중요한 원인은 미국이 주도하고 있는 전복 세력 토벌 작전이다. 토벌 과정에서 대규모 화재가 발생하고 숱한 주민들의 집과 농경지가 불에 타 버리는 등 피해가 속출하고 있기 때문이다. 산림 파괴는 수자원의 급감으로 이어지고 있다. 중미 수자원위원회는 생태 재난으로 인해 수자원 공급이 크게 감소하고 있다고 경고했다. 1992년 7월 한 고위 당국자는 "산림 황폐화가 하천과 호수를 파괴"함으로써 "전력 공급 및 경제성장에 막대한 피해가 발생하고 있다"고 경고했다.

미국 언론인 톰 깁은 엘살바도르 발 기사에서 라틴아메리카의 "소수 엘리트가 광대한 커피, 면화, 사탕수수 농장을 독점한 결과 수십만 명의 농부들이 그 주변 지역에서 연명하고 있다"고 보고했다. 이로 인해 인근 숲은 앞으로 십 년 이내에 완전히 사라질 가능성이 높으며, 하천의 90퍼센트가 이미 오염 상태에 처해 있다는 것이다. "지난 수십 년간 엘살바도르를 지배해 온 정치 환경이 바뀌지" 않고는 이런 파괴를 막아 낼 방법은 거의 없다. "농부들은 문제를 해결하기 위해 조직을 구성하고 단체 행동을 하고 싶어도 반정부 '불순분자'란 딱지가 붙을까봐 엄두도 못 내고 있는" 형편이다.[30] 더 실감나게 표현하자면, 농부들은 단체 행동을 할 경우 제3세계의 경제적 자유주의라는 고상한 이상을 지키기 위해 미국의 후원을 받은 독재 정권이 또다시 고문과 대량 학살의 만행을 저지를 수 있다는 사실을 잘 알고 있었다.

워싱턴의 세계자원연구소와 코스타리카의 열대과학센터가 발표한 코스타리카 경제 연구서에 따르면, 매년 국민총생산의 5퍼센트가 "흔적도 없이 사라져" 왔으며, 천연자원의 가치 하락은 대략 30퍼센트의 잠재적인 순수 성장력을 잠식해 왔다. 이런 요소들을 고려할 경우 1970년부터 1989년까지 이룩해 온 경제성장률의 4분의 1이 소멸하는 셈이다.[31]

코스타리카 경제는 신자유주의 경제모델이 확고하게 자리 잡으면서 더욱 악화 상태로 치닫게 될 것이다. 1985년 국제통화기금 관리 체제 아래 놓이게 된 후 무역 적자가 늘고 구매력이 이전에 비해 25퍼센트나 떨어졌다. 임금노동자 중 37퍼센트가 법정 최저임금 층으로 추락했고 평균 가계 수익도 1980년대 동안 10퍼센트나 떨어졌다. 노동부는 칼데론 정권의 신자유주의 정책 아래에서, 1991년 한 해에만 빈곤율이 18퍼센트 증가했다고 보고했다. 경제부도 같은 해 기본 생필품조차 구입할 경제 능력이 없는 가정이 총가계의 35퍼센트를 차지한다는 사실을 발표했다. 이 같은 빈곤 악화는 "최근 취해진 일련의 경제 구조조정에서 비롯된 것"이었다고 연구서는 덧붙인다. 그럼에도 불구하고 "세계은행과 미국 국제개발처 관계자들은 칼데론 정권의 경제 프로그램에 칭찬을 아끼지 않고 있다"고 『센트럴 아메리카 리포트』는 보도한다.[32]

코스타리카는 다른 중미 국가들과 비교하면 그래도 좀 나은 편이다.

온두라스에서는 국제통화기금 관리 체제가 시작되면서 노동인구 중 3분의 2가 실직했으며 "급격한 인플레이션"으로, 연료 및 식량, 의약품 등의 가격 상승 등이 초래됐다(『센트럴 아메리카 리포트』). 카예하스 대통령은 경제정책이 "국민 대다수에게 부정적인 영향을 미치고 있다"는 것을 알고 있었지만 "국제사회를 만족시키고 자유 시장경제를 촉진하기 위해서는 기꺼이 대가를 치를 수밖에 없다"는 생각을 지니고 있었다고 위 기사는 전한다. 엘살바도르에서는 실업률이 60퍼센트나 되고 총인구 중 90퍼센트가 빈곤에 허덕이고 있다. 1990년의 국제통화기금 구조조정 프로그램으로 인해 2만5천 명이 실직했고, 수출이 감소했으며, 생필품 가격도 터무니없이 상승했다. 민영 은행 대출의 약 80퍼센트는 대기업에게 돌아갔다. 또 농업 대출의 60퍼센트는 커피 농장주에게 돌아간 반면, 전체 대출 중 소규모 기초 곡물 생산 농민에게 지급한 대출은 3퍼센트에 불과했다. 중앙은행에 따르면 이런 상황에서도 의외로 예금은 늘었다. 그것은 국민들이 한 푼이라도 아껴서 저축했기 때문이 아니라, 테러를 피해 외국으로 이주한 사람들이 조국의 경제 회복을 위해 7억 달러를 보내온 덕분이었다. 서방세계가 칭송한 '경제적 성공'이란 바로 이런 방식으로 달성됐다. 대규모 테러는 감소됐지만, 테러는 낮은 수준에서 지속되고 있다. 1992년 7월 31일에는 좌파 노조 지도자 이반 라미레즈가 신원 불명의 남자들에 의해 살해당하는 사건이 일어났다.[33]

예수회 계열 언론 『엔비오 Emío』는 국제통화기금 근본주의가 중미 경제에 "파국적인 영향을 미쳤다"고 평가한다. 기대만큼 재정 적자가 줄지 않았고, 1985년부터 몇 년 동안 정체 상태를 유지하던 국내총생산 성장률은 1988년부터 다시 하락세를 나타내고 있다. 라틴아메리카 거의 모든 지역에서 실질임금이 하락했고 경제적 불평등은 더욱 악화됐다. "라틴아메리카 경제 용어에서 '발전'이란 단어 자체가 사라질 판이다." 모두들 입만 열었다 하면 '이익'이란 단어를 내뱉지만 정작 그것은 외국 기업과 국내 특권계층에게만 해당될 뿐이다. 라틴아메리카 이외의 지역도 마찬가지이다. 인도 봄베이 개발연구소는 국제통화기금 구조조정이 인도 경제에 미친 영향을 분석한 논문에서 "명백한 결과"를 이끌어 낸다. 즉 "빈민과 노동자, 개발도상국"에겐 엄청난 고난을 초래했으며 특권층과 이들에게 지령을 내리는 외국 친구들에게는 엄청난 이익을 안겨 주었다는 것이다.[34]

8. 미국의 본성과 전통

카리브, 중남미, 필리핀, 아프리카 등 서구 강대국의 힘과 자본주의가 지배하는 지역에는 또 다른 수많은 '성공담'이 존재한다. 물론 한국, 싱가포르 등 일본식 궤도에 속하는 몇몇 예외적인 국가들은 서구가 정해 놓은 '게임의 법칙'을 위반하여 탈출하는 데 성공해 왔지만, 그런 특별한 상황이 다시 일어날 것 같지는 않다.[35] 지난 5백여 년에 걸친 이른바 '구세계 질서'가 낳은 이런 결과들은 여전히 은폐되고 있다.

그저 가장 가까운 사례로 1980년대의 중앙아메리카만 살펴보더라도, 미국 지도층과 언론들은 오히려 자신들이 했던 일들에 강한 자부심을 갖고 있다는 사실을 알게 된다. 『워싱턴포스트』의 리 호크스태더는 과테말라에서 대통령 선거가 외국의 영향력 없이 공정하게 치러졌음을 강조하면서 라틴아메리카 지도자들이 참신한 방법으로 빈민을 위한 정책을 펼치고 있다고 전했다. 토지개혁, 사회복지 등 이전의 허황된 이상에 더 이상 매달리지 않고 대기업 중심의 경제 개발 정책을 통해 빈곤 문제를 해결하고자 노력하고 있다는 것이다. 지역 경제학자들도 이런 경제정책이 "기존의 권력 구조를 위협하지 않으면서도 빈곤 문제 해결에 효과적"이라고 평가하고 있으며, 전통적으로 빈민에 편향돼 있던 라틴아메리카 종교 지도자들 역시 긍정적인 반응을 보이고 있다고 한다. 미국으로서는 이제 위선에 빠지지 않고, 빈민을 위해 헌신해 왔던 전통을 구현할 수 있게 됐으니, 이것이야말로 진정 위대한 업적이 아닐 수 없다는 것이다.

『뉴욕타임스』의 바버라 크로셋도 부시 행정부의 중미 외교정책이 이 지역에 평화와 경제 부흥을 가져왔다고 긍정적으로 평가한다. 그러나 정작 그녀는 이 지역이 도대체 무엇 때문에, 그리고 누구에 의해서 그토록 오랫동안 고통 받아야만 했는지에 대해서는 전혀 언급하지 않고 있다. 그저 "소비에트의 붕괴가 중미 평화와 경제 부흥에 큰 도움이 됐다"고 주장하면서, "미국은 악의 제국의 공격으로부터 방어하기 위해 공격했을 뿐"이라는 동화 같은 말만 되풀이한다.

『뉴욕타임스』 외교 전문 기자 토머스 프리드먼은 하원의원 레스 애스핀의 주장을 그대로 받아들인다. "과거 냉전 시대의 흑백논리가 더 이상 적용되기 힘든 세상이 되고 있다. […] 옛 세계에는 좋은 사람과 나쁜 사람이 확연하게 나뉘어져 있었다. 그러나 새 세계는 한마디로 회색 인간의 시대"라고 한다. 그는 "지난날 워싱턴은 자유선거를 통해 당선된 좌파 대통령을 제거하기 위해 어느 정도 영향을 미치곤 했었다"고 말한다. 그러나 이제 그런 시도는 점점 더 어려워지고 있다. 당선자들 중 일부는 석연치 못한 과거를 갖고 있을 수 있기 때문에 보다 명확하게 분석해 볼 필요가 있다. 하지만 그것은 워싱턴이 굴라트, 아옌데 등을 축출하던 시절처럼 쉽지는 않을 것이다.

물론 프리드먼도 미국 정부가 지난날 늘 좋은 정권만 지원한 것은 아니란 사실을 인정하고 있다. 이란의 샤 정권과 필리핀 마르코스 정권이 그 대표적인 예이다. 그러나 미국이 내세워 온 지고한 원칙들과 벗어나는 이 같은 사례들에 대해서는 그럴듯한 핑곗거리가 얼마든지 있기 마련이다. "냉전 기간 미국은 친구를 선택하는 따위의 사치"를 부릴 여유가 없었다. "모스크바가 이끄는 '악의 제국'과의 투쟁을 위해서는 누가 우리 편이고 누가 적인지 따지는 것"만이 중요했다. 지난날 "워싱턴이 민주주의, 자유시장, 그리고 여러 이상들을 강조"했다는 사실만으로도 우리의 진정한 가치는 입증되고도 남는다." 이런 단언들은 뻔뻔스럽기 짝이 없지만, 기존의 지적 풍토에서는 지극히 안전한 주장일 뿐이다.

행정부의 한 정책위원은, 지난날 우리는 "소련의 위협"으로 인해 [자유와 평화를 사랑하는] "우리의 본성과 전통에서 벗어나 냉소주의적 태도"를 갖지 않을 수 없었다고 『뉴욕타임스』를 통해 주장하기도 했다. 그러나 우리는 다음과 같은 질문을 제기하는 데 주저하지 말아야 한다. 1917년 소비에트 혁명이 우리의 존재를 위협하기 전에 "우리의 본성과 전통"은 실제로 어떻게 나타났는가? 소련의 위협을 막고 안정을 지키기 위해 어느 정도 만행을 용인할 수밖에 없었다면 과연 구체적인 위협의 증거는 무엇인가? 미국이 인도네시아부터 과테말라에 이르기까지 극악한 독재 정권을 지지한 것과 소련의 위협이 도대체 무슨 관계가 있는가? 또 독재 정권이 저지른 고문과 미국 경제원조 간의 밀접한 상관관계는 어떻게 설명할 것인가?

그들 또한 답변하는 데 곤란을 느끼지 않을 것이다. 이 관리는 우리의 전통적인 입장으로 되돌아가서는 안 된다고 경고한다. "이 세상은 너무나 거칠기" 때문에 윌슨 대통령이 주장했던 이상주의에 입각해 "국가의 이해관계"를 무시하고 전 세계를 위해 일하는 자선가로서의 역할을 수행하기에는 현실적으로 어려움이 많다는 것이다. 만약 그렇다면 정말 재미있는 발상이 아닐 수 없다. 윌슨 대통령은 재임 기간에 아이티와 도미니카공화국의 민주 정권을 견제하기 위해 무력 개입도 불사했으며, 심지어 궁지로 몰아넣어야 한다고 말하기도 했다. 프리드먼은 기사에서 하버드 대학 정치철학자 마이클 샌델의 말을 인용해 '미국의 가치'를 다음과 같이 강조하고 있다. "지난 수년간 우리는 현실적인 이유에서 다른 나라에 우리의 가치의 축소판인 자유선거와 자유 시장 정도만을 역설해 왔다. 지금 우리가 헌신해야 할 것은 현재의 미국을 있게 만든 '정의'를 전 세계에서 구현하는 일이다." 그러나 윌슨주의와 마찬가지로 '우리의 가치' 역시 카메라 앞에서나 그럴듯하게 실현된 듯 보였을 뿐 미국의 실제 행동, 실제 의도와는 동떨어진 것이었다.

프리드먼은 길 위에서 적이 사라진 지금 "유일한 길잡이는 민주주의 가치뿐"이라고 결론을 내리고 있다. 물론 그는 이 대목에서 인도네시아 수하르토, 걸프 지역 토후 정권(1990년 8월 2일 쿠웨이트 침공이란 실수를 저지르기 이전의 사담 후세인) 등에 대한 부시 행정부의 태도에 대해 염두를 두었음이 틀림없다. 이들은 냉전 체제의 몰락에도 불구하고 아직도 존속하고 있지만, 그러나 처음부터 냉전과 아무런 상관이 없었던 인물들이다.[36]

마크 트웨인은 필리핀의 영웅적인 학살자 중의 한 명을 언급하면서, "펀스톤에 대한 어떤 풍자물도 완벽할 수 없을 텐데, 펀스톤 자신이 그 정점을 차지하고 있기 때문이다"라는 글을 쓴 적이 있다. 곧 그 자신이 "풍자물 그 자체"이다.

냉전 당시 역사 속에서 불리한 부분을 제거해 버리는 일쯤은 흔하게 벌어졌다. 그것은 우아하고 교묘한 억압의 메커니즘을 뚫고 추악한 진실이 드디어 겉으로 드러나게 됐을 때 '사태의 흐름을 바꾸는' 한낱 기술이었을 뿐이다. 물론 미국이 마음대로 할 수 없었던 불행한 순간도 있었다.

그러나 공산권의 몰락과 함께 미국은 이제 고상한 이념의 깃발을 휘두르면서 앞으로 내달릴 수 있는 시대를 맞고 있다.

9. 몇 가지 무역 도구들

국제사회에서 존경심과 특권을 차지하고자 하는 사람들은 '사태의 흐름을 바꾸는' 이념 이외에도 여러 가지를 습득해야만 한다. 우리는 앞서 야심만만한 지식인이라면 반드시 알아두어야 할 개념들로 '경제 기적', '미국식 성공담', '자유 시장의 승리' 등에 대해 살펴보았다. 이런 단어들은 상당히 교묘한 뜻을 갖고 있기 때문에 주의해서 살펴볼 필요가 있다.

먼저 '경제 기적'이란 양호한 거대 경제지표, 외국 투자가에 돌아가는 대규모 이익, 지역 엘리트층의 사치스런 생활 등을 의미한다. 그리고 그것은 곧 일반 국민 대다수의 빈곤의 악화를 뜻하는 것이기도 하다. 이런 '기적'을 이룩한 사회는 '미국식 성공담', '자본주의와 자유 시장의 승리'로 칭송을 한 몸에 받는다. 그리고 만약 그것이 실패로 돌아가거나 붕괴하면 모든 책임은 국가주의, 사회주의, 맑스레닌주의에게 돌아가기 마련이다.

전형적인 사례가 바로 브라질이다. 1972년 『비즈니스 라틴아메리카』는 브라질 군부와 우익 관료들의 뛰어난 능력에 힘입어 브라질이 "국제무역의 새로운 총아"로 등장했다고 평가했다. 미국 연방 준비위원회의 아서 번스 의장도 델핌의 업무 능력을 칭찬하고 나섰다. 칠레에서 아옌데 정권이 무너진 후 파시스트 살인 정권의 초청으로 칠레를 방문한 시카고 학파의 경제학자 아널드 허버거는 브라질을 "경제 자유주의의 빛나는 미래의 표본"이라고 추켜세우기까지 했다. 몇 년 뒤인 1980년 그는 한 인터뷰에서 브라질과 같은 경제모델을 추구하고 있던 칠레의 피노체트 정권이 경제적 성공을 거뒀다고 평가하고 "산티아고는 과거 어느 때보다도 말끔해졌다"며 그곳에서는 "전 세계에서 들여온 수입품을 싼 값에 살 수 있다"고 예찬했다. 그러나 그곳엔 심지어 경찰 고문 기술자 같은, 정당한 자격을 갖춘 직업까지 존재한다. 실질임금은 종전보다 오히려 하락했으며 수입품 가격도 1980년에 비해 무려 38퍼센트나 증가했다. 산업재 수입은 크게 떨어진 반면 사치재 수입은 276퍼센트나 치솟았으며 외채 역시 천정부지로 증가했다(모두 가난한 국민들이 갚아야 할 몫이었다). 노조와 농민운동은 테러에 의해 짓밟혔다. 하지만 부자들만은 호시절을 구가하고 있었다. 그러니 미국의 입장에서 보자면, 결론적으로 브라질과 마찬가지로 칠레에서도 적절한 경제 이론을 도입한 덕분에 모든 것이 다 잘 돼 가고 있었던 셈이다.

1980년대 초반, 브라질 경제는 파국을 향해 치달았다. 이와 함께 브라질에 대한 해외의 평가도 서서히 변하게 된다. 1986년 펠릭스는 브라질이 '신자유주의 성공 목록'에서 삭제됐다고 지적했다. 1989년 하버드 대학 행정학 교수 프랜시스 하고피언은 브라질 군사정권을 주제로 한 토론회에서, 군사정권이 이룩한 경제적 성공에 대해 "인상적"이란 평가를 내린 한편 정치적 억압과 고문 등 인권침해에 대해서는 회의적인 입장을 표시했다.[37]

불과 몇 년 전만 하더라도 브라질의 '경제 기적'은 자유 시장 자본주의의 장점과 미국의 친절한 원조 덕분이라고 설명됐다. 그러나 브라질 경제가 붕괴하자 이제 모든 실패의 책임과 비난은 미국의 충고와 경제 자유주의의 원칙을 제대로 따르지 않은 브라질 정부에게로 돌아갔다. 오늘날 브라질 경제가 실패한 것은 정통적인 자유 시장경제로부터 벗어나 국가사회주의적 요소를 도입한 데서 비롯됐다는 것이다. 여기서 자본주의와 자유 시장의 우월성은 다시 한 번 강조된다. 하나의 도구로서 이데올로기란 이처럼 전문가들의 손에 의해 자유자재로 이용될 수 있다.

1989년 브라질 선거에서 엘리트 출신인 페르난도 콜로르 데 멜로*6)가 승리하자 미국은 안도의 한숨을 내쉬었다. 선거에서 대결했던 두 후보자는 확연하게 다른 성향을 갖고 있었다. 콜로르의 경쟁자는 노동운동 지도자 출신인 루이스 이냐시오 다 실바(일명 '룰라')였다. 브라질의 대지주와 기업인들은 선거 결과가 잘못 나올 경우 가만히 있지 않겠다는 태세였다. 이런 분위기를 등에 업고 '공정하게 경쟁을 벌였던' 콜로르는 룰라를 간신히 누르고 승리를 차지했다. 신임 대통령이 기존의 신자유주의 노선을 유지하겠다고 발표하자 미국은 제2의 '미국식 자본주의의 성공담'이 조만간 전해져 올 것으로 기대했다. 그러나 경제는 오히려 더 악화돼 1989년 3.3퍼센트였던 경제성장률이 다음해 -4.6퍼센트로 추락했고, 생산성이 계속 하락하여 일인당 소득이 2년 동안 6퍼센트 감소했으며 보건비도 33퍼센트 떨어졌다. 임금노동자의 세금 부담은 60퍼센트나 치솟았다. 제임스 브룩스는 1992년 중반 콜로르 정권이 "경제정책의 실패"와 사상 최대의 부패 스캔들로 탄핵 당할 위기에 처해 있다고 보도하기에 이른다.38)

결국 브라질은 수입 대체 전략을 도입함으로써 위기로부터 다소 벗어날 수 있었다. 이런 방식은 태평양 지역 신흥공업국들이 '경제 기적'을 이룩한 방식과 유사한 것이다. 이것은 권위주의적 정권의 철저한 경제 개입 및 통제(한국의 광주 학살처럼 테러를 동반할 때도 있다)를 기본으로 한다. 여기에는 노동뿐만 아니라 법과 자본에 대한 통제도 포함된다(4장 2절 참조). 그리고 신흥공업국들의 성공은 다시 한 번 민주주의와 자유 시장의

---

6) [옮긴이] Fernando Collor de Mello(1949~). 브라질 대통령(1990~1992). 1989년 선거 당시 30여 년에 걸친 군정 종식과 청렴한 정치를 내걸어 유권자들의 지지를 얻었지만 취임 직후부터 공금횡령 혐의에 휘말려 결국 1992년 10월 의회로부터 탄핵을 받고 면직됐다.

미덕을 의미하는 것이기도 했다. 이를테면, 『뉴욕타임스』는 한국, 대만, 싱가포르, 홍콩 등은 "하나의 경제 메커니즘으로서 민주주의가 제 구실을 하고 있음을 보여주는 교훈적 사례"라고 평가한다. 사회민주주의자인 데니스 롱은 "허약한 권위주의적 정부의 통제로부터 벗어나 자유로운 자본주의 경제 아래에서" 위대한 민주주의에 의해 "놀라운 자본주의의 성공"이 이룩됐다고 극찬을 하기도 했다. 그러나 위에 언급한 국가들이 성공할 수 있었던 것은 권위주의적인 국가자본주의 정부가 경제정책에 강력하고도 효과적으로 개입했던 덕분이었다고 해도 과언이 아니다. '허약'하다는 표현이란 당치도 않다(반면 쿠바, 니카라과를 비롯한 기타 공식적인 적대국들에 대해서는 맑스레닌주의의 도그마가 실패했음을 보여주는 사례로 꼽고 있다). 『워싱턴 쿼털리』의 편집자인 브래드 로버츠는 "비민주적 정부는 경제적 적응에 필요한 기틀을 제공할 능력이 없다는 사실을 스스로 드러내 왔다"고 주장하고 있다. 로버츠는 아마도 이 대목에서 신흥공업국 또는 그보다 시대가 앞선 히틀러 치하의 독일을 염두에 두고 있는 것 같다. 그러나 그가 말하는 '민주주의'란 어떤 의미인지 질문해 보아야 한다. 로버츠는 1980년대 동안 미국이 "외국의 민주주의와 인권 보호"에 헌신했다는 신념을 지니고 있기 때문이다.[39]

'경제 기적'의 허점에 대한 지적도 있었다. 영국 언론인 존 심슨은 아르헨티나 메넴 정부의 '경제 기적'에 대해 언급하면서 "기적이라고 해서 완벽한 것이 아니다"라고 지적한다. "유쾌하지 못한 부패의 징표들, 중산층의 몰락, 신흥 기업인들과 오랜 부자들의 사치," 그리고 가난이 아르헨티나에 분명 존재하고 있다는 것이다. 제임스 페트라스와 파블로 포지는 아르헨티나의 현실을 좀 더 자세히 언급하고 있다. 1989년 이른바 "메넴의 기적" 이후 "공공의 부패와 경제적 불황 속에서도 소수의 개인만" 부를 축적하는 신자유주의적인 사적 약탈 구조가 형성됐다는 것이다. 아르헨티나에서는 경제활동인구 중 40퍼센트가 실업 상태에 있으며, 빈민가가 늘어나고, 공장들은 잇달아 문을 닫는 반면 새로운 기업은 생기지 않고, 몇 안 되는 부유층을 위해 국가가 대다수 국민을 착취하는 상황이 벌어지고 있다. 보건, 교육, 복지비는 역대 최저치를 기록했으며 투자가 감소하고 실질소득도 하락했다. 현재 부에노스아이레스 주민 천2백만 명 중 60퍼센트가 하수 시설도 없이 생활하는 바람에 수십 년 전에 이미 근절됐던 질병이 다시 유행하고 있다. "투기 경제를 강화하는 신자유주의 경제정책으로 인해 아르헨티나 국민 대다수는 빈곤에 처해 있으며 국내시장 및 생산력은 이미 붕괴했고, 얼마 되지 않는 자원을 서로 차지하기 위해 싸우는 홉스적 생존 투쟁의 세계로 변해 버렸다." 이 와중에서 "소수 특권층만 이익을 챙기고 풍요한 생활을 누리면서" 신자유주의 정책에 열광하고 있다. '메넴의 기적'에는 '민영화'도 포함된다. 정부는 민영화를 내세워 숱한 국영기업들을 외국 기업에게 팔아 버렸다. 국영 전화 사업체를 스페인과 이탈리아 국영기업에 팔았고, 국영 항공사도 스페인 국영 항공사 이베리아로 넘겼다. 데이비드 펠릭스는 일련의 국영기업 매각으로 인해 "경영권이 스페인과 이탈리아 관료들의 손으로 넘어간 것에 불과하다"고 지적한다.[40]

간단히 말해서, '경제 기적'이란 말뿐이었던 것이다.

이번에는 '경제 기적'의 또 다른 사례로 꼽히고 있는 멕시코를 살펴보자. 물론 미국 언론들도 "멕시코 경제 기적의 혜택이 극빈층에게 미치지 못하고 있다"는 점을 인정하고 있다. 멕시코 국립자율대학 경제연구소 및 기타 경제학자들의 분석에 따르면, 1980년대 멕시코에서는 신자유주의 경제정책으로 인해 평균임금이 이전보다 60퍼센트나 떨어져 사상 최저치를 기록했다. 수도 멕시코시티에서는 신생아 절반이 고혈압 증세로 신경계통과 신체 발육의 손상을 나타내고 있으며 영양실조로 고통 받고 있다. 해마다 수백만 명의 멕시코 인들이 빈곤층으로 편입되는 반면 부는 사회 일부 계층에 집중되고 있다고 경제학자들은 지적한다. 1990년 인구조사에 따르면 총 가구 중 60퍼센트가 끼니도 제대로 잇지 못할 형편이다. 경제학 자 데이비드 바킨은 멕시코의 취업률이 십 년 전보다 낮아졌으며, 개인 수입에 있어 노동의 참여도 역시 1970년대 중반 36퍼센트에서 1992년 23퍼 센트로 떨어졌다고 지적한다. 반면 부유층과 외국 기업들은 엄청난 이익 을 챙기고 있다. 이것이 바로 "해외 언론들이 존경을 표해마지 않았던" 경제 발전의 "터무니없는 실상"이라고 바킨은 말한다.

멕시코 통상장관은 외국 기업과 정부를 상대로 투자 캠페인을 벌이면 서 멕시코 임금이 낮다는 것을 장점으로 강조했다. 사실 1982년 시간당 1.38달러였던 임금은 1990년 0.45달러로 떨어졌는데, 제너럴모터스, 포드, 제니스 등 미국 기업으로서는 구미가 당기는 조건이 아닐 수 없었다. 환경 보호를 위한 법적 규제가 그리 심하지 않다는 점도 미국 기업으로서는 매력적인 투자 조건이었다. 멕시코의 임금 수준은 노동조합에 대한 정부 의 폭력적 탄압과 노조 지도자들의 부패가 결합한 결과 낮은 수준을 유지 할 수 있었다. 이런 점에서 1980년대는 암울한 시기였다. 포드 자동차 멕시 코 공장에서 발생한 노사 갈등은 당시 멕시코의 경제 상황을 드러내는 단적인 사례이다. 당시 포드 자동차 회사는 전 직원을 해고한 후 훨씬 낮은 임금으로 재고용하려는 계획을 갖고 있었다. 노동자들은 회사에 대 항하기 위해 기존의 어용 노조 대신 민주적 선거를 통해 새 노조를 결성하 려고 했다. 그러나 회사와 어용 노조 관리들이 결탁해 노동자들을 납치, 구타하고 살인까지 저질러 결국은 원하는 바를 얻었다. 북미자유무역협정 의 핵심은 결국 이처럼 인간이 어떤 희생을 치르든지 상관없이 경제 이익을 창출할 수 있는 환경을 보장하는 데에만 목적이 있다.

멕시코에서는 무역 적자와 외채가 늘면서 선거 조작, 정부의 노조 탄압, 언론 탄압(실제로 수년간 여러 명의 언론인들이 살해당했다), '고질적인' 고문이 만연했다고 <국제사면위원회>는 고발하고 있다. 일부 경제학자들은 북미자유무역협정이 멕시코 일반 국민의 생활과는 전혀 무관하며, "35년 이상에 걸친 **성공적인** 자본주의 발전"은 소수 부유층과 외국자본에게만 이익을 안겨 주고 있다고 비판하고 있다. 하지만 외국 투자자가 행복하기만 하다면 아무런 문제가 없는 셈이다. 그러므로 제임스 베이커 국무장관의 말처럼 멕시코의 '경제 기적'은 동유럽과 제3세계 경제개혁의 '모델'로 높이 평가받을 만도 하다.[41)

대다수의 미국 언론들은 라틴아메리카의 미래를 낙관적으로 전망하고 있다. "신선한 경제적 분위기가 라틴아메리카에 변화를 가져오고 있다"(『뉴욕타임스』). "라틴아메리카 사람들은 경제개혁 초기에 사회적 희생이 불가피하다는 것을 비로소 깨달았다. 최근 들어 자본의 해외 유출이 점점 줄어드는 추세를 나타내고 있다"(『월스트리트저널』). 결국 앞으로 다 잘될 테니 좀 더 고생하면서 버텨 보라는 식이다. 워싱턴과 유럽의 입장에서는 멕시코의 경제지표들이 회복세를 나타내고 있는 것처럼 보일 수도 있다. 그러나 그 뒤에는 '기적'이 동반하는 심각한 빈부 격차, 빈곤층의 급격한 증가, 임금 하락 등이 가려져 있다. 브라질 전 대통령 호세 사르네이는 라틴아메리카 "전 지역"에서 외국은행들은 돈을 챙기고 있는데 정작 국민들은 "노예나 다름없는 저임금과 빈곤"에 신음하고 있다고 지적한다. "부유층과 중산층 및 그 이하 계층 간의 격차가 넓어지고" 있는데도 "빈곤문제 해결"에 관한 한 기대를 걸 만한 경제정책은 없다(『뉴욕타임스』). 그러나 이런 실패는 이미 예정돼 있던 것이나 다름없었다.[42)

칠레 역시 아우구스토 피노체트 독재 체제 아래에서 자유 시장경제를 꽃피웠다. 피노체트의 철권 정치에도 불구하고 칠레는 1974~1989년 미국 시카고학파 출신 경제학자들의 도움을 받아 경제개혁을 이룩했다. 그러나 좀 더 가까이 들여다보면 실상은 정반대이다.

피노체트 정권의 '경제 기적'은 십 년도 채 못 되어 '대파국'의 상황을 맞았다. 사실상 거의 모든 은행들은 경제 회복을 이유로 정부로부터 철저한 통제를 받고 있다. 바로 이 점 때문에 어떤 이들은 아옌데식의 '유토피아적 사회주의'가 피노체트에 의해 '과학적 사회주의'로 변화했다고 평가하기도 한다. 영국의 반反사회주의적인 한 경제지도 "자유 시장에 강한 신념을 갖고 있는 피노체트 대통령이 사회주의자인 아옌데보다도" 더 확실하게 경제를 통제하고 있다고 지적했다. 그러나 실제로 피노체트 정권의 경제 통제력은 1983년 부실기업들을 장악하여 아옌데 시절에 필적할 만했지만, 그 기업들이 다시 살아나자 정부 세입의 25퍼센트를 차지하는 견실한 공기업들을 포함하여 싼 가격에 개인이나 외국 기업에 팔아 치워 버렸다. 다국적기업들은 중간에서 큰 이익을 차지했을 뿐만 아니라 칠레 경제 정책에 간섭할 수 있는 기회까지 얻었다. 제임스 페트라스와 스티브 비유는 칠레 경제학자들의 말을 인용해, "1986~1987년 동안 정부가 공기업의 사유화 과정에서 구매자에게 6억 달러의 보조금을 지급했다"고 밝힌다. 이런 일련의 사유화 조치로 인해 정부의 재정 수익은 1990~1995년간 1억~1억6천5백만 달러나 줄어들 것으로 전망되고 있다.

1980년까지 칠레의 일인당 국내총생산은 1972년 아옌데 정권 당시보다도 낮은 수준이었으며, 투자는 1960년대 말보다 낮았다. 반면 실업률이 치솟았고 일인당 보건비도 1973~1985년 사이에 절반으로 떨어졌다. 장티푸스나 바이러스성 간염 등 빈곤과 불결한 환경으로 인한 질병이 폭발적으로 증가한 것은 말할 것도 없다. 1973년 이후 산티아고에서 빈민층의 구매력은 30퍼센트나 떨어진 반면·부유층의 구매력은 15퍼센트 향상됐다. 사립 병원들이 부자 환자들을 위한 최첨단 의료 장비를 갖추고 있는 것과 달리 일반 국민들은 한 번 진료 받으려면 몇 달씩 기다리고 돈이 없어서 약도 제대로 못 먹는 일이 흔했다. 대학 교육도 아옌데 정권에서는 무료였으나 이제는 특수층의 전유물이 됐다. 브라질 대학생처럼 칠레 대학생들도 반정부적 '불순 세력'과의 접촉보다는 "자유 시장과 공산주의 위험성을 역설하는 종교적 가르침과 아주 유사한 […] 사회학, 정치학, 경제학을 배우고 있다"(티나 로젠버그). 피노체트 정권의 거시 경제 통계들을 보면 20년 전의 수준에도 미치지 못하고 있었다. 특히 1974~1979년 국민총생산 성장률은 1961~1971년 성장률의 절반 수준을 약간 넘을 뿐이다. 수도 산티아고는 "성장, 성장, 성장"만을 강조하는 프리드먼식 자유 시장경제 덕분에 "세계에서 가장 더러운 국가 중 하나"가 됐다고 미국 언론인 나다니엘 내쉬는 보도했다. 환경에 대한 규제가 거의 없기 때문에 "세계에서 가장 더러운 공장," 심각한 수질 오염, 치명적인 보건 상태를 지니고 있는 국가가 바로 칠레라는 것이다.

아옌데 정권하에서 극빈자는 인구의 20퍼센트였으나 1970~1987년에는 44퍼센트로 늘었다. 에드워드 허먼의 표현대로 "기적이라니 가당치도 않다."[43]

미국 정계와 경제계는, 칠레가 이처럼 심각한 경제난을 겪고 있는 것은 지난날 미국의 현명한 충고를 그대로 따르지 않았기 때문이라고 주장하고 있다. 그러나 최근 들어 경제 자유주의와 자유무역이 전 세계적으로 성공하는 분위기 속에서 칠레도 서서히 미국의 충고에 담긴 지혜를 이해하기 시작하고 있다는 것이다. 이런 자화자찬은 미국이 역사적으로 자유경제

모델을 실천에 옮긴 적이 한 번도 없으며, 다른 선진국들도 자국에 도움이 될 경우에만 자유경제를 내세웠다는 비판에도 아랑곳하지 않는다. 오히려 그런 주장과는 정반대로 라틴아메리카는 브라질이 예증하듯이 미국의 충고를 그대로 따랐다. 소모사 독재 정권에서의 니카라과 역시 극성스럽게 칭찬 받는 '성공담'의 한 사례로 꼽혀 왔다. 그러나 바로 이런 파국적인 '기적'이 1979년 산디니스타 혁명을 가져오는 근본 원인이 됐다. 미국의 대니카라과 전쟁이 치열하던 당시 니카라과에서 가장 존경받는 경제학자였던 프란시스코 마요르가는 미국의 후원을 받은 우노 정권이 들어서면서 경제 최고 책임자로 활동하게 됐다(그러나 그는 미국으로부터 격찬 받았던 경제 회복 정책이 실패한 이후 실각 당한다). 당시 언론들은 마요르가의 정책을 찬양하면서도 정작 그가 과거에 썼던 논문에 대해서는 거의 관심을 기울이지 않았다. 마요르가는 1986년 발표한 논문에서 미국이 열렬히 옹호하는 '통화 패러다임'의 실패를 분석하며, 이로 인해 지난 1978년경에 경제가 회복 불가능의 '붕괴 지경'을 맞게 됐다고 주장했었다.[44]

그러나 미국 언론들은 실상을 무시한 채, 산디니스타 정권 십여 년 동안 낙후됐던 경제가 차모로 정권 2년 만에 거의 회복됐다고 보도하고 있다(파멜라 콘스터블). 물론 서구 기업인들도 니카라과의 현재 경제 상황이 아직도 낙관할 만한 상태는 아니라는 점을 잘 알고 있다. 콘스터블은 강성 노조, 농촌 지역에 남아 있는 무장 게릴라, 산디니스타 치하에 몰수당했던 개인 재산의 반환 문제 등이 아직도 해결해야 할 과제들이라고 지적한다. 그럼에도 불구하고 이른바 '상업의 개척자들'은 미래에 큰 기대를 나타내고 있다. 특히 은행가들과 개인 투자자들은 매우 고무적인 반응이다. 산디니스타 정권 때는 은행을 국유화해서 "농부, 지방 소기업, 위험성이 높은 중소기업에 돈을 빌려주었으나 이제 그런 시절은 끝이 났다"고 『마이애미 헤럴드』의 탐 존슨은 보도했다. 칠레의 한 은행 관계자도 "최근 들어 국민들의 은행 서비스에 대한 요구가 늘기 시작했다"고 논평한다.

물론 이 기사에서 은행 관계자가 말한 '국민'의 범주에는 기아에 허덕이는 빈민, 실직자, 배고픔을 잊기 위해 본드를 흡입하는 부랑아, 마나과의 쓰레기통을 뒤져 하루하루 연명해 나가는 사람들은 포함돼 있지 않다.

얼마 지나지 않아서, 니카라과 국립개발은행은 국제 금융기관들의 압력에 따라 과거의 저금리 정책을 포기하고 새로운 금리 정책을 발표했다. 은행이 낮은 이자로 중소기업에 대출해 주던 시대는 지나갔고 담보물을 제공할 수 있는 사람에게만 대출해 주는 시대가 다가온 것이다. 이 새로운 대출 정책으로 인해 노동자들은 빚을 청산하기가 점점 더 어려워졌다. 산디니스타 정권에 대해 국제적, 경제적 압력을 가해 온 미국은 경제 전쟁을 끝내는 조건으로 산디니스타 정권에서 노동자들의 기업 소유를 보장했던 법을 청산해 줄 것을 요구했다.

미국은 '상업의 개척자들'과 그들의 치어리더들을 곤경에 빠뜨렸던 [산디니스타 정권 때의] 몰수 재산의 소유권 반환 문제에도 적극 개입했다. 『엔비오』는 1991년 국립개발은행이 대대적인 구조조정을 단행해 지방 소도시 16개 지사를 폐쇄한 데다가 대출도 받기 어려워지자 일반 시민들 사이에서는 고리대금업 등 전통적인 금융 방식이 다시 인기를 끌고 있다고 보도했다. 『중앙아메리카 리포트』는 보안군과 경찰이 가난한 농민들을 쫓아내기 위해 갖은 폭력과 만행을 자행하고 있다고 보도한다. 1992년 6월, 21개의 대규모 농장들에서 보안군이 농민들을 '청소'한 후 이 농장은 예전의 소유자에게 반환됐다. <니카라과 인권센터>(ENIDH)는 이렇게 '청소'된 농장 중 11개를 소모사 집안사람들이 차지했다고 폭로했다. 그해 6월 30일 한 농장에서는 순진한 농민들을 선동하는 <농촌노동자협회>

회원들을 색출한다는 이유로 3백여 명의 경찰과 군인들이 맹견을 동원해 주민들을 구타, 위협하고 가옥 및 농경지를 불태워 결국 40여 가구를 내쫓는 사건이 발생했다. <니카라과 인권센터>는 보안군이 노동자들의 조직화를 막기 위해 "테러와 협박을 자행하고 있다"고 고발했다.

현재 니카라과 경찰의 절반 이상이 콘트라 반군 출신인 것으로 추정되고 있다. 니카라과 정권 교체 당시 미국 정부는 보안대의 통솔권을 완전 장악하는 데 실패했다. 정부의 이 같은 실책은 워싱턴 정가와 언론의 분노를 일으켰다. 애당초 미국이 니카라과와 전쟁을 벌였던 이유가 바로 소모사 정권 시절처럼 보안군이 다시 한 번 엘살바도르, 과테말라, 온두라스의 '지역 규범'을 강제할 수 있도록 전통적인 통솔권을 회복하기 위한 것이었기 때문이었다.[45]

1990년 2월 선거에서 미국이 후원한 우노당이 승리하고 차모로 정권이 등장한 이후 니카라과의 빈곤 문제는 신자유주의 경제정책으로 인해 해결은커녕 더욱 악화 일로로 치달았다. "대부분의 농촌 지역에서 어린이 70퍼센트가 영양실조에 시달리고 실업률은 65~89퍼센트를 기록했다." 정부가 해외 수산회사들에게 인근 해안에서 조업할 수 있는 권리를 주는 바람에 어민들 80퍼센트의 생활은 파탄 지경에 이르렀다. 산디니스타 통치 기간 근절됐던 전염병이 되살아나고 국민 대다수가 빈곤 속에 고통 받고 있다. <전국농민농장조합>(UNDG)의 한 대표는 정부의 엄격한 금융 정책이 "우리 모두를 죽이고 있다"고 호소하면서 3만2천 가구가 풀뿌리로 연명하고 있다고 전한다. 외국 상품이 홍수를 이루면서, 중소기업은 차모로 집권 직후 3천8백여 개였는데 2년 뒤에는 2천5백여 개로 줄어들었다. 그러나 니카라과는 자국산 맥주까지 위스콘신에서 수입하고 있고, 사치품 전문 상점들이 호황을 누리고 있다. 극소수의 부유층이 사치를 즐기고 있는 동안 50퍼센트 이상의 실업률 속에서 나머지 국민들은 절망 속에서 하루하루를 살아가고 있는 형편이다.[46]

국민 일인당 수입은 1945년 당시 수준으로 하락했다. 실질임금도 1980년 당시 가치의 13퍼센트에 불과하며 지금도 계속 떨어지고 있는 추세이다. 유아사망률과 미숙아 출생률도 증가하고 있다. 1991년 3월 보건비 예산이 40퍼센트나 삭감된 결과 의약품 부족 사태가 이미 심각하게 나타나고 있다. 그러나 부자들은 원하는 것은 무엇이든 가질 수 있다. <복음 교회>(CEPAD)는 "전후 니카라과에서는 부자들을 제외하고는 보건권이 더 이상 존재하지 않는다"고 고발한다. 매춘부를 대상으로 한 조사에서는, 무려 80퍼센트가 지난 한 해 사이에 매춘부가 된 것으로 나타났다. 이들 중 대부분은 십대 소녀이다.

1992년 5월 미국 의회는 이미 예정돼 있던 니카라과에 대한 원조금 1억 달러의 집행을 중지했다. 이유는 원조금 중 일부가 산디니스타 조직체로 흘러 들어갈 우려가 있으며, 차모로 정부가 전 정권이 몰수했던 미국인 재산에 대해 반환 조처를 취하지 않고 있다는 것이었다. 멕시코 언론은 "니카라과 새 정부가 미국 국민과 자국의 일부 부유 기업가 층, 전 콘트라 지도자들에게 우선권을 주어야 한다는 사실을 이제야 배우게 됐다"고 보도했다. 토지 소유권 문제도 미국과 니카라과 간에 갈등을 빚고 있는 핵심 사안들 중 하나이다. 중미 역사연구소의 리사 호가드는 애당초 우노 정권은 "십만여 명의 농부들에게 산디니스타 정권 때부터 경작해 온 농경지에 대한 소유권을 그대로 인정해 주겠다"고 약속했었다고 지적한다.

보안군의 독립성도 문제이다. 워싱턴은 오랜 전통에 따라 니카라과 보안군이 미국의 통솔권 아래 놓여야 하며, 산디니스타 출신 군인들은 모두 제거돼야 한다는 주장을 펴고 있다. 그러나 이 지역에 이해관계를 갖고 있지 않은 기타 산업 선진국들은 이 같은 요구를 당치도 않은 것으로 보고 있다. 특히 <산디니스타 민족해방전선>(FSLN)이야말로 "니카라과에서 정치적으로 중요한 무게를 갖고 있는 최대 대중 정당"이란 평가가 지배적이다(독일의 이베로-아메리칸 연구소의 데틀레브 놀테 소장). 유럽의 지식인들은 니카라과 사회를 "다시 한 번 양극화"시키고 있는 미국의 정책에 반대 의사를 나타내면서, 부시 행정부가 조종하고 있는 니카라과에 대한 미국 의회의 지원 중지 조치야말로 독립을 위한 최소한의 희망을 가로막는 행위라며 비난을 퍼부었다.[47]

니카라과 선거에서 우노당이 승리한 직후,『뉴 리퍼블릭』은 "미국은 우리 시대에 민주주의를 위한 하나의 귀감으로서 제 몫을 해 온 데에 대해 자부심을 가질 만하다"고 흥분했다. 물론 우리도 언론인들처럼 워싱턴이 자행한 테러와 폭력을 칭송할 수도 있다. 중앙아메리카에서 수많은 사람을 학살하고 어린이들을 기아로 내몰았던 '레이건 주식회사'에게 좋은 점수를 줄 수도 있다. "라틴식 파시스트들"에 대한 군사원조도 용인할 수 있다. "엘살바도르 인의 인권보다는 미국인의 권리가 더 중요하다"는 인식을 받아들일 수만 있다면 말이다.[48]

라틴아메리카에 대한 기존 인식에 따르면, 지난날 이 지역에서 발생한 경제적 파탄 현상은 국가주의, 민중주의, 맑스주의 등과 같은 악마들 때문이다. 그리고 이제 새롭게 발견한 통화주의 및 자유 시장의 미덕으로 경제 문제가 점차 해결되고 있다는 것이다. 제임스 페트라스와 스티브 비유는 "이런 식의 묘사는 완전한 날조"라고 지적한다. 새롭게 발견했다는 미덕이 지난날 경제를 파탄시켰던 주범들이라는 것이다. 또한 미국이 후원한 테러와 경제 전쟁도 큰 몫을 했다. 게다가 지난 수년간 미국은 이른바 '실험 지역'에서 신자유주의적 교조주의를 휘둘러 왔다. 1980년대부터 각종 사회보장제도들이 크게 위축됨으로써 부자들을 제외한 일반 국민들의 보건과 교육은 붕괴 지경에 처해 있으며, 경제성장률도 정체 또는 하락세를 나타내고 있다. 물론 성장한 것도 있다. 바로 공기업의 사유화다. 이같은 조치는 국내외 부유층에게 엄청난 이익을 안겨 준 동시에 재정의 악화를 초래했다. 칠레에서처럼 "효율적인 경영과 수익"을 자랑하던 공기업들을 외국 기업에 팔아넘기는 일이 비일비재했다. 제임스 페트라스와 스티브 비유는 "1980년대 잔혹한 경제 프로그램"과 그것으로 인해 발생한 "비참한 결과들"은 "신자유주의 교조주의자들의 작품"이라고 지적했다. 오일 달러로 흥청망청하던 군-경제 엘리트와 외국은행들이 만들어 낸 엄청난 액수의 빚더미를 이제 빈민들이 갚느라 허덕이고 있다. 1990년 유엔 세계경제 조사 보고서는 "임금노동자들이 외국의 빚을 갚기 위해 가장 큰 희생을 치르고 있다"고 지적했다.

미국 언론인·마크 쿠퍼는 "지난 십여 년 동안 지구상에서 레이건 경제 혁명이 제시했던 약속을 가장 진지하게 받아들인 곳은 바로 라틴아메리카였다"고 한다 —— 물론 선택의 여지가 없었다. 십여 년의 세월 동안 이룩된 것은 공기업의 사유화, 규제 철폐, '자유무역', 노조 및 대중 조직체의 파괴, 석유 등 천연자원에 대한 해외 자본 유입 등이었다. 그리고 그 결과는 예상하던 대로 파국 그 자체였다.[49]

연구소의 교조주의자들이 라틴아메리카의 성공에 자축하고 있는 것도 당연하다. 이들은 과거 경제 파국을 초래한 장본인임에도 불구하고 이제 다른 사람들만 비난하고 있다. 이 모든 과정에서 미국은 자신이 행했던 역할을 최대한 축소하고, 모든 책임을 냉전의 탓으로 돌리고 있다. 이처럼 새로운 '경제 기적'을 생산해 내는 낡은 교리들은 권력을 보장하는 한 지금까지 그래 왔던 것처럼 앞으로도 늘 특권층의 이데올로기에 지나지 않는다.

8장
아이티에게 독립은 없다

NOAM CHOMSKY

1. 최초의 자유국가

인류학자 아이라 로웰탈은 "아이티는 신대륙에서 [미국 다음으로] 오래된 공화국"이며 "근대 역사상 최초의 흑인 공화국이란 사실 이상의 의미"를 지니고 있다고 말했다. 그것은 "서구 유럽 제국주의 체제에 대해 저항한 '자유인'들이 건설한 '최초의 자유국가'란 사실"이다. 지난 2백여 년 동안 신세계에서 가장 오랜 두 공화국[미국과 아이티]이 정치적, 제도적, 문화적으로 어떤 관계를 맺어 왔는지 살펴보도록 하자.

1804년 1월 1일 생도밍고 섬의 흑인 노예들은 혁명을 일으켜 프랑스 식민 정부와 동조 세력을 몰아낸 후 아이티 공화국을 건설했다. 혁명 지도부는 '생도밍고'란 지명이 1492년 콜럼버스의 신대륙 발견 이후 백인에 의한 식민지의 역사를 상징한다는 이유로 아이티란 이름을 국명으로 사용했다. 아이티 원주민들은 처참했던 식민 시대의 기억으로 인해 공화국 건설을 마냥 기뻐할 수만은 없었다. 콜럼버스 이전에 최소 수십만 명부터 최고 8백만 명까지였던 아이티의 원주민 숫자는 50여 년 만에 불과 수백 명으로 줄어들었고, 1697년 프랑스가 이 섬을 스페인으로부터 빼앗았을 당시 원주민은 거의 남아 있지 않았다고 프랑스 학자들은 밝히고 있다.

아이티의 영웅인 혁명 지도자 투생 루베르튀르도 승리를 느긋이 즐길 수는 없었다. 19세기 프랑스의 한 역사학자에 의하면, 혁명의 와중에서 프랑스의 음모에 걸려들어 체포된 루베르튀르는 곧 프랑스 교도소로 압송돼 "추위와 절망 속에서 천천히 죽어 갔다." 중세 인류학자 폴 파머에 따르면, 오늘날까지도 아이티 학생이라면 누구나 루베르튀르가 프랑스로 끌려가면서 남긴 마지막 말을 암송한다. "내가 무너진다면 생도밍고의 단 하나뿐인 자유의 나무는 쓰러지고 말리라. 그래도 자유의 나무는 다시 살아나 땅 속 깊이 수많은 새로운 뿌리들을 내리리니."[1]

루베르튀르의 유언대로 1985년 자유의 나무는 다시 땅 속으로부터 솟아올랐다. 뒤발리에*[1]의 독재에 신음하던 국민들이 혁명을 일으킨 것이다. 아이티의 국민들은 숱한 위기를 넘기고 민중주의자인 장 베르트랑 아리스티드*[2]신부를 대통령으로 선출했다. 그러나 그는 1991년 2월 취임 후 단 7개월 만에 군부와 기득권층에 의해 축출당하고 말았다. 지난 2백여 년 동안 아이티를 주물러 왔던 군부와 기득권층은 테러와 착취의 특권을 가만히 앉아서 빼앗기고만 있을 수 없었던 것이다.

푸에르토리코의 민족역사학자 자릴 수에드-바디요는 "뒤발리에가 아이티를 떠나 망명길에 오르자마자 분노한 군중들은 수도 포르토프랭스에

---

1) [옮긴이] Jean-Claude Duvalier(1952~). 별칭은 '베이비 독'. 아이티의 독재자(1971~1986). 19년간 철권을 휘둘렀던 아버지 프랑스와 뒤발리에(파파 독)가 1971년 죽자 당시 19세였던 장 클로드가 뒤를 이어 종신 대통령에 올랐다. 그러나 1986년 무능하고 부패한 정권에 지친 국민들의 저항에 부딪쳐 미국 마이애미를 거쳐 프랑스로 망명했다.

2) [옮긴이] Jean-Bertrand Aristide(1953~). 아이티의 신부 출신 대통령. 1988년 해방신학 등 과격 노선을 지지해 교단으로부터 축출 당했으나, 1990년 대통령 선거에서 압도적 지지로 당선된 아이티 민주화의 영웅이다. 쿠데타로 실각한 후 1994년 10월 다시 대통령으로 복귀했다. 대통령에서 물러난 뒤 그는 아이티의 민주화와 어린이, 빈민을 돕는 일을 하다 다시 대통령에 세 번이나 더 당선됐으나 번번이 미국과 프랑스의 후원을 받은 군부의 반발로 좌초했다. 아직도 고국에 돌아오지 못한 채 강제적 망명 중에 있다. 아이티와 아리스티드에 대한 자세한 이야기는 아리스트드의 『가난한 휴머니즘』(이후 2007)을 참조.

서 있는 콜럼버스 동상을 쓰러트려 바다에 처넣었다"고 이야기한다. 그것은 콜럼버스부터 뒤발리에에 이르는 "오랜 세월 이어져 온 식민주의에 대한 저항의 표현이었다." 비슷한 상황이 도미니카공화국에서도 벌어졌다. 도미니카공화국은 1965년 미국의 지원을 등에 업고 독재 정권이 들어선 이후 테러 정치로 얼룩져 왔던 데다가, 1980년대 초 국제통화기금 관리 체제에 들어간 다음부터는 극심한 경제적 어려움까지 겪고 있었다. 1992년 2월 발라구에르 대통령이 콜럼버스의 아메리카 대륙 발견 5백 주년 기념행사를 대대적으로 치르겠다고 발표하자 드디어 굶주림에 지쳐 있던 국민들의 불만이 터져 나왔다. 그러나 국민들의 평화 시위는 보안군에 의해 짓밟히고 말았다. 정부의 기념행사 중 하이라이트는 언덕 위에 30미터 높이의 거대한 등대를 세우는 것이었다. 수백만 달러를 들여 완성된 이 등대로부터 뻗어 나온 불빛이 "영양실조로 신음하는 아이들이 살고 있는 빈민가" 위를 환히 비추고 있다고 언론들은 전했다. 그나마 이런 빈민가는 멋진 테라스가 딸린 호화 주택과 어울리지 않는다는 이유로 강제 철거되거나 시야를 가리기 위해 높은 벽으로 둘러쳐졌다. 아이티 중앙은 행 전 총재도 "1930년대 이후 최악의 경제 위기" 속에서도 콜럼버스 5백 주년 축하 잔치에 엄청난 돈을 지출했다는 사실을 지적했다. 십여 년 동안의 국제통화기금 관리 체제 아래서 구조조정이 단행된 결과 보건, 교육 수준은 급격히 저하됐고 실업률도 25퍼센트를 넘어섰다. 24시간 전력 공급이 중단되는 일도 비일비재했다. "큰 물고기들이 잔챙이 물고기들을 몽땅 먹어 치우고 있다"는 빈민가 근처 한 노파의 말은 도미니카공화국의 상황을 정확히 표현하고 있다.[2]

    콜럼버스는 아메리카 대륙의 원주민들에 대한 첫인상을 "사랑스럽고 유순하고 평화적이며 친절하고 예의바르다"고 기록했다. 16세기 라스카사스는 아이티(당시 스페인 이름으로는 히스파니올라)에 대해 "아마도 세계에서 가장 인구밀도가 높은 곳"이었지만 지구상에서 "가장 솔직하고 순진한 사람들"을 탐욕스럽고 야만적인 스페인이 야수처럼 덮쳐 인류 역사상 유례없는 다양한 방법을 동원해 공포 속으로 밀어 넣고 파괴했다고 기록했다. 또 그는 1552년 "내가 목격한 것에 의하면" 스페인의 학살로부터 살아남은 원주민 인구는 2백여 명에 불과했다고 전했다. "스페인의 통치는 잔혹했다. 그냥 단순히 잔인했다는 말로는 불충분하다. 스페인은 원주민들이 스스로 인간이기를 포기하게 만들 정도로 그들을 너무나 잔인하게 다뤘다." 원주민들은 온몸이 묶인 채 "말에 끌려 다니거나, 칼에 난자당하고, 개에 사지가 물어뜯기고, 생매장 당해야만 했다." 그들은 스스로 저항을 포기하고 절망 속에서 적의 손에 자신의 운명을 맡겨 버렸다.

스페인은 아이티에서 저지른 만행을 정당화하기 위한 노력도 아끼지 않았다. 1776년 애덤 스미스는 "콜럼버스가 아이티를 발견했을 당시 그곳에는 숲뿐이었으며 발가벗고 미개한 몇몇 미개인 부족만이 살고 있었다"고 썼는데, 이것은 당시 유럽 지식인 사회에 이런 인식이 널리 퍼져 있었음을 보여준다. 1960년대 들어와 아이티 역사의 진실이 드러나기 시작하자, 국왕 지지자들 사이에서는 조롱과 항의가 쏟아지기도 했다.[3]

친절한 아이티 원주민들을 노예로 만들고 자원을 약탈하려던 스페인의 시도는 그러나 성공하지 못했다. 원주민들이 예상보다 너무 빨리 죽어갔기 때문이다. 아프리카 흑인 노예가 아이티에 유입된 것은 1500년대 초반부터이며, 농장 경제가 확립된 이후에는 물밀듯이 쏟아져 들어왔다. 한스 슈미트는 "생도밍고가 아메리카에서 가장 부유한 유럽 식민지였다"고 기록한다. 1789년경 아이티는 세계 설탕 생산량 중 4분의 3을 담당했으며, 커피, 면화, 인디고 염료, 럼 생산 부분에서도 수위에 올랐다. 영국의 서인도 식민지와 마찬가지로, 프랑스의 백인 농장주들은 45만 명에 이르는 노예로부터 막대한 부를 얻었다. 당시 아이티의 백인 인구는 4만 명. 물라토[제1세대 흑백 혼혈]와 자유 신분의 흑인 3만여 명은 경제적 자유는 있었지만 사회, 정치적 평등을 누리지는 못했다. 이는 아이티 독립 이후 오늘날까지도 흑인 계급 갈등과 폭력을 불러오는 기원이 됐다.

1791년 말 아이티에서 흑인 노예들의 동요가 심각한 상황에 이르자 유럽 각국뿐만 아니라 유럽의 신생 독립국가[미국 등]들은 경계의 눈길을 보내기 시작한다. 1793년 영국은 아이티를 침공해 "설탕, 인디고, 면화, 커피의 무역 독점권"을 차지했다. 프랑스 식민지와 활발히 교역하고 있던 미국도 프랑스에 반란군 진압을 위한 자금으로 75만 달러와 군 병력을 보냈다. 프랑스 정부가 아이티에 파병한 대규모 병력에는 폴란드, 네덜란드, 독일, 스위스 병력도 일부 포함돼 있었다. 군 수뇌부는 나폴레옹에게 보낸 편지에서 흑인 노예들을 아이티에서 완전히 몰아낸 후 프랑스 통치권을 확고히 세우는 것이 필요하다고 역설했다. 그러나 프랑스의 작전은 실패하고 아이티는 "흑인 노예 스스로 쇠사슬을 끊고 막강한 서구 제국을 제압한" 역사상 유일한 국가가 됐다(파머).

흑인 노예 혁명은 막대한 영향을 미쳤다. 나폴레옹은 신세계에서 프랑스 제국을 건설하겠다는 희망을 접고 루이지애나를 미국에 팔아 버렸다. 그 덕분에 영국은 카리브 해 지역에서 패권을 쥐고 서진 정책을 밀고 나갈 수 있었다.

혁명 세력도 커다란 대가를 치러야 했다. 혁명의 와중에서 아이티의 농업 기반이 파괴됐고 인구의 3분의 1이 사망했다. 노예제도를 유지하고 있던 인근 국가[미국 등]들은 아이티 흑인 혁명이 자국으로까지 번질 것을 우려해 프랑스 정부가 아이티 정부에 막대한 배상금을 요구하는 것을 적극적으로 지지하기도 했다. 파머에 따르면, 1825년 아이티의 지배 엘리트가 그 요구를 받아들인 결과 아이티 경제는 실질적으로 프랑스의 손아귀에 들어가게 됐다. 이것은 "신생 국가의 허약한 경제에 파국적인 영향"을 미쳤다. 스페인 통치에 저항하고 있던 시몬 볼리바르는 노예해방을 전제 조건으로 아이티 공화국의 도움을 받기도 했다. 그러나 콜롬비아 대통령이 된 후 볼리바르는 아이티가 흑백 "인종 갈등을 조장"하고 있다면서 외교 관계 수립을 거부했다. 학자들은 볼리바르의 이 같은 태도를 전형적인 인종차별 행위로 지적하고 있다. 아이티 엘리트들은 유럽이 또다시 자기들을 정복할지도 모른다는 공포에 시달렸다. 1850년대 아이티가 비록 참패하기는 했지만 막대한 비용을 들여 도미니카공화국 침공을 감행했던 배경에는 이런 불안 심리가 깔려 있었던 것으로 볼 수 있다.

프랑스, 영국이 아이티를 국가로 정식 승인한 것과 달리, 미국은 국제 사회에서 끝까지 아이티의 승인을 거부한 국가였다. 미국 정부는 1862년에 가서야 겨우 아이티를 국가로 인정했는데, 남북 전쟁을 치르고 있는 가운데 아이티 노예해방을 더 이상 거부 구실로 삼기 어려웠기 때문이다. 게다가 링컨 대통령은 흑인 노예들이 해방된 후 미국을 떠나고 싶어 한다면 아이티가 최적의 이주 장소가 될 수 있을 것으로 내심 생각하고 있었다(라이베리아도 같은 해에 같은 이유로 아이티를 국가로 승인했다). 아이티 정부는 미국으로부터 승인을 받은 후 자국의 항구들을 북군의 해양 기지로 제공했다. 이후 아이티는 전략적 기지로서 중요한 의미를 갖게 되며 제국주의 국가들의 장난감 신세가 됐다. 한편 아이티 지배 계층이 무역을 독점함에 따라, 국민 대다수를 차지하는 농민들은 외부 세계로부터 고립된 상태에 놓이게 된다.

2. 사심私心 없는 개입

1849~1913년 미 해군 함정들은 "미국인의 생명과 재산을 보호한다"는 이유로 아이티를 스물네 번이나 침략했다. 슈미트는 자신의 저서에서 아이티가 국제사회에서 독립을 제대로 인정받지 못했으며, 강대국들은 아이티 인의 인권 따위에는 관심조차 없었다고 지적한다. 그들은 "프랑스가 남겨 준 문화"를 제대로 지킬 능력이 없는 "열등한 인간"이며 "국제적 존경과 신뢰를 받을 만큼 스스로 정부를 운영할 능력도 없는" 국민이었을 뿐이다. 미 국무부 차관 윌리엄 필립스는 우드로 윌슨 대통령이 채택한 아이티 침략을 제안하면서 실제로 이와 같은 논리를 폈다. 그러면서도 정작 프랑스가 아이티에 남긴 참혹한 문명화의 유산, 즉 "사람을 거꾸로 매달거나 자루에 넣어 물에 빠뜨려 죽이기, 산 채로 매장하기, 오물을 먹도록 강요하고 벌레나 개미에 물려 고통스럽게 죽게 만들기, 펄펄 끓는 가마솥에 빠뜨려 죽이기" 등에 대해서는 한마디도 언급하지 않았다 — 프랑스는 이런 식으로 부를 축적하여 선진국으로 가는 입장권을 얻을 수 있었다.

필립스의 태도는 당시 아이티에 대한 백인들의 인식을 정확히 반영한 것이었다. 윌슨 행정부의 국무장관이었던 윌리엄 제닝스 브라이언의 인식도 필립스와 별 차이가 없었다. 그는 아이티의 지도층을 만나고 난 후 "깜둥이들이 불어를 쓰는 데 놀랐다"고 언급하기도 했다. 필리핀 전쟁*3) 을 승리로 이끌었던 아이티의 실질적인 통치자 월러 해병대 대령은 아이티 인들을 "진짜 깜둥이"로 부르면서 "인사하거나 스쳐 지나가는" 것조차

---

3) [옮긴이] 필리핀 전쟁(1898). 미국과 스페인 간의 전쟁이 한창이던 1898년 5월 1일, 미군 함대가 스페인 식민지인 필리핀 마닐라 만으로 진입해 정박 중이던 스페인 함대를 격파한 사건.

혐오스러워 했다. 특히 아이티의 지식인에게는 특별한 증오심을 갖고 있었다. 당시 해군 부제독 시절의 프랭클린 루스벨트는 먼 친척이었던 디오도어 루스벨트처럼 광적인 인종 차별주의자는 아니었지만 동료 군인들과 비슷한 시각을 갖고 있었음이 틀림없다. 1917년 미국 점령 아래의 아이티를 방문한 그는 한 친구가 아이티 농업장관의 건장한 모습에 반해 "지금이 1860년대였다면 노예 경매시장에서 종자용으로 천5백 달러라도 주고 내가 꼭 샀을 만큼 탐나는데"라고 혼잣말을 했다고 일기장에 기록했다. 슈미트의 말대로, 훗날 "대통령 자격으로 1934년 아이티를 방문했을 때 동행했던 한 각료에게 그때의 일을 들려줬던 것"을 보면 루스벨트는 이 이야기를 은근히 즐겼던 것이 틀림없다. 정책 형성 과정에서 인종주의 요소의 영향력은 오늘날까지도 줄어들지 않았을 것이다.

이런 인종차별적 사고방식은 유럽에서도 마찬가지였다. 윈스턴 처칠은 영국의 심기를 건드리는 아랍 불순분자(쿠르드 족 등)들을 상대로 독가스 무기를 실험하는 계획을 지지하면서 반대파를 '잔소리꾼'으로 비난했다. 그가 독가스 사용을 지지한 이유는 "공포를 보다 생생하게 확산시키는 데 유용"하기 때문이었다. 처칠은 내무장관 시절인 1910년 '열등한' 국민으로부터 '영국 혈통'을 구원한다는 이유로 십만여 명의 '정신 지체자들'에게 불임 시술을 하거나 이들을 국가가 운영하는 노동 수용소에 수감하는 계획을 비밀리에 제안하기도 했다. 이런 발상은 당시 유럽 기득권층에 퍼져 있던 이른바 '계몽적 사고방식'에서 비롯된 것이었다. 그러나 히틀러가 이것을 진짜 실천에 옮긴 이후부터는 내무부 극비 파일로 분류해 엄격히 보관해 오고 있다.4)

이런 분위기 속에서 1915년 윌슨 대통령의 아이티 침략 결정은 별로 놀랄 만한 일도 아니었다. 미국은 같은 해 도미니카공화국도 침략했는데,

이곳에서 미군이 저지른 만행은 아이티에 비하면 아무 것도 아니었다. 미군은 살인과 파괴를 자행하고 아이티 헌법을 무효화함으로써 노예제도를 사실상 부활시켰다. 20여 년의 통치 기간에 미국은 아이티 국민들에게 보안대에 의한 테러와 빈부 격차만을 남겨 주었을 뿐이다. 이런 역사적 배경을 고려할 때, 1950년대 뒤발리에 독재 정권이 미국의 강력한 지지를 받은 것은 지극히 당연한 일이었다.

아이티 인들은 미국의 약탈, 인종주의, 잔혹한 통치 등에 대해 저항의 움직임을 나타내기 시작했다. 미국 해병대의 진압 작전은 야만적이었다. 훗날 해병대 청문회에서 밝혀진 바에 따르면, 진압 과정에서 3천2백50명의 아이티 인이 사망했는데 이중 최소 4백여 명은 미군에 의해 직접 처형당했다. 반면 미 해병대와 보안대 측의 피해는 사상자 98명에 불과했다. 외부로 유출된 해병대 내부 문건에는 "원주민에 대한 무차별적 살상" 명령이 포함돼 있었다. 아이티 역사학자 로저 게일라드는 미국과의 전쟁으로 아이티 인 만5천 명이 죽은 것으로 추정하면서 "대학살과 같은" 참극이 벌어졌다고 기록했다. 스메들리 버틀러 미 해병대 소령은 부대원들이 "주민들을 돼지 사냥하듯 했다"고 증언했다. 프랭클린 루스벨트 대통령은 버틀러 부대원 한 명이 2백여 명을 학살한 것과 달리 아군 한 명이 돌에 맞아 이빨 두 개가 부러지는 경미한 피해밖에 입지 않았다는 점에 깊은 인상을 받았던지 버틀러 소령에게 의회 명예 훈장을 수여했다.

아이티 반란군 지도자 샤를마뉴 페랄트는 막사에서 잠을 자다가 심야에 변장하고 몰래 침입한 미 해병대원들의 손에 살해당했다. 미군은 아이티 인들의 사기를 떨어뜨리기 위해 그의 시체가 찍힌 사진을 수천 장 만들어 아이티 전역에 뿌렸다. 그러나 이런 선전 전략은 역효과만 냈을 뿐이었다. 페랄트의 시신이 십자가에 매달린 예수의 모습과 매우 비슷했기 때문이다. 결국 이 사진은 아이티 국민들의 애국심을 고취시키면서 민족주의의 상징으로 자리 잡았다. 페랄트는 루베르튀르와 함께 아이티 민족주의 영웅으로서 오늘날까지 국민들의 존경을 받고 있다.

미국 침략군은 말뿐인 '협정'을 일방적으로 선언함으로써 아이티 점령을 '합법화'했다. 아이티로서는 그것을 받아들일 수밖에 없는 처지였다. 윌슨 대통령은 한쪽에서는 아이티와 도미니카공화국을 침략하면서, 또 다른 쪽에서는 민족 자결과 약소국가를 지지하는 이상주의자로서 명성을 얻었다. 윌슨의 입장에서 보자면 이 둘 사이에는 애당초 모순이란 전혀 없었다. 즉 인권이란 "낮은 수준의 문명"인에게는 적용될 필요가 없으며 문명화된 국가의 "친절한 보호, 지도, 도움"을 받는 것이 당연하다는 생각을 갖고 있었기 때문이다. 또 다른 예로, 프랑스 식민 통치 아래의 베트남 독립 운동가들은 1차 대전 직후 프랑스 파리국제회의에 대표단을 파견하기 위해 윌슨 대통령의 도움을 요청했지만 냉정히 거절당했다. 당시 호소문을 들고 윌슨 대통령을 찾아갔다가 문밖에서 쫓겨났던 사람이 바로 호치민이다.[5]

미국의 아이티 점령이 남긴 또 하나의 유산은 새 헌법이었다. 점령군은 아이티 의회가 새 헌법의 인준을 거부하자 강제 해산시킨 후 일방적으로 선포해 버렸다. 이 헌법은 그동안 금지돼 왔던 외국인 토지 소유를 허용함으로써 미국 기업이 원하는 것은 무엇이든 차지할 수 있는 길을 열었다. 훗날 미국에서는 이 헌법을 프랭클린 루스벨트가 직접 작성했는지의 여부를 둘러싸고 논쟁이 벌어지기도 했다. 슈미트의 연구에 의하면, 루스벨트가 "아이티를 이용해 개인적으로 돈을 벌어 보려는" 의사는 갖고 있었지만 헌법 작성에 직접 참여했던 것으로는 보이지 않는다. 십 년 뒤인 1927년 국무부는 미국이 헌법의 인준을 위해 "다소 강압적인 방법을 사용했다"는 사실을 인정했다. 해병대의 감시 아래 치러진 국민투표는 유권자 5퍼센트만이 참여하는 저조한 투표율을 기록한 가운데 99.9퍼센트의 찬성률을 기록했다. 국무부는 이런 강압적인 방식이 불가피했다는 주장을 펼쳤다. "아이티 경제 발전을 위해서는 외국자본이 필요하다. 토지 소유를 금지하는 기존 헌법 아래에서 과연 어떤 미국인이 아이티에 돈을 투자하려 하겠는가?" 국무부의 주장대로라면 미국이 외국인 토지 소유 금지법을 강제적으로 폐지시킨 것은 불쌍한 아이티 민중을 돕기 위한 순수한 욕망에서 비롯된 것일 뿐이다.

미국은 아이티에서 자유선거를 허용하지 않았다. 만약 반미주의적인 후보가 당선될 경우 불쌍한 아이티 민중을 돕기 위한 미국의 프로그램을 방해할지도 모르기 때문이다. 미국은 이 프로그램을 '실용주의적 실험'이라고 불렀다. 언론에서도 "실용주의자들이 주장하는 지적인 지침을 통해 아이티의 발전 과정이 가속화되고 불필요한 낭비가 줄어들게 될 것"으로 예상했다. 그러나 우리는 이미 벵골부터 브라질, 과테말라에 이르기까지 미국의 '지적인 지침'으로 인해 어떤 결과가 빚어졌는지를 여러 차례 보아 왔다. 이제 아이티의 경험을 살펴볼 것이다.[6]

슈미트는 미국이 아이티에서 "민주주의 제도를 지속적으로 억압하고 정치적 기본권을 허용하지 않았"으며, "프랑스 대혁명과 함께 발전해 온 자유민주주의 철학과 정부 기구를 혼합하여 기존 민주주의 제도들을 건설하기는커녕 오히려 정반대로 짓밟고 권위주의적이며 반민주적인 체제를 강요했다"고 지적하고 있다. "외국자본이 지배하는 농장 농업은 기존 토지 소유제를 파괴하고" 토착 농부들을 날품팔이 노동자의 지위로 하락시켰다. 미국은 실제로는 유럽식 파시즘을 지향하면서도 정작 파시즘 모델들이 갖추고 있는 대중적 호소력조차 갖지 못하고 있었으며 오로지 지역 엘리트로 구성된 "소수의 동조 세력"만이 권력 기반이었을 뿐이다. 계속해서 슈미트는 "미국의 아이티 점령은 이탈리아 파시즘을 사실상 구현했으나 인간관계의 실패(대중적 지지의 결여)로 인해 결국 무기력해졌다"고 분석했다. 미국이 기댈 수 있는 유일한 토착 세력은 혼혈인 물라토 엘리트층이었다. 그들은 국민 대다수를 차지하는 흑인에 대해 "인종차별적인 경멸"을 나타내고 있었다. 이런 태도는 '총과 달러'를 가진 미국과 결탁하면서 더욱 악화됐다.

따라서 미국의 아이티 점령은 프랑스 식민주의 시대로 거슬러 올라가는 계급적, 인종적 내부 갈등을 더욱 악화시켰다. 그 결과의 하나가 바로 점령국인 미국과 물라토 엘리트층의 인종주의에 대항하는 **누아리즘** Noirisme[흑인주의]의 등장이었다. 20여 년 후 미국의 점령기가 끝나고 정권을 잡은 '파파 독' 뒤발리에는 흑인 민중들의 권리를 보장해 주는 척하면서 실제로는 자신의 권력과 사설 살인 부대(일명 '통통 마쿠테'), 그리고 전통적 혼혈 엘리트 권력을 강화하여 살인적인 독재정치를 지속시켰다.

아이티 역사학자 미셸-롤프 트루이요는 "미국의 아이티 점령은 국민을 착취함으로써 경제 위기를 악화시켰"으며, 일반 국민들을 무장 해체시키고 "군, 재정, 상업 등을 중앙집권화"함으로써 결국 뒤발리에 왕조의 "피의 피날레"를 초래했다고 평가했다.

아이티에서 미국의 만행이 최악의 상황에 이르는 동안 미국 언론은 침묵을 지키거나 정부 정책에 대한 지지로 일관했다. 1917~1918년 『뉴욕타임스』 기사 색인을 들춰보면 아이티 사태에 관한 항목이 아예 없다. 1904~1919년 미국 언론들은 1920년에 잔혹한 주요 사건이 표면화하여 의회 차원의 조사가 개시될 때까지 아이티와 도미니카공화국에 대한 정부의 개입 정책을 전반적으로 지지하고 있었다. 또 두 나라 국민들을 '깜둥이'

'잡종' '해로운 존재' '벌거벗은 검둥이 떼' 등으로 묘사하곤 했다. 어떤 신문은 "아이티는 에너지가 넘치는 앵글로색슨의 영향을 받기를 원한다," "아이티로 가서 우리의 흑인 형제들이 집안 청소하는 것을 돕자"고 부추기기도 했다. 여기에서 한 발짝 더 나아가 "우리의 평화와 안전을 보호하기 위해" 아이티에 개입할 권리가 있다는 주장을 펴기도 했다(『뉴욕타임스』).

『뉴욕타임스』 논설위원들은 미국의 '사심 없는 구원자로서의 전통'을 자화자찬하면서 "아이티가 도움을 원할 때 아버지와 같은 자세로" 다시 한 번 행동하자고 강조했다. 미국의 "사심 없는 개입은 지난날 숱한 혁명으로 고통 받은 아이티 국민에게 평화의 은혜를 베풀기 위한 바람에서 비롯된 것"으로 상업적 이익은 전혀 고려하지 않았다. 아이티 "섬사람들은 미국이 가장 좋은 친구란 사실을 깨달아야 한다." 미국은 아이티 "국민들이 반란 습관을 버리고 진정 어떻게 살고 일할 것인지 배우도록" 만드는 것만을 추구하고 있다. 미국은 아이티 인을 개혁하고 "교육할 의무를 지닌다." "미국의 선의와 이타주의적 목표는 그 결과로 증명되고 있다." 이런 것들이 1922년 『뉴욕타임스』에 실린 사설의 구절들이다. 그러나 바로 그해에 미국 해병대는 아이티에서 수많은 만행을 저질러 현지 국민들의 강력한 저항을 불러일으켰다.

문제는 1920년대의 관점이 현재까지도 일부 학계에서 통용되고 있다는 사실이다. 뒤발리에 독재의 몰락으로 아이티가 다시 미국을 비롯한 국제사회의 관심권 안으로 들어오게 됐을 때, 하버드 대학 역사학자 데이비드 랜즈는 미 해병대가 "아이티의 정치체제와 해외무역의 안정을 회복시켰다"고 평가했다. 미국 점령에 대한 저항도 있었지만 그것은 은혜를 베푼 사람이 늘 직면하는 문제이기도 하다는 것이다. 법학자인 휴슨 라이언(플레처 국제법학 대학원)은 아이티는 미국으로부터 "선의의 지도와 후원"

을 꾸준히 제공받은 이례적인 국가라고 지적하고, 특히 외국인 토지 소유 금지 조항 폐지 등 기존 헌법 체계상의 "후진적" 요소들을 미국이 친절하게도 나서서 없애 주었다고 주장했다.[7]

아이티에서 외국인 토지 소유 금지가 폐지(미국 정부도 다소 강압적인 방법을 동원했다는 점을 인정했다)되자 미국 투자자들은 새로운 농장 건설을 위해 재빨리 토지를 사들였다. 대단히 싼 값의 노동력도 미국 투자를 부추긴 매력적인 요소들 중 하나였다. 1926년 뉴욕의 한 경제지는 아이티를 '최적의 투자 대상국'으로 꼽으면서, "아이티인 들은 다루기 쉬운 데다가 파나마에서는 일당이 3달러인데 비해 아이티에서는 노동자가 하루 20센트의 임금을 받고도 열심히 일한다"는 점을 강조했다. 1960년대부터 카리브 지역과 아이티에서는 미국 기업이 운영하는 조립 공장의 숫자가 급속히 늘어난다. 1966년에는 13개였던 미국 공장이 1981년에는 154개가 됐다. 이런 외국계열 기업들은 아이티 총수출의 40퍼센트를 차지했다(1960년에는 수출의 100퍼센트가 일차 상품이었다). 아이티 인들이 수출로 얻은 이익은 극히 제한적이었지만, 전통적인 엘리트층은 새롭게 얻은 기회를 이용해 더욱 부를 늘려 나갈 수 있었다.

1980년대 구조조정의 영향으로 경제가 날로 황폐해지자 국제통화기금 근본주의는 드디어 대가를 요구하기 시작했다. 투자, 무역, 소비, 농업 생산이 쇠퇴하고 가난은 더욱 악화됐다. 세계은행에 따르면, 1986년 '파파 독'의 아들인 '베이비 독' 뒤발리에가 실각하던 당시 일인당 연간 수입이 60달러 미만인 사람이 인구의 60퍼센트에 이르렀고 아동 영양실조와 유아 사망률은 그야말로 충격적인 수준을 나타내고 있었으며, 아이티 농촌은 생태적으로나 인간적으로나 거의 다 파괴돼 버렸고 앞으로 회복될 희망조차 거의 없어 보였다. 1970년대에는 수천 명의 아이티 인들이 보트를 타고 미국에 들어왔지만 미국 정부는 선전할 가치가 없었기 때문에 이들 대부분을 본국으로 되돌려 보냈다. 1981년 레이건 행정부는 아이티 난민에 대해 보다 강력한 입국 금지 정책을 발효했다. 1981년부터 십여 년 동안 미국 해양경비대에 적발된 아이티 인은 2만4천여 명에 달한다. 이중 11명은 정치적 박해의 피해자로 분류돼 보호 수용소에 수용되기도 했다(쿠바인의 경우 7만5천 명 모두가 망명자로 인정받은 것과 대조적이다). 아리스티드의 짧은 재임 기간에 아이티에서는 테러가 누그러지고 보다 나은 미래에 대한 희망이 높아지면서 난민자의 수도 크게 떨어졌다. 그러나 미국은 더 많은 인원을 망명자로 처리했다. 뒤발리에의 독재와 테러가 지배하던 십년간 망명자는 28명이었지만, 아리스티드 재임 7.5개월 동안 망명자는 20명이나 됐다. 아리스티드의 실각 이후 보트 피플은 다시 한 달 평균 수천 명에 이르렀다. 이들 중 대다수는 미국 해안경비대에 의해 암울한 현실만이 기다리고 있는 아이티로 쫓겨났다. 망명 신청이 허용된 경우는 거의 없었다. 한 예로 어떤 아리스티드 지지자는 군인들이 총을 겨눈 채 집안을 수색하고 가게를 부쉈는데도 '약간의 괴롭힘'만을 겪었다는 이유로 망명 신청을 거절당했다.

세계은행과 미국 국제개발처가 1981~1982년 추진했던 아이티 경제 발전 전략은 조립 공장과 농작물 수출을 기초로 한 것이었다. 그 결과 경작지 30퍼센트가 국내 소비용 농경지에서 수출용 곡물 재배지로 탈바꿈했다. 국제개발처는 "카리브 해의 대만"격인 아이티 섬이 "미국과 보다 밀접한 시장 관계를 맺게 될 것"으로 내다보았다. 1985년 세계은행은 「아이티: 성장을 위한 정책 제안」이란 보고서를 내놓는다. 이 보고서는 수출 중심의 발전 전략을 촉구하고 "수출 증대를 위해" 국내 소비는 확실하게 통제하는 정책을 제안했다. 이와 함께 "개인기업 육성"에 주력하고 교육비는 "최소화"하며, "높은 경제적 보상을 가져다주는 개인 사업 계획에 대한 후원을 강화해야 한다"는 조언도 덧붙였다. 그렇게 하면 언젠가 성공할 것이라고 했다. 이런 정책들은 미국의 원조를 받기 위한 전제조건이며, 이대로 실행할 때 아이티의 밝은 미래가 확실히 보장된다는 것이다.

그러나 여기에서 세계은행이 간과한 부분이 있다. 바로 농촌 인구의 도시 이주와 난민 사태이다. 수많은 아이티 인들이 천3백 킬로미터나 떨어진 플로리다 해변을 향해 위험천만한 배에 몸을 싣고 바닷길에 나섰으며, 요행히 겨우 살아남은 사람들도 또다시 강제송환될 수밖에 없었다. 아이티는 아이티일 뿐 결코 대만이 될 수 없다.

미국의 아이티 원조와 발전 전략을 연구한 에이미 윌렌츠는 미국이 "두 가지 전략적 목적을 달성했다"고 말한다. 첫째는 농업의 미국 시장에 대한 구조적인 의존이며, 둘째는 땅을 잃고 도시로 쫓겨 온 농부들을 미국계 회사의 공장 노동자로 흡수하는 동시에 쉽게 군의 통제를 받도록 만들었다는 점이다.[8]

3. 원칙을 상실한 정치

1985년 6월 아이티 의회는 새로운 헌법을 만장일치로 통과시켰다. 새 헌법에 따라 장 클로드 뒤발리에는 종신 대통령의 자리에 올랐고, 기독민주당을 불법화했으며, 정부는 구체적인 이유 없이도 정당의 권리 행사를 중지시킬 권리를 갖게 됐다. 이 헌법은 국민투표에 부쳐져 99.98퍼센트의 지지를 받았다. 이 같은 사태 진전에 대해 워싱턴은 깊은 인상을 받았다. 아이티 주재 미국 대사는 7월 4일 미국 독립기념일 기념행사에서 하객들에게 아이티에서 이뤄지고 있는 "진보를 향한 고무적인 발걸음"들을 칭송했다. 레이건 행정부도 의회에 제출한 보고서에서 아이티의 "민주주의 발전"이 진행되고 있다면서, 뒤발리에 정권에 대한 지속적인 군사·경제 원조 ― 주로 베이비 독과 그 측근들의 주머니로 흘러 들어간 ― 를 정당화했다. 당시 민주당이 다수였던 하원 외교 분과위원회는 정부가 "비공산주의적인 뒤발리에 정부와 우호적인 관계를 유지할 것"을 촉구하면서 군사·경제 원조를 승인했다.

그러나 미국 기득권층이 그토록 칭송했던 '민주주의적 발전'은 단명하고 말았다. 그해 12월 아이티에서는 민중들의 항의 시위가 국가 테러를 뚫고 봇물처럼 터져 나왔다. 두 달 뒤 『월스트리트저널』은 미국 정부의 반응을 다음과 같이 솔직하게 전하고 있다.

한 행정 관리는 백악관이 지난 해 말, 아이티에서 일어나고 있는 전례 없는 대규모 시위들을 살펴본 후 뒤발리에 정권이 붕괴하고 있다는 결론을 내렸다고 말했다. [⋯] 미국의 정치 분석가들은 아이티 지배층 내부에서 34세 대통령 뒤발리에에 대한 신뢰가 이미 무너진 상태임을 깨달았다. 결국, 조지 슐츠 국무장관을 포함한 미국 관료들은 아이티의 '민주화 과정'을 공개적으로 요구하기 시작했다.

한편 필리핀에서도 아이티와 똑같은 시나리오가 진행되고 있었다. 필리핀 마르코스 정권에 대해 존경, 아니 '사랑'에 가까운 감정을 보여 왔던 레이건과 부시는 반마르코스 시위가 격화되자 '민주화 과정'을 촉구하고 나섰다. 이 두 가지 경우는 특히 1980년대에 미국이 어떻게 "민주주의의 승리를 고취하기 위해 조력"했는지(『뉴 리퍼블릭』)를 단적으로 보여주는

좋은 예이다.[9]

뒤발리에는 미국의 신뢰를 잃자마자 실각했다. 그는 미국 공군기를 타고 프랑스의 안락한 망명지로 향했다. 뒤발리에의 실각 이후 실권을 잡은 사람은 앙리 낭피 장군이었다. 엘리어트 에이브럼스 미국 국무차관은 미국의 오랜 친구이자 뒤발리에의 측근이었던 낭피 장군을 "아이티 민주주의를 위한 최선의 인물"로 높이 평가했다. 그러나 모든 사람이 낭피 장군을 지지했던 것은 아니었다. 시골의 작은 교회에 몸담고 있던 장 베르트랑 아리스티드 신부는 성명서에서 "우리는 뒤발리에가 사라진 것을 기쁘게 생각"하지만 "이제 우리 앞에 있는 것은 뒤발리에 없는 뒤발리에주의"라고 비판했다. 그 당시에는 아리스티드 신부의 말에 귀를 기울이는 사람이 거의 없었다. 그러나 일련의 사건들은 그의 지적이 옳았다는 것을 입증했다.

1987년 11월 아이티에서는 자유선거가 치러질 예정이었다. 그러나 낭피 일당(군부와 구엘리트)은 만에 하나라도 자기들에게 불리한 사태가 초래되는 것을 막기 위해 '통통 마쿠테'란 이름의 보안 조직을 동원해 반대 세력에 대한 테러를 감행한다. 특히 1987년 7월에는 마쿠테와 군대가 소름 끼치는 대량 학살을 저지르기도 했다. 폭력을 조장해 온 이들은 선거 당일 시위대와 대대적으로 충돌했다. 이것은 혼란을 핑계로 내세워 선거 자체를 취소시키려는 낭피 일당의 음모에 따른 것이었다. 이 기간에 미국은 질서유지를 돕는다는 이유로 군부에 대한 원조를 계속했다. 그러나 정작 아이티의 질서를 와해시킨 것은 군부와 통통 마쿠테의 폭력과 만행이었다. 선거 당일 테러 사건을 계기로 결국 미국 정부는 군사원조를 일시 중지했다. 그러나 1987년도 경제 지원은 이미 95퍼센트 이상 집행되고 난 뒤였다.

군부의 압력 속에서 부정선거가 치러진 직후 낭피는 쿠데타를 일으켜 권력을 잡는 데 성공한다. 아리스티드 신부의 말처럼 군부와 통통 마쿠테에 의한 '뒤발리에 없는 뒤발리에주의'가 등장한 것이다. 노조 간부와 농민 조직에 대한 탄압도 더욱 노골화됐다. 아이티 주재 미국 대사 브런슨 맥킨리 는 미국 인권 단체들로부터 아이티 인권 상황에 대한 질문을 받고 "현재 아이티에서 인권에 저촉되는 정책이 시행되고 있다는 어떤 증거도 찾을 수 없다"고 대답했다. 폭력이 존재하는 것은 분명 사실이지만 "문화의 한 부분"일 뿐임으로 문제가 될 것이 없다는 식이다. 과연 어느 나라의 문화를 말하는 것인지 나로서는 그저 아리송할 뿐이다.[10]

한 달 뒤 아리스티드 신부가 미사를 집전하고 있는 동안 정체불명의 깡패들이 교회를 급습했다. 이 과정에서 13명이 죽고 77명이 다쳤으며 아리스티드 신부는 지하조직으로 은신했다. 한편 또 다른 뒤발리에주의자인 프로스페르 아브릴 장군이 쿠데타를 일으켜 낭피를 제거하고 권력을 잡는 사태가 발생했다. 아이티 가톨릭 교단은 아리스티드 신부가 교회로 돌아가 활동하는 것을 허용했지만 그것도 그리 오래가지는 못했다. 교단의 보수적인 위계질서에 크게 실망한 아리스티드 신부가 자유와 테러의 종식을 계속 촉구했기 때문이다. 로마의 교단은 아리스티드 신부에게 즉각 아이티를 떠나라는 명령을 내렸다. 그러나 민중들은 대대적인 시위를 벌여 그의 출국을 저지했다. 교단의 명령을 거부하고 몸을 숨기고 있던 아리스티드 신부는 1990년 12월 대통령 선거를 앞두고 전격적으로 입후보를 선언했다. 그리고 67퍼센트의 놀라운 지지율을 얻어 미국이 후원한 세계은행 관리 출신인 마르크 바쟁(14퍼센트)을 큰 표차로 누르고 대통령으로 당선됐다. "가난한 사람들을 위한 헌신"을 추구하는 라틴아메리카 가톨릭 신부들의 전통에 충실한 이 용감한 해방신학자는 아이티 역사상 최초로 민주적 선거를 통해 당선된 대통령으로 이듬해 2월 취임한다. 그러나

9월 30일 군사 쿠데타로 그는 실각하고 말았다.

워싱턴의 <반구문제위원회>(COHA)는 쿠데타 이후 정세에 관한 보고서에서 "아리스티드 정권은 아이티의 오랜 고통의 역사 속에서 최초로 독재정치로부터 벗어나 진정으로 민주주의와 자결권을 이룩하고자 했다"고 평가했다. 또 아리스티드의 승리는 교회의 지역 활동가들이 앞장서서 "지난 십여 년 동안 시민 교육과 참여에 헌신해 온 결과"이며 소규모 풀뿌리 공동체 등 민중 조직들의 운동을 기반으로 한 "아래로부터의" 민주화의 교과서적 사례라고 분석했다. 이런 대중적 지지를 기반으로 아리스티드 정권은 "가난한 자들에게 권력을 부여"하고 국제 관계에 있어서도 "민중적 모델"을 지향했다. 그러나 워싱턴이 추구하는 '민주주의' 모델이란 "사회 경제적 정의, 민중의 정치 참여, 모든 행정의 개방화"보다는 "국제시장"을 추구하는 것이었다. 게다가 백악관은 아리스티드 정권이 "관료 조직을 대폭 개편"하고 합리적인 예산안을 내놓는 등 국민들의 절대적인 신임을 얻고 있는 것을 내심 불편하게 생각하고 있었다. 또 아리스티드가 국제금융 업계로부터 끌어온 5억 달러의 원조금 중 미국 돈은 극히 일부분에 지나지 않았는데, 워싱턴은 이것을 아이티가 미국이 주도하는 국제금융과 정치에서 이탈하고 있다는 증거로 해석했다. 워싱턴이 우려해 온 '썩은 사과' 효과가 현실로 나타날 가능성이 높아지고 있던 것이다.[11]

워싱턴 입장에서 아이티 민주 정부는 전혀 반갑지 않은 존재였다. 지난날 동지였던 뒤발리에가 실각한 후 미국은 자국 투자가들에게 유리한 민주주의 형태를 아이티에 정착시킬 계획을 갖고 있었다. 이를 위해 미국의 초당파적 기구인 <국립민주주의기금>(NED)은 <아이티 국제발전연구소>(IHRED)를 비롯해 두 개의 보수적 노동조합에 지원금을 제공했다. IHRED는 NED 이상으로 민중적 기반이 전혀 없는 바쟁 및 기존 정치인들과 연결돼 있었다. 국무부는 반노조 조직들과 손을 잡고 "급진 노조 및 급진주의를 초래할 우려가 있는 기타 조직"들을 견제하기 시작했다. 대통령 선거를 앞두고 NED가 지원한 단체 및 개인들 중에는 뒤발리에 정권에서 관광장관을 역임했다가 이후 반정부 세력으로 돌아선 장 자크 오노라트가 이끄는 인권 단체도 포함돼 있었다. NED는 뒤발리에는 반대하지만 보수적인 가톨릭 체계에 속해 있는 <라디오 솔레이유>에게도 선거 준비 자금을 지급했다.

아리스티드의 당선 이후 미국은 국제개발처를 통해 아이티에서의 각종 정치활동을 지원했다. <인권 감시>의 케네스 로스 부소장에 따르면, 보조금 지급의 목적은 "아리스티드 정권에 대한 견제 세력"으로 보수 단체를 강화함으로써 아이티를 "우파로 확실하게 돌아서게 만들기 위한 것"이었다. 아리스티드 실각 후 군사정권에서 엘리트들이 권력을 갖게 되면서 오노라트는 사실상의 총리로서 실질적인 역할을 하게 된다. 이 기간 동안 아리스티드를 지지했던 민중 조직은 말살당한 반면 NED와 USAID의 지원을 받은 단체들은 살아남았다.[12]

아이티 사태를 가깝게 지켜본 에이미 윌렌츠는 아리스티드의 짧은 재임 기간은 "미국이 최초로 아이티 인권과 법에 대해 깊은 관심을 갖게 된 시기"라고 말했다. 국무부는 아리스티드 정권 당시 아이티에서 발생한 "인권침해 사례를 모은 보고서를 만들어 회람시켰다." 국무성의 이 같은 행동은 뒤발리에와 군사정권 때에는 한 번도 없었던 것이었다.

아리스티드 정권이 등장하기 전에, 국제 인권과 민주주의를 지지하는 이들은 아이티 민주 야당에 대한 미국 국무부의 지원을 여러 차례 촉구했다. 그러나 미국은 아리스티드가 대통령으로 당선될 때까지 군사정권에 대한 지원을 제외하고는 아무런 행동도 취하지 않았다. 어느 날 갑자기 미국 정부는 아이티 인들을 위해 정부를 견제하고 합법적인 반정부 운동을 도와주겠다고 나섰다.

특히 국제개발처의 '민주주의 증진' 프로젝트는 아리스티드에 대한 반대파를 지원하는 데 주력했다.13)

아리스티드는 대통령 출마를 선언하기 전 다음과 같이 말했다. "미국은 아이티에 대해 나름대로의 발언권을 갖고 있다. 부자가 투자를 하고 이익 회수를 극대화하려는 것은 지극히 자연스런 현상이다. 미국이 자국 내에서 무엇을 어떻게 하든 상관없다. […] 그러나 아이티에 와서 자신의 의지를 전혀 무관한 타인에게까지 강요하려 한다면 그것은 끔찍한 일이다. 나는 아이티가 미국이 원하는 대로 되는 것을 받아들일 수 없다." 바로 이런 이유 때문에 미국은 아이티에서 떠나야 한다.14)

1991년 9월 30일 쿠데타로 정권을 잡은 군부는 "뒤발리에 실각 이후 아이티에 뿌리내린 약동하는 시민사회를 짓밟기 위해 체계적이고 지속적인 캠페인을 추진했다." 아이티의 믿을 만한 인권 단체들은 쿠데타 발발 이후 2주 동안 최소 천여 명의 시민이 살해당했고 12월경에는 사상자 숫자가 수백 명 더 늘어난 것으로 추정하고 있다. 그러나 이런 단체들도 농촌 지역에서 과연 어떤 참극이 벌어졌는지에 대해서는 윤곽조차 잡지 못하고 있다. 특히 아리스티드 정권 때 해산됐던 통통 마쿠테 조직이 12월 말에 다시 등장한 이후 테러는 더욱 악화됐다. 수백만 명의 사람들이 숨어 지내고 있다. 아이티 국민들은 1991년 9월 쿠데타 이후 테러가 '파파 독' 뒤발리에 시절보다 훨씬 심각하다고 증언하고 있다. "테러의 목표는 두 가지였다. 첫째는 뒤발리에 실각 이후 이룩한 민주적 성과물들에 대한 파괴이며, 둘째는 이런 민주적 성과물들을 확장시키려는 모든 노력을 무기력하게 만드는 것이다." 이에 따라 노동조합 등 민중 조직들과 진보적인 "라디오 방송국들"(분산되어 있고 대체로 문맹인 주민들의 중요한 통신 매체)이 테러의 표적이 됐다. 비천한 대중은 흩어진 상태로 남아 있어야 하고, 자신의 이해를 표현할 수 있는 노동조합 등 어떤 형태의 조직체도 가져서는 안 되며, 독립적인 통신 및 정보 수단도 지녀서는 안 된다.

이런 말은 이미 라틴아메리카의 다른 나라들에서도 수차례 들었던 경험이 있다.

실질적 총리였던 오노라트는 "선거와 민주주의는 아무 관계가 없다"면서 쿠데타를 옹호했다. 그는 프랑스 등 외국 언론과 외교관들이 "인종주의적 편견"으로 현 정권을 중상모략하고 있다고 주장하면서, 뒤발리에 일당들이 관리로 재등용되는 것에 대해서도 지지 입장을 나타냈다. "어떤 사회도 경찰력 없이는 존재할 수 없다"는 것이 그의 주장이었다. 그러나 관리로 복귀한 뒤발리에 일당은 지난 정권에서 "자신들을 괴롭혔던" 각종 종교 단체와 개인들, 비폭력적인 농민운동에 보복했다. 이런 상황에서도 오노라트는 아이티를 방문한 외국의 인권 단체 대표들을 접견한 자리에서 아리스티드 정권이 군부를 지나치게 박해함으로써 결국 스스로 쿠데타를 초래했다고 비난했다. 미국의 일부 언론들은 국립 아이티 대학에서 학생 연맹 대표들이 기자회견 도중 무장 군인의 급습을 받고 체포되는 사건이 발생했을 때, 오노라트의 아내가 나서서 "학생들에게 군인들로부터 좋은 대접을 받았다는 성명을 발표하는 조건으로 풀어 주겠다는 제안을 하기도 했다"고 케네스 로스는 보도한다.

11월 초로 접어들자 수많은 아이티 국민들이 군사정권의 폭력과 박해를 피해 해외로 탈출하기 시작했다. 그러자 부시 행정부는 아이티의 인권과 민주주의에 대한 솔직한 지지자에서 부끄러운 변론자로 뒤바뀌었다.

미국 국무부는 "아리스티드 지지 세력에 대한 정치적 박해가 중지됐다는 기만적인 성명서를 발표"하면서, 테러만이 횡행하는 아이티로 난민들을 강제로 송환했다. 미국은 양국 간의 통상을 저해할 수 있다는 이유로 아이티 군부에 대한 비판을 자제했으며 그나마 10월 말쯤에는 거의 찾아볼 수 없게 된다.[15]

부시 행정부는 실각한 아리스티드 대통령과 재빠르게 거리를 두었다. 특히 백악관은 아이티의 민주주의를 위해서 아리스티드가 반드시 복귀해야 한다는 것을 인정하지 않았다(『뉴욕타임스』). 같은 날 <미주기구> 대표는 "우리는 아리스티드가 반드시 복귀해야 한다는 명백한 견해를 갖고 있다"는 내용의 성명서를 발표했다.

그러나 워싱턴의 주장은 언론에 메아리쳤다. 『뉴욕타임스』의 하워드 프렌치는 아리스티드를 "정치 세계의 '거래' 대신 국민의 인기를 동원해 정계 복귀를 노리는 위험한 지도자"라고 보도했다. 아리스티드는 중국 문화혁명을 모델로 삼은 "유구한 이상주의와 예전에 폐기된 좌파의 비체계적인 운동인 라발라스 운동에 지나치게" 의존하여, "공포를 수단으로" 통치했다는 것이다 ── 이것이 "아래로부터의 참여 민주주의적 정치 발전의 교과서적 사례"라는 <반구문제위원회>의 평가에 대한 『뉴욕타임스』의 변형판이다. 이 밖에 『뉴욕타임스』는 아리스티드의 권력욕 때문에 아이티 "시민사회가 어려움에 직면해 있다"고 평가하면서도, 국민 대다수가 여전히 아리스티드를 열성적이며 용감하게 지지하고 있다는 사실에 대해서는 언급하지 않았다. 이어서 아이티 지도층과 외교관들은 아리스티드가 재임 기간에 "대중의 가난에 대한 부유층의 책임을 강조함으로써" 쿠데타를 자초했다고 말한다. "아리스티드는 1990년 12월 선거에서 유권자 67퍼센트의 지지를 얻고 대통령으로 취임했으나 적극적으로 정치에 참여하는 사람들의 헌정 질서에 대한 염려와 정치적, 계급적 폭력에 대한 강한 두려움 때문에 실각하고 말았다"고 분석했다.

이 기사를 쓴 기자가 아이티에 대해 얼마나 박식한지는 모르겠으나, 정작 군부와 엘리트층이 '정치적, 계급적 폭력'을 독점하고 있다는 사실에 대해서는 잘 모르고 있는 듯하다. 군부와 엘리트층은 '헌정 질서에 대한 염려'라곤 눈곱만큼도 없으며, '적극적으로 정치에 참여하는 사람들'과 그들의 조직을 와해시키기 위해 테러를 가한 장본인들이 그들이란 점도 모르고 있는 것 같다. 미국 정부와 『뉴욕타임스』의 기준에 따라 '시민사회'를 보는 이들의 입맛엔 너무 지나치게 '체계적'이고 효율적이었던 것이다. 이런 사람들이 말하는 '시민사회'란 자신의 전통적인 권력과 특권을 존속시키는 것을 의미하며 그것이 보장되는 한도 내에서만 '시민사회'를 허용할 뿐이다. 또한 위 기사는 군부가 "아무런 권력욕도 없다는 것이 명백"하다고 확신했지만, 『파이낸셜타임스』의 지적처럼, 군부는 아이티가 과거와 같이 "남미에서 생산된 마약을 북미로 전달하는" 중간 기지로서의 역할을 되찾음으로써 자신들의 이익을 챙기는 데 관심을 갖고 있었다.[16)]

<미주기구>는 군부 쿠데타 직후 아이티에 대한 엠바고를 결의했고, 미국도 10월 29일 교역을 중지하면서 동참했다. 지배 엘리트는 이 조치를 비난했지만, 정작 그로 인해 고통을 겪을 아이티 일반 국민들은 기뻐했다. 미국 언론들은 "군부의 테러를 피해 시골로 피신한 아이티의 국민들에게 단 하나 좋은 소식이 있다면 그것은 바로 엠바고였다"고 현지의 반응을 전했다. 한 시민은 무역이 중단돼야 한다면서, "우리가 아무리 고통스럽더라도 상관없다. 우리는 죽을 각오가 돼 있다"고 말했다. 엠바고가 시행된 지 몇 달 후에도 분위기는 비슷했다. "엠바고를 유지하라!"는 가난한 이들 사이에서 인기 있는 구호였다. 그들은 말했다. "티티드(아리스티드의 애칭)

는 우리에게 희망과 존엄을 되찾아 주었다. […] 엠바고로 현 정권이 물러나고 티티드가 돌아올 수만 있다면 어떤 고통이든 감내하겠다."

그러나 엠바고는 있으나마나 했다. 우선 유럽 국가들이 아이티 엠바고에 별 열의가 없었다. 또 아이티 기득권층은 비행기를 타고 마이애미나 뉴욕으로 날아가 마음대로 쇼핑을 즐겼다. 군부가 장악한 도미니카공화국은 엠바고에 동조하지 않고 아이티와 교역을 계속했다. 자국의 이익이나 통제력이 위기에 빠질 때마다 남의 나라 팔을 비틀어서라도 원하던 것을 이뤄 내고야 말았던 미국이 이번에는 아이티 민주주의 재건과 테러 중지를 위해 동맹국들을 동원하기가 쉽지 않았다. 이런 상황은 걸프 전 이후 부시 행정부가 쿠웨이트 민주주의 세력에 대한 지원을 꺼렸던 것과 비슷하다. 당시 개인적인 대화에서도 '민주주의'란 단어 자체를 입에 올리는 것조차 금지됐을 정도이다.[17]

『월스트리트저널』의 워싱턴 특파원 로버트 그린버거는 1992년 1월 기사에서 미 행정부가 "쿠데타에 동조한 군 장성이나 부유층 지지자들의 미국 내 자산을 동결"시키거나 "미국을 자주 드나드는 특권층의 비자 발급을 일시 중지"하는 등 강경한 조치를 전혀 취하지 않고 있다고 보도했다. 그 이유는 바로 아리스티드에 대한 거부감이었다. 쿠바 엠바고를 주도하고 있던 하원 외교 분과위원회의 로버트 토리첼리(민주당)의원은 아이티 사태에 대해 "민주화가 항상 완벽한 결과를 가져오는 것은 아니다"라고 설명한다. 아리스티드의 경력을 볼 때, 미국이 아이티에 대해 보다 강경한 제재 조치를 내린다면 국제적인 지지를 이끌어 내기가 쉽지 않다는 것이다. 쿠바 테러리스트들의 경우에는 이런 문제가 없었다. 그린버거는 아리스티드가 "최초의 자유선거에서 압도적인 지지로 대통령에 당선"됐으며 "가난한 국민들로부터 절대적인 지지"를 얻고 있는 것은 사실이지만·그의 "불타는 연설은 때때로 계급 폭력을 조장하고 있다"고 주장했다. 아이티는 물론, 과테말라, 브라질, 인도네시아 등에서도 계급 폭력에 대해 늘 촉각을 곤두세워 왔던 『월스트리트저널』다운 지적이 아닐 수 없다.

토리첼리는 자신의 쿠바 정책을 고취시키는 민주주의와 인권을 향한 열정을 보다 분명히 설명하면서, 아이티 엠바고의 종식을 촉구하고 관타나모 미군 기지에 수용돼 있던 아이티 난민들을 즉각 본국으로 송환해야 한다고 주장했다.[18]

부시 행정부가 직면한 어려운 선택에 관하여 많은 말들이 쏟아졌다. 『타임』은 부시 대통령이 "아이티 내 미국 기업 소유의 공장에 대한 엠바고를 완화할 경우 4만 명의 일자리가 회복돼 아이티 국민들의 고통을 덜어주는" 효과가 있다고 주장했다. 엠바고 완화로 이익을 보는 사람은 공장에 투자한 미국 기업가들인데도 이 기사는 아이티 국민들을 핑계로 내세우고 있다. 그 국민들이 엠바고를 원하고 있다는 사실은 안중에도 없다.

여기서 우리는 이른바 '정치적 올바름'의 또 다른 예를 만날 수 있다. 앞에서 '일자리'란 단어는 '이윤'이라는 완전히 새로운 의미로 사용되고 있다. 이를테면 조지 부시 대통령이 미국 자동차 회사 간부들을 대거 대동하고 일본을 방문했을 당시, 겉으로는 '일자리, 일자리, 일자리'를 주창했지만 사실은 처음부터 끝까지 '이윤, 이윤, 이윤'을 부르짖은 것이다. 그리고 늘어난 일자리라고 하는 것도 대부분 노동자들을 저임금, 억압적 상황에 밀어 넣음으로써 노동의 진정한 의미와 권리를 파괴하는 것일 뿐이다.

부시 대통령은 『타임』의 충고를 주저하지 않고 따랐다. 2월 4일 미국 정부는 아이티 내 조립 공장에 대한 엠바고를 해제했다. 이런 공장들은 대부분 미국인 소유였다. 몇 달 후 언론은 미국 정부가 5월 17일 <미주기구>의 결정에 따라 "아이티와의 해상 교역에 대해서 규제를 강화"하는 한편으로 미국 상품, 즉 종자, 비료, 살충제 등의 아이티 수출에 대해서는 지속적으로 완화 조치를 취하고 있다고 작은 기사로 보도했다. 이 모든 것이 미국 내 '일자리, 일자리, 일자리' 창출을 위해서였음은 물론이다.

『워싱턴포스트』는 "아이티와 이해관계가 있는 기업들이 정부에 [엠바고 해제] 압력을 넣고 있다"고 전했다. 사설들은 2월 4일 정부의 조치를 긍정적으로 평가했다. 엠바고가 아이티 국민들에게 "극심한 고통을 초래"한 반면, 정작 표적으로 삼았던 군부 세력에게는 별 타격을 주지 못했다는 점에서 "근본적인 정치적 오판"이었다는 것이다. "엠바고가 목적을 달성하지 못한 이상 완화되는 것은 당연한 일"이란 이야기이다. 그러나 아이티 난민의 강제송환 조치에 대해서는 "인권에 대한 책임"을 다하지 못하는 것이라는 입장을 나타냈다 ── 그들은 입장을 바꿀 때마다 자신들이 공표했던 것을 확인해 보곤 한다. 19)

워싱턴이 <미주기구>의 아이티 엠바고 조치를 일방적으로 완화하고 나서자 국제기구들로부터 비난이 쏟아졌다. 특히 <미주기구> 사무총장은 미 국무부에 엠바고 해제 조치에 대해 재고해 줄 것을 촉구했다. 유엔난민고등판무관실(UNCHR)은 아이티 난민 강제송환을 강력히 비판했으며, 1991년 11월에는 미국 정부가 모든 아이티 난민들에게 "망명자로서의 법적 지위"를 인정해 줄 것을 요구했다. 유엔 협약에 따르면 망명자는 '예외 없이' 생명과 자유가 위협 당할지도 모르는 곳으로 송환되지 않을 권리를 지니고 있다. 1992년 5월 유엔난민고등판무관실은 미국의 아이티 난민 강제송환이 국제 협정을 위반한 것이라고 다시 한 번 선언했다. 『뉴욕타임스』는 미국과 사업 관계를 갖고 있는 아이티의 한 보수적 기업가의 말을 인용해 아이티 내에서 살인 부대식 살해 행위가 "크게 늘었다"고 보도한다. "아이티 국민들은 공포 속에서 살고 있고, 수많은 사람들이 살해당하고” 있으며, 워싱턴이 아이티 난민의 강제송환 조치를 발표한 것과 때를 같이해 아이티에서는 “폭력이 치솟고” 있다.[20]

『워싱턴포스트』의 리 호크스태더의 보도에 따르면, 공장 소유주들은 엠바고 해제를 “열렬히 환영”하고 있지만 정작 그동안 엠바고의 “최대 희생자였던 노동자들”은 정반대의 반응을 나타내고 있다. 그들은 “아리스티드의 복귀를 위한 최상의 수단으로” 엠바고를 지지해 왔다. “아리스티드에 대한 빈민층의 압도적인 지지”는 여전하다. “도시에서든 농촌에서든 신부 출신 정치인을 지지하지 않는 사람을 찾기가 힘들다.” 아리스티드 측근들은 미국의 조치를 강력하게 비난했다. 아리스티드의 보좌관인 한 신부는 워싱턴이 “처음부터” 아리스티드를 “완전히” 배신해 왔다고 비난했다. 미국의 외교정책은 “지구상에서 가장 냉혹하다.” 미국은 “아리스티드의 복귀를 지지하지 않고” 있다. 왜냐하면 그는 “미국의 꼭두각시가 아니기” 때문이다.[21]

이런 비판은 충분히 타당성이 있다. 미국이 ‘뒤발리에 없는 뒤발리에주의’의 확립을 추구하고 있다는 것은 누구나 다 아는 사실이었다. 카터 정부가 소모사 독재 체제의 붕괴 이후 ‘소모사 없는 소모사주의’를 제도화하려고 노력했던 것도 같은 이유이다. 카터 이후의 대통령들은 이런 목적을 수행하기 위해 보다 폭력적인 수단을 동원했다.[22]

오노라트 및 아이티 관료들과 아이티 주재 미국 대사관 간에 오간 비밀문서들을 살펴보면 위에 언급한 아리스티드 보좌관의 주장이 상당히 믿을 만하다는 것을 알 수 있다. 이 문서들이 외부로 유출된 이후 큰 파문이 일자 <반구문제위원회>(COHA)는 문서의 신빙성에 의문을 표시했으며 국무성은 문서 자체를 부정했다. 그러나 나중에 COHA는 이 문서가 “완벽하게 신뢰할 만한 것으로 확인됐다”고 결론 내렸다. 문서는 아리스티드를 상징적으로 '복권'시킨 다음에 아이티에 대한 세계의 이목이 줄어들었을 때 그를 제거해 버리려는 미국 정부의 계획을 담고 있었다.

1992년 1월 이 문서가 폭로됐을 당시, 계획의 일부는 이미 실행으로 옮겨지고 있었다. 2월 4일 엠바고는 이 빠진 종이호랑이나 다름없는 상태였다. 3주 후, 아리스티드는 COHA가 "거의 완전한 아이티 민주주의의 패배"라고 표현한 협정을 받아들였다. 그것은 아리스티드가 그저 상징적인 역할만을 맡을 뿐인 "민족 통합 정부의 실권 없는 대통령"에 강제로 동의해야 하는 "절망적인 한 인간의 비극적인 거래"였다. '민족 통합' 정부란 전혀 다른 두 세계를 하나로 결합한 것이었다. 한쪽은 유권자의 1.5퍼센트에 불과한 집단으로 르네 테오도르가 이끄는 군부와 엘리트, 그리고 미국 정부의 세계였다. 또 한쪽은 유권자 67퍼센트를 구성하는 돈 없는 국민들로 이뤄진 아리스티드가 이끄는 세계였다. 만약 양쪽이 똑같은 조건이었다면 결과는 어땠을까? 이런 상황에서 미 국무차관 버나드 아론슨이 협정에 대해 만족스런 반응을 나타낸 것은 지극히 당연한 일이었다.

COHA가 제기한 문제는 명백한 것이었다. 한 번 가정해 보자. 만약 니카라과의 차모로 정권이 쿠데타로 실각, 망명할 수밖에 없는 처지에 빠졌고 위기를 극복하기 위해서는 반대편 산디니스타 지도자를 총리로 받아들일 수밖에 없다면 어땠을까? 차모로가 모든 권리를 포기한다는 조건 아래에서만 대통령에 다시 오를 수밖에 없다 하더라도 아론슨은 만족스런 반응을 나타냈을까? 가만히 앉아 있기만 했을까? 이 질문에 대해 대답은 자명하다.

아이티 군부 등 특권층은 협정을 환영했다. 아이티의 한 상원의원은 "아리스티드가 6월 30일쯤 아이티로 돌아온다는 사실이 실감나지 않는다"며 들뜬 듯 말했다. 존 코니어스 하원의원의 표현대로 아이티 군부는 "미국 정부가 승인의 끄덕거림과 윙크를 보낸다는 사실을 알고 있었다."

이제 남은 일은 미국 정부가 원래부터 선호하는 인물인 마르크 바쟁을 테오도르 대신 총리 자리에 앉히는 것이었다. 그 결과 1992년 6월 바쟁은 논쟁의 여지없이 총리가 됐다. 『내셔널 가톨릭 리포터』는 "바티칸과 아이티 가톨릭 교단이 군부 지지를 받고 있는 아이티 새 정부에 축복을 내렸다"고 보도했다. 서구 외교관은 바티칸이 아리스티드 새 정부를 공식적으로 승인한 이유에 대해 "아리스티드를 통해 아이티의 전통적 기득권층, 즉 군부 및 부르주아지와 손잡으려는 포석"으로 분석했다. 결국 바쟁은 "검은 정장과 흰 드레스를 입은 사람들이 모인 관공서에서" 불어로 총리 취임 연설을 했다. 반면 아리스티드는 아이티 민중들의 언어인 크리올 어로 대통령 취임 연설을 한 후 촌부村婦로부터 대통령 휘장을 받았다.[23]

이런 식으로 민주주의는 계속되고 있다.

바쟁 정권의 한 보좌관은 미국 언론과의 인터뷰에서 모든 것이 워싱턴의 "전화 한 통으로 이뤄지고 있다"고 털어놓았다. 『뉴욕타임스』의 하워드 프렌치는 "워싱턴이 왼쪽으로 기울어진 민족주의자[아리스티드]에 대해 뿌리 깊은 불안감을" 갖고 있으며, 미국 외교 관계자들은 아이티 "군부가 비록 손에 피를 묻히기는 했"지만, "국내외의 전통적 권력 기반들을 위협하는" 아리스티드를 견제할 수 있는 유일한 견제 세력이란 점을 인식하고 있다고 지적한다. 이런 상황에서 미국은 아이티에서 전통적인 권력 기반을 보호하기 위해 군부와 망명 중인 '괴상한' 민족주의자가 공동 정권을 구성하도록 유도했다는 것이다.[24]

『뉴욕타임스』는 2월 4일의 엠바고 해제 조치를 반아리스티드 시나리오와 미국의 경제적 이익을 더욱 촉진시키는 차원에서 해석했다. 바버라 크로셋은 「미국 정부, 아이티 제제 조치의 초점을 가다듬다」란 제목의 워싱턴발 기사에서 "부시 행정부는 아이티 반민주 세력에 대한 처벌을 강화하고 제재 조치로 인해 일자리를 잃었던 노동자들의 고통을 덜어 주기 위해 군사정권에 대한 엠바고를 수정하기로 발표했다"고 보도했다. 또 국무부도 경제 제재에 대한 "조율"을 구상하는 등 "아이티의 이른바 불법 정부의 붕괴를 가속화하기 위해 보다 효율적인 방법"을 모색하고 있다는 것이었다. 이 대목에서 아이티 인들이라면 논리상 왠지 앞뒤가 맞지 않는다는 느낌을 받게 될 것이다. 엠바고 해제 조치에 격렬하게 반대하는 노동자들의 고통을 덜어 주면서 엠바고에 해제에 환호하는 반민주주의 세력을 동시에 처벌하는 일이 도대체 어떻게 가능하다는 말인가? 그야말로 수수께끼가 아닐 수 없다. 그러나 이른바 '정치적 올바름'의 차원에서 바라보면 모든 것이 명백해진다.[25]

2월 7일, 『뉴욕타임스』의 포르토프랭스[아이티의 수도]발 머리기사는 아이티 현지의 분위기를 보다 솔직하게 전하고 있다. "민주주의가 둔감했던 아이티에 밀려오다: 쿠데타 지도자들은 미국의 엠바고 완화와 난민 송환 이후 기쁨에 차 있다." 하워드 프렌치는 "엠바고 해제를 계기로 아이티 군부와 정계는 미국이 **아이티 문제 해결에 대한 국내 압력을 거의 느끼지 않고 있으며** 조만간 완전히 손을 뗄 날도 멀지 않다는 확신을 갖기 시작했다"고 전한다. 이 날은 아리스티드의 대통령 취임 기념일이기도 했다. 뉴욕과 마이애미에서는 미국의 아이티 정책에 대해 항의하는 대규모 시위가 벌어져 도심 교통이 마비되는 소동이 일어났다. 이런 시위가 '국내 압력'이 아니면 도대체 무엇이란 말인가? 그러나 시위는 참가자 대부분이 흑인이란 이유로 제대로 관심을 받지 못했다. 시위를 보도한 언론도 알라스카의 한 신문을 제외하고는 거의 없었다. 그 신문에서 당시 뉴욕 주재 아이티 영사는 "아이티 군부와 미 국무부가 암묵적 결탁을 맺었다는 일부의 주장은 전혀 근거 없는 것이다. 미국인들이 판단할 것이다. 미국인들은 아리스티드의 복귀를 원하지 않는다"고 말했다.『타임』도 "백악관은 국민들이 관심 없는 사실에 대해서는 상관하지 않는다. 백악관이 최우선으로 고려하는 것은 원칙이 아니라 정치"라고 보도했다.[26]

귀 기울이는 자만이 지난 2백 년간의 역사를 들을 수 있을 뿐이다. 투생 루베르튀르가 말했던 민주주의 나무의 뿌리는 대중의 지지를 받지 못한 채 아직도 땅 속 깊이 파묻혀 있다. 그도 아니면 이미 꿈속에나 남아 있는지도 모른다. 그리고 이런 비극을 겪은 땅은 아이티뿐만이 아니다.

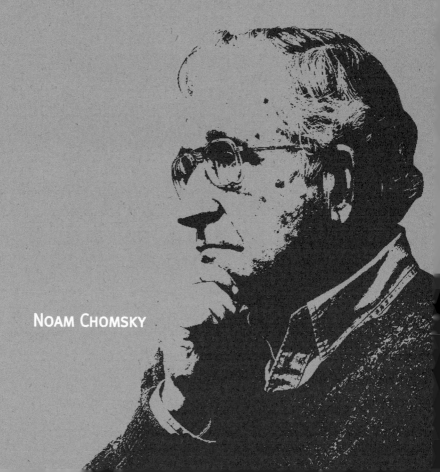

9장
정복은 책임을 묻지 않는다

NOAM CHOMSKY

1. 비합리적인 경멸

2차 대전이 끝난 후 미국은 "모든 이기심을 버리고 세계 자본주의 체제의 복지를 위해 책임을 다하는 것"이야말로 외교정책의 목표란 점을 누누이 강조해 왔다. 또한 "국가 성장 과정을 촉진하고 낭비를 줄이기 위해" 이른바 "실용주의적 실험"을 확대해 나갔다(제럴드 헤인스, 율리시즈 웨더비). 그러나 한스 슈미트 같은 학자들은 미국이 내세운 "과학적 개발 방식"은 "토착 농민들의 농경 지혜에 대한 비합리적인 경멸"이라고 지적하고 있다. 미국이 아이티에서 시도했던 일련의 최신 과학 영농법이 실패를 거듭했던 것도 따지고 보면 바로 이런 오만한 태도 때문이었다. 게다가 미국은 늘 그래 왔던 것처럼 이 모든 것이 미국을 위해서가 아니라 아이티 농민을 위한 것이란 주장을 폈다. 1929년에 나온 슈미트의 연구에 따르면 "아이티 농부들은 과학 영농법을 도입한 미국의 대농장보다도 면화를 더 많이 수확했다." 미국 농업 전문가 역시 국무부에 제출한 보고서에서 "미국 농업 회사들이 실패한 것은 수세대에 걸쳐 실증적 경험을 통해 터득한 토착 영농법을 배우려 하지 않았기 때문"이며, 이런 토착 영농법을 이용한 원주민들이 대농장보다 훨씬 성공을 거둘 수 있었다고 인정했다.[1]

1941년 미국 정부는 아이티 경제원조의 일환으로 <아이티-미국 농업

발전위원회>를 발족시켰다. 그러나 미국 측 농업경제학자들은 아이티 전문가들의 의견을 완전히 무시했다. 위원회는 2차 대전이 가열되는 가운데 군 장비용 고무와 밧줄용 사이잘 삼 재배 프로젝트에 수백만 달러를 원조했다. 이 프로젝트를 위해 아이티에서 가장 비옥한 농경지 중 5퍼센트가 고무와 삼 재배 농장으로 바뀌었고 4만여 명의 농부가 땅에서 쫓겨 나가야만 했다. 4년 뒤에는 고무나무에서 5톤의 고무를 채취할 수 있었다. 그러나 전쟁이 끝나고 시장이 줄어들면서 이 프로젝트는 취소됐다. 예전의 땅으로 돌아간 농부들 앞에 남아 있는 것은 황폐해질 대로 황폐해진 농장뿐이었다. 그토록 울창했던 나무숲은 불도저로 완전히 파헤쳐져서 도대체 자기 땅이 어디인지 구분조차도 불가능했다.

에이미 월렌츠는 이런 사례가 유별난 것이 아니라고 평가하면서, "미국의 원조 계획에 대한 아이티 인들의 반대는 편집증처럼 들린다"고 논평한다. 하지만 때로는 지루하게 불평하는 친구를 도끼 들고 쫓아가는 사람이 실제로 있다.[2]

비슷한 일이 1978년 도미니카공화국에서도 일어났다. 이해 도미니카공화국에서는 돼지열병이 유행했는데, 미국 축산 전문가들은 이 병이 인근 아이티까지 번질 경우 미국 양돈 산업에 치명적인 타격을 줄 가능성이 높다고 경고했다. 미국은 아이티에 있는 돼지 130만 마리를 몰살하고 다른 돼지로 대체하기 위한 2천3백만 달러짜리 프로젝트를 추진한다. 그러나 이 과정에서 미국 전문가들은 아이티 농민들에게 돼지는 가장 소중한 재산이자 미래를 위한 일종의 '예금 구좌' 같은 존재란 사실을 간과했다. 당시 아이티에서 감염된 돼지가 있기는 했지만 한두 마리밖에 죽지 않았는데, 전문가들은 그 원인으로 아이티 돼지 종자가 놀라운 면역력을 갖고 있기 때문이라고 추정했다. 어쨌든 아이티 농민들은 그런 말은 잘 몰랐고, 이 모든 사태가 "자기 나라 돼지를 팔아 돈을 벌기 위한 미국의 술책"이라고 생각했다. 이 프로젝트는 1982년에 착수됐는데, 그때는 이미 질병이 사라지고 난 뒤였다. 이후 2년간 아이티에서 토종 돼지라고는 찾아보기조차 힘들었다.

아이티 농부들은 이 사건에 대해 "우리에게 주어진 가장 고통스런 징벌"이라며 망연자실했고, 아이티 경제학자들은 "최악의 재난"이라고 평가했다. 당시 미국의 압력에 의해 도살된 돼지의 양은 돈으로 환산해서 총 6억 달러에 이르렀다. "농부 개개인이 실제로 당한 손해는 아예 추산이 불가능할 정도였다. […] 아이티 농업경제 자체가 돼지 도살의 여파로 비틀거릴 지경이었다. 이런 상태에서 생활 기반도 거의 다 무너졌다." 주변부 경제가 붕괴하면서, 학교에 다니는 학생 비율이 전에 비해 40~50퍼센트나 떨어졌고 상품 판매 실적도 급격히 줄어들었다. 미국 국제개발처와 <미주기구>는 아이오와산産 돼지들을 보냈다. 이로써 아이티 농민들은 자신이 갖고 있었던 의구심이 사실임을 확신하게 됐다. 아이티 토종 돼지들과 달리 아이오와의 돼지들은 질병에 약했고 비싼 사료만 먹는 바람에 한 마리 사육비가 연간 250달러나 들었다. 가난한 농부들에게 이것은 엄청난 부담이었다. 그리고 예상대로 뒤발리에 일당과 그 후임자들은 사료 시장을 장악해 엄청난 이익을 챙겼다. 아이티의 한 가톨릭 구호단체는 이런 문제를 해결하려 했지만 "시간 낭비"라며 포기했다. "아이오와의 돼지는 결코 아이티 자연환경에 적응하지 못한다. […] 미국이 이제는 돈사豚舍에 발전기와 에어컨을 달라고 요구할지도 모른다."[3]

미국이 추진한 다른 과학 영농법들도 비슷한 결과를 낳았다. 인류학자 고든 토머슨은 미국의 또 다른 '실험 지역'이었던 라이베리아에 대한 연구에서, 이곳에서도 원주민들의 영농법에 대한 '비합리적인 경멸'을 발견할 수 있으며, 그 결과 주민들에게 막대한 피해를 안겨 주었다고 지적했다. 크펠레 족(라이베리아 토착 종족의 하나)들은 수세기에 걸친 노력 끝에 자국 환경에 잘 적응하는 수백 종의 쌀 종자를 개발하는 데 성공했다. 또한 좁은 면적의 농토 내에서 높은 수확을 올릴 수 있는 수십 종의 종자를 재배하는 기술도 개발했다. 반면 미국 농업경제학자들이 제안한 자본 집약적인 '녹색혁명'은 화학비료를 사용해 비용이 많이 들어가는 데다가 산출량은 오히려 전통 방법보다 더 적었다. 토마슨은 미국이 주도한 '녹색혁명'으로 인해 수세기 동안 발전된 다양한 종자들이 멸종하고 외국 종자로 대체될 경우 농업 생산량이 50퍼센트 가량 줄어들고 "라이베리아 농촌과 토착 문화는 더 이상 존재하지 않게 될 것"이라고 경고했다.

토착 영농법에 대한 전문가들의 경멸적 태도는 그것이 여자들에 의해 수세기에 걸쳐 전해져 내려온 이른바 '여성의 지식'이라는 것과도 관계가 있었다. 이런 태도는 농업 이외의 분야에서도 비슷하게 나타났다. 세계적인 섬유 박물관의 관장인 맥스 앨런은 "북반구 전통 사회에서 지금까지 남자가 만들었다고 알려진 많은 공예품들은 대부분 여자의 솜씨"라고 지적하면서, 서구 문화 전통 속에서 섬유 공예가 '예술'로 인정받지 못하고 있지만, 그것은 "확실히 **예술적**"이라고 말한다. 전문가들이 이런 예술적 전통을 인정하지 않고 애매모호한 태도를 나타내는 가장 큰 이유는 '여성의 작품'이기 때문일 것이라고 진단한다.[4]

라이베리아 사례에서 보듯, '과학적 개발 방식'은 토착민들에게 재난을 가져다준 반면 서구의 기업가들, 특히 농기업과 화학비료 회사에게는 혜택을 안겨 주었다. 생명력이 강한 토박이 종자들이 줄어들어 질병에 걸릴 위험이 높아지면 좀 더 강한 새로운 종자에 대한 요구가 증가하고, 결국 유전공학 기술을 가진 서구의 대기업들이 이익을 올리면서 성장할 것이다.

미국의 전문가들은 라이베리아 경제 발전을 위해선 대농장들이 바로 현금화할 수 있는 농작물을 농토 이외의 땅에서도 재배해야 한다고 조언했다(이것은 미국 기업에게도 이익이 됐다). 이에 따라 국제개발처는 논농사용 벼를 습지에서 경작하는 계획을 밀어붙였다. 그런 방식이 토착 주민들의 건강에 나쁜 영향을 미칠 수 있다는 세계보건기구의 경고도 아무 소용이 없었다.

라이베리아 토착 주민들은 또한 이미 발전된 야금술을 이용해 기능적으로 훌륭한 농기구들을 만들어 사용해 오고 있었다. 그러나 이런 업적은 토머슨의 지적대로 "제국주의와 독점자본주의에 의해 말살"되고 말았다. "질이 나쁘고 비쌌기 때문이 아니라" 미국의 통제를 받는 행정부와 경제 전문가들이 해안의 상인들에게 보조금을 주면서 시장을 왜곡시켰기 때문에 이런 결과가 나올 수밖에 없었다. "결국 라이베리아의 경제, 통화, 토착 산업 기반이 파괴됐다." 물론 그 와중에도 혜택을 받은 사람들이 있었다. 바로 다국적 광산업자, 외국의 수입품 생산업자, 외국은행들이다.[5]

이렇게 '자유 시장' 가치는 또다시 승리를 기록한다.

혹자는 라이베리아와 아이티를 무책임한 미국 영농 정책의 사례로 든 것에 대해 못마땅하게 생각할지도 모르겠다. 윌슨 행정부에서 국무장관을 지낸 로버트 랜싱의 설명을 들어보자.

라이베리아와 아이티는 아프리카 인종이 정부를 조직해 운영할 어떤 능력도 갖고 있지 않다는 것을 보여 주는 좋은 사례이다. 의심할 바 없이 그들은 성가신 문명의 쇠고랑을 벗어 던지고 야만으로 되돌아가고자 하는 생래적 경향이 있다. 물론 이런 인종적 약점을 지니지 않은 사람도 있다. 그러나 우리가 경험을 통해서 알고 있듯이, 일반 대중은 분명 이런 본능을 갖고 있다. 이것이야말로 오늘날 니그로 문제의 해결을 가로막고 있는 주원인이다.[6]

랜싱의 주장대로 라이베리아와 아이티에서 실험이 실패로 돌아간 데에는 이런 인종적 약점이 작용했을지도 모른다. 그러나 문제는 이런 실패가 비록 두 나라뿐만 아니라 거의 모든 식민지에서 되풀이해 나타났다는 점이다.

지난 5백 년에 걸친 서구 식민 정복의 이런 일반적인 특징은 앞으로도 점점 중요한 문제로 부각될 것이 틀림없다. 서구식 자본 집약적 농경은 가난한 농민층을 파괴하는 데에서 한 걸음 더 나아가 생태계 파괴를 초래함으로써 결국 백인 부자들도 더 이상 묵과할 수 없는 지경으로까지 악화될 것이 뻔하다. 오존층 파괴에서 보듯 환경문제는 가난한 국가뿐만 아니라 백인 부자 나라들도 위험에 빠트릴 수 있다. 그러나 그동안에도 '실험 지역'에서의 실험은 계속 전개될 것이다.

2. 실험용 동물들

'실험 지역'이란 단어는 주목할 만한 가치가 있다. 랜드 연구소는 실험에 관한 보고서에서 "미국 전략가들에게 엘살바도르 내전은 저강도 전쟁 이념(다시 말해 국제적 테러리즘)을 실험하는 일종의 '이상적인 실험대'라고 묘사했다"고 지적한다. 그전에도, 베트남은 "국가 건설" 및 "인구와 자원의 통제 방법을 실험"해 볼 기회를 제공하는, "우리가 전복적인 반란을 파악할 수 있는 생생한 실험실"(맥스웰 테일러)로 묘사된 적이 있다. 앞서 살펴보았듯이, 미국 해병대의 아이티 점령도 비슷한 용어로 묘사됐다. 미국으로서는 이미지를 유지하기 위해 겉으로 그럴듯한 명분을 내세우는 것이 필요했을 뿐이다.[7]

반면 실험 대상 지역과 국민들은 실험에 대한 동의 서명을 하거나 앞으로 자신에게 어떤 일이 일어날지에 대해서 알 권리가 전혀 없다. 그들은 실험용 동물보다도 못한 대접을 받고 있다. 그들에게 무엇이 좋고 나쁠지는 **우리**[미국]가 결정할 것이다. 이것이야말로 5백 년 정복사의 또 다른 특징 중 하나다.

예를 들어 우리는 인간의 핵심적 가치가 바로 소비라는 것을 **알고 있다**. 보스턴 대학 경영학 교수 로렌스 워첼은 "만약 내가 남의 소비 욕구를 충족시켜 주지 못한다면 다른 사람이 즉각 그 기회를 빼앗아 가게 될 것"이라고 지적했다. 미국 기업들은 이런 인간 본성을 충족시켜 주는 데 탁월한 재능을 발휘하고 있다. 본성에 둔감한 사람을 일깨우기 위한 방법이 바로 광고이다. 광고업계는 이런 본성을 자극하기 위해 수십억 달러를 쏟아 붓고 있다. 산업혁명 초기에 수많은 자영 농민들은 '인간의 기본 소비 욕구'를 인정하고 생산의 도구로 전락해 버렸다. 정부의 '보이는 손'도 이 과정에서 한 몫을 했다. 특히 라디오는 중요한 역할을 했는데, 로버트 맥체스니는 미 연방 라디오 위원회가 "상업방송과 공공방송을 균등화하는" 정책을 도입함으로써 "시장이 요구하는 모든 것"을 공급할 수 있는 길을 열어 주었다고 지적한다. 모든 프로그램은 '선전물'이 됐다. 따라서 자본주의적인 방송사 사주들은 채널 접근 및 기타 영역에서 유리한 입지를 차지하게 된 것이다.[8]

광고 및 언론의 대공세와는 별도로 미국 정부와 기업도 국민들의 소비를 부추기기 위해 엄청난 노력을 기울여 왔다. 대표적인 사례가 교통수단의 개인화를 위한 정부와 자동차 회사의 대대적인 캠페인을 들 수 있다. 미국 경제사가 리처드 뒤 보프는 정부가 "교외 지역에서 기차, 버스 등 다양한 공공 교통 조직을 발전시키기보다는 교통수단의 개인화만을 부추기고 있다"고 말한다. 이런 정책으로 인해 "도심 지역 자본의 대규모 파괴"가 초래됐으며, "주택 공급, 상업 조직, 공공 인프라 조직 등이 증대되기보다는 강제적으로 재배치됐다"는 것이다. 연방 정부는 "완전한 자동차 대중화와 대중교통 수단의 무력화"를 위해 자동차 제조 회사들에게 공공 기금을 제공했다. 1944년, 1956년, 1968년 '연방 고속도로법'이 제정됐는데, 법안 골격은 제너럴모터스의 알프레드 슬론 회장의 머리에서 나온 것이었다. 이 법에 따라 각 주를 연결하는 고속도로 건설에 막대한 예산이 들어간 반면, 대중교통 시설인 철도 건설에 투입된 예산은 약 1퍼센트에 불과했다. 1981년 연방 고속도로 관리국은 고속도로 건설에 8백억 달러가 투입됐으며 향후 십 년간 4백억 달러가 추가로 들어갈 예정이라고 밝혔다.

1936년부터 1950년까지 뉴욕, 필라델피아, 로스앤젤레스 등 전국 45개 주요 도시에서는 백 개가 넘는 전동차 노선이 폐쇄되고 제너럴모터스의 버스로 대체됐다. 1949년 제너럴모터스는 시카고 지방법원으로부터 버스 교체 과정에서 부당 거래를 했다는 판결을 받고 5천 달러 벌금형을 선고받기도 했다. 1960년대 중반 국내 여섯 개 기업 중 한 개는 직·간접으로 자동차 업계와 관련을 맺고 있을 만큼 자동차 산업은 미국 경제에 막강한 영향력을 행사했다. 연방 정부의 고속도로 건설 계획은 경제 활성화에 상당 부분 기여했다. 미 교통부의 한 관리는 "한국전쟁 직후 또 다른 경제 공황이 초래될지도 모른다"는 아이젠하워 대통령의 우려가 사라졌다고 말했다. 고속도로 건설 계획을 적극 지지했던 미네소타 주 하원의원 존 블래트니크도 고속도로 건설이 "경제 불황을 극복하는 좋은 기반이 됐다"

고 인정했다. 정부는 군을 통해 첨단산업에 대규모 보조금을 지급하는 등, 1930년대에 붕괴했던 개인기업 체계를 되살려 내기 위한 지원과 자극을 아끼지 않았다.[9]

정부의 이 같은 정책은 경제는 물론 문화와 사회 전반에 걸쳐 엄청난 영향을 미쳤다. 현대 세계를 다시 설계하는 대규모 프로젝트에서 민주적 의사 결정이란 아무런 영향력을 갖지 못하거나 설사 있다 하더라도 주변적인 위치에 머무를 뿐이다. 소비자들은 유권자가 투표하는 것과 마찬가지로 기득권층이 허용한 지극히 협소한 선택 구조 내에서만 결정권을 행사할 수 있다. 이처럼 현실 세계는 궁극적인 자유의 실현이라는 자유민주주의의 이상과는 아무런 유사점도 없다.

원시인이란 본래 자신이 진정 원하는 것이 무엇인지조차 제대로 모르는 모자란 존재이다. 그러므로 그것을 발견하기 위해선 보다 현명한 사람으로부터 약간의 도움을 받을 필요가 있는 법이다. 헤겔은 미국 인디언들을 "원시 야만 상태로부터 구원하려는" 예수회 선교사들의 노력은 인간 활동의 근원인 욕구를 창조하기 위한 최초의 현명한 시도였다고 평가했다. 그로부터 한 세기 후 아이티 미국 총독의 재정 보좌관이었던 아서 밀스포는 "우리 눈에 아이티 농부들은 무능하고 나태하기 짝이 없지만 질투가 날 만큼 만족스럽게 살고 있는 것은 사실이다. 그러나 만약 그들이 독립적인 자치 국가의 시민이 되고자 한다면, 적어도 그들 중의 다수는 일련의 새로운 욕구[소유욕]를 습득해야 한다"고 말했다 —— 이를 자극하기 위해 미국의 광고업계와 수출 업계는 기꺼이 노력할 것이다.[10]

노예제 폐지는 욕구 창조란 면에서 첨예한 문제를 일으켰다. 그것은 산업화 초기에 농부가 임금노동자로 변화하는 과정에서도 비슷하게 나타났던 문제이다. 토머스 홀트의 자메이카에 관한 매우 흥미로운 연구에 따르면, 노예 반란이 일어나 1843년 영국이 노예제를 폐지한 후 본질적인 변화 없이 플랜테이션[대농장] 체제를 유지시켜야 한다는 문제가 발생했다. 당시 영국 관리들은 자메이카의 자유 노예들이 '야만적인 나태함' 속으로 빠지는 것을 막을 필요가 있다고 생각하고 있었다. 즉 식민지 장관 글레넬 경의 말대로, 자유 노예들을 그냥 내버려 둔다면 주력 수출 상품인 설탕 제조에 필요한 노동력이 크게 부족하게 될 것이 뻔하다는 것이다. 따라서 그는 자유를 얻은 노예들이 풍요로운 땅을 충분히 획득하지 못하도록 하는 다양한 정부의 조치를 촉구했다. 또 다른 관료는 그 이상의 조치, 즉 "인위적인 욕구"의 창출이 필요하다고 생각했다. 영국 의회는 1833년 노예 폐지법을 추진하면서 다음과 같은 점을 분명히 했다. 노예들이 자유화된 이후 "유예 기간"을 설정하여 "그들을 노동하도록 만들고, 사치품과 안락에 맛들이도록 하기 위해 점차적으로 인간 노동을 통해 성취할 수 있는 대상들에 대한 욕망을 가르쳐야 한다. 처음에는 필수품부터 시작해서 점점 사치품으로 대상을 넓혀 나간다. 그렇게 되면 사치품도 점차 […] 없어서는 안 될 필수품이 되기 마련이다. 이것이야말로 깜둥이들이 받아야 할 교육과정"이다. 식민지 고위 관리의 말대로, 그리고 나중에(1840년) 찰스 메트칼프 총독이 말한 대로, 그렇지 않으면 "그들은 노동하려 하지 않을 것이다." 또 다른 관리는 노예들이 해방된 이후에도 기본적으로 지난날 노예제 아래에서 했던 일과 같은 일을 하면서 "질서 있고 행복한 농부로 변화될" 수 있으며, 과거 노예를 부리던 귀족은 "자연스럽게 상류층으로" 자리 잡게 된다는 의견을 내놓기도 했다.11)

미국의 <유나이티드 프룻>(UFCO)사도 중미 과일 농장에서 비슷한 문제에 부딪힌 적이 있다. 1929년의 기록에 의하면, 토착 노동자들은 일상생활에 필요한 것들을 자연으로부터 웬만큼 얻을 수 있었기 때문에 도무지

열심히 일하려 들지 않았다. 이 문제를 해결하기 위해 유나이티드 프룻사는 소비자 가치를 주입시키는 방식, 즉 "상품에 대한 욕망"을 불러일으키는 전략을 사용했으며 결과는 상당히 성공적이었다. 산업가들은 '욕망'이 인위적으로 자극되고 형성돼야 한다는 것을 아주 잘 알고 있었다. 토착민들은 면보다 실크 스타킹이 더 매끄럽다는 것을 알게 됐고, 비싼 카우보이 모자와 실크 셔츠를 너도나도 사들였다. 이런 물건들은 미국 상점에서 아주 비싼 가격으로 팔렸으며, 외상값 때문에 빚더미에 올라앉는 사람이 부지기수였다.[12]

중국과 서구의 교역도 규모만 컸을 뿐이지 본질적으로는 위의 경우들과 다르지 않았다. 물론 쉽지는 않았다. 1793년 베이징에 도착한 영국 사절단은 영국에서 생산된 거의 모든 물건들을 중국 황실에 바쳤다. 존 키이는 동인도회사의 역사에 관한 저서에서 중국과의 교역을 틔우기 위해 "영국 정부는 역사상 가장 정교하고도 값비싼 외교"를 동원했다고 평가한다. 그리고 이런 노력 덕분에 영국은 19세기까지 중국과 독점 무역 관계를 맺을 수 있었다. 중국 황제는 영국 정부가 보낸 각종 물건들을 중국에 대한 복종심을 나타내는 일종의 '조공'으로 여겼다. 황제는 영국 정부가 보낸 밀사에게 "위대한 중국은 이미 모든 것이 풍요하다"면서 영국으로부터 수입할 게 아무 것도 없으니 교역할 필요가 없다는 점을 분명하게 밝혔다. 유럽 상인들은 중국 남부 시장에서는 웬만큼 파고드는 데 성공했지만 나머지 지방에서는 번번이 중국 황실에 의해 교역 활동을 제지당했다.

그러다가 영국이 드디어 발견한 것이 바로 벵골산 아편 시장이었다. 19세기 초반 아편은 동인도회사의 주요 중국 수출 품목이었다. 도덕적 죄책감 따위는 아편으로 벌어들이는 막대한 수익 앞에서 아무런 의미도 없었다. 몇 해 뒤 중국은 뒤늦게 아편 유입을 막기 위해 발 벗고 나섰다.

그러나 영국은 자유무역의 미덕을 앞세우고 폭력의 우월성을 이용하여 마약 수입 개방을 요구했다. 결국 영국은 전함 네메시스 호를 동원해 중국을 무력으로 굴복시키는 데 성공했다. 1841년 2월 네메시스 호의 공격으로 중국은 전투용 배 아홉 척, 성곽 다섯 곳, 군기지 두 곳 등이 파괴되는 피해를 입었다. 이로써 중국은 곧 자유주의적 국제주의의 혜택을 향유할 수 있게 됐다고 군사학자 제프리 파커는 조롱조로 논평하고 있다. 이후 미국도 고귀한 자유무역 원리를 앞세워 중국 정부에 영국과 똑같은 무역 특권을 요구했다. 존 퀸시 애덤스는 중국이 아편 수입을 금지했을 당시 "이웃을 사랑하라"는 기독교 원칙과 "인간의 본질적인 권리와 국민의 권리에 대한 명백한 침해"라며 강력히 비난하고 나섰다. 또 선교사들은 아편 전쟁에서의 승리를 "인간의 악행을 중국을 위한 자비의 목적에 봉사하게 만든 신의 위대한 섭리"로서, "배제의 벽을 부수고, 서구의 기독교 국가들과 더 직접적인 접촉을" 이룰 수 있게 됐다고 찬미했다.

영국이 이런 식으로 중국에서 새로운 욕구를 창조하는 데 성공했듯이, 현재 미국은 아시아 국가들에 무역 제재를 가하겠다고 위협하면서 치명적 마약[담배] 시장의 개방을 요구하고 있다. 일 년 동안 담배로 사망하는 사람들은 마약 복용으로 죽는 사람보다 50~100배나 더 많다. 그런데도 미국은 여성과 어린이라는 새 시장을 엄청난 물량의 광고로 공략하고 있다.[13]

3. 인디언 이주와 비열한 좌우명

미국 정부는 원주민 인디언을 제거하고 이들의 영토를 합병하기 위해서 위와 동일한 전략을 동원했다. 1880년대에 들어서면서 워싱턴은 동부 오클라호마 지역에 거주하고 있는 다섯 개 인디언 부족들의 영토 소유권을 백지화하는 계획을 추진하고 있었다. 1835년 정부는 인디언 대표자들과 '조약'을 체결했는데, 이에 따라 인디언들은 동부 지역에서 강제로 쫓겨나는 대신 오클라호마 일부 지역을 인디언령으로 영구히 인정받게 됐다. 당시 조약 체결에 참여했던 인디언 지도자들은 "그들은 강하고 우리는 약하다"란 사실을 인정하면서, 미국 정부의 강요를 받아들일 수밖에 없는 자신들의 처지를 개탄하기도 했다. 한 인디언 지도자는 미국 의회에 보낸 편지에서, 미국 정부는 "우리를 우리의 땅으로부터 몰아내 파멸에 이르는 도덕적 나락의 골짜기로 밀어 넣고 있다"며 분노를 감추지 않았다. 영국 출신의 백인 정착자들에게도 이 평화조약은 특별한 의미가 있었다. 17세기 버지니아 주 위원회가 "인디언들이 조약을 지키게 된다면, 우리는 그들을 놀라게 하고 그들의 옥수수를 빼앗을 기회가 더 많아진다"고 했던 것과 같은 맥락이었다. 이런 발상은 현재도 여전히 남아 있다.

1835년 조약은 미국 정부가 1785년 체로키 족과 맺은 조약을 대체한 것이었다. 1785년 영국으로부터 막 독립한 미국은 체로키 족(그들은 독립전쟁 때 영국을 지지했다)에게 조약 체결을 강요해 그들에게 땅을 넘겨주었다. 그리고 의회는 "당신들의 땅은 물론 당신들이 소유한 그 어떤 것도 원하지 않는다"고 떠들면서 "미국의 인도주의와 관대함을 보여주는 행동"으로 자화자찬했다. 1790년 조지 워싱턴도 체로키 족에게 "앞으로 그 누구도 체로키의 땅을 빼앗을 수 없다"며, 새 정부는 "당신들의 모든 권리를 보호할 것이다"라고 말했다. 제퍼슨 대통령은 "나는 근면한 직업과 법적 조직을 갖춘 정부를 구성하려는 당신들의 노력이 성공하길 진정으로 기원"한다며, "이 점에 있어 당신들은 언제든 미국의 도움을 받을 수 있을 것이다"라고 약속했다. 그러나 이후 백인 정착민들은 인디언 영토를 침입해 강제로 새로운 조약을 체결하고 땅을 빼앗았다. 1800년대에 들어서 체로키 족은 나름대로 성공적인 농업 사회로 발전을 이룩했으며 섬유산업 뿐만 아니라 학교, 언론, 정부 조직도 제 모습을 갖춰 외부로부터 높은 평가를 받고 있었다. 헬렌 잭슨은 19세기 인디언 이주의 역사에 관한 연구 에서, 1825년 전쟁부에 제출된 한 보고서를 인용해 체로키 족의 진보된 문명 수준과 "공화적인 정치 조직"에 대해 외부 사람들도 칭찬을 아끼지 않았다고 지적한다. 그러나 당시 유럽의 저명한 사상가들은 강연회에서 "인디언들은 유럽인들과 마주치는 순간 이상하게도 정신적 힘을 상실해 버린다"고 떠들었다.

그러나 백인 정착자들의 입장에서 인디언 사회의 진보는 아무리 인상 적이라 해도 인정할 수 없었다. 이른바 '정치적 올바름'의 차원에서 볼 때 '진보'는 백인들의 것이기 때문이다. 1830년 앤드루 잭슨 대통령이 제정 한 인디언 이주법은 1835년 조약 개정으로 이어졌다. 당시 잭슨 대통령은 "나의 붉은 자식[인디언]들에 대한 의무를 다해 낸" 자신의 관대함에 스스 로 감동하면서 "만약 나의 선의가 실패한다면 그것은 그들의 책임이지 나 때문은 아니다"라고 주장했다. 또 "우리의 선조"가 그랬듯이 인디언들 이 "미지의 땅에서 보다 나은 조건"으로 살 수 있는 기회를 제공했을 뿐만 아니라 심지어 "이주 비용"까지 지불하고 있다고 말했다.

그리고 3년 뒤 체로키 인디언 만7천 명이 미 육군의 총부리에 밀려 오클라호마까지 쫓겨 갔다. 이때 그들이 걸어간 길을 따라 양쪽으로 인디 언들이 묻힌 무덤이 즐비하게 들어서면서, 이 길은 훗날 '눈물의 길'로 불리게 된다(더먼 윌킨스). 이들 중 살아남은 사람은 대략 절반에 불과했다. 그러나 전쟁부 장관은 정부의 "관대하고 계몽적인 정책"을 떠벌리면서, 차마 말로 표현하기조차 힘든 만행에 대해 자랑을 아끼지 않았다.

미국 인디언사 전문학자인 헬렌 잭슨은 체로키 국가의 놀라운 업적을 언급하면서 "미국 정부의 전체 역사 속에서 체로키를 배신한 기록보다 더 암울한 것은 없다. 머나먼 미래에 미국 역사학도는 그 실상에 충격을 받게 될 것이다"라고 정확하게 지적한다. 그러나 그 미래는 여전히 멀리 있다.[14)

1870년 국무부는 "체로키 족을 비롯해 오클라호마 지역의 기타 인디언 부족들은 토지법에 규정된 토지에 대해 영구히 소유권을 갖는다"며, "미국이 보장"한 "영원한 집"은 향후 그 무엇에 의해서도 난처해지거나 훼손되지 않을 것이라고 강조했다. 그러나 6년 후 국무부는 인디언 지역의 문제들이 "복잡하고 난처하다"면서 문제는 "미개한 황무지를 무한정 방치하느냐 아니면 정부가 나서서 그 규모를 줄이느냐 하는 것"이라고 밝혔다. 국무부는 한때 이 '미개한 황무지'를 모든 사람들이 비교적 안락하게 살 수 있는 생산력을 가진 진보의 기적, "미국의 정규 대학에 버금가는" 교육 수준을 지닌 지역, 발전된 산업과 상업, 효율적 입헌 정부, 낮은 문맹률, 계몽된 자치주로 묘사했었다. 그리고 "영국이 5백여 년에 걸쳐 이룩한 발전을 그들[인디언]은 백 년 만에 성취했다"며 경이로움을 나타내기도 했다.[15)

1880년 잭슨 대통령은 "인디언 보호구역의 규모를 축소할 것인가"란 질문을 제기했다. 이 질문은 곧 예상했던 대답을 얻었다. 그리고 진보된 인디언 문명은 다시 한 번 백인이 생각하는 문명화를 겪어야만 했다.

인디언 전문학자 앤지 디보는 『그리고 아직도 강물은 흐른다』란 유명한 저서에서, 인디언 독립 지역에 거주하는 모든 구성원들은 토지를 공동 소유했으며 풍요한 생활을 누렸다고 지적했다. 그러나 연방 인디언국은 토지 공동소유를 이데올로기적인 이유뿐만 아니라 실질적인 이유에서 반대했다. 이런 토지 소유 형태 아래서는 백인이 인디언으로부터 토지를 빼앗기가 쉽지 않았기 때문이다. 1883년 자칭 박애주의자와 인도주의 단체들이 인디언 문제를 논의하기 위해 회담을 가졌는데, 3차 회의 개최 당시 인디언 구역을 방문하고 돌아온 저명한 인디언 이론가 헨리 다우스 매사추세츠 상원의원이 연설을 했다. 그는 자신이 보고들은 것에 대해 다음과 같이 열변을 토했다. "그곳에는 단 한 명의 빈민도 없다. 국가는 단 일 달러도 소유하지 않는다. 그들은 스스로 의사당, 학교, 병원을 세웠다." 그리고 집 없는 가정은 단 하나도 없었다.

다우스는 이런 사회는 반드시 해체돼야 한다고 주장했다. 미개한 인디언들이 미처 알아채지 못한 치명적인 한계를 지니고 있다는 것이다.

이런 체제는 명백한 단점을 갖고 있다. 토지를 공동소유하고 있기 때문에 사람들은 늘 자신이 할 수 있는 한도 내에서만 일을 한다. 여기에서는 이웃보다 더 좋은 집을 짓고 싶어도 집을 지어 줄 기업이 없다. 그리고 문명의 기본 요소인 이기주의가 존재하지 않는다. 그곳 사람들이 땅을 포기하고 시민들에게 분배하여, 각자가 자신이 경작할 땅을 소유할 수 있을 때까지 그 어떤 진보도 이룩되지 않을 것이다.

간단히 말해, 인디언 사회는 겉으로 문명화되고 진보돼 있을지 모르지만 '인간의 기본적인 소비 충동'을 인식하지 못하고, '주인의 비열한 좌우명'도 이해하지 못하는 등 문화적으로 불우한 상태에 머물러 있다는 이야기이다.

야만인들을 계몽시키자는 다우스의 제안은 동부 인도주의자들로부터 즉각 지지를 받았다. 그는 토지의 공동체 소유를 금지하는 법안을 제출했으며, 인디언 강탈 문제를 관장하는 위원회의 의장이 됐다. 인디언들은 땅을 빼앗기고 낯선 도시로 뿔뿔이 흩어져 가난과 궁핍 속에서 살아야만 했다.

이런 것이 소위 미국이 말하는 '실험'이다. 물론 실험이 늘 성공했던 것은 아니다. 사실 미국은 다양한 '실험 지역'에서 꽤 성공을 거뒀으며, 미국의 이익과도 잘 맞아떨어졌다. 북미 인디언, 브라질, 아이티, 과테말라, 아프리카, 벵골 등에서 실험이 실패하게 될 경우 미국은 잘못된 실험을 탓하기보다는 각 지역 토착민들의 유전자 속에서 결점과 약점을 찾아내거나 역사의 아이러니를 들먹이곤 했다.

여기에서 우리는 2차 대전 후 '기득권층의 신학자'로 불리는 라인홀트 니버,*1) 케네디 시대 지식인들의 구루guru[교사]로 추앙 받은 조지 케넌*2) 의 사상이 큰 호소력을 가졌던 이유를 알 수 있다. '섭리攝理의 역설', '역사적 업적 위에 남아 있는 피할 수 없는 죄의 흔적', '선을 구현하기 위한 의도적인 악의 선택', '권력의 책임' 등을 내세웠던 그들의 주장들은 결국 범죄적 행위를 지속화하는 것이었을 뿐이다.16)

4. 미국인의 심리

정부-기업 유대 관계는 무지한 대중들이 자신의 욕구와 필요를 인식할 수 있도록 늘 많은 노력과 자원을 쏟아 왔다. 그러나 자영농이 임금노동자

---

1) [옮긴이] Reinhold Niebuhr(1892~1971). 미국의 신학자로 정치철학에 막대한 영향을 끼쳤던 사상가. <민주주의 실천을 위한 미국인들의 모임>을 결성해 의장직을 맡는 등 정치 활동에도 많은 관심을 나타냈다. 2차 대전 후 소련의 정치적 팽창을 막기 위해 냉전 체제를 강력히 지지했던 대표적인 지식인 중 한 사람으로 꼽힌다.

2) [옮긴이] George Kennan(1904~). 미국 외교관, 역사학자. 소련 팽창주의에 맞서는 봉쇄정책을 적극 지지하는 등 2차 대전 후 미국의 대소 정책의 기틀 형성에 결정적인 영향력을 미쳤다. 1952년 소련 대사로 임명됐으나 소련 정부가 기피 인물로 지목하는 바람에 이듬해 귀국했다. 미국의 대표적인 러시아 관련 연구소인 <케넌 연구소>를 설립했다.

와 소비자로 전환하던 때부터 정부-기업이 그토록 노력을 기울여 왔음에
도 불구하고 대중들은 여전히 무지의 수렁에 빠져 있거나 미신에 매달리고
있다. 때로는 심지어 우리아 스티븐스 같은 악당의 말에 주의를 기울이기
도 했다. 우리아 스티븐스는 <노동 기사단>[미국 최초의 전국 노동조합]의
설립자이자 최초의 단장으로, 1871년 "임금 노예제의 손실과 굴레로부터
부의 생산자를 완전하게 해방시키는 것"이야말로 노동의 임무라고 선언
했다. 이런 개념은 사실 고전적인 자유주의 사상에 맥을 대고 있는 것이다.
『뉴욕타임스』가 "공장제 수공업 자본가"가 주인이 되는 새로운 시대라고
묘사했던 것처럼, 당시 미국 기업계는 대부분 '자유노동'의 조건으로서,
나중에 남부에 보급된 정도까지 열악하지는 않았을지라도 절대적인 노예
제를 채택하고 있었던 것이다.[17]

백여 년에 걸친 기득권층의 노력에도 불구하고, 오늘날에도 일반 민중
은 자기 내면의 욕구를 인식하지 못할 때가 적지 않다. 그 대표적인 예가
바로 보건 제도를 둘러싼 논쟁이다. 『보스턴글로브』의 자유주의자 토머스
팔머는 미국인 중 70퍼센트가 캐나다식 보건 제도를 선호하고 있다고 보도
했다. 이런 수치는 대단히 놀라운 것으로, 얼마 전까지만 해도 캐나다 보건
제도의 사회주의적 요소에 대해 비미국적이라는 비난이 제기되고 있었기
때문이다. 팔머는 국민들의 이런 생각은 한 마디로 잘못된 것이라며 다음
과 같은 두 가지 이유를 들었다.

첫째는 기술적인 이유이다. 부시 대통령은 관료화된 캐나다의 보건
제도를 비판하면서 미국이 이를 따를 필요가 없다는 입장을 명확히 밝힌
바 있었다. 『뉴욕타임스』의 로버트 피어는 부시가 "소비에트적 요소를
지닌 캐나다식 국가 주도형 의료보험제도를 지지하는 민주당 후보를 비난
했다"고 보도했다. 이어서 피어는 보도의 객관성을 유지하기 위해 빌 클린

턴 선거운동 진영의 반응을 언급하면서 "클린턴을 비롯한 민주당원들은 [부시의 이런 비난을] 부정하고 있다"고 덧붙였다. 그러나 미국(그리고 남아프리카공화국)을 제외한 전 세계 산업국가에서 채택하고 있는 이런 사회주의적 보건 제도가 비효율적이라고 주장하는 것은 설득력이 없다. 사실 미국의 사설 의료보험제도는 캐나다 공공 의료보험제도보다도 훨씬 더 관료화돼 비효율성을 드러내고 있다. 예를 들어 미국 매사추세츠 주의 <청십자의료보험조합 Blue Cross>에서 일하는 직원 숫자는 캐나다 전체보다 무려열 배나 많은 6천680명이다. 보험료 중 운영비로 쓰이는 액수도 캐나다보다 두 배나 많다. 헤겔의 말대로 "부정적인, 가치 없는 존재"이다. 이 같은 사실 앞에서 앞뒤가 맞지 않는 논리는 더 이상 설득력을 잃을 수밖에 없다.

팔머의 기사에서 더 흥미로운 것은 바로 두 번째 '정신적'인 이유이다. 팔머는 국경을 중심으로 북쪽과 남쪽은 관점 면에서나 서로의 심리를 이해하는 이론적인 면에서 차이점을 나타낸다고 한다. 심리학자들에 따르면, 캐나다의 보건 제도는 "보건 서비스에 대한 일종의 배급제로, 이런 방식은 미국인들이 결코 받아들이기 힘든 것이다. […] 미국은 가격에 의한 배급제라고 할 수 있다. 즉 경제적 여유가 있어서 보험금을 많이 낸 사람은 그만큼 많은 서비스를 받을 수 있다. 반면 캐나다에서는 모든 사람들이 똑같은 서비스를 받으며, 아무리 많은 돈을 낸 사람이라도 덜 급할 때에는 기다려야 한다."

이 기사에서 캐나다와 미국 국적을 동시에 갖고 있는 한 학생은 "캐나다 보건 제도는 미국 국민들의 성급한 속성과 맞지 않는다"고 말했다. 그는 이렇게 상상해 보라고 이야기한다. "아무리 가난한 사람이라도 부자와 똑같은 침대에 누워서 똑같은 수준의 치료를 받는다. 당신이 아무리 사회적으로 막강한 연줄과 엄청난 재산을 갖고 있다 하더라도 남보다 더 나은 보건 서비스를 받을 수 없다." 미국인들이 이런 상황을 결코 받아들일 수 없을 것이라고 전문가들(특히 보건자문기업)은 우리를 가르친다. 더구나 미국인의 심리에 관한 인식은 상업적인 건강보험의 거래 업자들로부터 제공되고 있다.[18]

앞서 캐나다식 보건 제도에 호감을 나타냈던 미국인 70퍼센트는 표본으로 추출된 사람들이 아니다. 이들은 과연 자신의 심리조차 이해하지 못하는 존재들인가? 이들은 미국인의 심리를 연구하는 학자가 아니라 지극히 평범한 사람일 뿐이다. 그럼에도 불구하고 일반 대중은 자기 자신의 욕구조차 남의 지도 편달을 받아야만 한다는 인식이 오랜 세월을 지나 아직도 존재하고 있다.

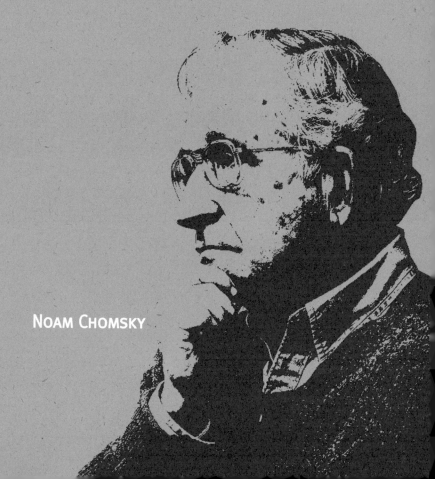

10장
도덕은 총구에서 나온다

NOAM CHOMSKY

5백 년의 역사가 끝나기 몇 개월 전, 『뉴욕타임스 북 리뷰』는 「당신은 역사를 죽일 수 없다」란 제목의 기사를 1면에 실었다. 이 기사는 "구소련의 역사는 인간 몸속에 있는 암과 같다. 눈에는 보이지 않지만, 모든 무기를 총동원해 싸워야만 하는 존재"라고 언급하고 '소비에트 정치 안에 내재된 질병'의 예로서 차르와 그 가족에 대한 살해 행위를 들고 있다. "소비에트의 모든 관리들이 이 무시무시한 에피소드를 민중의 기억으로부터 지워 버리려고 노력"했지만 결국 "밀려오는 파도를 막을 수는 없었다."19)

　이런 비난은 역사를 살해하는 또 다른 사례들을 건드리지 않았지만, 그런 사례들은 특히 역사적인 계기가 있을 때 마음속에 되살아 날 수 있다. 기념행사가 펼쳐지는 십의 배수가 되는 해는 역사의 의미를 성찰하고 그에 대해 문제를 제기할 수 있는 기회를 제공한다. 그리고 그것은 공식적인 적들의 잘못에만 날카롭게 반응하는, 기념행사를 주관하는 자들에 의한 역사 죽이기에 대해서도 문제를 제기할 수 있는 기회가 될 것이다. 이런 기념행사는 유용하다. 5백 년 속에 묻혀 있는 몇몇 기념일을 채택하고 분석함으로써, 우리는 우리 자신에 관하여, 특히 아주 중요한 주제로서, 폭력, 강압, 그리고 그 핵심에 있는 [그것들에 대한] 부인을 불러일으키는 서구 문화의 이념적 기반에 관하여 배울 수 있다.

1. 불명예스런 날

1991년 10월 미국에서는 콜럼버스 정복 5백 주년과 함께 또 다른 역사의
기억이 되살아났다. 그해 12월 7일은 일본이 진주만을 침공한 지 꼭 50년째
되는 날이었다. 12월 7일은 모든 미국인들에겐 '불명예스런 날'을 의미했
다. 게다가 문제는 일본이 자신이 저지른 버릇없는 행위에 대해 기꺼이
사과하려는 태도를 보이지 않고 있다는 점이었다.

와타나베 미치오 일본 외무장관은 『워싱턴포스트』와의 인터뷰에서
"일본이 진주만을 불시 공습함으로써 야기했던 태평양전쟁 동안 미국인
과 아시아인, 그리고 태평양 지역에 사는 모든 주민들에게 저질렀던 무한
한 고통과 슬픔에 대해 깊은 가책"을 표한다고 말했다. 이어서 그는 진주만
공습 50주년을 맞아 일본 의회가 깊은 가책을 담은 결의안을 통과시킬
계획이란 점을 강조했다. 그러나 와타나베의 이런 발언은 곧 언론에 의해
일본의 또 다른 배신행위에 지나지 않는다는 사실이 드러났다. 『뉴욕타임
스』도쿄 특파원 스티븐 와이즈먼은 와타나베가 사용한 '한세이反省'란
일본어를 영어로 옮기면 '가책 remorse'이란 뜻보다는 '자성 self-reflection'에
가깝다고 지적했다. 즉 외무장관의 발언을 진정한 사과로 받아들이기는
어렵다는 것이다. 게다가 부시 대통령이 히로시마, 나가사키 원폭 투하에
대한 사과를 거부함에 따라 일본 의회도 결의안을 통과시키지 않을 가능성
이 높다고 와이즈먼은 보도했다.

그러나 나가사키 원폭 투하 후 미국이 5일 동안 천여 대의 폭격기를
동원해 일본 주요 도시를 폭격했던 일에 대해서 언급한 언론은 아무 데도
없었다. 미 공군 역사에서 이 작전은 군의 승리를 장식하는 '거대한 피날레'
로 기록돼 있다. 이로 인해 수천 명의 일본인들이 사망했으며, 공군은 폭탄

과 함께 "너희 정부는 항복했다. 전쟁은 끝났다"란 글귀가 적힌 전단을 뿌렸다. 스패츠 장군은 좀 더 멋진 피날레를 장식하기 위해 도쿄에 세 번째 원폭을 투하하길 원했으나, 이미 폐허가 된 도시를 더욱 폐허로 만드는 것이 별 실효가 없다는 결론을 내리고 취소했다. 도쿄가 애초에 원폭 투하 대상 도시의 후보에서 밀려났던 것도 같은 이유였다. 미국의 원폭 전문가들은 도쿄가 이미 폐허나 다름없는 상태이기 때문에 원폭의 엄청난 성능을 효과적으로 입증하기에는 적당치 않다고 주장했다. 미 공군 역사에 따르면 폭격기 천여 대가 일곱 개의 도시를 나누어 폭격했다.[20]

조지 부시 대통령은 20만 명의 생명을 앗아갔던 원폭 투하 사건에 대해 정식으로 사과하는 것을 거부했다. 여기에서 한 발짝 더 나아간 사람도 있었다. 민주당 상원의원 어네스트 홀링스는 사우스캐롤라이나 노동자들을 대상으로 한 연설에서 "일본을 또다시 버섯구름 아래 납작하게 만들어야 한다"고 주장해 뜨거운 지지 박수를 받았다. 홀링스는 일본으로부터 '일본 두드리기'란 항의를 받은 후 자신의 발언은 '농담'에 불과했다고 발뺌을 했다. 그러나 유머 감각 없는 일본인에게는 홀링스의 농담이 전혀 재미있지 않았다. 이 사건은 거의 언론에 보도되지 않았을 뿐만 아니라 미국의 정신 상태에 대한 어떤 논란도 불러일으키지 않고 조용히 잊혀졌다.[21]

원폭에 대한 일본인들의 강박적인 피해 의식을 미국은 비웃음으로 나타내고 있다. 이런 태도는 1991년 텍사스 에어쇼에서도 그대로 드러났다. 이곳에서는 수년 동안의 연례행사로서 수만 명의 관중들이 지켜보는 가운데 원폭 투하 시범이 펼쳐졌다. 또 히로시마 원폭 투하 계획을 주도함으로써 명실상부한 원폭 시대의 문을 열었던 주인공인 폴 티베츠 전 공군 장군이 B-29 폭격기를 직접 모는 행사도 마련됐다. 당시 일본은 텍사스 에어쇼를 "일본 국민에 대한 공격이자 악취미"라고 비난했다. 1950년 초 보스턴의 홍등가인 '컴뱃 존'의 한 포르노 극장에서 『히로시마』란 참혹한 다큐멘터리가 상영된 적이 있는데, 당시 관객석에서는 열렬한 박수와 폭소가 터져나왔다. 일본인들이 이런 광경을 보았다면 어떤 느낌을 가졌을지 쉽게 짐작이 간다.

2차 대전이 끝난 후 일본 전범 재판이 한참이던 당시 미국 지식인들 중 네덜란드 뢸링 판사의 다음과 같은 발언에 관심을 기울이는 사람은 거의 없었다. "2차 대전에서 우리는 두 가지 사실을 반드시 기억해야 한다. 바로 독일 나치의 가스실과 미국의 원폭 투하이다." 인도의 라드하비노드 팔 판사도 다음과 같이 썼다. "국가의 행위에서 **실패한 것만이 범죄**로 인정된다. [⋯] 전쟁 중 민간인의 생명과 재산을 무차별적으로 파괴하는 행위를 불법으로 인정한다면, 태평양전쟁 당시 미국의 원폭 투하 결정이야말로 나치 지도자들의 만행에 버금가는 것임에 틀림없다. [⋯] 반면 일본 군 지도부에서는 이런 측면을 찾아볼 수 없다." 9백여 명의 일본인들이 전범으로 처형됐으며 그중 7명은 교수형에 처해졌다. 이 가운데에는 전쟁 말기 부대원들이 자행한 만행에 대해 책임을 지고 사형당한 야마시타 장군도 포함돼 있었다. 물론 미국 군 고위 당국자들 중에서도 원폭에 대해 반대 의사를 표명한 사람이 있었다. 예를 들어 루스벨트와 트루먼 행정부 당시 해군 제독을 지냈던 윌리엄 리는 핵무기를 "비문명적 전쟁의 끔찍하기 짝이 없는 신무기," "기독교인에게 어울리지 않는 현대식 야만주의," "중세 암흑시대 야만인들이 가졌던 윤리적 기준"으로의 역행이라고 비난했다. 그는 만약 원자폭탄을 사용하게 된다면 "비전투원에 대한 잔혹 행위란 측면에서 칭기즈칸 시대로의 후퇴를 초래하게 될 것"이라고 경고했다.[22]

와타나베 수상은 1941년 12월 7일 진주만 공습을 시작으로 일본이 전쟁에 뛰어들게 된 것에 대해 유감을 표명하면서 미국식 관례를 그대로 모방했다. 그는 일본이 1937~1945년 동안(그 이전은 말할 것도 없고) 중국에서 최소 천만~천3백만 명을 학살했던 만행에 대해서는 은근슬쩍 축소하고 넘어가려 했던 것이다.[23]

『뉴욕타임스』 도쿄 지국장 와이즈먼은 진주만 공습에서부터 일본의 범죄 행위가 시작됐다는 와타나베의 발언에 대해서는 그냥 넘어가면서, 일본 정부의 미적거리는 사과 태도에 대해서만 문제를 제기한다. 연례적인 기념식도 근본적으로 같은 맥락에 놓여 있다. 수천만 명을 학살, 고문, 학대한 행위는 결코 칭찬받을 만한 일이 아니다. 그러나 미국 식민지의 한 해군 기지[진주만]를 급습한 것은 전혀 다른 차원의 범죄이다. 미국은 일본이 저지른 죄악을 강조하기 위해 아시아에서 저지른 만행과 폭력을 기소장에 추가시키는 꾀를 부린다. 한마디로 진주만 공습만이 진정한 범죄이자 폭력의 시발점인 것이다.

진주만 공습 이전만 하더라도 미국의 기업가와 관리들은 "약한 국가들을 못 살게 괴롭히는 국가는 일본이며 가장 큰 희생자는 중국"이란 논리를 받아들이려 하지 않았다(극동 정책 수립에 영향력이 컸던 조지프 그루 주일 대사의 발언). 그루 대사는 1939년 도쿄의 한 연설에서 일본이 주도하고 있는 아시아 신질서에 대해 미국이 반대하는 이유를 설명하면서 "그것은 폐쇄적인 경제체제로서 […] 중국에서 활동하는 미국인의 오랜 권리를 박탈할 가능성이 있다"고 지적했다. 그루 대사는 이 연설에서 중국의 자주독립권, 난징 학살 사건, 일본의 만주 침략에 대해서는 한마디도 언급하지 않았다. 국무장관 코델 헐은 진주만 공습 이전 일본 노무라 외상과 협정을 맺는 과정에서 일본이 점령한 중국 지역에 대해 미국도 동등한 접근권을 가질 수 있도록 인정하라고 요구했다. 11월 7일 일본은 결국 미국의 요구를 받아들여 중국을 포함한 태평양 지역에서 '상업 관계의 비차별 원칙'을 수용했다. 그러나 교활하기 짝이 없는 일본인들은 전제조건 하나를 내놓았다. 이 원칙이 "전 세계적으로 똑같이 통용된다"는 조건 아래서만 일본도 받아들이겠다는 것이었다.

헐 장관은 일본의 오만하기 짝이 없는 태도에 충격을 받았다. 그는 비차별 원칙이 일본 점령 지역에 한해서만 적용된다는 점을 강조하면서 건방진 야심가들에게 엄중 훈계했다. 미국을 비롯한 서구가 인도, 인도네시아, 필리핀, 쿠바 등에서 비차별 원칙을 허용할 리가 없었다. 미국은 1920년대부터 이 지역에서 고관세 정책을 유지, 일본 세력의 침투를 철저히 차단했다.

헐 장관은 미국과 영국의 주도권에 감히 도전한 일본을 비난하면서 "단순하기 그지없는 사고방식을 가진 […] 일본의 장군들은 […] 미국이 왜 서반구에서 먼로독트린을 통해 리더십을 주장하는 동시에 아시아에서 일본의 리더십을 저지하려 하는가에 대해 제대로 파악하지 못하고 있다" 고 개탄했다. 또 먼로독트린은 "1823년 이래 미국인의 육체적 안전을 지키기 위해 도입된 조치"라고 설명하면서 일본 정부가 이런 기초적인 사실에 대해 "장군들을 교육"시켜 줄 것을 요구하기도 했다. 존경받는 학자들도 관리들의 주장에 맞장구를 치면서 강대국과 약소국의 차이점을 구별할 줄도 모르는 작은 황색인들에 대해 분노를 나타냈다. 그래서 "미국은 미국 자본을 카리브 지역에 진출시키기 위해 군사력을 동원할 필요조차 없다. 모든 문은 자발적으로 열리게 돼 있다"는 사실도 인식하지 못한다는 것이다.[24]

2. 잃어버린 조각들

역사로부터 잊혀진 또 다른 부분은 만주에 대한 일본의 행동과 라틴아메리카에 대한 미국의 정책 간의 유사성이다. 일본은 1932년 만주에서 괴뢰정부인 만주 '독립국'을 설립했다. 언론인 월터 리프먼은 만주국 설립 과정이 대단히 "낯이 익다"면서 미국 선조들이 "니카라과, 아이티 등"에서 행했던 것과 다르지 않다고 지적했다. 만주국은 독립국가로서의 지위를 주장했는데, 이것은 25년 후 미국의 예속 정권인 남베트남이 독립국가라고 주장한 것보다 더 강경한 것이었다. 학자들은 서구 강대국들이 만주 사태에 개입한 이유는 중국의 통치권을 지지했기 때문이 아니라 훗날 만주, 티베트, 몽골 등이 독립한 후 "서구의 투자와 약탈 대상"으로 확고히 만들어 두려는 속셈을 갖고 있었기 때문이라고 분석했다(오웬 래티모어, 1934). 일본은 만주국을 공격하는 중국인들을 '마적'이라고 부르며 만주 '독립국'을 방어했다. 일본 광동군의 목적은 군벌과 봉건 파벌에 의해 착취당하고 있는 "대중들을 해방"시키며 공산 테러리스트들로부터 보호하기 위한 것이라고 내세웠다. 군부 지도자들은 훗날 케네디 정권이 즐겨 사용했던 것과 비슷한 반란 동조자 색출 작전 등을 구사하기도 했다. 일본의 이런 작전은 미국이 몇 년 뒤 중국의 남쪽 국경 지역[베트남]에서 행했던 잔인한 만행과 비슷한 부분이 아주 많다. 1967년 랜드 연구소가 만주국과 관련된 일본 기록을 폭로한 직후, 그러한 미국의 만행은 절정에 이르렀지만, 소위 문화 기득권층은 침묵을 지키기만 했다.[25]

이런 유사성은 우연이 결코 아니다. 같은 상황에 놓인 같은 배우의 마음속에 같은 생각이 일어나는 것은 극히 자연스런 일이다. 게다가 미국의 반란 동조자 색출 작전은 2차 대전 당시 파시즘을 모델로 한 것이었다.

사실 미국이 선호한 모델은 나치였다. 마이클 맥클린톡은 1950년 미 육군 편람을 비평하면서 "나치의 세계관과 미국의 냉전 의식 간에는 유사성이 있다"고 지적했다. 이 편람은 지난날 나치가 반파시스트 레지스탕스 및 기타 범죄 집단('공산주의자'와 '테러리스트'라는 딱지가 붙은)들과 벌였던 투쟁이 현재 미국이 전 세계적으로 행하고 있는 투쟁과 상당히 유사하다는 점을 인정했다. 사실 이 편람의 전체 골격은 나치로부터 빌려온 것이었다. 파르티잔은 '테러리스트'이다(나치는 파르티잔의 폭력과 억압으로부터 주민을 '보호'한다고 주장했다)라든가, "파르티잔에게 직·간접적으로 도움이나 편의 시설을 제공한 사람 또는 파르티잔에 관한 정보를 은폐한 자들"을 죽여도 "제네바협약에 저촉되지 않는다" 등의 구절도 편람에 적혀 있었다. 편람 작성 과정을 도왔던 독일군 출신들은 자신들의 모델에서 상당 부분을 차용해 왔다. "파르티잔으로 오염된 지역에서 아군은 모든 원주민들을 완전 소개疏開시킨 후 농장, 마을, 건물 등을 파괴하는 것이 유용하다"고 조언한 부분 등이 대표적인 예이다. 이런 정책은 케네디 행정부 내 온건파의 지지를 받았으며, 중미 지역에 대한 미국의 기본적인 행동 방침으로 자리 잡게 된다. 1940년대 말 나치 전범들은 복권된 후 예전에 맡았던 일을 그대로 하거나(라인하르트 겔렌, 클라우스 바비 등), 국내에서 안전을 보장받기 어려울 때에는 라틴아메리카로 피신해 안전하게 여생을 즐길 수 있었다.26)

케네디가 이른바 비공식적인 전쟁을 특히 좋아했다는 것은 널리 알려져 있는 사실이다. 당시 미 육군 편람과 '반테러리즘 전문가들'은 "야당 지도자들을 납치, 위협, 암살하는 전략이 심리적으로 대단히 효과적"이란 점을 인정했다. 이런 전략의 주목적은 "게릴라 운동에 동조하지 못하도록 사람들의 두려움을 부추기는 것"이었다. 여기에다 미국의 저명한 역사학자와 도덕주의자들이 가세하면서 지적, 도덕적 논리 기반까지 확보할 수 있게 됐다. 특히 귄터 루이는 베트남전쟁사에 관한 저서에서 "미국은 '무고한 베트남 시민들'에게 어떠한 범죄도 저지르지 않은 죄밖에 없다"고 주장했다. 목적이 옳다면 그 어떤 범죄(최악의 경우 무차별적 학살)도 정당하다는 식이다. 나아가 미국이 폭력적 수단을 동원해 세운 '합법적 정부'에 협조하지 않는 사람은 곧 '무고하지 않은 자'이다. 그들을 해방시켜 준 은인들이 제공한 '안전'을 거부한다면 당연히 아무런 권리도 가질 수 없다. 이런 논리에 따르면, 메콩 강 유역 삼각주와 캄보디아 내륙 마을의 어린이들이 무차별 폭격으로 사망한 것도 당연한 운명의 결과일 뿐이다.[27]

때로는 엉뚱한 시간에 엉뚱한 장소에 있는 것도 죄가 된다. '베트남의 드레스덴'으로 불렸던 빈 시市 시민들이 바로 그런 경우이다. 『뉴욕타임스 매거진』의 필립 셰넌은 베트남 자본주의의 성공에 관한 표지 기사에서, 베트남전쟁 때 빈 시가 "미국 B-52 폭격기에 의해 초토화"됐던 사건은 "지리적 조건상" 어쩔 수 없는 일이었다고 말한다. 당시 캐나다 관리들이 본국에 보낸 보고서에 따르면 1965년 인구 6만 명의 빈 시는 미군의 폭격 이후 마치 달 표면처럼 처참하게 황폐화되고 말았다.[28] 그러나 미군 당국자는 군 시설에 한해서만 폭격을 가했으며 시민들의 피해도 미미하다는 주장을 되풀이했다.

일본의 진주만 폭격과 미국의 베트남 양민 학살에 대한 반응을 비교해 보면 재미있다. 종전만 하더라도 이런 비교는 생각할 수조차 없는 것이거나, 아니면 아예 무시당하고 말았다. 그것도 아니면 일본의 범죄 행위를 무마하기 위한 술책으로 비난받기 일쑤였다. 즉 미국의 순수한 의도에 감히 의구심을 표명하는 것은 적대국의 범죄를 변명하기 위한 행위와 다름없다. 반대로 미국이 저지른 범죄를 찬양하는 것은 변명이 아니라 정당한 평가일 뿐이다. 이런 진리를 이해하지 못하는 사람은 "미국에 대해 비합리적이기 짝이 없는 증오심을 가진 자"로 낙인찍히거나 일본의 장군들처럼 따끔한 지도 과정을 밟아야만 한다.

이런 사고방식은 진주만 폭격 기념일에 노골적으로 드러났다(이에 대해서는 뒤에서 다시 살펴보도록 하겠다). 또 다른 사례는 저명한 일본학자 존 다우어가 『워싱턴포스트』에 기고한 이 기념일에 대한 논평이다. 그는 한국전쟁 및 베트남전쟁과 관련해 공식적으로 엄격히 금지 당했던 기억들이 훗날 어떻게 되살아나게 됐는가에 관해 언급하면서 "미국인들이 다른 나라가 저지른 군사적 폭력과 역사적 기억 상실에 관해 지껄이는 것만큼 아이러니한 일도 없다"고 평가했다. 『워싱턴포스트』는 이 칼럼을 결국 게재하지 않았다.[29]

1941년 12월 7일 진주만 폭격과 관련해 거의 언급되지 않고 있는 또 다른 문제는 미국이 어떻게 진주만에 군사기지를 갖게 됐으며, 하와이를 식민지로 차지했는가 하는 점이다. 결론적으로 말하면, 미국은 진주만 폭격으로부터 불과 반세기 전 하와이를 원주민들로부터 강제로 훔친 다음 진주만에 미 해군기지를 건설했다.

애당초 미국은 강대국인 영국을 견제하기 위한 목적에서 하와이 독립을 열렬히 지지했다. 1842년 타일러 대통령은 "미국은 하와이 정부에 대해 어떠한 특권이나 독점적 통제권을 가질 의사가 없으며, 하와이의 안전과 번영을 진심으로 기원하는 동시에 독립을 지지한다"고 선언했다. 즉 워싱턴은 하와이 "원주민 정부를 무너뜨리거나 식민화하려는" 어떤 시도에 대해서도 반대한다는 것이다. 타일러 대통령은 이와 함께 먼로독트린을 하와이에까지 확대 적용했다. 하와이는 유럽 주요 국가들로부터 독립을 승인받았으며 다수의 협약, 선언 등을 통해 법적 지위를 확고하게 인정받았다.

그러나 세월의 흐름과 함께 국제적 판도가 미국에 유리하게 변하면서 하와이에 대한 생각도 변하게 된다. 미국 이주민들이 하와이에 세운 설탕 농장이 산업적으로 중요한 의미를 갖고 있는 데다가 태평양 지역을 향한 디딤돌로서 섬의 지리적 가치가 새삼 부각됐기 때문이다. 뒤퐁 제독은 "하와이 제도의 상업적, 군사적 가치와 중요성을 평가하는 것 자체가 불가능하다"고 털어놓은 적이 있다. 그는 미국의 합법적인 방위 범위가 하와이를 포함한 지역까지 확대돼야 한다고 보았다. 그러나 여기에는 장애물이 있었다. 즉 하와이 왕국의 독립과 주민 90퍼센트를 차지하고 있는 원주민 문제였다. 결국 식민주의자들은 '정신문화가 낮은' 하와이인들을 도와준다는 명분으로 '좋은 정부'를 선사했다.

1886년 『플랜터스 먼슬리』는 하와이인들이 자신의 한계를 "아직도 깨닫지 못하고" 있으며, 미국이 준 선물에 대해 "도덕적이고 개인적인 의무"를 지니고 있다는 사실도 인식하지 못하고 있다고 지적했다. "백인들은 원주민을 위해 정부를 만들고, 그들의 손에 투표용지를 쥐어 줬으며, 국회의원과 통치자를 탄생시켰다. 그러나 원주민들의 손에 권력을 쥐어 주는 것은 어린이 손에 날카롭고 위험한 칼을 쥐어 주는 것과 마찬가지이다." 현대 사회에서 이처럼 '최상의 자질을 가진 사람', 즉 민주주의 이론의 주류를 형성하는 사람들은 '비천한 대중'의 우매함에 안타까움을 나타내 왔다.[30]

타일러 대통령이 하와이 독립을 지지한 지 불과 30년 뒤인 1873년 미 해병대가 미국 이주민들을 보호한다는 명분으로 하와이에 상륙했다. 1886년 대농장주들로 구성된 소수 독재자들은 선거를 통해 정권을 장악하는 데 실패하자 쿠데타를 준비했다. 실제 그들은 군사 조직체인 <하와이언 라이플스>의 도움을 얻어 일 년 뒤 쿠데타를 일으켰다. 하와이 국왕은

'총검 헌법Bayonet Constitution'으로 불리는 강제적인 헌법에 따라 경제적 능력이 없는 대다수의 원주민과 아시아 출신 이민자들은 배제한 채 미국 시민에게 하와이 선거권을 보장하고 진주만을 미국에게 해군기지로 내주었다.

1889년 국무장관이었던 제임스 블레인은 전임자 헐과 마찬가지로 먼로독트린을 일괄 해석하면서 "장악할 만한 가치가 있는 지역을 세 곳만 꼽는다면 바로 하와이, 쿠바, 푸에르토리코"라고 말했다. 그의 말처럼 얼마 지나지 않아 이 지역들은 이른바 '합당한 손' 안에 들어갔다.

미국은 하와이에 대해 정기적으로 군사작전을 폈다. 1891년 전함 USS 펜사콜라가 하와이 영토의 5분의 4를 차지한 "미국 국민들의 이해를 보호하기 위해" 파병됐다. 1893년 1월 하와이 최후의 여왕인 릴리우오칼라니*1)는 주권을 지키기 위한 최후의 노력으로 전 주민에게 재산과 상관없이 선거권을 부여했다. 이에 미국은 하와이에 군대를 파병, "재산 소유자와 선량한 시민들"을 보호한다는 명분으로 계엄령을 선포했다. 미국의 외교 사절인 존 스티븐스는 국무장관에게 보낸 보고서에서 "하와이란 이름의 농익은 배를 추수할 황금기가 찾아왔다"고 보고했다. 이보다 앞서 존 퀸시 애덤스 국무장관은 하와이 다음으로 "가치 있는 지역"인 쿠바에 대해 "익은 열매"란 표현을 쓰면서 영국이 철수한 직후 쿠바는 우리 손에 떨어지게 될 것이라고 전망한 적이 있었다(6장 참조).

미국 출신의 농장주들과 일부 원주민 동조자들은 "현존하는 정치체제 내에서는 더 이상 혁명의 폭력성과 왕실의 공격성으로부터 보호해 줄 수

---

1) [옮긴이] Liliuokalani(1838~1917). 하와이 제도를 통치한 최초의 여왕이자 최후 통치자. 그리스도교 전통과 현대식 교육 속에서 성장한 그는 하와이를 합병하려는 미국의 정책에 맞서 '오니파(굳게 맞서라)' 운동을 이끌며 저항했다. 1895년 1월 24일 공식 퇴위서에 서명한 후 자서전 집필로 여생을 보냈다.

있는 독립적, 입헌적, 대의제적 정부가 불가능하다"는 "보수적이며 책임 있는 압도적인 대다수" — 수백 명에 불과한 자들 — 의 확신을 선언했다. 결국 하와이 여왕은 미국의 무력 앞에 항복한 후 자신을 지지했던 사람들의 목숨을 구하기 위해 왕위를 포기했다. 여왕은 '선한 질서'를 거부했다는 범죄에 따라 5천 달러의 벌금형과 5년간 항구 노역형에 처해졌다. 1894년 7월 4일 하와이 공화국이 선포되면서 미국 농장주인 샌포드 돌이 초대 대통령으로 취임했다. 돌 Dole 상표가 붙은 파인애플 주스를 한 모금 마실 때마다 우리는 서구 문명의 또 다른 승리를 축하하는 것과 마찬가지이다.

1898년 미국 하원은 하와이 합병을 위한 상하원 공동 결의를 통과시켰다. 당시 미국은 스페인과 전쟁 중이었는데, 조지 듀이 사령관이 이끄는 함대가 필리핀 마닐라에서 노쇠한 스페인 함대를 격침시켰다는 승전보에 한층 더 들떠 있었다. 이 승리로 미국은 또 다른 '익은 열매'인 필리핀에서 수만 명을 학살할 수 있는 기반을 마련하게 된다. 1898년 7월 7일 맥킨리 대통령이 하와이 합병 결의에 서명함으로써 진주만은 "위대한 미국의 첫 전초기지"로 새롭게 탄생했다. '무식한 대중'이라고 불렸던 하와이 인구의 90퍼센트는 모든 정치적 참여 기회를 박탈당하고 땅까지 빼앗긴 후 이곳저곳으로 흩어져 빈곤에 빠졌으며 그들의 토착 문화 역시 억압당하고 말았다.[31]

이렇게 해서 진주만은 미국 식민지의 주요 군사기지가 되었고, 반세기 후 일본이란 괴물에 의해 부끄러운 '기습 공격'을 당하게 됐던 것이다.

<하와이 발전연구소>(IAHA)는 하와이 왕정 전복 백 주년(1993년 1월)을 한 해 앞둔 1992년 1월 2일 지난 역사를 되돌아보는 『하와이의 주권 운동』이란 제목의 자료집을 펴내기도 했다.[32] 그러나 이 기념일은 현재의 지배 문화가 극적으로 변하지 않는 한 지금까지 그래 왔던 것처럼 앞으로

도 기억의 심연 속에 깊이 묻혀 버릴 것이 분명하다. 5백 년에 걸친 식민 정복의 역사 속에서 수많은 희생자들이 잊혀져 왔던 것처럼 말이다.

3. '정치적 올바름'의 몇 가지 교훈

진주만 공습 50주년을 다시 살펴보자. 미국의 기득권층은 이 기념일과 관련된 모든 것을 철저하게 '살균 처리'해 혹시 국민들을 불편하게 할 사실이나 시각을 걸러 냈다. 대다수 미국인들은 진주만 침공이란 범죄 행위를 인정하지 않으려고 하는 일본의 회피적 태도에 대해 분노를 나타내고 있다고, 『월스트리트저널』의 어반 레너는 일본의 '수정주의'에 관해 장문의 기사를 썼다. 그는 이 기사에서 진주만 기념관 소속 역사학자의 말을 빌어 "일본은 자국 역사에 대해 완벽히 무감각한 상태"라고 지적했다. 또 "역사적 기억에 대한 일본의 이중적 태도"를 언급하면서 "고상한" 일본의 군사軍史학자조차 "왜 미국은 진주만 침공을 잊지 못하는지 이해할 수 없다"는 반응을 나타냈다고 전했다. "'미국과 일본이 동반자라면, 왜 진주만을 계속 이야기하는가? 이것이 일본인들이 생각하는 것이다'라고 그는 말한다. '왜 당신들은 과거사를 되살려 내는가?'"[33)]

『뉴욕타임스 매거진』 도쿄 지국장 와이즈먼은 「일본 정신 속의 진주만」이란 표지 기사에서, 진주만 폭격 기념일을 맞아 일본에서는 "가책의 소리"는 물론 "기념식 하나 열리지 않았다"고 지적했다. 그는 진주만 사건에 대해 미국은 앞으로 "완전히 다른 관점으로" 접근하게 될 것이라고 강조하면서도 정작 자신은 정당하고 합당한 관점에 따라 아무런 질문도 제기하지 않고 있다. 진주만에 관한 와이즈먼의 이 글은 '정치적 올바름'의

일반적인 양식을 살펴볼 수 있는 대표적인 사례이다.[34]

와이즈먼에 따르면, 미국인들이 지금처럼 역사의 진실에 관하여 늘 분명한 입장을 가졌던 것은 아니다. 1960년대 말 "베트남전쟁의 죄책감에 찌든" 미국의 역사학자들은 미국의 아시아 정책 전반에 의구심을 갖고 있었다. 그러나 오늘날에는 예전에 비해 "훨씬 덜 미안해하는 목소리"를 내고 있다는 것이다. 여기에서 와이즈먼이 '미안해하는 apologetic'이란 단어를 선택한 것이 매우 흥미롭다. 걸프 전 및 공산주의의 붕괴와 함께 "시대가 변했고" 지난날 "루스벨트가 모래 위에 그어 놓은 선도 이젠 더 이상 부적절한 것으로 여겨지지 않는다."

1960년대 말에 관한 와이즈먼의 주장은 일견 타당한 부분도 있다. 당시 반전운동에 가담했던 젊은 역사학자들은 망각 속에 묻혀져 금지됐던 문제들을 들춰내기 시작했다. 그들은 뜻을 같이 하는 학자들과 단체(예를 들어 <아시아 문제에 관심 있는 학자들의 위원회> 등)를 결성해 '미국의 동기' 속에 내재된 문제점들을 제기했다. 그러나 기성세대 학자들의 참여는 극히 부진했고, 젊은 역사학자들 중 이데올로기적 규율의 권위적 질서 속에서 살아남은 사람은 그리 많지 않았다. 어떤 이들은 학계의 주변부로 밀려났고, 집중적인 정치적 공격을 받고 제거된 사람도 적지 않았다. 물론 주류로부터 지원 받은 학자들도 있었다. 대표적인 주류 후원자 중 한 사람이 바로 존 킹 페어뱅크인데, 저명한 아시아 역사학자였던 그는 반체제적인 성향을 강하게 갖고 있었고 종종 공산주의에 지나치게 동조적이란 비판을 받기도 했다. 페어뱅크는 1968년 12월 미국 역사학회에서 행한 회장 취임 연설에서 베트남전쟁에 대한 자신의 입장을 밝혔는데, 베트남전쟁은 오해와 순진한 발상에서 비롯된 "실수"이며 "미국의 과다한 정의감과 자비심"이 빚어낸 또 다른 사례란 것이었다.[35]

그때나 지금이나 저명한 학자들 중 미국의 동기에 대해 의문을 제기하는 사람이 너무나 없다는 사실을 누구나 새삼 깨달을 수 있을 것이다.

관습적으로 반복되는 오류는 호소력을 갖기 마련이다. 왜냐하면 그것은 분명 잘못된 것이지만, 기존 권위의 이해관계를 뒷받침하는 역할을 하기 때문이다. 1960년대 말 분위기에 관한 와이즈먼의 지적도 당시 학계, 언론계, 지식인계가 좌파의 맹공격에 대해 일반적으로 취했던 관점을 그대로 따르고 있다(2장 4절 참조).

우파주의자들이 대개 그렇듯이 와이즈먼도 걸프전과 냉전에서의 '미국의 동기'에 대해 아무런 의문을 제기하지 않고 있다. 관습에 따라서, 태평양전쟁에 대한 미국과 일본 간의 공동 책임 문제에 대해서도 완전히 회피하고 있다. 문제는 "루스벨트가 모래 위에 그려 놓은 선"이 아니다. 태평양전쟁은 일본이 '자유무역' 원리를 등에 업고 경제적으로 급성장하게 되자 전통적인 제국주의 강국(영국, 프랑스, 네덜란드, 미국)들이 위기감을 느끼고 자국의 문을 닫아 버린 데 근본적인 원인이 있었다. 일본이 감히 미국의 경제 지배권에 도전하지 않고 아시아 시장을 얌전히 내주기만 했더라도 양국간의 이해 갈등은 쉽게 풀렸을 것이다. 와이즈먼도 태평양전쟁에 대해 이런 지적들이 있다는 사실은 인정하고 있다. 그러나 제국주의 강국들의 행동에 관해 서구 학계에서 지금까지 진행돼 온 논의에 대해서는 언급하지 않고 있다. 1948년 에이급 전범으로 처형됐던 도조 히데키 전 일본 총리가 "진주만 공격은 워싱턴의 '비인간적인' 경제제재에 의해 일본이 파멸되는 것을 막기 위해 어쩔 수 없었던 것이었다"고 발언했던 것에 대해 와이즈먼은 오히려 "놀랍다"는 반응을 보이고 있다. 이런 식의 사고방식에서 과연 우리는 진리의 한 조각이라고 기대할 수 있을까? 이에 대한 답변은 기다릴 필요조차 없다. 그는 아무 것도 자각할 수 없을 것이기 때문이다.

와이즈먼은 일본의 1931년 만주 합병, 1937년 중국에 대한 유혈 진군, 그 이후 프랑스의 식민 정권을 몰아내는 인도네시아로의 유혈 진군 등을 지적하면서 "미국 역사학자들 중 일본이 이 모든 사태에 대해 유일한 책임이 있다는 사실에 의문을 제기하는 사람은 거의 없을 것"이라고 지적했다. 반면 이 지역들에 대해 미국이 과연 어떤 입장을 갖고 있었는지에 대해서는 모호하게만 언급하고 있다. "1940년 미국은 해군 함대 이전을 시작으로 일본 군부의 공격성에 대해 경고와 항의로 대응했다"는 것이다. 일본이 만주를 침공한 지 9년 후, 그리고 중국에서 유혈 만행을 저지른 지 3년 후에야 미국은 군사적 행동을 보인 셈이다. 이처럼 뒤늦게 미국이 일본을 저지하겠다고 나선 이유는 무엇일까? 와이즈먼이 외면한 의문은 이것뿐만이 아니다. 서구 열강들이 자국 식민지에 대해 일본보다 더 완강한 입장을 취한 것은 무엇 때문인가? 토착 민족주의자들이 전통적인 식민 통치자들을 내쫓기 위해 일본의 정복을 오히려 반겼던 사실을 과연 어떻게 설명해야 할 것인가? 아무리 논리적으로 의문을 제기해도 와이즈먼은 끄떡없다. 진주만 공습의 모든 책임이 일본에게 있다면, 도대체 무엇 때문에 아무런 잘못도 없다는 미국이 그날을 '불명예스런 날'로 기억해야 한단 말인가?

물론 와이즈먼도 미국의 책임을 일정 부분 인정하고 있다. 단 실제 일어난 사태에 대한 책임이 아니라, 일본으로 하여금 잘못을 인정하게 만들지 못한 데 책임이 있다는 것이다. 그에 따르면, 2차 대전 후 워싱턴은 아시아 지역에서 "민주주의를 창조하기 위해" 노력했으나 "1949년 중국 공산화에 뒤이어 한국전쟁이 발발하자 마음을 바꿔 공산주의에 대한 견제 세력으로서 일본의 보수 정권을 육성하기로 결정했다." 이 과정에서 미국은 전범들에 대한 정치적 복권을 허용하기도 했다.

이러한 역사의 왜곡은 기능적인 유용성을 갖기도 한다. '정치적 올바름'이라는 법칙으로, 우리의 일시적인 실수였다고 인정하게 만들 수 있기 때문이다. 그것이 악한의 사악한 행위에 대한 너무도 이해할 만한 과잉 대응이었다고 해석할 테지만 말이다. 하지만 와이즈먼도 잘 알고 있듯이, 워싱턴의 '역행' 정책은 1947년부터, 이를테면 '중국의 몰락'(다시 해석하자면, 토착 세력이 미국의 지지를 받던 부패한 독재정치를 전복시킨 사건)이 있기 훨씬 전부터, 그리고 한국전쟁(미 군정이 부활시킨 파시즘 동조자들의 지원을 받아서 미국이 강제한 정권이 약 십만 명의 반파시스트와 민중운동 지지자들을 재빨리 학살하도록 만들었던 사건)이 공식적으로 발발하기 3년 전부터 취해졌다.

이에 따라 미국은 기존 권력을 위협하는 모든 민주적 실험을 정지시켰다. 일본의 노조 운동을 파괴했으며, 전통적인 산업-금융 간의 결속을 재건하고, 파시스트 동조자들을 후원하는 한편 반파시스트 움직임을 견제하고, 전통적이고 보수적인 기업 지배 체제를 복구시키고자 움직였다. 이런 역행 정책의 설계 자격인 조지 케넌의 지도 아래 1947년 작성된 보고서는, 미국이 공산주의 "앞잡이들"에 대해 저항하고 "안정"을 확립하기 위하여 "개입할 도덕적 권리"를 지닌다고 주장하고 있다. "[미국은] 일본의 산업 및 상업 지도자들이 이 나라에서 가장 능력 있고 안정된 집단이며 미국과 자연스럽게 강력한 유대 관계를 맺고 있다는 점을 인정한다. 따라서 미국의 정책은 일본 권력층이 자연스럽게 제 자리를 찾는 과정을 방해하는 것들을 제거하는 데 중점을 두어야 한다." 그 결과 일본에서 전범들이 풀려나고 파시스트 체제가 재건됐다. 이와 같은 역행 정책은 1949년보다 훨씬 전에, 미국이 동일한 목적을 갖고 일본뿐만 아니라 전 세계에서 펼치고 있던 캠페인의 일부분이었다.[36]

미국은 1947년 역행 정책을 본격적으로 취하기 이전부터 민중적, 민주적 세력을 억압하는 한편 '전체주의적 국가자본주의'를 재건하기 위해 노력해 왔다. 미 군정이 전범 처리에 대해 즉각 보류 결정을 내린 것도 같은 맥락이었다. 맥아더 장군은 천황이 전범으로 고발당해 전범 재판소의 증언대에 서서 법관들의 질문에 응답하게 되는 사태를 결코 바라지 않았다. 허버트 빅스에 따르면, 맥아더는 천황이 전쟁에 직접적인 책임이 있다는 것을 증명할 수 있는 결정적인 증거가 있었음에도 불구하고 그것을 비밀에 부쳤다. 그는 맥아더의 이런 어정쩡한 태도가 일본의 보수적인 전통 질서를 재건하고 민주주의적 움직임을 억누르는 중대한 결과를 초래했다고 분석했다.[37]

와이즈먼은 애당초 일본의 "목표는 천연자원에 대한 접근권, 시장 및 해상 자유권의 보장이었다"고 정확하게 지적하고 있다. 이어서 이런 목표는 이제 일본 "스스로의 힘겨운 노력"과 "미국 정부의 관용(그리고 이기심)" 덕분에 달성됐다고 덧붙였다. 와이즈먼이 말하고자 하는 바는, 일본이 미국 말만 잘 따랐더라면 파시스트 이념에 빠지지 않고도 50년 전에 목표를 달성할 수 있었다는 것이다. 여기서 와이즈먼이 간과한 질문들을 던져 보자. 서구 제국주의 국가들은 일본에 대해서는 서구의 규칙에 따르도록 강요하면서 왜 정작 스스로는 일본의 접근을 막기 위해 고관세 정책을 그대로 유지하는 이중적 태도를 보였는가? 지배 영토에 대한 상호 착취권을 보장하자는 일본의 제안조차 받아들이지 않았던 이유는 무엇인가? 이런 질문들은 정당한 경계를 넘어서서 '미국의 동기'라는 금지된 영역을 건드리고 있다.

일본의 침략은 서구 식민지의 민족주의 운동을 자극, 종전 후 보다 미묘한 지배 메커니즘을 형성하는 결과를 초래했다. 더구나 미국은 2차 대전을 통해 신세계 질서를 주도할 수 있는 위치에 올라서게 됐다. 이런 새로운 조건 아래에서 일본은 비록 제한적이나마 미국의 통제 아래서, 케넌의 표현대로 "남아시아로 뻗어 나가는 제국"으로의 권리를 부여받을 수 있었다. 케넌은 1949년 미국이 "일본의 석유 수입 등을 통제"하여 "군사, 산업 전 분야를 장악할 수 있다"고 조언하기도 했다.[38] 미국은 베트남 전쟁이라는 의도하지 않았던 상황이 발생하여 미국에게 손실을 주고 일본을 비롯한 산업 경쟁국에게 이득을 주기 전까지 일본에 대해 이 같은 정책 기조를 유지했다.

와이즈먼은 2차 대전 당시 일본이 저지른 또 다른 잘못으로 군국주의를 드러내는 '호전적 태도'를 지적한다. "워싱턴이 일본 제품에 대해 수입 규제 조치를 강행할 경우 '제2의 공습'으로서, 대미 투자를 중지하고 미국 재무부 채권을 몰수하여 경제에 타격을 줄 수 있다"고 일본이 위협했다는 것이다. 와이즈먼의 검증되지 않은 주장을 그대로 받아들인다 할지라도, 미국이 다른 나라들에 대해 실제 가했던 경제 압력과 일본의 위협을 비교한다는 것 자체가 말이 되질 않는다. 미국은 쿠바, 칠레, 니카라과, 베트남 등의 적대국에 대해 그야말로 불법적이면서도 파괴적인 경제 전쟁을 벌였을 뿐만 아니라 생필품 무역을 장악함으로써 영국을 포함한 전 세계를 "미국의 발밑에" 무릎 꿇게 만들려는 노력을 벌여 왔다.

그러나 미국의 입장에서 일본이 저지른 가장 큰 죄는 바로 '자기 연민' 적 경향이다. 일본은 희생자에 대한 보상을 거부하고 "어설프게 과거를 은폐"하려 했을 뿐만 아니라 "전쟁 책임을 명백하게 인정하지 않고 있다" 는 것이다. 와이즈먼과 그의 동료들은 일본에 대해 이런 확고한 입장을 갖고 있다. 그러나 역사적 기록이 명확히 보여주고 있듯이 과거를 은폐하고 책임을 회피한 것은 미국도 마찬가지였다.

4. '자기 연민'과 기타 성격상의 결함들

진주만 폭격 50주기를 맞아 미국 언론들은 이를 주요 기사로 다뤘다. 『월스트리트저널』의 평론가 도로시 라비노비츠는 관련 기사 및 텔레비전 다큐멘터리들이 "진주만 폭격에 대한 역사적 관점"을 선과 악의 구도로 명확히 제시했다고 호평했다(12월 2일). 그녀는 일본을 미국의 "희생자"로 묘사하는 "겉 멋든 좌파 및 말기 증세의 우파 언론인'에 대한 비판은 자제하겠다고 하면서도, 실례는 전혀 제시하지 않았으며 실질적인 역사적 쟁점들에 대해서도 언급하지 않았다.

라비노비츠의 기사가 실린 면의 바로 다음 장에는 로버트 그린버거가 쓴 「MIA[Missing in Action 군 작전 중 실종된 군인을 말함] 문제를 둘러싼 미-베트남 관계」란 제목의 기사가 실렸다. 베트남 정부가 미국과의 관계 회복을 가로막는 장애물, 예를 들어 베트남전쟁 당시 실종 군인에 관한 문제 등을 해결하기 위해 노력하고 있다는 내용이었다. 이 기사는 관습적이 짝이 없는 뻔한 시각의 기사였기 때문에 멋진 편집 이외에는 볼 만한 가치조차 없다. 미국 언론과 문화계에서는 일반적으로 미국을 베트남전쟁의 피해자로 여기고 있다. 케네디 대통령의 말대로, 미국은 '내부로부터의 공격'(1963년 11월 12일), 즉 "남부 베트남 농부들이 그들의 합법적 정부에 반기를 들고 벌인 내란"으로부터 베트남을 지키고자 나섰던 구원자이자 죄 없는 희생자라고 생각하고 있는 것이다.[39] 나중에 우리는 북베트남인들로부터도 습격당하는 배신을 맛보았으며, 그들은 우리를 이유 없이 공격하면서 아무런 까닭 없이 붙잡힌 미국인들을 감옥에 가두었다는 식이다. 전쟁이 끝난 후에도 무자비한 공격성을 지닌 베트남은 미국을 치욕스럽게 괴롭혔고 실종 군인 문제 해결에 대해서도 협조를 거부했다.

미국은 이런 야만인들의 손에 의해 겪고 있는 고통을 내세워 도덕적 정당화를 꾀하고 있지만, 지난 사반세기에 걸쳐 온갖 폭력을 행사해 왔던 것은 바로 미국이었다. 2차 대전 종전 후 미국은 인도차이나 반도를 재식민화하려는 프랑스의 노력을 지지했다. 미국은 1954년 베트남 문제에 대한 외교적 해결 노력을 중지하고, 남베트남에 부패한 악당과 고문 가해자들로 이뤄진 정권을 세웠다. 이어서 인구 밀집 지역에 폭격을 감행함으로써 인도차이나 전역으로 전쟁을 확대시켰으며, 농작물을 파괴하기 위해 화학무기를 사용하고, 마을을 파괴하는 것이 여의치 않을 때는 대규모 살상 및 공포감 조성 작전을 펼치기도 했다. 1967년 베트남 전문가인 역사학자 버나드 폴은 베트남전쟁 결과를 이렇게 묘사한다. "인근 국가까지 파괴되고 수백만 구의 시체들과 수없이 많은 불발탄들이 즐비한 황폐한 토지, 낙태 반대 운동가들조차 외면할 정도로 처참한 돌연변이 유아, 문화적이고 역사적인 파괴만을 남겼다. 결국 베트남은 회복할 수 있다는 희망조차 없는 땅이 되고 말았다." 이것은 미국이 이후 저지른 만행의 **시작**에 불과했다.[40]

그러나 미국은 여전히 고문자의 손에 끔찍한 고통을 겪은 피해자라는 의식을 버리지 않고 있다.

고통에 대한 반응은 저마다 다르다. 온건파로 정평이 난 존 케리 상원의원은 "앞으로 이길 수 있는 자신이 없는 전쟁에 또다시 뛰어들어서는 안 된다"고 말했다. 이 밖에 다른 부분에 대해서는 언급조차 없었다. 도덕가이자 인권의 사도로 정평이 난 카터 대통령은 베트남에 대해 미국은 아무런 부채도 지지 않았으며 어떤 원조도 할 책임이 없다고 말했다. 베트남이나 미국은 똑같이 전쟁으로 피해를 입었다는 것이 그의 논리였다. 이 밖에도 어떤 자들은 베트남 공산주의자들을 비난하거나, 미국 정부의 이중적 태도를 들춰내는 반미 극단주의자들을 비난하기도 했다.[41]

『뉴욕타임스』아시아 특파원 바버라 크로셋은「베트남, 보다 부드러워지려고 시도하지만 아직도 갈 길이 멀다」란 제목의 기사에서 베트남 정부가 '실종 미군' 문제에 대해 진전을 보이고 있기는 하지만, 아직도 미국의 고귀한 도덕적 기준에는 한참 못 미친다는 식의 입장을 나타냈다. 크로셋과 비슷한 관점을 가진 사람은 미국 사회에서 부지기수이다. 부시 대통령은 정치인답게 "그것은 쓰디쓴 갈등이었다. 오늘날 하노이는 미국이 지난날에 대한 보복이 아니라 단지 대답을 원할 뿐이란 사실을 잘 알고 있다"고 발언한다. 그들이 우리에게 저지른 죄는 결코 잊을 수 없지만, 만약 실종 미군에 대한 문제에 대해 적절한 성의를 보여주기만 한다면 이제 "베트남 전쟁의 마지막 장"을 마무리할 수 있을 것이다. 우리는 "베트남이 미군뿐만 아니라 전투 중 사망한 베트남 군인을 찾는 일에도 도와줄 용의가 있다"고 말했다. 크로셋의 기사가 실린 다음 면에는 일본이 2차 대전에 대한 책임을 회피하고 있다는 기사가 실려 있었다.[42]

1992년 미국 대통령 선거전이 가열되면서 고통 받는 미국에 대한 베트남의 잘못된 대접 문제가 다시 주요 쟁점으로 등장했다. 과연 워싱턴은 이런 폭력을 종식시키기 위해 충분한 조치를 취했는가?『뉴욕타임스』1면에 실린 패트릭 타일러의 기사는 베트남에 대한 이런 분위기를 잘 보여주고 있다. 타일러는 1987년 로스 페로가 "동남아시아에 아직도 억류돼 있는 미군들의 본국 송환을 성사시키기 위해서 하노이에 대한 압력을 중지해야 한다"고 했던 제안을 워싱턴이 거부한 사실이 있다고 보도했다. "워싱턴은 같은 목적을 달성하기 위해 하노이에 대해 보다 강령한 외교적 노선을 취하고 있었다"고 타일러는 말한다. 이 기사에서 국가안보위원회의 전범 (POW) 및 실종 군인 정책 담당자인 리처드 칠드레스는 "행동에 앞선 양보는 곧 죽음이란 사실을 역사는 가르쳐 주고 있다"고 말했다. 그는 "우리는 지난 25년에 걸쳐 배워왔다. 미국 협상가들은 하노이가 양국 간의 관계 개선을 향해 조금씩 진전할 때까지 힘을 아껴 두고 있다"고 덧붙였다. 타일러는 워싱턴의 의도에 대해서는 어떤 의문도 나타내지 않은 채 미국의 정당성을 인정하지 않는 사람들도 있을 수 있다고 덧붙이기도 했다.[43]

미국은 일본의 잘못된 '자기 연민', 즉 2차 대전 희생자들에 대해 어떤 보상도 하지 않고 명백하게 책임을 인정하지 않는 태도를 신랄하게 비판했던 것처럼 하노이의 범죄자들에 대해서도 비난을 퍼부었다. 하노이는 스스로 범죄를 고백하지 않을 뿐만 아니라 죄 없는 미국인들을 여전히 치욕적으로 취급하고 있다는 것이다. 『뉴욕타임스』의 크로셋은 베트남전쟁이 종식된 후 17년 동안, 베트남이 계속해서 미국을 처벌하려는 태도를 나타내고 있는 데에 대해 미국인들의 분노가 높아지고 있다고 전하면서 양국 간의 외교 관계가 실종 미군의 처리 문제로 인해 후퇴할 가능성이 높다고 전망했다. 베트남의 행위에 격앙한 조지 부시 대통령은 콜럼버스 신대륙 발견 5백 주년 기념행사의 개막을 선언한 1991년 10월, 지난 1975년부터 계속돼 온 베트남 엠바고 조치를 종식시키려는 유럽과 일본의 시도를 무산시켰다. 딕 체니 국방장관은 당시 의회 연설에서 베트남인들은 미국이 그들을 문명사회로 받아들이기 이전에 스스로 무엇인가 더 노력해야 한다고 언급했다. 즉 제임스 베이커 국무장관의 지적처럼, 양국 간 관계 정상화를 위한 전제조건은 바로 실종 군인 처리 문제였다. 그리고 그 과정은 앞으로 몇 년이 걸릴지 모르는 일이다. 반면 베트남 관리들은 "세계 최빈국 중 하나인 베트남에 대해 국제통화기금의 자금을 지원하자는 프랑스의 제안을 미국이 나서서 백지화시켰을 때"처럼 초조해하고 있다고 『뉴욕타임스』는 전했다.[44]

미국은 베트남이 저지른 또 다른 범죄에 대한 벌로서 엠바고를 부과했다. 그것은 바로 베트남 국경 지역에서 크메르루주*2)가 저지른 만행에 대한 대응으로 폴 포트를 공격한 죄였다. 바버라 크로셋은 「인도차이나의 실종, 죽지 않는 문제」란 기사에서 베트남이 우리를 잔인하게 대접하고 있는 것과 상관없이 정부는 양국 간의 관계 정상화를 위해 노력하고 있다고 언급했다. 그러나 "하노이와 관계를 개선하려는 카터 대통령의 시도는 1978년 베트남의 캄보디아 침공으로 좌절되고 말았다"는 것이다. 성자와 같은 이 도덕주의자는 당연히 정당한 이유도 없이 베트남이 저지른 공격을 묵과할 수 없었다. 만약 그 당시 부시가 대통령이었다면, 걸프전 당시 그랬던 것처럼, 베트남을 응징하기 위해 즉각 미군을 파병했을 것이다.[45]

전쟁범죄에 대한 카터 대통령의 관점은 인도네시아 동티모르 사태에 대한 대응을 통해 더욱 명확하게 드러난다. 카터는 동티모르 주민들에 대한 인도네시아 정부의 만행을 종식시키기는커녕 부추기는 태도를 취했던 것이다. 1978년 인도네시아 군이 동티모르에서 인종 청소를 저지르면서 보급품 부족에 처하게 되자, 카터 행정부는 인도네시아에 대한 무기 공급을 더욱 강화했다. 의회의 저항을 피하기 위해 이스라엘의 거래선을 통해 인도네시아에 제트 전투기를 공급하기까지 했다. 당시 인도네시아 군 무기 중 90퍼센트는 미국이 "방어를 위해서만 사용한다"는 엄격한 단서를 붙여 공급한 것이었다. 카터는 자신의 지고한 도덕적 잣대로 베트남이 저지른 범죄를 조사했으며, 베트남을 문명 세계로 끌어들이려는 노력을 마지못해 포기했다. 미국이 국제 문제를 무력으로 해결하는 데 '원칙적'으

---

2) [옮긴이] Khmer Rouge. 게릴라전을 통해 권력을 장악한 후 1975~1979년 캄보디아를 통치한 급진 공산주의 단체. 1951년 베트남의 베트민 후원 아래 형성된 혁명 캄보디아 인민당에서 유래한 크메르루주는 1970년 노로돔 시아누크 정부가 우익 군사 쿠데타로 무너진 후 정치적 연합을 형성하고 캄보디아 농촌 지역에 대한 대폭적인 지원을 시작했다. 1970년부터 1975년까지 계속된 내란에서 통제권을 점진적으로 확대해 나가던 크메르루주는 그해 4월 수도 프놈펜 장악에 성공했다.

로 반대했던 사례들은 1980년대 내내 나타났다. 예를 들어 이스라엘의 레바논 침공 및 살육을 암묵적으로 지지했으며, 1986년 국제재판소가 니카라과에 대한 미국의 불법 무력 사용을 중지할 것을 명령했을 때에도 미국 정부와 언론은 일제히 거부 반응을 나타냈고, 베를린 장벽과 냉전의 붕괴로 자신감에 차 있던 부시 행정부는 파나마를 무력 침공했다.[46]

『뉴욕타임스』에 따르면 워싱턴은 "캄보디아에서 베트남의 후원을 받는 정부가 내란에 대한 협상을 거부하는 한 관계 정상화를 추진할 의사가 없었다."(스티븐 그린하우스). 즉 캄보디아 정부가 중국, 태국(그리고 간접적으로 미국 및 동맹국) 등의 지원을 받고 있는 크메르루주와 갈등을 빚고 있는 상태에서 미국으로서는 관계 정상화를 거부할 수밖에 없다는 것이다.[47]

그러나 실제 상황은 기사와 다소 다르다. 레이몬드 카소프는 카터 행정부가 "베트남의 관계 개선 제안을 받아들이지 않기로 결정했다"고 지적하고 있다. 미국은 베트남이 캄보디아를 침공하기 이전인 1978년 초 이미 중국, 그리고 중국이 지원하는 크메르루주에 '기울어져' 있었다. 폴 포트가 만행을 저질렀을 때에도 중앙정보국은 미국과의 관계를 고려해 비밀에 부쳤다. 캄보디아에서 크메르루주가 베트남에 의해 추방된 후 대다수 유럽 국가들이 캄보디아의 합법적 정부를 인정한 것과 달리 미국은 중국과 함께 끝까지 인정을 거부하고 크메르루주를 지지했다(가소프). 미국은 '베트남을 응징'하기 위해 중국의 침공을 지지했으며, 곧이어 크메르루주를 주요 군 세력으로 인정한다는 조건 아래 타이에 기지를 두는 연합안을 찬성했다. 카터 대통령의 안보 보좌관이었던 즈비그뉴 브레진스키는 미국이 "중국에게 폴 포트에 대한 지지를 요구했었다"고 훗날 털어놓았다. 레이건-부시 행정부가 좋아했던 덩샤오핑은 역시 주도면밀했다. 그는 "베트남인들을 캄푸치아에 머무르게 만드는 것이 바람직하다. 그들이 고통을 받는 한 태국, 말레이시아, 싱가포르로 손을 뻗치려고 엄두를 낼 수 없기 때문"인데, 만약 그렇지 않았다면 분명히 이 지역을 정복하러 나섰을 것이라고 말했다. 미국-중국-태국 연합(대다수의 서구 국가들도 이에 가담했다)은 폴 포트가 흩어진 군사력을 재건할 수 있도록 돕는 한편 외교적으로도 적극 지원했다. 캄보디아에 대한 엠바고는 물론 모든 형태의 원조(인도적 원조까지)를 중지했으며, 크메르루주에게 영향력 있는 역할을 제시하지 않는 어떤 협상도 거부했다. 『파 이스턴 이코노믹 리뷰』는 1989년 미국이 태국 정부에 대해 크메르루주를 지지하지 않을 경우 무역 제재가 불가피할 것이란 위협까지 가했다고 보도했다.

1991년 11월 시아누크*3)는 캄보디아 귀국 직후 가진 첫 연설에서 유엔 안전보장이사회의 다섯 개 상임이사국들이 "크메르루주의 캄보디아 복귀를 받아들이도록" 압력을 행사했다고 언급했다. 이보다 일 년 전 시아누크는 미국 언론인 앨먼과의 인터뷰에서 "캄보디아를 살리기 위해 [...] 미국은 (1979년) 폴 포트를 죽여야만 했다. 그때 폴 포트는 죽어 가고 있었다. 그런데도 미국은 그를 다시 되살려 냈다"고 말하기도 했다.48)

좀 더 정확히 말하면, 미국과 관계 회복을 위한 베트남의 노력은 카터 행정부가 중국과 크메르루주 쪽으로 기울어지면서 수포로 돌아가고 말았다. 미국은 베트남과 캄보디아를 응징하기 위해 침공을 정당화했으며, 크메르루주의 협상 주도권을 보장하지 않는 어떤 외교적 해결도 허용하지

---

3) [옮긴이] Samdech Norodom Sihanouk(1922~). 캄보디아 왕, 총리, 국가원수, 대통령. 1960년 4월 3일 아버지가 죽은 뒤 그 뒤를 잇고 왕이란 칭호 대신 국가원수라고 칭했다. 외교적으로 중립주의 노선을 취해 미국의 원조를 배제하고 좌, 우 급진파를 통제하고자 노력했다. 1970년 미국의 지원을 받은 론 놀 장군의 쿠데타로 권좌에서 쫓겨난 후 중국에 거주하면서 크메르루주 지하운동의 대변자로 활동했다. 1975년 크메르루주 정권이 들어선 후 귀국했으나 가택 연금 상태에 놓여 있다가 1979년 1월 캄보디아가 베트남에 의해 점령당한 후 석방돼 유엔에서 크메르루주에 대한 국제적 지원을 호소했다. 1991년 과도 정부인 캄보디아 최고민족평의회 의장으로 선출되기도 했다.

않았다.

『보스턴글로브』의 그린웨이는 베트남이 캄보디아에서 미국의 동맹 세력을 내쫓고 폴 포트의 만행을 종식시킴으로써 "캄보디아인들로부터는 감사를 받을 수 있을지 모른다"고 말한다. 그러나 이런 행동은 "나머지 전 세계 국가들" —— 특히 미국의 변덕스런 외교정책을 그대로 뒤쫓았던 국가들 —— 에게 모멸감을 안겨 주었다. 하지만 베트남은 캄보디아로부터 군을 철수함으로써 엠바고의 원인을 제거했다. 이제 남은 문제는 실종 미군의 처리 문제뿐이었다. 언론과 정계의 도덕주의자들은 이 문제야말로 미국이 엠바고를 계속 유지하고, 베트남에 대한 유럽 및 일본 금융기관들의 대출과 투자를 금지시켜야만 하는 가장 중요한 이유라고 주장했다.[49]

『워싱턴포스트』는 진주만 공습 기념일 사설에서 베트남이 진전된 모습을 보이고 있는 것은 사실이지만, 실종 군인 문제 해결을 위해서는 "하노이 일부의 개방과 워싱턴의 부단한 조사"가 필요하다는 것이 관계자들의 주장이라고 결론을 내렸다. 만약 베트남이 이 문제에 대해 완전한 협조를 약속한다면 미국은 베트남을 세계 공동체의 일원으로 받아들일 의사가 있지만, 그러나 미국은 지난 40여 년 동안 베트남이 끼친 해악과 고통에 대해서만큼은 결코 용서하지 않을 것이며, 그보다 몇 해 전 일본이 저지른 파렴치한 행동보다도 더욱 오래 기억할 것이라고 이 사설은 강조했다.[50]

다시 현실 세계로 돌아가면, 미국의 기업인들은 베트남에 대한 광적인 집착에 대해 강한 불만을 나타내고 있다. 이런 행동 때문에 베트남에서 외국 기업에게 이윤을 획득할 기회를 빼앗기고 '당연한 무역 참가 몫'을 놓치게 될까봐 노심초사하고 있는 것이다. 여기서 미국의 베트남에 대한 입장을 다시 생각해 볼 필요가 있다. 미국은 베트남이 만약 실종 군인에 대한 조사에 동의하고, 라오스와 캄보디아에 대해 개방 조치를 취하고,

베트남 교외 지역 및 군 기록에 대한 "직접적인 접근"을 허용한다면 관계를 개선할 의사가 있다는 주장을 펴 왔다. 그러면서도 막상 미국은 유엔 주재 베트남 외교관들이 미군 기록에 접근하는 것은 제한하고 있다.[51]

그린웨이는 "베트남 외교부 차관 레 마이 같은 사람들은 실종 군인 문제에 대하여 미국 국민을 납득시켜야 하는 미국 정부의 입장을 잘 이해하고 있다"면서 "베트남인도 실종 군인 문제가 미국의 엠바고 철회, 미국과의 외교 관계 수립, 그리고 베트남의 국제사회 참여를 가로막는 가장 큰 장애물이란 사실을 알고 있다"고 말한다. 그러나 "20만~30만 명의 군인들이 실종된 나라에서 미국이 자국의 입장만 내세워 정치적으로 이용하는 것에 대해 씁쓸한 반응을 나타내는 베트남인들이 많다"고 덧붙인다. 미국인들이 "베트남으로 다시 돌아와 베트남 군인들을 불법 매장한 장소를 알려줄 의무가 있다"고 말하는 사람들도 적지 않다. 그린웨이는 자신의 종군기자 경험으로 볼 때 미군들은 "전쟁 당시 베트남인의 시체를 불도저로 밀어 구덩이 속에 던져 넣거나 그물에 담아 끌고 가서 표시도 없이 묻어 버렸을 가능성이 있다. 그 오랜 억압된 기억들을 되살려 내는 것은 실로 엄청난 일이다"라고 지적한다.[52]

그러나 어떤 국가도 미국의 '국제사회 참여' 방식에 문제를 제기하거나, 미국의 무시무시한 범죄에 대한 배상은 말할 것도 없고, '한세이' ―― '가책'이든 '자성'이든 ―― 를 요구하지 않는다.

미국의 떠들썩한 자기 연민에 이의를 제기하는 목소리 역시 지극히 미미한 수준이거나 무시되기 일쑤이다. 예를 들어, 1990년 2월 한 외과 의사는 베트남에서 종전 후 지뢰 폭발로 인해 죽거나 불구가 된 희생자의 팔에서 미국산 폭탄 탄피를 제거하는 수술을 행한 후 미국이 지뢰를 방치하고 있다고 비판을 제기했지만 언론의 관심을 끌지 못했다. 아프가니스탄 전쟁이 끝난 후 가련한 공산군은 시민들의 피해를 막기 위해 지뢰 매설 지도를 공개했다가 국제사회의 비웃음을 산 적도 있다. 반면 워싱턴이 인도차이나에 매설해 놓은 지뢰 지도를 민간 지뢰 탐사팀에게 공개하는 것을 거부했을 때, 국제사회에서 미국을 비난하는 목소리는 거의 찾을 수 없었다. "정당성과 순수한 자비심"으로 넘쳐 나는 미국이 남의 나라 농촌 지역에 지뢰나 폭탄을 뿌리는 것은 당연하다는 식이다.[53]

외신 기사를 눈여겨보는 독자라면 베트남 빈 시에 사는 열한 살 소년 트란 비에트 쿠옹의 이야기를 기억할지도 모르겠다. 『뉴욕타임스』가 앞서 설명했듯이(363쪽), 빈 시는 "지정학적으로 저주받은" 불행한 도시이다. 트란의 부모는 아들이 도시에서 교육받기를 원했다. 교과서를 살 돈을 마련하기 위해 트란은 아침을 거르고 학교를 다녀야 했다(교사들도 두세 개의 직업을 동시에 가져야만 분필을 겨우 살 수 있는 경제적 여유가 있었다). 빈 시 곳곳의 길과 병원, 둑 등은 20여 년 전 미군의 폭격으로 파괴된 채 그대로 방치돼 있었다. 시 재정이 너무나 빈약해 보수할 자금이 없었기 때문이다. 아동 병원도 1991년 250여 개의 병상 중 50개를 줄였으며 환자들에게 줄 약품조차 거의 없었다. 의사들은 폴란드에서 기증 받은 탁자 위에 환자를 뉘어 놓고 변변한 장비도 없이 수술을 해야만 했다. 의약국에는 약품 대신 무너진 돌무덤만 가득했다. 이곳의 의사는 "경제난의 근본적인 원인은 미국과의 전쟁이지만 이후 엠바고로 인해 날로 악화되고 있다"고 호소했다.

캐나다 『토론토 글로브 앤드 메일』의 존 스톡하우스는 미국이 주도하고 있는 엠바고로 인해 베트남은 국제사회로부터 고립돼 있으며 무역과 원조를 받을 수 있는 길까지 막혀 있는 처지라고 지적한다. 특히 미국이 마닐라 주재 <아시아개발은행>을 비롯한 개발 기구에서 거부권을 행사함으로써 베트남에 대한 지원을 가로막고 있다는 것이다. <아시아개발은행>은 농경지를 획기적으로 넓힐 수 있는 베트남 관개시설 건설 프로젝트에 3억 달러를 빌려줄 계획이었다. 베트남은 공식 대출 기구들이 요구하는 경제 구조조정을 동유럽보다 한발 앞서 시행했음에도 불구하고 미국의 거부권 행사로 인해 세계은행으로부터 낮은 금리로 돈을 빌릴 수 있는 기회를 얻지 못했다. 그 결과 베트남의 유아사망률은 방글라데시보다 두세 배나 높은 수준을 나타내고 있으며, "한때 문자 해독 인구가 놀랄 만큼 많았던" 문명국가 베트남의 교육체계는 붕괴된 상태이다. 개인 독지가나 투자자, 금융기관들이 아무리 베트남에 투자하고 싶어도 미국 정부가 허가를 하지 않는 한 불가능하다. 유니세프의 베트남 구호 호소도 별 효과가 없었다. 호치민 시 유니세프 대표는 "어떤 나라도 미국과 사이가 틀어지길 바라지 않기" 때문인 것 같다고 말한다.[54]

1991년 10월, 외신들은 베트남 산악 주민들의 이야기를 일제히 보도했다. 주민들은 "이 지역 상공에서 미국 실종 군인을 수색 중인 미국 헬기를 공격할 수 있도록 허가해 달라"고 관계 당국에 요구했다. 이유는 간단하다. 18년 전 이 마을에서는 미군이 파묻은 지뢰가 터지는 바람에 어린이들이 불구가 되거나 사망하는 사건이 일어났다. 전쟁 당시 미 공군기의 융단폭격과 다이옥신 고엽제 살포로 인해 마을 숲이 완전히 사라져 버렸고 마치 달 표면처럼 황폐한 땅으로 전락하고 말았다. 특히 토양은 1헥타르 당 2백 리터 이상의 유독 물질로 찌들어 있는 상태였다. 따라서 기형아 출산율도 다른 지역보다 훨씬 높았다. 1975년 이후 이 마을에서만 지뢰 폭발로 5천 명 이상의 주민들이 다치거나 사망했다. 1969년 미국 B-52 전투기의 융단폭격으로 아내를 잃었다는 한 농부는 "집 바로 앞에 내 몸의 열 배가 넘는 거대한 웅덩이가 아직도 남아 있다"고 말했다. 또 다른 주민은 여덟

살 난 아들이 몇 주 전 진흙탕 속에서 발견한 지뢰를 건드렸다가 산산 조각나 죽었다고 울부짖었다. 이 모든 죽음들은 "베트남전쟁 연대기에 기록되지 않을 것이다."[55]

미국은 일본이 진주만 폭격에 대해 왜곡된 자세와 정신적 혼란을 나타 내고 있는 것을 이해하지 못하겠다며 비난을 퍼부으면서도 정작 자신의 양심에 대해서는 아무런 갈등도 나타내지 않고 있다. 그러나 5백 년에 걸친 서구 지배 원리를 기억하는 사람이라면 미국과 일본 사이에 놓여 있는 도덕적 균열을 쉽게 이해할 수 있을 것이다. 즉 도덕은 총구로부터 나온다 — 그리고 총은 미국이 가지고 있다.

『뉴욕타임스』 과학 면은 「외교 관계의 동결로 인해 베트남에서 다이옥 신 효과에 대한 연구가 방해받고 있다」란 제목의 기사를 다룬 적이 있다. "베트남과 미국간의 17년에 걸친 외교 동결로 인하여 고엽제의 일종인 에이전트 오렌지와 다이옥신이 인간에게 미치는 장기적 효과에 대한 중요 한 연구가 지연되고 있는 것은 지극히 불행한 일"이란 것이 이 기사의 골자였다. 그것은 지극히 불행한 일인데, 왜냐하면 "베트남전쟁 동안 다이 옥신을 함유한 미국산 고엽제가 대량 살포된 지역에 사는 주민들을 연구함 으로써 서구 과학계는 산업적 다이옥신의 잠재적 위협에 대해" 보다 많은 사실들을 알아 낼 수 있을 것이기 때문이다.

"베트남은 다이옥신과 암, 불임, 호르몬 및 면역 체계의 이상, 중앙신 경계의 혼란, 간 질병, 당뇨병, 지방 신진대사 등과의 관계를 연구할 수 있는 가장 이상적인 지역"이므로, "인간에게 위험을 초래할 수 있는 다이 옥신의 한계치"를 측정하는 "결정적인" 문제 해결에 도움을 줄 수 있다는 것이다. 이 기사의 문제는 베트남에서 사는 사람들에 대해 어떤 배려나 관심도 기울이지 않고 있다는 점이다.

베트남이 다이옥신 연구에 유리한 이유는 두 가지다. "첫째, 베트남에 서는 엄청나게 많은 숫자의 남녀노소가 다이옥신에 노출"됐다. 반면 서구 에서는 이탈리아 세베소 및 러브 캐널에서 발생한 다이옥신 사건에서 보듯 "피해 범위가 일정 지역에 한정돼 있고" 피해자들도 대부분 남자들이다. 두 번째는 지역 비교가 가능하다는 점이다. 베트남에서는 고엽제가 집중 살포된 남부 지역과 피해를 입지 않은 북부 지역 간의 차이점을 비교 관찰할 수 있다. 게다가 "베트남인 중 많은 숫자가 다이옥신에 노출돼 있다"는 점도 유리한 조건이다. 미국의 한 과학자는 "베트남인 중 80퍼센트가 시골 에서 살며 맨발이나 샌들만 신고 생활한다"고 언급한다. 베트남에서의 협 조는 더 좋아질 수 있는 형편이지만, 미국과의 외교 동결로 인해 "인류의 건강을 위해 연구할 수 있는 독특한 기회가 점점 사라지고 있다." 다시 말해서 "다이옥신에 노출된 사람들을 연구할 시간이 점점 줄어들고 있다" 고 안타까워한다.[56]

기사에서 말하는 연구에는 암으로 죽어 가는 어린이와 희귀 종양이나 불임으로 고통 받고 있는 여성들을 관찰하는 일도 포함돼 있다. 좁은 컨테 이너에서 생활하고 있는 기형아들을 비롯해 일반인들이 상상하기 어려운 기타 처참한 온갖 사례들도 연구 대상이다. 그리고 이 모든 연구는 미국 국민의 보건을 위해서는 없어서는 안 되는 것들이다.[57]

이런 식의 비판은 뭔가 잘못될 수 있다고 덮어놓고 비판해 보는 관습에 서 유래한다. 어떤 이들은 지식인 문화라고 하는 것이 실제로 존재하는지, 아니면 조나단 스위프트가 쓴 각본일 뿐인지 도저히 갈피를 잡지 못하겠다 는 반응을 나타낼 것이다. 이런 비판은 미국이 일본 군정기에 강력한 언론 통제 정책을 펼쳐 불만을 일으켰던 일을 기억하게끔 한다. 미국은 새 헌법 이 일본 국민을 위한 것이란 점을 강조하면서 "미국은 향후 일본에 대해 어떤 언론 통제도 취하지 않으며 통신 기관의 비밀을 보장하겠다"고 선언했다. 맥아더 장군도 "나 자신이 언론 및 표현의 자유를 깊이 신봉하고 있으며, 연합국이 2차 대전에서 목숨을 걸고 지키고자 했던 가치 역시 바로 자유였다"고 일본 국민과 언론인들에게 말하곤 했다(모니카 브라). 그러나 미국은 군정이 시작되자마자 언론에 대한 검열을 제도화하여, 이후 4년간 언론의 자유를 철저히 통제했다. 검열 첫 날부터 미 군정은 원자폭탄 투하 및 후유증에 대한 모든 토론을 금지시켰다. 원자폭탄에 관한 사실은 일본 내에서 비밀로 부쳐졌다. 만약 사실이 공개될 경우 "공공의 안정"을 뒤흔들어 놓을 수 있고 폭탄 투하 자체가 "인류에 대한 범죄"란 사실을 만천하에 인정하는 셈이었기 때문이다. 원자폭탄으로 인한 나가사키의 잔혹성에 관한 증언은 물론 폭탄의 영향에 관한 과학적 논문조차 철저히 금지 당했다. 이후 검열이 다소 약화되기도 했는데 생존자 치료를 위해서라기보다는 방사능 피해를 연구할 수 있는 독특한 기회가 자꾸 줄어들고 있다는 지적을 군정이 받아들였기 때문이었다.[58]

미국이 진주만 폭격 50주년을 맞아 일본의 범죄를 비난하는 동안 미국이 저지른 만행을 폭로하는 책 한 권이 출간돼 관심을 끌었다. 그것은 바로 1968년 3월 베트남에서 발생한 미라이 학살 사건을 다룬『미라이에서 보낸 네 시간』이란 책이었다. 이 책은 미라이 학살의 명령을 내렸던 악명 높은 켈리 중위가 3년도 채 못 되는 짧은 수감 생활을 하고 보석으로 출감했으며, 현재 조지아 주에서 보석상을 하면서 메르세데스 벤츠 고급 자동차를 굴리는 등 인생을 즐기고 있다는 사실을 폭로해 충격을 던졌다.『워싱턴포스트』의 서평자는 이 책을 "복잡한 인간 정신세계의 명암으로 잘못된 행동을 분석한 탁월한 베트남전쟁 연구서"라고 평가했다.

그러나 영국『파이낸셜타임스』의 저스틴 윈틀은 정반대로 평가했다.

서구에서 발간된 모든 베트남 관련 저서들과 마찬가지로『미라이에서 보낸 네 시간』은 미국, 그리고 미국이 전쟁으로 인해 얼마나 자존심에 상처를 입었는가에 초점을 맞추고 있다. 균형적인 시각은 주변으로 밀려나 있다. 비록 (저자는) 미라이 학살의 생존자들이 직접 목격한 사실을 충실하게 담고 있으나, 8년에 걸친 미국과 한국군의 점령으로 인해 베트남이 아직도 어떤 슬픔과 고통을 겪고 있는가에 대해서는 언급하지 않는다. 대신 미국 국민들의 사소한 일상에 관해서만 잡다하게 늘어놓고 있다.

이런 태도는 예전에도 마찬가지였다. 1973년 3월 미라이 학살 5주년을 맞아『뉴욕타임스』가 미국은 이 지역의 "안전을 유지하기 위해" 끝없이 폭격을 가하고 있는데도 아직도 목적을 달성하지 못했다고 지적했을 때에도 거의 움츠러들지 않았다. 이 기사를 쓴 기자는 미국의 학살을 비난하는 현지 주민들의 분위기를 전하면서 철학자라도 된 양 "미라이라는 이름이 미국인들에게 무엇을 의미하는지 베트남인들은 이해할 만한 입장에 있지 않다"고 덧붙였다.[59]

『워싱턴포스트』는 미라이 학살 사건의 발생 원인을 미국 정책과 제도의 문제점보다는 인간의 어두운 본성, 즉 인류 전체의 어떤 공통된 오류로 돌리는 '정치적 올바름'의 원리를 적용한다. '자선'을 지고의 정책으로 내세운 미국만이 다른 나라의 잘못을 응징할 수 있는 권리를 유일하게 지니고 있다는 것이다. 쾅가이 지역을 폭격한 것도 '안전을 유지'하여 고통받는 베트남인들을 '보호'하기 위한 조치란 점 이외에 다른 뜻은 없다는 식이다.『뉴욕타임스』의 아시아 전문가인 폭스 버터필드는 오웰도 놀라버릴 만한 진부한 말투로 "전쟁으로 인해 그냥 방치된 땅이 상당히 많다"고 보도했다. 같은 신문의 크레이그 위트니도「베트남전쟁의 유산」이란 기사에서 "베트남 국민 공산주의자들을 준동하게 만든 죄로 오랫동안 살아온 집에서 쫓겨나는 등 징벌을 받았다"면서 이 모든 것들은 인간의 어두운 본성으로부터 비롯된 자연스런 재해일 뿐이라고 분석했다.[60]

그러나 영국 평단은 좀 더 깊이 있는 반응을 보였다. 즉 학살을 주도했던 켈리 중위를 비롯해 반쯤 미친 병사들 — 이들은 쾅가이 마을의 폐허더미 위에서 연명하고 있는 주민들이 자신의 생명을 앗아갈지도 모른다는 사실만 알고 있었을 뿐이다 — 의 정신세계를 따지기보다는 워싱턴 정책 결정자들의 속셈을 분석해 보자는 것이다. 그 첫 단계로 베트남인의 대량 학살을 목적으로 한 이른바 '휠러 왈라와 작전'을 살펴보자. 이 작전으로 사망한 베트남인은 미라이 희생자들을 포함해 공식적으로 만여 명에 이른다. 『뉴스위크』의 케빈 버클리는 베트남전쟁 당시 대량 학살 작전에 관한 상세한 연구에서 "일관된 정책에 따라 베트남의 여러 지역에서 주민 학살 사건들이 벌어졌으며, 미라이는 이 과정에서 다른 곳에 비해 좀 더 끔찍한 피해를 입은 경우에 불과하다"고 쓰고 있다. 예를 들어 미군에 의해 대량 학살을 당한 마을 네 곳 중 한 곳은 인구가 만6천 명에서 천6백 명으로 줄었으며, B-52 폭격기와 헬리콥터가 마을과 들판에서 일하는 민간인 농부들을 몰살시킨 곳도 있었다. 버클리는 "물론 이 모든 책임을 무능한 중위 한 사람에게만 덮어씌울 수는 없다. 켈리 중위는 분명 성격상 돌출적인 인물이었다. 그러나 '휠러 왈라와 작전'은 결코 돌발적인 것이 아니었다"면서 이와 유사한 작전들이 베트남에서 벌어졌다는 점을 숙고해 보아야 한다고 논평했다.[61]

베트남전쟁 당시 쾅가이 지역에서 활동하고 있던 미국과 캐나다의 구호 단원들은 미라이 학살 사건 직후 전모를 알고 있었다. 그러나 베트남인들처럼 이 사건에 대해 특별한 관심을 기울이는 사람은 거의 없었다.

왜냐하면 이와 비슷한 사건을 이미 여러 차례 접한 경험이 있었기 때문이었다. 에드워드 킹이란 퇴역 군인은 회고록에서 "직업 군인의 입장에서 보자면 미라이 학살 사건은 다른 경우와 비교해 규모만 다소 컸다 뿐이지 새삼스러울 게 없는 일이었다"고 털어놓기도 했다. 미라이 학살을 조사하던 미군 조사단은 몇 킬로미터 떨어진 미케 마을에서도 유사한 사건이 일어난 적이 있다는 사실을 우연히 밝혀냈으나, 당시 지휘관에 대해 아무런 조치도 취하지 않았다. 백여 명의 민간인들을 죽이고 생존자들은 미라이에서처럼 강제로 다른 지역으로 이주시킨 행위가 지극히 정상적인 군 작전이었다는 것이다. 바탄간 반도에 있는 수용소에 수감된 생존자들은 먹을 물조차 없어 큰 고통을 겪었다. 수용소에는 "공산당의 테러로부터 해방시켜 줘 고맙습니다"란 글귀가 크게 씌어진 깃발이 나부꼈다. 미국 군인들은 지역의 "안전을 유지하기 위해" 더 많은 학살과 생태계 파괴를 동원해서라도 작전을 수행할 뿐이었다."62)

2차 대전이 끝난 후 전범으로 처형된 사람은 일본의 야마시타 장군을 비롯해 천여 명에 달한다. 전범 재판을 받아야 할 사람들이 과연 이들뿐이란 말인가?

5. 역사에 대한 무감각

앞서 우리는 '일본 정신'에 내재된 결함으로 '과거를 소독하려는 어설픈 시도', '역사의식의 결핍' 등을 언급했다. 구소련도 역사 속의 치부와 같은 섬뜩한 사건들을 대중의 기억으로부터 지우려고 모든 노력을 다했지만 결국에는 '역사를 죽일 수 없다'는 진리 앞에 무릎을 꿇고 말았다.

미국은 과연 어떤가? 지금까지 미국은 인도차이나 전쟁의 운명을 좌우할 권리라도 가진 양 거드름을 피워 왔다. 지난 십여 년간 중미 문제에 대한 미국의 태도도 크게 다르지 않았다. 미래의 역사학자들은 미국이 '뒷마당'격인 중미를 처음부터 깊은 절망에 빠뜨린 것도 모자라 악마적 만행을 저질러 놓고서도 뻔뻔스럽게 자기 합리화하는 태도를 보였던 것을 놀라운 눈으로 바라볼 것이 틀림없다.

역사와의 타협을 기준으로 인간을 평가하려는 미국 지식인들의 발상에는 그저 기가 막혀 말문이 막힐 지경이다. 미국인 치고 노예제나 원주민 학살에 관한 진실과 타협하지 않았던 사람이 있었을까? 예를 들어 뉴잉글랜드 초기 백인 정착민들 중 1673년 원주민 피쿼트 인디언 족들이 학살당하거나 노예로 팔려 간 사실을 모르는 사람이 과연 있을까? 미국인들 중 학창 시절 1643년 청교도가 피쿼트 인디언 국가를 공식적으로 해체시켜 결국 지구상에서 피쿼트라는 단어 자체를 말살하는 데 성공한 이후 이를 자랑스럽게 밝힌 기록을 배우지 않은 사람이 과연 있을까? '신의 이름'으로 국가에 충성을 맹세한 미국 어린이들은 학교 수업 시간에 청교도들이 선택받은 인간으로서 어떻게 약속의 땅에서 이단자들을 내쫓았는지에 대해 배우게 된다(닐 솔즈베리). 청교도들은 '신성한 임무'를 수행하기 위해 신새벽에 피쿼트 마을을 습격, 성인 남자들은 사냥하러 나가고 남아 있던 노인, 어린이, 여자들을 학살하고 불을 질러 마을을 '불타는 오븐'으로 만들어 버렸다. 당시 기록에 따르면, 장작더미 불에 내던져진 수많은 시체들에서 흘러내린 피가 강을 이루는 바람에 불이 붙을 새가 없었다고 한다. 이 와중에 '신의 종'들은 "이처럼 훌륭하게 인도해 주신 신에게 찬양을 바쳤다." 과연 누가 "자존심을 내세우면서 감히 기득권에 도전했던" 사람들이 몰살당한 사건들에 대해 문제를 제기하지 않을 수 있겠는가?[263]

대도시밖에 모르는 지식인과 도덕군자들에게 피쿼트 인디언 거주지였던 코네티컷 주 남부 지역이 감각적으로 너무 멀게 느껴진다면 뉴욕 주에서 벌어졌던 인디언 추방 사건에 관한 옛 기록을 한번 살펴보도록 하자. 1643년 2월 당시 맨해튼 남쪽 지역에 거주하는 데이비드 드 브리스란 사람이 남긴 기록에 따르면, 네덜란드 군인들은 허드슨 강 맞은편에 평화롭게 살고 있던 알곤킨 인디언들을 학살했으며 결국 뉴욕 메트로폴리탄 지역으로부터 인디언 원주민들을 모두 내쫓는 데 성공했다. 살인자들은 '건국의 아버지들'이 행했던 방식을 충실하게 답습했다.

건국의 아버지들은 로마 시대 군인들이 사람들이 잠을 자고 있는 틈을 이용해 급습해서 살해하던 방식을 뒤따랐다. 이들은 어머니의 젖가슴에 매달려 있는 아이들을 강제로 떼어내 눈앞에서 몸을 토막 내 불구덩이나 강물에 내던졌다. 요람에서 잠들어 있던 아기들도 창에 찔리고 몸이 조각조각으로 잘려 죽었다. 돌 심장을 가진 사람이라도 고개를 돌렸을 만큼 참혹한 광경이 아닐 수 없었다. 어떤 이들은 산 채로 강물에 내던져졌다. 강둑에 서 있던 군인들이 가까스로 강가로 헤엄쳐 나온 인디언들을 다시 창으로 밀어 넣어 전부 물에 빠져 죽게 만들었다.

1980년 살바도르-온두라스 국경 지역인 리오 숨팔에서 발생했던 대학살(미국이 엘살바도르와의 전쟁에서 저지른 최초의 만행)도 본질적으로 위의 사례와 다르지 않다. 미국 군사 훈련소에서 훈련을 받고 미제 무기, 이념으로 무장한 엘리트 군인들이 세계 곳곳에서 저질러 온 무수한 작전들도 역시 마찬가지이다.[64]

지난날 미국인들이 뉴욕 지역의 원주민들을 청소했던 행동은 결코 수치스런 비밀이 아니었다. 사실 이런 사실들은 뉴욕 시립박물관이 펴낸 『뉴욕 시 원주민 지명』이란 제목의 책을 보면 누구나 쉽게 확인해 볼 수 있다.

미국 국민의 '역사에 대한 무감각'은 새삼 거론할 만한 가치조차 없다. '태만'이란 말로도 충분치 않다. 어린 시절 학교 교육을 살펴보면 그 이유를 쉽게 알 수 있을 것이다. 최소한 1960년대 민중운동 시기 이전에 어린 시절을 보낸 미국인이라면 성스러운 미국 문화를 '정치적 올바름'으로 합리화하려는 시도에 대해 비난이 폭발했던 것을 기억하고 있을 것이다. 내 경우, 1969년 미라이 학살 사건이 폭로된 지 몇 주 후 어느 날 갑자기 초등학교 수업 시간이 떠올랐다. 나는 교육 수준이 높기로 정평이 난 보스턴 외곽에서 초등학교를 다녔는데 4학년 때 식민 시대 뉴잉글랜드 역사 시간에 피쿼트 인디언 학살 사건을 배웠다. 아직도 미국 어린이들은 피쿼트 인디언 학살 사건과 청교도들이 쓴 자화자찬으로 가득 찬 1643년 기록을 배우고 있다.[65]

이런 이야기는 5백 년에 걸친 서구 식민 통치 기간 동안 반복돼 왔다. 역사학자 칼레브 카는 1862년 미네소타 주에서 일어난 수Sioux 인디언 봉기를 다룬 저서의 서평을 『뉴욕타임스 북 리뷰』에 기고한 적이 있다. 그는 "미네소타에서의 충돌을 이 지역에 대한 통솔권을 장악하려는 두 경쟁 국가간의 전쟁"이라고 규정했다. 그러나 양측간에는 결정적으로 불균형이 존재하고 있었다. 백인 이주민들의 입장에서 "정착은 마지막 희망이었다." 그들은 "새로운 땅에서 새로운 삶을 건설하기 위해서 전 재산뿐만 아니라 생명을 걸었다." 반면 원주민들은 최소한 초기에는 백인 이주민들과의 "갈등"을 그리 절실하게 받아들이지 않는 자세였다. 왜냐하면 서쪽으로 이주할 수 있었기 때문이었다. 이어서 카는 저자가 양측의 잘못을 공평하게 지적한 점을 높이 평가했다. 그러나 정작 수 족을 묘사할 때는 잔혹한 측면이 유난히 강조돼 있다("잔혹한 행위" "가학적인 피의 갈망" "어린이와 유아에 대한 고문" 등). 이런 어조는 백인 정착민들이 새 삶을 건설하기 위해 얼마나 노력했는가를 묘사하는 대목에서 눈에 띄게 달라진다(깨어진 [협상] 파괴, 수 인디언 38명 처형, "죄 없는" 주민들의 추방 등). 이런 차이점은 어쩌면 당연한 것인지도 모른다. 왜냐하면 '충돌'을 해야만 하는 필요성이 처음부터 서로 달랐기 때문이다.

2차 대전에서 나치가 승리했을 경우를 한번 상상해 보자. 아마도 후대 독일 이데올로그들은 전쟁 당시 동부전선에서 벌어졌던 독일인과 슬라브인 간의 충돌에 큰 비중을 두지 않을 것이다. 그것은 "지역 통솔권을 장악하려는 두 경쟁 국가간의 전쟁"이었을 뿐이다. 독일인들은 "새로운 땅에서 새로운 삶을 건설하기 위해 전 재산뿐만 아니라 생명을" 걸면서 **생활권**生活圈Lebensraum을 요구한 데 비해, 슬라브인들은 "갈등"을 그리 절박하게 받아들이지 않는 자세였다. 무엇보다 시베리아로 이주할 수 있었을 것이기 때문에. 이런 식으로 합리화하지 않을까?[66]

『뉴욕타임스』 서평자인 미치코 카쿠타니는 콜럼버스를 주제로 한 제이 패리니의 소설 『화살 만灣』에 관한 평에서 "새로운 문화 다원주의적 시각에 입각"해 "콜럼버스의 신세계 발견이 원주민에게 미친 치명적 영향"을 집중적으로 조명하고 있다고 지적했다. 그러나 유행에 민감한 '다원적 문화주의자'를 제외하고 서구 정복으로 인해 수천 명의 원주민이 학살 당하고 '치명적' 영향을 입었다는 사실을 과연 누가 진정으로 믿겠는가? 『뉴스위크』의 전임 서평 책임자인 폴 프레스코트도 같은 책을 평하면서, 저자가 "이데올로기적 올바름"에 입각해 스페인의 히스파니올라 원주민 정복을 비판하면서도 정작 "정치적 올바름에 어긋나는 역사"는 감추고 있다고 비난했다. 즉 콜럼버스를 만난 원주민들이 가장 큰 "당면 문제로 카리브 식인종 격퇴에 관해 말"한 사실이 있다는 것이다. 도대체 원주민들이 콜럼버스에게 적에 관해 어떻게 '말'을 할 수 있었으며, 왜 관련된 기록이 하나도 남아 있지 않은지에 대해서 프레스코트는 전혀 언급하지 않고 있다. 콜럼버스의 아메리카 대륙 정복을 직접 목격했던 연대기 작가 라스 카사스는 콜럼버스가 '당면 문제'로 날조해 냈던 아메리카 대륙의 식인 풍습이라는 존재 자체를 전면 부인했다.[67]

콜럼버스 아메리카 대륙 발견 5백 주년은 미국 사회에서 [진정한 의미의] 정치적 올바름을 내세우는 좌파 파시스트들이 역사에 대한 '자성'과 심지어 '가책'까지를 이끌어 낼 위험이 있었다. 따라서 이때를 앞두고 기득권층이 조잡하면서도 효과적인 선전 캠페인을 동원한 것은 지극히 당연한 일이었다.

6. "도둑이야! 도둑이야!"

진주만 폭격 50주년을 맞아 미국에서는 비극적 운명에 대한 자기 연민과 함께 베트남에 대한 새로운 단죄 요구, 그동안 묻혀져 있던 피해자들의 증언, 인간 정신에 대한 보다 깊은 연구, 역사에 대한 책임을 외면하는 '일본 정신'에 대한 비난 등이 한꺼번에 쏟아져 나왔다.

미국 정부가 전범 및 실종 군인 문제를 인도적 차원에서 해결하고자 노력하고 있다고 믿는 사람이라면 다음의 비교를 통해 얼마나 순진한 발상이었는가를 이내 깨달을 수 있다. 뉴욕의 상원의원으로 베트남 참전용사 자문위원회 회장을 맡고 있는 월터 우크는 다음과 같이 지적하고 있다.

2차 대전 중 실종된 미군은 총 사망자 수의 27퍼센트인 78,751명에 달했다. 한국전쟁에서는 전투 중 사망한 군인 숫자의 15.2퍼센트에 해당하는 8,177명이 실종됐다. 베트남에서는 참전 군인 총 260만 명 중 2,505명이 실종됐다. 전사자 숫자의 5.5퍼센트도 안 되는 수치이다. 그러나 이런 수치조차도 정확한 것이 아니다. 그 가운데 1,113명은 전투 중 사망했으나 시신을 찾을 수 없는 경우이다. 또 631명은 실종 당시 상황(예를 들어 전투기의 바다 추락 등)으로 볼 때 사망했을 것으로 추정된다. 33명도 적군에 잡힌 후 사망했을 것으로 예상된다. 실종 군인 중 81퍼센트인 590명이 공군이란 사실도 주목해 볼 부분이다. 이들 중 442명(75퍼센트) 이상이 비행기와 함께 추락해 사망했다는 강력한 증거들이 있다.

그렇다면 야만적인 공산주의자들이 베트남전쟁 당시 실종된 미군들에 대한 수색을 거부하고 있다는 점이 과연 문제의 핵심일까? 브루스 프랭클린은 실종 군인에 관한 연구에서 2차 대전 종전 후 유럽 교외 지역에서는 해마다 실종 군인의 시신들이 발굴되고 있다고 지적한다. 이는 지난 45년 동안 유럽에서는 수색 작업이 아무런 방해를 받지 않고 진행돼 왔다는 의미이기도 하다. 1980년대에도 1876년 전투 중 사망한 커스터 장군 유해를 비롯해 1812년 캐나다 국경에서 사망한 미국 병사들의 유해가 발굴되기도 했다.[68]

진실은 간단하다. 국가—언론 복합체는 동서고금을 막론하고 사기꾼이나 비열한 변호사들이 흔히 써먹는 속임수를 그대로 모방해 왔다. 다른 사람의 주머니에 손을 집어넣다가 들키는 순간 자신을 방어하기 위해선 오히려 큰 소리로 "도둑이야! 도둑이야!"라고 고함을 치는 것이 상책이다. 절대로 자신의 행동을 변명하지 않고 상대편에게 죄를 뒤집어 씌워서 그 사람이 스스로를 변명하도록 만들어야 한다. 이런 수법은 기득권층이 사회 이념 체제를 확실하게 장악하고 있을 경우 특히 효과적이다. 그런 계략은 선전 선동가와 유사하며, 정치적 올바름의 선전 선동적 조작은 그 명쾌한 사례이다(2장 4절 참조).

이런 방법은 기업가들에게도 쓸모가 있다. 일반적으로 기업가들은 자기 자신을 자유 언론의 신봉자인 동시에 노조, 정부와 싸움을 벌이면서 깨끗하게 돈을 벌기 위해 노력하는 존재로 부각시키는 경향이 있다. 1989~1990년 피스톤 탄광 노동자 파업 당시, 이 회사 회장은 매일 기자회견을 직접 주관했다. 회견 자체가 별 필요도 없었는데 말이다. 그리고 언론들도 그를 위해 열심히 일했다. 씨비에스 텔레비전의 로버트 쿨위치는 피스톤 탄광 그룹의 마이크 오돔 회장이 "노조의 능란한 선전술을 지적하면서 회사는 그저 뒤쫓아가려고 할 뿐이다"라고 말했다고 보도했다. 대부분의 전국 네트워크 방송사들은 이 역사적인 노동운동에 대해서 제한적으로 다뤘을 뿐만 아니라 그나마도 노조의 주장보다는 주로 회사 측의 관점을 대변하는 데 급급했다.[69]

그러나 베트남전쟁이 한창이던 1960년대 말 대중은 전쟁 관련 업무를 전담하는 정부 관료들의 목적과 정당성에 의문을 제기하는 사람들 — 케네디-존슨 행정부의 국가 안보 보좌관이었던 맥조지 번디는 이런 지식인들을 "날개 단 야만인"이라고 불렀다 — 의 말에 귀를 기울였다.[70] 매스미디어의 보도 덕분에 미군의 살인적인 야만성은 더 이상 은폐되지 못하고 드러나고 말았다. 여기에서 기득권층이 할 수 있는 반응은 "도둑이야! 도둑이야!"라고 외치는 것이었다. 물론 새로운 방법은 아니었다. 인도차이나 전쟁은 지금까지 해 왔던 대처 방식 이상의 뭔가 새로운 것을 요구하고 있었다.

그래서 나온 것이 바로 1960년대 말경에 미국의 초등학생들에게 부과된 숙제였다. 베트남에 붙잡혀 있는 미군들을 풀어 달라고 호소하는 편지를 호치민에게 보내는 것이 바로 숙제의 내용이었다. 이런 발상은 사악한 공산주의자들이 당장이라도 미국으로 쳐들어와서 평화롭게 길을 걷고 있던 시민들을 납치해서 하노이로 끌고 가 고문할지도 모른다는 공포를 조장했다. 기득권층의 선전 캠페인이 이처럼 극성을 부린 데에는 두 가지 이유가 있었다. 첫 번째는 미국이 베트남에서 저지른 온갖 만행이 이제는 더 이상 감춰지기 어려운 단계에 이르렀기 때문이었다. 도저히 부정할 수 없는 혐의에 대해 자신의 무죄를 주장하려면 상대편의 사악한 본성 쪽으로 사람들의 관심이 쏠리게 만들어야 하는 법이다. 즉 **우리**가 지은 죄를 희석시키기 위해서는 **남의** 죄를 더욱 부각시켜야만 했다. 두 번째는 미국의 기업가들이 전쟁 종식을 원하고 있었다는 점이다. 따라서 정부로서도 더 이상 협상을 거부할 수 있는 명분이 없었다. 그러나 아이젠하워-케네디-존슨 독트린은 여전히 확고했다. 베트남과의 외교는 아예 고려의 대상조차 되지 못했다. 정부는 베트남에서 미국과 동맹국의 정치적 입지가 너무나 취약하기 때문에 공산 정권과 평화적으로 경쟁하는 것 자체가 불가능하다고 판단하고 있었다. 닉슨 대통령과 키신저 국무장관은 폭력을 더욱 강화, 확대했으며 베트남 평화 협상을 지연시키기 위해서라면 수단과 방법을 가리지 않았다. 이런 맥락에서 과거에는 없었던 포로 송환 문제가 전면으로 등장했다. 만약 하노이 공산 정권이 서구의 전통적인 기준을 받아들이지 않고 거부할 경우에는 '공산주의 쥐새끼들'을 비난하면서 협상을 지연시킬 수 있다는 포석을 깔고 있었던 것이다.

전쟁이 끝난 후에는 또 다른 문제가 야기됐다. 미국이 인도차이나를 파괴하기는 했지만 승리감을 느끼기에는 왠지 모자란 감이 있었다. 따라서 전쟁 대신 다른 수단을 동원해 적국 베트남을 계속 목 조르고 쳐부숴야 할 필요가 있었다. 여기에는 외교 단절, 경제 전쟁 등 가능한 모든 방법이 다 포함됐다. 카터 대통령 역시 이런 방침에 따라 1978년 초 친중국 정책을 취하면서 베트남에 대한 압력을 더욱 강화해 나갔다. 그리고 후임 레이건 대통령도 정가의 지지를 받으면서 이와 같은 정책 기조를 유지했다.

"도둑이야! 도둑이야!"라고 소리치는 전술은 전반적으로 대단한 성공을 거뒀다. 브루스 프랭클린은 언론이 정부의 의도대로 움직이는 동안 미국과 동맹국들이 아군의 악명 높은 만행들을 적에게 뒤집어씌우기 위해 동원했던 교묘한 전략을 영화와 텔레비전이 추진해 나갔다는 사실에 대해 자세히 논평한다. 폴 포트의 만행에 대한 비난을 다른 곳으로 돌리기 위해 미국 정부는 교묘한 계략을 동원했다. 몇 해 전 캄보디아에서 미국이 만행을 저질렀을 때나 티모르에서 인도네시아 정부가 미국의 지원을 등에 업고 유혈 사태를 일으켰을 당시에도 마찬가지였다.[71] 캄보디아를 폴 포트로부터 구원하려는 베트남의 침공은 폴 포트보다 더한 공산주의 만행으로 비난을 받았으며, 이 와중에서 미국은 폴 포트에 대해 보다 교묘하게 은밀한 지원을 계속했다. 그리고 이런 작전은 별 어려움 없이 목적한 바를 달성했다. 미국의 이데올로기적 제도들은 캄보디아 사태란 핑곗거리가 없어지고 전범과 실종 군인 문제만이 인도차이나 민중들을 고문할 수 있는 정당한 문제로 남게 되자 부드럽게 입장을 바꾸었다.

베트남이 프랑스 식민 체제가 남긴 잔혹하고 파괴적인 유산들로부터 벗어나려고 할 때마다 미국이 그 기회를 가로막았다는 마이클 비커리의 지적은 대단히 중요한 점을 시사한다. 1954년의 제네바 협약에 따라 베트남 전역에서 선거가 치러질 경우 남북 통일을 이룩할 수 있는 좋은 기회였는데, 미국은 엉뚱한 쪽이 이길지도 모른다는 두려움 때문에 협약 자체를 거부했다. 1958년 북베트남은 전통적인 농산물 잉여 지역인 남베트남과의 교역이 차단당한 상황에서도 식량 자급자족과 산업 발전을 달성했다. 북베트남의 이런 경제적 성공은 미국 정책 결정자들을 상당히 당혹시켰다. 이들은 아시아 지역의 공산 국가들이 이룩한 경제 발전을 저지시키기 위해 비밀리에 모든 수단을 동원했다. 특히 미국이 지원하고 있는 남쪽 정권이 실패를 거듭하고 있는 것과 달리 북베트남이 진보를 이룩하고 있는 것은 대단히 우려할 만한 일이었다. 1959년 미국 정보부는 남베트남이 북베트남에게 경제적으로 뒤처지게 될 가능성이 높다는 보고서를 내놓았다. 북베트남에서 경제 발전이 계속되고 있으며, 미래를 위한 건설에 주력하고 있다는 것이었다. 이런 위기의식에 따라 케네디와 이후 정권들은 베트남 정책에 주의를 기울였다.

종전 후 통일 베트남은 국제통화기금의 관리 체제를 받아들였다. 세계은행은 1977년 극비 보고서에서 베트남 정부가 자원을 동원하고 광대한 잠재력을 북돋우기 위해 노력하고 있다고 칭찬했다. 미국은 베트남에 대한 모든 원조를 가로막으면서 경제적 목조르기를 계속했다. 1988~1990년 비커리는 『파 이스턴 이코노믹 리뷰』의 기사를 인용해 "베트남이 극도로 불리한 국제적 위상에도 불구하고 놀라운 경제적 성공을 이룩"했으며, 국제통화기금도 보고서에서 이를 인정했다고 지적했다. 이에 대해 부시 대통령이 취한 조치는 바로 베트남에 대한 엠바고의 재개였다. 그리고 이와 함께 미국이 지난날 범죄 폭력자들의 손에 얼마나 끔찍한 고통을 겪었는지에 대한 국민적 감정을 새삼 되살려 냈다.[72]

완전히 미친 방법도 있다. 미국의 통제권으로부터 감히 벗어난 제3세계 국가들에 대한 원칙적 반감과는 별도로, 종속적인 위치에 있는 약소국 국민들은 감히 주인님 앞에서 고개를 빳빳이 들지 않도록 조심해야만 하는 법이다. 만약 그렇게 행동했다가는 엄청난 폭력에 의해 황폐화될 뿐만 아니라 주인님의 관심이 남아 있는 한 계속해서 고통을 겪게 된다. 이라크, 니카라과가 바로 이런 유형을 잘 보여준다. 한때 부시 대통령의 친구였던 후세인 일당이 노선에서 벗어난 이후 수만 명의 이라크 인들이 굶주림과 질병으로 죽어 가고 있다. 서구는 지난날 관계가 좋았을 때 후세인에게 제공했던 대량 파괴 무기들을 파괴했다. 국제 기아 문제에 관한 두 전문가들은 미국이 "또 다른 대량 파괴 무기, 즉 이라크 국민으로부터 식량 및 생필품을 빼앗는 방식으로 파괴력을 휘두르고 있다"고 지적한 바 있다.[73] 하층 사회는 질서와 '안정'의 세계 속에서 제 위치를 알고 있어야 하는 법이다.

『워싱턴포스트』는 진주만 폭격 기념일 사설에서 베트남에 관해 다음과 같이 지적했다.

미국이 군사적 의미에서는 비록 패전했으나, 결국 승리자로서 전후 정상화 과정을 주도했다는 사실은 변치 않는 역설이 아닐 수 없다. 그것은 미국이 국제적 지배 가치를 대표하는 국가이자 지역 균형과 국제경제에 강력한 영향을 미치는 국가였기에 가능할 수 있었다. 이 모든 것은 베트남에 의해 만들어졌다.

이런 식의 지적은 다소 과장된 것이긴 하지만 나름대로 주목할 만한 가치가 있다. 『워싱턴포스트』 논설위원들이 지적한 "국제적 지배 가치"란 바로 칼을 휘두르면서 마음대로 규칙을 세우는 자의 가치를 뜻하는 것임을 드러내고 있기 때문이다.[74]

5백 년 식민 정복의 역사상 세 대륙을 파괴하고 수많은 시체와 불구자, 고아들을 양산했던 폭력자들이 정치적 협상을 가로막기 위해 교묘하게 자기 연민을 불러일으켰던 것만큼 야비하고 부정직하며 비겁한 예를 찾기는 어려울 것이다. 이런 사실은 정부 내부 기록뿐만 아니라 군 역사학자들의 기록에 뚜렷이 나타나 있으며 관변 '학자들'조차 인정하는 바이다.[75) '변치 않는 역설'은 미국이 일본의 결함 있는 심리 상태를 비난하면서도, 그와 같은 부끄러운 행위를 아무런 곤란도 못 느끼고 계속해 나간다는 사실이다.

7. 불명예스럽게 살지 않는 날

이런 역설은 또 다른 기념일을 통해서 다시 한 번 드러난다. '불명예스런 날'로 불리는 진주만 폭격 50주년이 되는 해는 존 케네디가 베트남 갈등을 대규모 국제 테러리즘 차원에서 대공세 단계로 비화시킨 지 30주년이 되는 해이기도 했다. 1961년 10월 11일 케네디는 미 공군 팜게이트 중대의 남베트남 파병을 명령했다. 12대의 비행기에는 특별히 정부 전복 활동을 위한 장비들(전투용 T-28, SC-47, B-26 폭격기 등)이 배치돼 있었다. 케네디는 이어서 미군 비행대가 베트남 지상군의 지원 속에서 베트남인과 함께 합동 작전을 수행할 수 있는 권한을 부여했다. 12월 16일 맥나마라 국방장관은 전투 작전 참여를 승인했다. 이것을 시작으로 미 공군 팜게이트 중대는 1962년부터 남베트남에서 기타 전투 작전과 폭격을 직접 펼치는 한편 북베트남에서 방해 작전을 수행하게 된다. 이렇게 1961~1962년 미국이 취한 일련의 행동들은 훗날 확전을 위한 기반이 됐다.[76)

　　앞서 살펴보았듯이, 이 기념일은 나름대로 주목을 받았다. 부시 대통령은 케네디 대통령이 베트남전을 운명적인 방향으로 바꿔 놓은 지 30년 만에 또다시 베트남의 국제사회 진입을 방해하기 위한 조치들을 취했다. 이와 함께 전범 및 실종 군인 문제도 새롭게 부활하게 됐다. 내가 아는 한 미국에서 이 기념일을 다룬 기사는 마이클 앨버트(『Z 매거진』), 알렉산더 코크번(『네이션』, 『로스앤젤레스타임스』)의 세 건의 기사가 전부이다.[77]

진리와 정직이 지배하는 세계에서라면 진주만 폭격과 베트남 폭격 간의 차이점을 구별한다는 것이 불가능하다. 일본이 미국 식민지의 해군 시설을 공격한 사건과 미국이 만6천 킬로미터 떨어진 곳에 있는 힘없고 방어 능력도 없는 민간 사회를 폭격한 사건의 의미를 구별한다는 자체가 말이 되지 않는다. 역사에는 사전 실험이란 없다. 그러나 유추해 보기를 좋아하는 이들은 1989년 미국의 리비아 폭격과 일본의 진주만 폭격을 비교할지도 모르겠다. 리비아 폭격은 교묘하게도 저녁 일곱 시(미 동부 표준시) 뉴스 시간에 맞춰 행해졌다. 레이건 대통령의 선전 담당자들은 1964년 8월 린든 존슨 대통령이 저녁 일곱 시(미 동부 표준시)에 통킹 만 사건[*4]에 대한 보복으로 북베트남에 대한 폭격을 명령했던 일을 그대로 따라 했던 것이다. 그러나 이런 비교 자체가 일본인들에게는 여전히 부당하다. 리비아에 대한 미군의 공격은 부당한 구실로 민간인을 표적으로 한 것이었으며 통킹 만에 대한 '보복'도 기만적인 것임이 너무 쉽게 드러났기 때문이다.[78]

리비아 폭격과 진주만 공습을 비교하는 발상은 의심할 바 없이 너무나 이상해서 거론할 만한 가치가 없는 것일 수 있다. 그러니 옆으로 밀쳐

---

4) [옮긴이] 1964년 8월 2일과 4일 북베트남 통킹 만 밖 공해상을 순찰 중이던 미국 구축함 매덕스 호와 터너조이 호가 북베트남 어뢰함으로부터 공격을 받고 반격한 사건. 5일 미 공군은 64회 출격해 북베트남 어뢰정 기지, 석유 저장소 등을 폭격하고 함정 25척을 격파했다. 존슨 대통령은 이를 계기로 의회로부터 "대통령이 침략 저지에 필요하다고 생각하는 모든 조치를 취할 권리"를 부여받고 베트남전에 대한 군사적 개입을 본격화했다. 그러나 훗날 『워싱턴포스트』가 폭로한 국방부 비밀문서에 따르면 통킹 만 사건은 미 군부가 수개월 전부터 북베트남 폭격을 정당화하기 위해 마련해 놓은 치밀한 사전 시나리오에 의한 것임이 드러나 큰 충격을 던졌다.

두기로 하자. 501년을 맞아 혹시나 그 속에서 생각할 만한 것을 발견하는 사람이 있을지도 모르지만 말이다.

1991~1992년 동안 유난히 동시에 일어난 일들이 많다. 진주만 폭격 50주년을 맞아 미국 사회 전체에서 일어난 엄청난 분노(정작 그 배경은 은폐됐다), 일본 정신에 내재된 사회적, 문화적 결함들에 대한 비난, 케네디 대통령의 남베트남 민간 마을에 대한 직접 공격 명령 30주년. 이런 사건들의 결합은 거칠 것 없는 특권의 자연스런 부수물인 도덕적 비겁함과 지적 부패를 단적으로 드러내고 있는 매우 희귀한 일이다.

이중 마지막 사건에 주목해 보도록 하자. 미국에서는 잊혀진 기념일이었던 베트남 폭격 30주년을 맞아 베트남전에서 철군을 원했던 것으로 알려진 케네디 대통령을 정당화하기 위한 아첨이 쏟아졌다. 베트남 철군 계획은 당시 언론에 의해 은폐됐으며, 케네디는 바로 이것 때문에 암살당했다는 것이다. 고독한 영웅 케네디에 대한 미국인들의 엄청난 존경심, 그리고 그가 베트남전쟁 개입을 막으려 했던 것 때문에 결국에는 암살당했다는 인식은 **한세이**反省 문제와 관련해 흥미를 더한다. 이런 1991~1992년의 드라마는 영화부터 학술 연구에 이르기까지 다양한 차원에서 진행됐으며, 반전 시위 속에서 성장한 민중운동의 주요 인물들뿐만 아니라 이른바 케네디파 지식인들까지 가담했다. 그들은 서로 다른 관심사와 관점을 지니고 있었지만, 1963년 11월 케네디 암살 사건이 역사의 방향을 극적으로 바꾸어 놓았을 뿐만 아니라 이후 모든 것에 암영을 드리웠다는 사실에 대해서만큼은 일치된 믿음을 갖고 있었다. 캐멀롯[5]을 부활시키려는 열정은 1990년대 초반 문화적이고 정치적인 기류의 흥미로운 발현이 아닐 수 없다.

---

5) [옮긴이] Camelot. 영국 아더왕 전설에 등장하는 아더 왕궁. 케네디 정권 당시 미국 언론은 귀족적 분위기를 지닌 케네디 일가가 거주하는 백악관을 '캐멀롯'이란 별명으로 불렀다.

1961년 케네디의 베트남 공격 명령의 의미는 분명하다. 그러므로 케네디 계획의 본질과 이에 대한 반응은 대단히 흥미로운 것이다. 현실 인식, 기억 형성, 보다 나은 미래에 대한 관념은 사안의 진실에 의해 중요한 영향을 받을 수 있다. 인식 스펙트럼의 한 끝에 케네디 암살이 한 개인으로서는 비극적 죽음이긴 하지만 불확실한 정치적 결과를 갖는 사건이었다고 보는 시각이 있다면,[79] 또 다른 한 끝에는 그것을 장기적 차원에서 독특한 의미와 불길한 징조를 드리우는 역사적인 사건이었다고 보는 시각이 있다.

이 문제에 관한 증거들은 대단히 많이 남아 있다. 특히 정부 내부 문건들은 평균 이상이다. 역사는 결정적 결론을 절대 허용하지 않는 법이지만, 이 경우는 관련 기록의 풍성함과 일관성을 고려할 때 이례적으로 확실한 판단이 가능하다고 생각한다. 역사적 기록으로부터 도출한 기본 줄거리는 대략 다음과 같다.[80]

미국의 베트남 정책은 2차 대전 이후의 국제 질서를 확립했던 기본적 이념 구도 내에서 이뤄졌으며 1970년대 초반 전반적인 궤도 수정 이전까지 아무런 도전을 받지 않았다. 미국은 프랑스와 함께 전후 베트남 문제에 뛰어들었고, 처음부터 인도차이나 반도의 민족주의 세력과 적대적인 관계에 놓여 있었으며, 친미 세력이 민족주의 세력과의 정치적 경쟁을 견뎌낼 수 없을 것이라는 사실을 잘 알고 있었다. 따라서 미국의 입장에서 평화적 방법이란 처음부터 선택할 수 있는 고려 사항이 아니었으며, 오히려 어떻게 해서든 피해야 할 위협 요소였다. 미국의 베트남 참전 및 정부 전복 기도에 대한 국내 지지 기반이 얇았다는 것은 말할 필요도 없다. 그러므로 정부는 가능한 한 빠르게 작전을 수행함으로써 인도차이나를 친미 정권의 통제 아래 두어야 할 필요성이 있었던 것이다.

1950년대부터 70년대 초반까지, 베트남 정책의 실행 가능성과 비용이 문제가 된 적은 있었지만 기본적인 방향만큼은 바뀐 적이 없었다. 1954년의 제네바 협약은 즉시 파기됐다. 미국은 훗날 '남베트남'이라고 불리는 지역에 친미 정권을 수립했다. 그러나 대중의 지지 기반이 없었던 정권은 민중을 통치하기 위해 대규모 테러를 자행했으며 결국에는 시위를 더 이상 통제할 수 없는 상황에 처하게 됐다. 케네디가 정권을 잡을 무렵, 미국의 입지는 곧 붕괴될 것처럼 보였다. 따라서 케네디는 1961~1962년 베트남에 대한 직접 폭격을 명령함으로써 전쟁을 한 단계 확대시켰다. 승리를 확신했던 미군 사령부는 하루속히 전쟁을 마무리한 다음 철수한다는 계획을 갖고 있었다. 케네디는 때때로 유보적인 태도를 보이긴 했으나 전반적으로 군의 계획대로 움직였고, 철군에 대해서는 한 번도 진지하게 고려하지 않았다. 1963년 중반 미군의 위압적인 군 작전이 교외 지역에서 성공을 거두는 듯 보였지만 남베트남 정권의 억압적인 정책으로 인해 도시에서는 대규모 시위가 연일 일어났다. 게다가 친미 정권조차 미국의 간섭을 거부하고 철군을 촉구하면서 북베트남과 독자적으로 평화조약을 맺을 움직임을 하고 있었다. 케네디 정부는 베트남에서 완전한 군사적 성공을 이룩하기 위해 기존 정권을 전복시키고 군사정권을 지지했다. 이것이 바로 1963년 11월 1일 군사 쿠데타이다.

미군 사령부가 예측했던 것처럼 쿠데타는 베트남의 분열을 더욱 부채질했다. 그리고 정부의 관료 체제가 무너지면서 그동안의 군사적 성과 역시 사상누각에 불과했다는 인식으로 이어졌다. 따라서 미국의 전술은 두 가지 새로운 관점에서 수정됐다. 하나, 확전을 위한 안정적인 기반을 마련했다는 희망. 둘, 교외 지역에서 군 상황이 아수라장이란 사실의 인정. 첫 번째 요소는 군사 작전의 강화를 가능하게 만들었다. 두 번째 요소는 첫 번째 희망이 환상처럼 보일지라도 어쨌든 필수적이란 사실을 인식시키

는 역할을 했다. 따라서 미국이 애당초 갖고 있었던 승전 후의 철수라는
계획은 전제조건들이 무너지면서 포기될 수밖에 없었다. 1965년 초 미국
은 대규모 군사 공격을 감행하여 정치적 평화 협상을 저지시킬 수 있었다.
확고부동한 정책적 가설은 선택의 여지를 허용하지 않았다. 1965년 초
미국은 남베트남에 대한 공격을 강화했으며 전쟁은 북부로까지 확대됐다.

1968년 1월 이른바 구정 대공세*6)는 전쟁이 빠른 시간 내에 미국의
승리로 끝나지 않을 것이란 사실을 드러내는 계기가 됐다. 당시 남베트남
시위 사태와 미국 및 서방 경쟁국들의 경제 황폐화는 미국 엘리트들의
반전 의식을 강화시켰다.

미국은 남베트남을 비롯한 인도차이나 전역에 대한 공격의 수위를
한층 높이는 동시에 미 지상군을 철수시키는 방향으로 나아갔다. 평화
협상은 가능한 한 지연됐다. 마침내 미국이 1973년 1월 '평화 협정'에 서명
하도록 압력을 받게 되자, 그 즉시 워싱턴은 가장 분명한 용어들을 사용하
여 모든 협정 사항을 파기할 것이라는 성명서를 발표했다. 그리고 실제로
남부에 대한 공격 수위를 높임으로써 협약을 어겼다. 반정부적인 일부
언론들을 제외하고 주류 언론들은 이런 사실을 보도하지 않았으며, 아직
도 이런 내용은 엄격하게 금기 사항으로 남아 있다.81) 미국과 베트남 친미
군사정권은 이런 방식으로 저항을 억눌렀다. 그러나 친미 정권은 결국
무너지고 말았다. 이번에는 미국으로서도 친미 정권을 구하기 위해 나설
수 없었다. 그리고 1975년 전쟁은 끝났다.

---

6) [옮긴이] Tet Offensive. 1968년 1월 30일 북베트남군과 남베트남 내 게릴라 군이 음력설인 테트 축제일에
남베트남 36개 지방 주요 도시와 다섯 개 대도시에 대해 일제히 대규모 기습 공격을 감행한 사건.
전투는 사이공과 <베트남민족해방전선>(NLF)이 점령하고 있던 위에 시에서 가장 치열했다. NLF와
베트콩 측은 미국의 반격으로 엄청난 피해를 입었으나 전략적으로는 중요한 성과를 거두기도 했다.
특히 미국에서는 베트남전의 조기 종식 가능성이 희박할 뿐만 아니라 패전할 수도 있다는 인식이
자리 잡으면서 반전운동이 본격화되는 계기가 됐다.

미국은 베트남전에서 부분적인 승리만을 거뒀다. 미국의 입장에서 부정적인 측면은 친미 정권이 무너졌다는 점이었고, 긍정적인 측면은 베트남 전 지역이 폐허가 돼 '성공적이며 독립적인 발전'이란 바이러스가 주변국을 '감염'시킬 위험도 없어졌다는 사실이었다. 좀 더 깊이 있게 들여다보자면, 베트남은 미국이 직접 세우고 강력하게 지원했던 살인적 군사정권의 위험으로부터 드디어 벗어날 수 있게 됐다. 또 다른 결과는 (이미 몇 해 전부터 예측된 부분이었지만) 미국의 살육에 저항할 수 없었던 남베트남과 라오스의 토착 세력들이 전멸하다시피 하고 북베트남이 인도차이나에서 주요 세력으로 부상하게 됐다는 점이다.[82] 토착 세력들이 살아남아서 자체적으로 발전을 이룩했더라면 과연 어떤 일이 일어났을지에 대해서는 각자의 상상에 맡기겠다. 언론들은 요구받은 공식들을 기꺼이 따르고 있다. 그러나 이런 공식들은 기존 이념이 요구하는 것들을 반영할 뿐 그 이상도 이하도 아니다.

미국의 기본 정책 노선은 본질적으로 지금도 지속되고 있다. 즉 인기 없고 비용이 많이 드는 사업에서 가능한 한 빨리 발을 빼거나, 바이러스가 파괴되고 승리가 확실해진 이후에 발을 빼는 정책이다. (1970년대는 친미 정권들이 유지될 수 있을지에 대해 의구심이 증가했다). 다만 전략은 환경과 인식이 화하면서 함께 수정됐다. 케네디 암살과 행정부 교체는 기본 정책뿐만 아니라 전술 면에도 그리 큰 영향을 미치지 않았다.

식민 전쟁의 규모와 파괴력은 실로 엄청났다. 국내, 국제사회에 미친 장기적 의미 또한 대단히 컸다. 그러나 인도차이나 전쟁은 근본적인 의미에서 5백 년에 걸친 식민 전쟁의 역사, 보다 구체적으로는 미국 헤게모니 시대의 맥락 속에서 일어난 하나의 전쟁이었다.

11장
내부의 적, 노동자를 정복하라

NOAM CHOMSKY

1. "1992년의 역설"

5백 년 정복사의 기본 주제를 유럽 대 식민지의 대결 구도로만 한정시킨다면 그 진정한 의미를 이해하기 어렵다. 아담 스미스가 강조했듯이, 정책결정자의 이해관계와 일반 대중의 이해관계가 동일한 것은 아니다. 다시말해서, 내부적 계급 전쟁은 강대국의 세계 정복에서 빼놓을 수 없는 또하나의 요소이다. 5백 년에 걸친 세월 동안 일관되게 존재하는 기억들중 하나는 "유럽 사회도 식민화되고 약탈당했다"는 것이다. 비록 "경제조정 제도와 정치적 자치 정부," 저항의 전통 등을 가진 "보다 체계적인" 공동체들은 부단한 투쟁을 통해 기본권을 되찾았을 뿐만 아니라 확대해나갈 수 있었지만 말이다.[1]

부유한 강대국 간의 동맹 관계가 종식되고 '신제국 시대'가 등장하면서내부적 계급 전쟁은 더욱 격화됐다. 이른바 경제 세계화는 강대국 내부에제3세계적 특성을 강화하는 결과를 초래했다. 즉 국민 대다수가 소수 특권층의 부를 위해 일하는 이중적 사회구조로 나아가게 된 것이다. 하층 사회는 건설적 사고와 행동을 위한 전제조건으로서 이전보다도 훨씬 더 이념적, 육체적으로 통제 받는 동시에 조직 결성권과 교류권을 박탈당하게됐다. <세계산업노동자조합>의 조합원이자 작가인 티-본 슬림은 "신문만 보면 '우리가 지금 얼마나 좋은 시대에 살고 있는가'를 즉시 실감할 수 있다지만, 그러나 우리는 과연 언론이 진실을 말하고 있는가를 따져 보기 위해 이웃과 상의할 수 있는 기회조차도 갖고 있지 못하다"고 논평하기도 했다.[2] 민중 대다수는 경제체계란 "선천적으로 불평등"하기 마련이란 인식을 갖고 있으며, 베트남전쟁도 "실수"가 아니라 "근본적으로 잘못되고 비도덕적인 것"으로 바라보고 있다. 이들은 미국이 이라크를 폭격했을 당시에도 전쟁이 아니라 외교적 해결을 선호했다. 그러나 그것은 개인적인 생각일 뿐이었다. "이웃과 상의할 수 있는" 체계적 방법이 없는 한 민주주의와 자유에 대한 치명적인 위협도 없는 법이다. 개인 생각이야 어떻든 간에 우리[강대국의 기득권층]는 집단적으로 행진을 계속한다. 예를 들어 미국 대통령 선거 후보자들 중 그 누구도 "원칙적으로 베트남전쟁에 반대한다. '근본적으로 잘못되고 비도덕적'인 전쟁에서 싸우라는 정부의 명령을 거부한 자들에게 영광을 바친다"고 말할 수 없을 것이다.

어떤 통치 체계에서든 가장 중요한 문제는 복종을 확고히 하는 것이다. 이런 복종을 이끌고 조직화하는 것이 바로 이데올로기적 제도들과 문화적 지배자들이다. 물론 구성원들에게 자원을 공평하게 배분하고 의사 결정 과정에 대한 참여를 공평하게 보장하는 사회는 여기에서 제외된다. 그것이야말로 자유를 옹호하는 사회 형태를 지닌 민주주의 사회이다. 그러나 진정한 의미에서 민주주의란 머나먼 이상이다. 아니 [어떤 이들에겐] 어떻게 해서든 피해야 할 위험일 뿐이며 결코 이룩돼서는 안 될 가치이기도 하다. 예를 들어, 저명한 언론인인 월터 리프먼은 "무식하고 참견하기 좋아하는 아웃사이더"들은 관찰자의 위치로 물러앉아야 한다고 말하기도 했다. 기득권층은 비천한 대중의 마음으로부터 그들 스스로 운명을 지배하겠다는 발상을 확실하게 내쫓아야 할 임무를 지니고 있다. 개인 한 사람

한 사람은 고립된 선전 공세의 대상으로서, 정부와 사기업이라는 외부적, 적대적 두 세력에 맞서지 못하도록 무력화 돼야 한다. 정부와 사기업은 사회적 삶의 기본 성격을 결정할 신성한 권리를 지닌다. 게다가 두 세력 중 후자는 베일에 가려져 있다. 사기업의 권리와 권력은 일반 대중이 도전할 수 있는 영역 밖에 존재해야 할 뿐만 아니라 자연 질서의 한 부분으로서 눈에 띄지도 않아야 한다. 우리는 지금까지 이런 방향으로 꽤 멀리 여행해 온 것이다.

1992년 대통령 선거 운동 당시 정치인들의 언변은 이런 과정을 잘 드러내고 있다. 공화당은 유권자들에게 기업가에 대한 신뢰를 촉구하는 한편 '상대편 정당'은 (현실적으로 구별 불가능한) 공산주의와 복지국가라는 재앙을 일으키는 사회학자들의 도구에 불과하다고 비난을 퍼부었다. 민주당도 사기업들의 효율성 개선을 강조하면서 그들의 사회적 삶에 대한 독재적 권리와 도전 받지 않는 정치적 영역을 보장해 주겠다고 맞받아 쳤다. 후보자들은 자기에게 투표하면 유권자들을 위해 이러저러한 일들을 하겠다고 약속한다. 그들을 믿는 사람은 별로 없지만, 그러나 여기서 중요한 점은 기존 체제에서는 이런 과정 이외의 다른 방법은 생각할 수 없다는 사실이다. 노조, 정치 단체, 기타 민중 조직에서도 나름의 계획과 프로젝트를 만들고 그들을 대표하는 후보를 내야 한다는 것은 생각조차 할 수 없다. 심지어 일반 대중들이 투자, 생산, 노동의 성격, 기타 기본 생활 분야에 대한 결정 과정에서 스스로 제 목소리를 가져야 한다는 것은 아예 상상도 할 수 없다. 이처럼 기득권층의 이념 체계는 민주주의가 제 기능을 하기 위한 최소 조건조차 제거해 버리고 확실한 승리를 이룩했다.

자칭 '보수주의자'들은 전체주의를 보다 강화하기 위해 맹목적 애국주의, 종교적 광신, 가정의 가치, 기타 기본적인 담합의 도구들을 동원해 대중의 마음을 미혹시키려 한다. 좋은 예가 1992년 공화당 전당대회이다. 당시 공화당 지도부는 유난히 신을 강조했다. 『이코노미스트』는 1992년 공화당 전당대회가 첫날부터 마지막 날까지 종교 색을 강하게 나타냈고, 민주당 대통령 후보[빌 클린턴]도 "지명 수락 연설에서 신을 여섯 차례나 거론"하고 "성경을 인용했다"면서 전 세계 선진 산업국가들 중 미국만이 아직도 "공개적으로 세속적 지도자를 받아들일 준비가 돼 있지 않은" 사회라고 꼬집었다. 다른 나라들은 부통령과 한 텔레비전 출연자 간에 벌어진 토론을 놀라운 눈으로 지켜보았다. 이 모든 것은 민주주의의 진정한 모습을 일그러뜨리고, 소수 개인의 권력에 대한 그 어떤 도전도 제거해 버리려는 징표들이다.[3]

현재 우익의 담론은, "여성 평등권"을 요구하고 여성의 "세계는 남편, 가족, 아이들, 가정이다"(아돌프 히틀러)라는 낡은 진리를 부정하는 '자유주의'에 대한 과거의 비난을 다시 불러일으키고 있다. 또 "카피르 족이나 호텐토트 족*[1])이 자유로운 직업훈련을 받는 동안 신의 가장 재능 있는 피조물[백인종]이 프롤레타리아트의 늪에 빠지는 것은 전지전능하신 신의 의지에 대한 죄악"이라고 태연히 경고하기도 한다 ── 물론 최근 들어 이런 표현들은 좀 더 교묘하게 포장돼 있다. '문화적' 주제 및 맹목적 애국주의 열정에 대한 호소는 대중을 동원하기 위한 고전적 파시즘의 수법들로 꼽힌다. 특히 종교적 '열광을 조장하는 것'은 톰슨이 지적했듯이 일종의 '정신적 반혁명 과정'으로서 오랜 세월 동안 대중을 길들이고 '절망의 천년

---

1) [옮긴이] Kaffir 족. 반투어를 쓰는 아프리카 남부의 한 종족(코사 족). 아프가니스탄 북동부의 힌두쿠시 산맥에 사는 종족을 가리키기도 한다(누리스탄 족). 특히 남아프리카공화국에서는 카피르의 'K'를 소문자로 쓰면 흑인들을 경멸하는 의미로 통한다. 호텐토트 Hottentot 족은 남아프리카 공화국이나 나미비아의 공식 보호구역에 모여 사는 종족으로 코이코이 족이라 부르기도 한다. 호텐토트란 말은 네덜란드 백인 이주민들이 코이코이 족 언어의 독특한 발음을 흉내 내 붙인 경멸적인 표현이다.

왕국', 즉 기대할 것이 거의 없는 현세보다는 또 다른 세상에 대해 절망적으로 희망을 걸게 만드는 역할을 했다.[4]

여론에 관한 연구들은 또 다른 측면을 보여주고 있다. 1992년 6월 갤럽 조사 결과에 따르면, 응답자 중 75퍼센트가 미국의 다음 세대가 지금 세대보다 더 나은 생활수준을 누릴 것으로 보지 않는다고 대답했다. 놀랄 일도 아니다. 지난 20년 동안 실질소득은 떨어졌고 레이건식 '보수주의' 아래에서 몰락은 더욱 가속화됐다. 전직 대통령들에 대한 선호도 조사 결과를 보면 국민들의 생각을 더욱 확실하게 알 수 있다. 카터의 인기도는 74퍼센트, 포드 68퍼센트, 레이건 58퍼센트, 닉슨은 54퍼센트를 나타냈다. 레이건에 대한 반감은 노동자층과 '레이건 정권 당시의 민주당원들' —— 전 공직자 중 레이건에 대해 가장 부정적(63퍼센트) 견해를 나타냈다 —— 사이에서 가장 높았다. 레이건이 대통령 재임 당시 누렸던 높은 인기는 언론의 조작 덕분이었다 해도 과언이 아니다. 재임 당시 '위대한 대변인'으로 불렸던 레이건은 더 이상 어릿광대짓을 할 수 없게 되자 이처럼 빠르게 몰락하고 말았다.[5]

여론조사 기관 <해리스>는 지난 25년 동안 각종 기관들을 대상으로 소외도를 조사해 왔다. 1991년 조사에서는 역대 최고치인 66퍼센트를 기록했다. 또 응답자 중 83퍼센트가 "부자는 점점 더 부유해지고 가난한 사람은 점점 더 가난해지고 있다"고 느끼며, "경제체계는 본래부터 불공정하다"고 응답했다고 험프리 테일러 사장은 분석 결과를 발표했다. 그러나 국민 대다수는 기존 정치체제 내에서 이런 생각을 직접 표명할 기회를 거의 갖지 못하고 있다. 말을 할 수도 들을 수도 없는 것이다. 이런 사실[경제 체계는 본래부터 불공정하다는 사실]을 보도하는 언론인은 오로지 "봉급을 많이 받는 정치인"에 대해 분노하는 사람들, "정부에게 더 많은 권력을"이 아니라 "인민에게 더 많은 권력을" 요구하는 사람들만의 모습을 볼 뿐이다. 우리는 정부가 국민의, 국민에 의한 것이라고 생각할 수 없으며, 83퍼센트가 "본래부터 불공정"하다고 여기는 경제 체계를 변화시키려고 노력한다는 생각도 할 수 없다.[6]

또 다른 여론 조사 결과에 따르면 "미국인의 일상생활에서 가장 중요한 부분은 신에 대한 믿음"인 것으로 나타났다. 응답자 중 40퍼센트가 '신과의 관계'를 가장 중시했고, 29퍼센트는 '건강', 21퍼센트가 '행복한 결혼 생활'을 꼽았다. '만족스런 직업 생활'이란 답을 한 사람은 5퍼센트, '공동체 내에서의 존경'은 2퍼센트에 불과했다. 이런 세계가 인간 존재의 기본적인 특징을 나타내고 있다고 생각하기는 힘들다. 이런 반응은 사람들이 여기저기 흩어져 생활하는 농업 사회에서나 찾아볼 수 있는 것이다. 특히 흑인들 사이에서는 천년왕국적인 사고관이 널리 퍼져 있다고 한다. 이것 역시 의외의 사실은 아니다. 『뉴잉글랜드 저널 오브 메디신』이 보도한 "할렘 흑인 남성 중 65세까지 사는 사람의 숫자는 방글라데시보다도 적다"는 사실을 알아야만 한다.[7]

연대와 공동체 의식 역시 말살 당하고 있다. 교육개혁은 부모가 돈을 낼 여유가 있거나, 최소한 '출세'에 욕심이 있는 이들을 위해 설계되고 있다. 어린이 ── 다른 부분은 제쳐 놓고서라도 ── 에 대한 전반적인 관심 역시 억압되고 있다. "혼외정사로 아이를 낳은 여자가 대가를 치르는 것은 당연한 일"이며, 고등학교를 자퇴한 십대 산모는 그녀의 아이들이 앞으로 어떤 도움도 받지 못하게 될 것이란 사실을 똑똑히 인식해야만 한다(마이클 카우스). 루스 코니프는 "잔혹한 문화"가 등장하고 있다면서, "중산층 납세자, 정치인, 상류층"은 빈민들을 부양하고 있는 "희생자"이므로, 빈민들은 나태한 태도에 대해 벌을 받고 규칙대로 훈련을 받아야 한다고 주장한다.

케이터필러사가 <전미자동차노동연맹>(UAW)의 파업 시위를 깨기 위해 비노조원들을 고용했을 때, 노조 측은 실직한 노동자들이 아무런 거리낌도 없이 시위 현장의 피켓 라인을 지나가는 모습을 보고 깜짝 놀랐다. 시위에 참여했던 케이터필러 노조원들은 자신들의 공동체로부터 아무런 '도덕적 지지'도 얻지 못했다. 당시 사태를 취재했던『시카고 트리뷴』기자 세 명은 연재 기사에서 "공동체 전체의 생활수준을 높이는 역할을 했던" 노조는 "일반 대중이 이미 심정적으로 조직화된 노동을 버렸다는 사실을 인식하지 못했다"고 파업 실패 원인을 분석했다. 노조 지도자들이 당시 직시하지 못했던 이런 결과는 사실 지난 수십여 년 동안 기업계가 부단히 벌여 왔던 캠페인이 거둔 또 하나의 성공이었다. 1978년 UAW의 더그 프레이저 위원장은 "기업계 지도자들"이 미국에서 "일방적인 계급 전쟁, 즉 노동자, 실직자, 빈민, 소수 민족, 노약자, 중산층 다수에 대한 전쟁"을 일으켰으며 "성장과 진보 시대에 업계와 노동계 사이에 존재했던 불문율을 깨 버렸다"고 비판했다. 그러나 너무 때늦은 대응이었다. 그리고 선거를 통해 정권을 잡은 부유층 하수인들은 그나마 겨우 남아 있던 것마저도 파괴해 버리고 말았다.8)

『시카고 트리뷴』은 노조의 패배를 "한 시대의 종말, 20세기 노동 운동사의 가장 자랑스러운 창조물, 즉 거대한 블루칼라 중산층의 종말"로 규정했다. 국가의 보조를 받는 사적 경제에 있어 기업-노조 간의 협약에 의존한 시대는 이미 20여 년 전 종말을 고했으며, '일방적 계급 전쟁'도 이미 오래 전 이야기란 것이다. 또 노조 지도자들이 "돈을 위해 정치적 권력을 교환"(데이비드 밀튼)해 왔으며, 이런 거래는 지배자들이 쓸모 있다고 여기는 한 계속 유지돼 왔다고 이 신문은 주장했다. 앞서 살펴봤듯이 주인들의 선의와 자비에 대한 믿음의 결과는 늘 동일할 것이다.

국가-기업 캠페인의 핵심은 정치의 장으로 들어오려는 오합지졸 민중들에 의해서 빚어진 '민주주의의 위기'를 극복하기 위한 이데올로기적 공격이라고 할 수 있다. 노동자들의 연대를 손상시키는 일도 이런 공격의 한 단면이다. 월터 푸에트는 언론의 노동관에 대한 연구에서 영화, 텔레비전, 언론 등이 전반적으로 노조를 "우왕좌왕하고 부정적인 모습"으로 묘사하고 있다고 분석했다. 대중매체에 나타난 노조의 이미지는 주류로부터 밀려난 부패한 집단, 노동자와 대중의 이익은커녕 오히려 해롭기까지 한 '특수 이해'를 반영하는 집단에 가깝다. 한마디로 "가치, 전략, 멤버십 면에서 비미국적"이라는 이야기이다. 미디어는 역사적으로 오랜 세월 동안 노조를 이런 식으로 묘사함으로써 "미국 노동운동의 가치와 목표를 자유주의 의제 밖으로 밀어내는 데 일조하고 있다." 물론 이런 캠페인은 역사적으로 유명한 프로젝트로서 유사시 늘 강화되는 경향을 보였다.[9]

『시카고 트리뷴』에 따르면, 1980년대에 케이터필러사는 UAW와 맺었던 노동 계약을 '구시대의 유산'으로 치부하고 과감히 무시하는 태도를 나타냈다. 노조원들이 파업하겠다고 위협할 경우 사측은 이에 맞서 "대체 노동력을 투입하겠다고 위협함으로써" 노사 관계를 영원히 바꿔 놓을 수 있다는 확신을 갖고 있었던 것이다. 19세기에 흔하게 동원됐던 이런 전략은 레이건 정권에 의해 다시 도입돼 1981년 <항공교통관제사노조>(PATCO)를 파괴하는 성과를 올렸다. 이것은 노동운동을 손상시키기 위해 제3세계 모델을 미국 사회 내에 이식시킨 다양한 방법들 중 하나에 불과했다. 1990년 케이터필러는 몇몇 생산 라인을 소규모 철강 가공 회사로 이전시켰다. 이 회사는 비노조원들을 고용해 팀스터*[2] 노조 지부를 파괴한

---

2) [옮긴이] Teamster. 대륙 횡단 트럭 운전사들을 가리키는 말. 팀스터 노조는 미국에서 가장 강경한 노조 중 하나로 정평이 나 있다.

전력을 갖고 있었다. 당시 이런 조치는 "노동자들에게 신속하고도 엄청난 타격을 입혔다." 2년 뒤 회사는 망치를 내려쳤다. 60여 년 만에 처음으로 미국 내 주요 생산 업체가 반노조 무기를 자유롭게 사용해도 좋다는 분위기를 느꼈다. 의회도 즉시 철도 노조원들의 파업권을 부정했다.

미국 하원 회계국은 1981년 레이건 대통령이 비노조원 고용 전략을 동원해 PATCO 파괴에 성공한 이후, 미국 기업들이 '상설적 대체 노동력'이란 위협 수단을 휘두르는 데 있어 이전 보다 훨씬 자유로움을 느끼고 있다고 보고했다. 1985~1989년 사용자 측은 대체 노동력 전략으로 전체 파업 중 3분의 1을 화해시켰으며, 1990년에는 17퍼센트를 이 방법으로 해결했다. 케이터필러 파업 이후 『월스트리트저널』은 1992년 한 연구 결과를 인용해 "고용주 다섯 명 중 네 명이 파업에 대체 노동력 무기를 사용할 의사가 있다"고 밝혔고 3분의 1은 지금 당장 사용하겠다고 답한 것으로 나타났다고 보도했다.

노동 전문 기자 존 허어는 1970년대 초반부터 노동자의 임금 하락과 함께 파업도 줄어들어 2차 대전 이후 최저치를 나타내고 있다고 지적한다. 대공황기 동안 조직된 전투적 노동운동은 최초이자 최후의 정치적 승리를 쟁취했으며, 특히 1935년 제정된 「전국노동관계법령」(일명 와그너 법령)*3) 은 다른 산업국가들에서는 이미 오래 전 확립됐던 노동권을 인정하는 것이었다. 이 법이 제정되고 얼마 되지 않아 대법원이 노조 결성권을 약화시키는 판결을 잇달아 내리기는 했으나, 기업계가 좋았던 옛 시절로의 복귀를

---

3) [옮긴이] Wagner Act. 1935년 미국에서 뉴딜정책의 일환으로 제정된 노동조합 보호법. 제안자인 뉴욕주 출신 상원의원 로버트 와그너의 이름을 따서 명명되었다. 근로자의 단결권과 단체교섭권을 보장하기 위해 부당노동행위 제도와 교섭 단위 제도를 신설했고, 실시 기관으로 전국노동관계위원회를 두었다. 그러나 2차 대전 이후 노사 교섭력의 대등성을 유지한다는 목적으로 태프트-하틀리 법이 제정돼 새로이 근로자 측 부당노동행위 제도를 신설하고 단체교섭에 대한 규제를 강화하는 등 와그너 법을 대폭 수정했다.

강하게 느끼게 된 것은 1980년대부터이다. <국제노동기구>(ILO)는 <미국 노동총연맹 산별회의>(AFL-CIO)의 불만을 받아들여 상설 대체 노동력으로 인해 노동자들이 직장 생활에 위협을 느낄 경우 파업권을 실행하기 어렵다고 지적하고, 미국 정부가 국제적 기준에 따라 노동 정책을 제고해 줄 것을 촉구했다. ILO의 이런 발언은 전통적으로 강력한 후원 국가들에 대해 약한 위치에 있었던 국제기구로서는 이례적으로 강경한 것이었다. 산업국가들 중 남아프리카공화국을 제외하고 미국만이 구식 노조 파괴 방법을 묵인하고 있다.10)

『뉴욕타임스』 경제면은 「92년의 역설: 약한 경제, 큰 이윤」이란 머리 기사에서 노조-업계 동맹이 끝난 이후 격화된 '일방적 계급 전쟁'의 결과를 다루고 있다. 이 기사는 "미국은 별 볼일 없지만 기업만큼은 일을 잘하고 있다"면서 기업 이윤이 역대 최고치를 경신하고 있다고 지적했다. 설명할 수도, 해결할 수도 없는 역설이다. 정책 결정자들이 '참견하기 좋아하는 아웃사이더들'로부터 아무런 저지도 받지 않고 계속 이런 방식으로 나갈 경우 역설은 더욱 심화될 것이다.11)

이런 역설은 소득 분배, 실질임금, 빈곤, 기아, 유아사망률 등에 관한 연구 결과에 의해서도 드러난다. 1992년 노동절을 맞아 경제정책연구소가 발표한 보고서 내용은 사람들이 이미 경험을 통해서 알고 있는 사실들을 보다 구체적으로 보여주고 있다. 십여 년에 걸친 레이건주의 시대 이후 "대다수 미국인들은 과거보다 훨씬 낮은 임금과 열악한 안전시설 속에서 장시간 노동을 하고" 있다. 1970년대 말에 비해 "국민 다수"의 생활 조건이 "여러 면에서 악화됐다"는 것이다. 1987년부터는 대학 졸업자들의 실질임금도 하락세를 나타내기 시작했다. 빈민율 또한 기록적이다. "1989년 현재 빈민은 1979년 빈민들보다 더 가난하다." 1991년 인구조사국은 빈민율이 훨씬 더 상승했다고 보고했다. 얼마 뒤 의회는 보고서에서 1980년대 중반 이후 미국에서 굶주리는 인구가 전년도 대비 50퍼센트가 늘어서 3천만 명에 이른다고 밝혔다. 또 다른 연구보고서는 12세 미만 어린이 여덟 명 중 한 명꼴로 굶주리고 있으며, 1960년대부터 정부의 노력으로 해결됐던 결식아동 문제가 1982년 다시 등장했다고 지적했다. 연구자들은 가난한 환경 속에서 성장하는 뉴욕의 어린이 인구가 과거보다 두 배나 증가해 40퍼센트에 이르며, 1980년대 내내 줄어든 빈민 보조금으로 인해 전국적으로는 끼니를 굶는 어린이가 26퍼센트나 늘었다고 밝혔다. '잔혹한 문화'의 대변인이 주장한 대로 "인류가 경험한 최고의 황금기"(톰 울프)였던 '1980년대 경제 호황기'에 빈민들은 이처럼 비참하게 생활했던 것이다.[12]

보다 구체적인 사례들을 살펴보면 빈곤 실태는 더욱 충격적이다. 예를 들어 보스턴 시립병원의 환자 실태 조사에 따르면 특히 겨울철에 영양실조와 체중 미달로 치료를 받는 아이들이 크게 증가했다. 가난한 부모가 추운 겨울을 나기 위해 없는 돈이나마 쪼개 연료를 구입하느라 아이들이 제대로 먹지 못하는 바람에 영양실조에 걸리고 만 것이다. 1992년 1~9월 동안 병원에서 영양실조로 치료를 받은 어린이 환자 수가 1991년 전체의 수보다 많다. 게다가 치료를 받기 위해 두 달이나 기다리는 경우도 있다. 제3세계 빈민과 비슷한 수준의 심각한 영양실조에 걸려 있는 어린이들도 적지 않다. 이들은 "가정을 붕괴시킨 사회적, 재정적 재난"과 "대대적으로 축소된 복지 정책"의 희생양들이다.[13] 사람들이 "밥을 먹기 위해 일하겠다"는 글이 적힌 판을 들고 거리에 서 있는 광경은 대공황의 가장 암울했던 때를 연상시켰다.

그러나 현재와 대공황 사이에는 커다란 차이점이 있다. 대공황기에 비해 오늘날은 희망이 사라진 것처럼 보인다는 것이다. 불황이 더 심각한

것은 아닌데도 말이다. 현대 산업사회의 역사 속에서 최초로 더 이상 상황
이 개선될 가능성이 없으며, 더 나갈 길도 없다는 광범위한 인식이 결국
희망을 앗아가 버린 것이다.

2. 목숨을 건 투쟁

1935년 노동자와 민주주의를 위한 일련의 승리는 미국 업계를 긴장시켰다.
1938년 <전국제조업자협회>는 "새롭게 구현된 대중의 정치력으로" 인해
기업인들이 위협에 직면해 있으며, "그들의 사고를 장악하지 못하는 한
우리는 역경으로 나아갈 수밖에 없다"고 경고했다. 기업가들의 반격은
즉각 시작됐다. 반격 방법으로는 기업가들이 전통적으로 의지해 왔던 국
가의 살인적인 폭력이 포함됐다. 그러나 이것만으로는 부족하다고 느낀
'주식회사 미국'은 '과학적인 파업 파괴 방법'과 '인간관계'에 호소하는
한편, 공산주의와 무정부주의로 우리 공동체를 파괴하려는 '아웃사이더'
들을 물리치기 위해 전 공동체가 단결해야 한다는 대대적인 선전 캠페인을
벌이기 시작했다. 이런 방법들은 전쟁 시기에는 주춤했으나, 종전과 함께
되살아났다. 각종 법률과 선전 공세, 그리고 노조 지도부의 무력화 등으로
인해 노동운동의 성과물들은 조금씩 무너졌고 결국 현재의 상황에 이르게
됐다.[14)]
　　뉴딜 시대 노동운동의 승리가 기업계에 미친 충격은 엄청났다. 왜냐하
면 기업계에서는 노동 조직화와 민중 민주주의가 영원히 땅속으로 사라졌
다는 믿음을 갖고 있었기 때문이다. 첫 번째 경고는 1932년 노리스-라구아
디아 법령[*4)]이었다. 이 법령은 독점 금지 조항에 의해 노조 활동이 기소

당할 가능성을 제거함으로써 영국에서는 이미 60년 전 정착된 노동권을 비로소 인정해 주었다. 기업-국가-언론 복합체로서는 와그너 법령을 절대 받아들일 수 없었으며 결국은 효과적으로 파기해 버렸다.

19세기 말 미국 노동자들은 극단적으로 불리한 노동 환경 속에서도 진보를 이룩했다. 미국 경제 발전의 핵심 세력인 철강 업계 노조의 경우 1880년대 영국과 얼추 비슷한 수준에 도달했다. 그러나 상황은 곧 바뀌었다. 국가-기업은 상당한 폭력 수단을 동원해 노조를 파괴했다. 다른 산업계도 마찬가지였다. 1920년대 업계는 '야수[노조]'를 무찔렀다는 성취감을 만끽했다.

미국 노동 운동사는 다른 산업국가들과 비교했을 때 유난히 폭력으로 점철돼 있다. 패트리샤 섹스톤은 이 분야에 관한 한 깊은 연구가 전혀 없다고 지적하면서, 1877~1968년간 미국에서만 7백여 명의 노동자가 파업 중 살해당했고 수천 명이 다쳤을 것으로 추정하고 있다. 이나마도 실제 전체 희생자 규모에 비하면 크게 축소된 숫자일 것이다. 반면 영국에서는 1911년 이래 파업 도중 사망한 노동자는 한 명뿐이었다.[15]

1892년 노동자들에 대한 기업의 대반격이 시작됐다. 앤드루 카네기는 대체 노동자들을 고용함으로써 <철강노동연맹>(AAISW) 6만 조합원들의 삶을 파괴하는 데 성공했다(1992년은 AAISW 파괴 백 주년이기도 하다). <전미자동차노동연맹>(UAW)도 같은 방법으로 인해 조합원 수가 뚝 떨어졌다가 60년 뒤에야 겨우 예전의 숫자를 회복할 수 있었다. 저명한 역사가인 허버드 거트먼은 1892년을 "노동계급 지도자, 급진주의자, 노조 운동가들의 의식이 형성되고 재형성됐던 결정적인 해"로 평가했다. 당시 국가권력이

---

4) [옮긴이] Norris-LaGuardia Act. 노동쟁의 중지 명령의 남용을 제한하는 법령. 이 법을 제안한 노리스, 라구아디아 상원의원의 이름을 따 명명됐다.

기업을 위해 앞장서 나서는 일이 많아지자 노동자들은 "국가가 노동자 및 노동자의 정치, 경제적 요구로부터 점점 더 멀어지고 있다"는 사실을 인식하게 됐다. 대공황 때까지 이런 상태가 계속됐다.

1892년 홈스테드 파업이 발생했을 때 앤드루 카네기와 그의 현장 관리자이자 살인 청부업자인 헨리 클레이 프릭은 사업장 폐쇄로 맞서 노조를 파괴하는 데 성공했다. 당시 카네기는 고향 스코틀랜드에서 휴가를 즐기면서 도서관 기증 행사에 참석하고 있었고, 파업 대책 실무는 프릭이 맡고 있었다. 7월 1일 새로 구성된 카네기 철강 회사는 "이제부터 홈스테드 공장에서는 어떤 노조도 허용되지 않는다"고 선언했다. 회사로부터 쫓겨난 노동자들에게는 개별적으로 재취업 신청 기회가 주어졌지만 그것뿐이었다. 피츠버그 언론은 홈스테드 파업을 둘러싼 일련의 사태를 "조직화된 노동에 대한 최후의 투쟁"으로 불렀다. 『뉴욕타임스』는 2천5백만 달러의 자산을 가진 카네기 철강회사와 홈스테드 노동자 간의 "목숨을 건 투쟁"으로 보도하기도 했다.

카네기와 프릭은 무력으로 홈스테드 노동자들을 쳐부쉈다. 처음에는 노조 제압을 위해 핑커톤 방위군를 동원하더니, 이 시도가 지역 주민들에 의해 실패하자 다음에는 펜실베이니아 주 방위군을 투입했다. 역사학자 폴 크라우스는 자신의 저서에서 이렇게 기록하고 있다. "미국 최대 노조였던 AAISW가 사업장 폐쇄로 붕괴됐다. 이로 인해 가장 헌신적이었던 조합원들의 삶이 파멸됐다." 홈스테드에서 노동조합이 다시 등장한 것은 45년이나 지난 뒤였다. 홈스테드 노조 파괴의 충격은 광범위한 영향을 미쳤다.

노조 파괴는 노동계를 길들이려는 보다 큰 프로젝트 중 하나일 뿐이었다. 이 프로젝트에 따르면 노동자는 탈숙련화되어, '과학적 관리'의 통제 아래 유순한 도구로 머물러 있어야 했다. 앞서 지적했듯이 현재 미국 산업의 고질적 질병은 노동자들을 "가능한 한 무식한 존재"로 만들려고 했던 기득권층의 계획이 성공을 거뒀던 데에 부분적으로 원인이 있다. 애덤 스미스가 정부는 가난한 노동자들이 '보이지 않는 손'의 모진 작용에 의해 비참한 운명에 빠지지 않도록 최선을 다해야 한다고 경고했던 것을 무시해 버린 것이다. 오히려 기업가들은 이런 운명을 더욱 가속화하기 위해 국가를 끌어들이기까지 했다.

홈스테드는 특히 매력적인 표적이었다. 왜냐하면 이곳 노동자들은 '탄탄하게 조직화'돼 있었을 뿐만 아니라 스스로 지역 정치 활동을 장악하고 있었기 때문이었다. 1880년대 동안 불과 몇 킬로미터 떨어져 있지 않은 피츠버그에서 노동운동이 심각한 패배를 겪고 있었던 것과 달리 홈스테드에서는 노조가 탄탄한 입지를 유지하고 있었다. 폴 크라우스는 다양한 인종의 노동자들이 "자유 미국의 시민으로서의 권리"를 당당하게 요구했다고 지적하면서 당시 홈스테드는 자유와 위엄을 지닌 "노동자에 의한 근대 공화국"이었다고 평가했다. 노조 파괴를 위해 지속적인 캠페인을 벌이고 있던 카네기가 명실상부한 미국 최고의 노동자 도시 홈스테드를 표적으로 삼은 것은 지극히 당연한 일이었다.[16]

카네기가 홈스테드에서 거둔 승리는 임금 삭감, 12시간 노동, 일자리 축소, 기록적인 이윤 등을 가져왔다. 1903년 카네기 사사社史 집필자는 "이런 놀라운 기록은 홈스테드에서의 승리로 가능해졌다"고 기록했다. 카네기가 이른바 '자유 기업'의 승리를 이룩할 수 있었던 핵심 요소는 국가의 폭력을 이용한 노조 파괴는 물론 보호무역주의, 공공 보조금 등이었다. 『피츠버그 포스트』는 홈스테드 공장 폐쇄 하루 전날 "보호 관세 체제 아래에서 미국 제조업은 유례없는 번영을 구가하고 있다"고 보도했다. 이런 번영에도 불구하고 카네기를 비롯한 기업가들은 '대폭적인 임금 삭감'을 준비하고 있었다. 카네기는 야바위꾼의 대가이기도 했다. 그는 피츠버그 시 고위 관리들과 결탁돼 있었다. 카네기는 박애주의자, 평화주의자를 자처하면서도 전함 건조권을 따내 수백만 달러를 챙기기도 했다. 물론 당시 그는 평화주의 신념에 따라 순수하게 방어 목적을 위해 전함 건조에 뛰어들었을 뿐이라고 주장했다. 1890년 그는 새로운 홈스테드 공장을 위해 해군으로부터 대규모 계약을 따내는 데 성공했다. 국내외에서 활동하는 막강한 정치인과 금융인, 피츠버그 기업인과 시 당국의 도움으로 카네기는 엄청난 규모의 산업 영지, 즉 세계 최초로 십억 달러의 자산을 지닌 '유에스 스틸'사를 건설했다고 크라우스는 지적했다. 이와 함께 새로운 제국의 해군은 브라질, 칠레, 태평양 건너 국가들로부터 미국을 방어해 주고 있었다.[17]

미국 언론은 늘 그렇듯이 기업을 열렬히 지지하고 나섰다. 그러나 영국 언론의 시각은 달랐다. 『런던타임스』는 "스코틀랜드-양키 부자[카네기]가 피츠버그 노동자들이 굶주리는 동안 스코틀랜드에서 도서관 기증을 핑계로 어슬렁거리고 있다"고 비웃었다. 극우 성향을 지닌 이 신문은 카네기가 자기 찬사로 일관한 저서 『성공적 민주주의』에서 "부자의 권리와 의무"에 대해 훈계를 늘어놓고 있는 것은 "문명사회에서는 결코 있을 수 없는" 잔혹한 방법으로 노조를 파괴했던 것에 비추어 볼 때 "완전한 풍자"에 불과하다고 꼬집었다.

미국에서 파업 노동자들은 "도적", "전 세계가 구역질하는 협박자"(『하퍼스 위클리』), "폭도"(『시카고 트리뷴』), "연방 건물을 폭파하고 재무부 금고를 털 준비나 하고 있는 무정부주의자"(『워싱턴포스트』) 등으로 묘사됐다. 유진 뎁스*[5]를 감옥에 가야 마땅한(그는 곧 감옥에 갔다) "법 파괴자,

___
5) [옮긴이] Eugene Debs(1855~1926). 미국의 전설적 노동 운동가이자 미국 사회민주당 창당자. 1893년

인류의 적"으로 부른 신문(『뉴욕타임스』)도 있었다. 일리노이 주지사 존 앨트갤드가 클리브랜드 대통령에게 보낸 전문에서 파업 노동자에 대한 언론의 묘사를 "완전한 날조" 또는 "지나친 과장"으로 비판했다는 사실이 알려지자 『네이션』은 그를 "야비하고 뻔뻔스러우며 무식한 인간"으로 비난하기도 했다. 대통령은 그를 즉시 해임해야 했다. 『네이션』은 "교육을 받지 못한 밑바닥 계층"인 파업 노동자들은 사회가 "자기 마음대로 되지 않는다는 사실"과 "위대한 국가의 교통 및 산업을 단 하루라도 정지시키는 일"은 결코 허용될 수 없다는 점을 배워야 한다고 주장했다.

고통 받는 기업가들을 위해 나선 사람은 언론인들뿐만이 아니었다. 당시 대단히 존경받는 종교인이었던 헨리 워드 비처 목사는 "공산주의적이고 유럽적인 사상의 유입"을 비난하면서 이렇게 설교했다. "정부가 아버지처럼 신민들(원문 그대로임)의 복지를 책임지고 노동을 제공해야 한다는 발상과 이론들은 비미국적이다. […] 신은 위대한 존재는 위대하고, 미천한 존재는 미천하도록 의도하셨다." 지난 한 세기 동안 과연 얼마나 많은 것이 변했을까.[18]

홈스테드 승리 이후 카네기 회사는 노동자의 독립을 철저히 파괴하고자 전력을 기울였다. 파업에 참여했던 노동자들은 블랙리스트에 올랐고, 이중 다수는 장기간 감옥에 수감되기도 했다. 1900년 홈스테드를 방문한 한 유럽인은 카네기가 자랑한 '성공적 민주주의'를 '봉건제의 재건'으로 평가하기도 했다. 그는 당시 홈스테드의 분위기를 "실망과 희망의 상실로

세계 최초로 단일 산업 노조인 <미국철도노동조합>을 조직했으며, 이듬해 총파업에서 노조원 34명이 연방군에 의해 사망하는 사건이 발생한 뒤 미국 사회민주당을 창당하고 대통령 선거에 수차례 입후보했다. 미국의 1차 대전 참전을 반대한 혐의로 십 년 형을 선고받고 수감 생활을 하던 중 1920년 마지막으로 옥중 출마했다. 평생 민주적 원칙과 비폭력주의로 일관했던 그는 1921년 토머스 하딩 대통령의 사면으로 석방됐으나 5년 후 사망했다.

무겁게" 가라앉아 있으며, "사람들을 서로 말하기를 두려워한다"고 전했다. 이로부터 십 년 후 도시 사회학자들의 홈스테드 연구에 참여했던 존 피치는 노동자들이 집에서도 낯선 사람과 대화하기를 거부했다고 기록했다. "그들은 이웃, 친구들을 의심하고 있다." "자기 자신이 갖고 있는 신념을 공개적으로 감히 이야기하는 사람들은 거의 없다." "공장 노동자로서 복지와 관계된 문제들에 대해서도 언급을 꺼린다." 많은 사람들이 "공공 모임에 참석했다는 이유만으로" 벌을 받기도 한다. 한 노조 언론은 1919년 홈스테드에서 여든아홉 살의 마더 존스*6)가 노예처럼 생활하는 노동자들의 입장을 두둔했다는 이유만으로 더러운 감옥으로 끌려가는 사건이 발생하자, 이 도시를 "가장 독재적인 공국公國"으로 평가했다. 마더 존스는 홈스테드에서 "몇 사람이라도 말할 수 있게 되기까지는 28년의 세월이 흘러야만 했다"고 회상했다. 1930년대 노동운동이 다시 일어나기 전까지 이런 상황이 계속됐다. 홈스테드의 기록은 민중 조직과 민주주의의 관계를 생생하게 전해 주고 있다.19)

기업의 이 같은 공격으로 인해 노동계급의 조직과 문화가 한 세기 이전 수준으로 후퇴했다고 결론을 내리기는 어렵다. 당시 노동자와 빈민들은 사회 내에서 고립돼 있지 않았으며, 언론 기업의 이데올로기적 독점에 종속돼 있지도 않았다. 존 베켄은 "세기 전환기 미국에서는 노동운동 단체들이 수백 종의 신문을 발행하고 있었다"고 지적한다. 언론은 "노동계급 공동체의 필수 부분이었다. 그들은 한 주, 하루의 뉴스뿐만 아니라

---

6) [옮긴이] Mother Jones(1830~1930). 본명은 메리 해리스 존스 미국의 노동운동 조직가로 탄광부를 비롯한 노동자들의 권익 옹호를 위해 평생을 바쳤다. 근로조건 개선 운동을 벌이던 <노동 기사단>에 매력을 느껴 참여하기 시작한 뒤 1880년대에 이미 미국 노동운동계에서 손꼽히는 인물로 부상했다. 아동노동 금지법 제정을 위해 열성적으로 활동했으며 1898년 사회민주당 창립, 1905년 <세계산업노동자연합>(IWW) 창설에도 참여했다.

독자들에게 정치, 경제, 문화적 이슈들에 대해 토론할 수 있는 장을 제공했다." 이중에는 자본가들이 발행하는 상업지처럼 전문적이고 대규모적인 신문도 있었다. "노동운동과 마찬가지로 이런 언론들은 근로조건 같은 협소한 문제부터 사회혁명에 이르기까지 다양한 주제들을 다뤘다." 1차 대전이 일어나기 전 사회주의 성향을 지닌 신문들의 총 발행부수는 2백만 부에 달했다. 대표적인 주간지인 『이성에의 호소』는 76만 명의 구독자를 확보하고 있었다. 또한 노동자들은 "다양한 인종, 공동체, 작업장, 정치 조직들을 구성"하고 있었다. 이 모든 것들은 2차 대전 전까지 "활발한 노동계급 문화"의 토대가 됐다. 물론 윌슨 정권 때 노동자에 대한 강압적 억압이 자행되기도 했다. 노동계 언론은 결국 부의 집중에 굴복하고 말았다. 광고주들이 비용이 싸게 먹히는 자본가 경쟁지를 선택하는 바람에 미국 노동 언론은 — 1960년대 영국 노동 언론이 겪었던 것처럼 — 시장 요인으로 인한 곤란을 겪어야만 했다. 1930년대에는 라디오의 기업 독점화를 막으려는 노동계의 노력이 연방 정부에 의해 좌절당하기도 했다.[20]

노동 문화의 활성화를 위해 좌파 지식인들도 적극적인 역할을 했다. 어떤 이들은 노동자 교육 프로그램에 참여하거나 수학 및 과학에 관한 베스트셀러, 대중을 위한 다양한 주제의 책들을 집필함으로써 자문화적 제도들의 특성을 보충하고자 노력하기도 했다. 반면 놀랍게도 오늘날 좌파 지식인들은 노동자들로부터 해방의 도구를 빼앗으려 하거나, '계몽주의 프로젝트'는 이미 죽었으며 과학과 합리성의 '환상'도 버려야 한다는 메시지를 주입시키려 하고 있다. 이런 메시지는 자신의 이익만을 위해 수단과 방법을 가리지 않는 강자만을 기쁘게 할 뿐이다.

미국 국민 대다수가 '본래부터 불공평한' 경제 체계의 변화를 요구하고, 전통적 사회주의의 기본적 도덕 원칙들에 대한 믿음이 높아져 있는 상황에서 이런 자기 파괴적인 경향이 나타나고 있다는 점은 대단히 놀랄 만한 일이다. 더구나 소련 독재 체제의 붕괴와 함께 지난 날 그런 이상들의 구현을 저해했던 이데올로기적 장애물도 없어진 상태이다. 그러나 개인적 동기야 얼마나 훌륭하건 간에, 좌파 지식 사회의 위와 같은 현상은 기득권층 문화의 또 다른 이데올로기적 승리를 반영하는 동시에 그것에 기여하고 있다는 것이 나의 견해이다. 또 이것은 [기득권층에 의한] 끝없는 역사 죽이기 프로젝트에도 중요하게 기여하고 있다. 민중 행동주의 운동이 활발한 시대에서는 권력의 시종들이 퍼트린 '정보'의 독毒으로부터 진리를 보호하는 일이 가능하다. 많은 사람들이 '이웃과 상의'할 뿐만 아니라 세계에 대해서도 배울 수 있다. 대표적인 예가 바로 최근의 인도차이나와 중앙아메리카에서의 파업이다. 반면 민중 행동주의가 쇠퇴한 시대에는 지배계급이 명령권을 다시 잡게 된다. 좌파 지식인들이 서로 장황한 설교를 늘어놓는 동안, 한때 인식됐던 진리는 다시 매몰돼 버렸고, 역사는 권력의 수단으로 재구성됐으며 기업을 위한 기반이 마련됐다.

3. "우리 이웃과 상의하기"

노동사가 데이비드 몽고메리는 홈스테드에 관한 보고서 선집을 요약하면서 "1892년 안락한 가정을 위해 투쟁했던 남녀 노동자들은 그들 자신이 살았던 시대뿐만 아니라 우리 시대에도 중요한 교훈을 제시해 준다"고 적고 있다. "인간은 자신의 물질적 욕구를 충족하기 위해 일한다. 그러나 이런 매일 매일의 노력이 개인의 부뿐만 아니라 보다 중요한 목적을 지닌 공동체를 건설하는 원동력이 되기도 한다. 지난 백 년의 역사는 현대 산업

사회에서 정치적 민주주의의 건강성 여부가 노동자들이 자신이 원하는 미래를 보다 효과적으로 이룩하기 위해 개인과 집단 간의 차이를 극복해 나가는 노력에 의존해 왔다는 사실을 보여준다. 안락한 가정을 위한 투쟁은 아직도 우리와 함께 있다."[21]

홈스테드의 노동 공동체는 개인적 이익만을 추구하는 기업을 보호했던 국가 폭력에 의해 파괴됐다고 몽고메리는 말한다. 이것이 노동자의 삶에 미친 영향은 엄청났다. 1919년경 노동 조직화 노력이 다시 한 번 무너진 이후 ─ 이 경우 윌슨 대통령의 '빨갱이 공포'가 큰 역할을 했다 ─ "미국 철강 공장에서 주당 평균 의무 노동시간은 영국보다 훨씬 긴 스무 시간이 됐다. 당시 미국 노동시간은 1914년, 1910년 때보다도 훨씬 더 길었다"고 패트리샤 섹스톤은 지적한다. 공동체 가치도 무너졌다. 홈스테드가 노동자 도시였을 당시에는 숙련 노동자와 비숙련 노동자 간의 전통적인 장벽, 이민 인종주의 등을 극복하려는 조치들이 취해지기도 했다. 당시 사회적으로 천시 당했던 이민 노동자들은 홈스테드 파업 당시 전면에 나서서 투쟁했으며 "정의를 추구하는 용감한 헝가리인, 노조의 아들" 등의 찬양을 한 몸에 받기도 했다. 그 이후 이민 노동자들에 대한 "미국 토박이 노동자들의 그와 같은 칭송은 거의 들을 수 없었다"고 몽고메리는 지적한다.[22]

민주주의와 시민 자유는 노조와 함께 붕괴했다. 홈스테드 사태 후 한 주민은 도시 분위기를 조사하러 온 외지인에게 "만약 홈스테드에 대해 말하고 싶다면 혼자 속으로나 말하라"고 핀잔을 주기도 했다. 외지인들은 이 도시를 내리누르고 있는 의심과 공포 분위기에 큰 충격을 받았다. 1892년 당시 홈스테드 정치는 노동계급 민중의 손에 의해 이뤄지고 있었다. 그러나 1919년 시 관리들은 노조의 집회는 물론 '외국어 사용자'의 고용도 금지했다. 법원이 집회 허용 명령을 내린 이후에도 홈스테드에서 열린 모든 행사에는 "연사가 지역 사회나 국가 권위를 비판하거나 선동적으로 언급하는 것을 막기 위해" 경찰이 연단 한 쪽에 서서 감시했다(몽고메리). 마더 존스 사건은 미국 내외에서 많은 사람들을 분노케 했으나, 정작 홈스테드에서는 그에 대해 말하는 사람이 거의 없었다.

몽고메리에 따르면 홈스테드에서 노조와 자유가 말살당한 지 40년 만에 "노조가 다시 인정되면서 노동권이 확립됐고 정치적 활동에 있어도 민주주의가 되살아났다." 노동자들은 조직을 만들었고 민주주의는 부활했다. 늘 그렇듯이 '이웃과 상의'할 수 있는 기회는 민주주의 건설을 위한 결정적 요소이다. 홈스테드 노조 지도자뿐만 아니라 엘살바도르 신부들도 이것의 중요성을 잘 알고 있었다. 그런가 하면 오합지졸 민중을 분산시키고자 하는 기득권층 또한 이런 사실을 알고 있었다. 투쟁은 험한 길을 따라 지금도 계속되고 있다. 과거 수십 년 동안 권력 기구와 그 하수인들이 상당히 인상적인 성공을 거둔 것이 사실이지만 심각한 패배를 겪기도 했다는 점을 잊어서는 안 된다.

국제적인 경제 신문들이 연일 보도하고 있듯이, 세계는 새로운 제국 시대로 향한 경향을 뚜렷하게 보여주고 있다. 이와 함께 남-북 간의 경제 격차도 더욱 벌어지고 있다. 그러나 반대 경향도 있다. 북반구 국가를 통틀어, 특히 미국에서는 지난 30여 년 동안 제도적 수준에는 못 미쳤지만 문화적이고 도덕적인 영역에서만큼은 많은 변화가 일어났다. 만약 1962년 구세계 질서가 몰락했더라면, 전 세계가 해방을 축하했을지도 모른다. 그러나 1992년 상황에서 그것은 불가능하다. 강대국의 '나무와 인디언 무너뜨리기'에 대해 비판하고 나설 수 있는 사람은 거의 없는 듯하다. 유럽의 식민지 침략은 현재 공식적으로 '조우 encounter'라고 표현되고 있다. 물론 많은 사람들이 이런 완곡한 표현에 대해 거부감을 나타내고 있기는 하다.

미국 정치 지도층이 완전히 승인했던 국가 폭력의 국내적 억제도 또다른 변화 사례이다. 미국 국민 중 상당수는 평화운동이 걸프전 발발을 막아내는 데 무능했다는 사실에 큰 실망감을 나타냈다. 그러면서도 이미 30년 전에, 아마도 역사상 최초일 대규모 민중 저항으로 남베트남에 대한 정부의 폭격을 극적으로 바꿔 놓았다는 사실에 대해서는 기억하지 못하고 있다. 1960년대 민중운동은 이후 보다 넓은 영향을 미쳤다. 인종차별 및 성적 억압에 대한 새로운 자각, 환경에 대한 관심, 타문화와 인권에 대한 존중 등이 대표적인 예들이다. 이중 가장 놀라운 것은 희생자의 삶의 운명에 동참하는 1980년대 제3세계의 연대 운동이다. 이와 같은 민주화 과정과 사회정의를 위한 관심은 보다 큰 의미를 갖는다.

강자들은 이런 발전들을 위험천만하고 체제 전복적인 것으로 바라보면서 강한 비판을 퍼붓고 있다. 충분히 이해할 만한 반응이다. '주인의 비열한 좌우명'뿐만 아니라 그로부터 나온 모든 것들을 위협하는 것이기 때문이다. 그러나 그것은 지금 이 세계에서 살고 있는 많은 사람들의 유일한 희망이다. 물질적 이득에 의해 단기적으로 움직이며 인간을 목적이 아니라 도구로 여기는 원시적인 사회, 문화 구조로는 오늘날의 환경을 비롯한 전 세계적 문제들을 도저히 해결할 수 없다.

옮긴이의 글
정복은 계속된다

국제통화기금 관리 체제의 상처가 채 아물기도 전에 증시의 폭발적인 활황
이 만들어 낸 억만장자 신드롬, 그리고 그 뒤에서 더욱 악화된 빈부 격차,
한국전쟁 당시 미군에 의한 노근리 주민 학살 사건 및 휴전선 지역 고엽제
살포 사건, 시애틀 더블유티오 회담에 대한 전 세계 엔지오들의 반대 시위,
시민 단체들의 낙천 낙선 운동 등, 이 책을 우리말로 옮기는 동안 국내외적
으로 많은 일들이 일어났다. 이 숨 가쁜 시간들을 촘스키와 함께 보낸
것은 특별한 경험이었다. 무심코 보아 왔던 신문 내외신 기사들의 행간이
완전히 새로운 의미로 다가오는 느낌이었다고나 할까. 그래서 감히 말한
다면, 이 책을 읽는 독자는 마지막 장을 덮는 순간 매일 읽던 신문이 전혀
다르게 보이기 시작할지도 모른다.

생성 언어학자로 유명한 촘스키가 정치 운동가로서 국내에 본격적으
로 알려지기 시작한 것은 비교적 근래의 일이다. 『미국이 진정으로 원하는
것』(한울 1996), 『그들에게 국민은 없다』(모색 1999) 등의 저작물들이 소개되
기는 했지만 촘스키의 정치 비판 사상을 깊이 있게 전달해 주는 데는 아쉬
움이 많았던 것이 사실이다.

이 책 『정복은 계속된다』는, 앞의 두 책이 19세기 말 이후 상황을 다루
고 있는 것과 달리, 5백여 년에 걸친 보다 폭넓은 스펙트럼 속에서 서구
제국주의가 제3세계의 가난하고 힘없는 민중을 어떻게 정복하고 파괴했

는가를 분석하고 있다. 따라서 일면으로는 상당히 돌출적으로 보이기까지 하는 촘스키의 미국 대내외 정책 비판이 어느 날 느닷없이 튀어나온 게 아니라, 근·현대사에 대한 깊은 인식과 반성에서 출발했다는 사실을 살펴볼 수 있다는 점이야말로 이 책의 가장 큰 미덕이다.

이 책의 원제는 '501년 Year 501'이다. 제목을 이해하기 위해서는 촘스키가 이 책을 출간한 1992년 당시의 분위기를 되짚어 볼 필요가 있다. 1992년 세계는 크리스토퍼 콜럼버스의 아메리카 대륙 발견 5백 주년 기념으로 떠들썩했다. 물론 콜럼버스 '소동'의 근원지는 미국이었다. 한 해 동안 미국에서는 콜럼버스의 역사적 발견을 재조명하는 각종 전시회, 기념식, 축제들이 열렸다. 이처럼 흥청대는 분위기 속에서 스페인에 의해 학살당했던 중남미 원주민들의 피맺힌 절규는 그야말로 '소수'의 목소리로 치부돼 언론은 물론 학계로부터도 별다른 주목을 받지 못했다. 그러나 촘스키는 아메리카 대륙 정복 이외에도 1992년 속에 숨겨진 또 다른 역사적 의미를 캐내고 있다. 베트남전쟁의 확대를 가져온, 1962년 케네디 대통령의 베트남 사태 무력 개입 명령 30주년이 바로 그것이다.

언뜻 서로 무관해 보이는 두 기념일은 이 책을 이해하는 키워드이다. 콜럼버스의 아메리카 대륙 발견으로부터 시작된 서구 제국주의의 침략과 오만한 역사의식이 1992년이란 한 해에 극명하게 드러나고 있다는 것이다. 저자는 미국이 진주만 폭격에 대한 속죄를 거부하는 일본의 잘못된 역사의식은 신랄하게 비판하면서, 정작 진주만을 하와이 주민들로부터 무력으로 빼앗고 베트남에서 민간인을 학살했던 자신들의 만행에 대해서는 '발뺌'의 차원을 넘어 '피해자'라고 주장하는 이중적 역사의식을 갖고 있다고 비판한다. 저자의 말을 그대로 빌리면 "도덕이란 총구로부터 나온다"는 것이다.

지난 5백여 년 동안 서구 강대국들은 스스로 보호무역주의를 철저히 유지하면서도 약소국에 대해서는 시장 개방을 집요하게 강요해 왔으며, 국제통화기금 관리 체제를 겪은 국가들은 거의 예외 없이 극심한 빈부 격차에 신음하고 있고, 인권 및 민주주의 역시 강대국 기득권층의 허울 좋은 수사修辭에 불과하다는 것이 촘스키의 주장이다. 이를 통해 우리는 미국이 풍요한 자원과 잠재력을 가졌던 중남미 대륙과 아프리카, 아시아를 경제적, 정치적으로 어떻게 식민화했는가를 깨닫게 된다.

　　"미국 정책의 최우선순위는 바로 이윤과 권력이다. 그럴듯한 겉모습 수준을 넘어선 진정한 민주주의는 극복돼야 할 위협일 뿐이다. 인권도 선전을 위한 수단으로만 가치를 지니며 그 이상도 그 이하도 아니다." 마르코스, 사담 후세인, 피노체트, 노리에가 등 무수한 독재자들은 미국 기득권층과의 "오랜 동반자적 관계를 넘어 친구"였으며, 미국은 이들 독재자들을 용도 폐기한 이후에도 내부의 진정한 민주 세력을 견제 내지 탄압했다는 것이다. 촘스키의 이 같은 주장이 단순히 과격한 '반미주의'에 그치지 않고 강한 설득력을 갖는 것은 바로 철저한 자료 조사 결과를 근거로 하고 있기 때문이다. 더구나 저자는 어떤 주의主義를 제시하려는 것이 아니라 사실을 있는 그대로 드러내고 있을 뿐이다. 그 사실을 어떻게 받아들이는가는 읽는 이의 몫이라 할 수 있다.

　　촘스키는 제3세계 민중뿐 아니라 강대국의 민중들도 서구 제국주의의 피해자라고 갈파한다. 특히 그는 자신이 태어나 자라고 교수로 활동하는 미국 내부의 치부에 대해서도 과감하게 공격의 화살을 돌리고 있다. 기업-정치-언론-문화계 등으로 이뤄진 기득권층이 교묘한 선전으로 국민 대다수의 인권을 억압하고 진실을 은폐해 왔다는 것이다.

　　"5백 년 식민 정복사의 기본 주제를 유럽 대 식민지의 대결 구도로만 한정시킨다면 진정한 의미를 이해하기 어렵다. 내부적 계급 전쟁은 강대국의 세계 정복에서 빼놓을 수 없는 또 하나의 요소이다. 경제 세계화는 강대국 내부에도 제3세계적 특성을 강화하는 결과를 초래했다. 국민 대다수가 소수 특권층의 부를 위해 일하는 이중적 사회구조로 나아가게 만들었다."

저자는 흔히 한 사회의 '양심'으로 공인 받은 지식인과 언론이 지배 엘리트층의 권력과 이데올로기를 묵시적으로 지지하면서 대중을 순응주의와 우둔함 속에 가두었다고 비판하고 있다.

이제 다시 '501년', 아니 촘스키가 책을 출간한 이후에도 전혀 변하지 않은 세월을 더해 '현재'가 갖는 의미를 재음미해 볼 때이다. 저자가 콜럼버스의 정복 5백 주년을 맞이하면서 '500년' 대신 굳이 '501년'이란 숫자를 제목으로 붙인 것은, 이 책의 출간이 그 다음 해였다는 것도 이유가 되겠지만, 지난 5백 년의 서구 제국주의 시대를 마감하고 과연 새로운 501년을 맞을 수 있을 것인가란 문제의식을 밑바탕에 깔고 있기 때문이다. 또 5백 년을 기준으로 구세계 질서와 신세계 질서를 나누면서도 그 둘 사이에 본질적인 차이가 전혀 없다는 강한 냉소의 표현으로, 그 연속의 의미로 '500'에 하나의 숫자를 더 얹어 놓았을지도 모른다.

5백 년 정복의 역사는 과연 종식됐는가? 그러나 이 책에 나타난 촘스키의 시각과 출간 후 세월을 되돌아 볼 때 결론은 아쉽게도 부정적이다. 저자는 냉전 체제의 붕괴로 더 이상 공산권의 눈치를 볼 필요가 없게 된 서구 기득권층의 정복과 착취가 더욱 노골적으로 계속되고 있다고 고발한다. 서구 중심으로 이뤄지고 있는 신자유주의와 경제 기적론에 대한 저자의 강한 비판은 바로 이 지점과 맥이 닿아 있다.

"이른바 '경제 기적'이란 외국 투자가들과 특수층만의 배불리기를 의미한다. 물론 빈곤의 악화도 경제 기적에서 빼놓을 수 없는 부분이다. 이런 기적을 이룩한 사회는 미국식 성공담, 자유 시장의 승리로 칭송을 한 몸에 받게 된다. 그러나 결국 그것이 실패로 돌아가거나 붕괴하면 그 책임은 사회주의나 맑스레닌주의에 돌아가기 마련이다."

"아르헨티나의 경우 신자유주의 경제정책으로 인해 국민 대다수가 빈곤에 처해 있고, 국내시장과 생산력은 이미 붕괴되어 생존 투쟁의 장으로 변해 버렸다. 이 와중에서 소수 특권층만 이익을 챙기고 풍요로운 생활을 누리면서 신자유주의 정책에 열광하고 있다."

촘스키의 이 같은 지적이 남의 나라의 일로만 여겨지지 않는 것은 우리나라 역시 신자유주의의 파고 한가운데 놓여 있기 때문이다. 사실 저자는 책에서 여러 차례 한국의 상황을 언급하고 있기도 하다. 인도주의를 내세웠던 카터 행정부가 광주 항쟁 당시 한국 국민들의 요청을 거부하고 전두환 정권에 경제원조를 아끼지 않았던 (반면 김대중과 김영삼을 포함하는 민주주의 야당 세력은 어떻게 멀리했는가에 대한) 사실을 적시하고 있으며, 한국이 중남미와 달리 나름대로 경제 기적을 이룩할 수 있었던 것은 서구가 강요하는 자유주의 경제 원칙보다는 국가 중심의 강력한 계획경제 덕분이었다고 지적하고 있다. 물론 한국의 군사정권과 미국 기득권층의 이해관계를 좀 더 깊이 있게 다루지 않은 점은 아쉬운 부분이기도 하다.

촘스키는 서구 강대국을 강력히 비난하고 있지만 그것에 대한 해결책으로 공산주의에 기대를 걸고 있지는 않다. 오히려 그는 소련 공산 체제가 민중의 삶에 미친 부정적인 영향을 강조한다. 그렇다면 과연 대안은 무엇인가? 저자는 국가 체제 자체를 부정하는 아나키즘을 지지하고 있는 것일까? 여기에 대한 촘스키의 정치적, 철학적, 실천적 입장은 그리 분명하지 않은 편이다. 바로 이 점 때문에 그의 저항 운동은 미국의 제국주의라는 거대한 건축물을 뒤흔들어 놓을 수 있는 사회적 실천력을 확보하지 못한 채 외로운 몸짓의 차원에 머물러 있다는 비판을 받고 있기도 하다.

하지만 옮긴이로서 21세기에 대한 촘스키의 전망과 희망은 바로 11장 마지막 부분에 잘 나타나 있다고 본다.

"인간은 자신의 물질적 욕구를 충족하기 위해 일한다. 그러나 이런 매일 매일의 노력이 개인의 부뿐만 아니라 보다 중요한 목적을 지닌 공동체를 건설하는 원동력이 되기도 한다. 지난 백 년의 역사는, 현대 산업사회에서 정치적 민주주의의 건강성 여부가 노동자들이 자신이 원하는 미래를 보다 효과적으로 이룩하기 위해 개인과 집단 간의 차이를 극복해 나가는 노력에 의존해 왔다는 사실을 보여준다. 안락한 가정을 위한 투쟁은 아직도 우리와 함께 있다."

결국 민중의 행동주의에 저자는 미래를 걸고 있는 셈이다. 이것이야말로 한국의 독자들이 21세기를 맞은 지금도 여전히 촘스키의 비판에 귀 기울여야 할 이유라고 생각한다.

다만 이 책을 우리말로 옮기는 일이 쉽지 않았다. 우선 저자가 제시하고 있는 역사적 자료들이 워낙 방대하다 보니 이를 일일이 확인하고 이해하기 쉽게 해석을 붙이는 작업이 만만치 않았다. 게다가 서구 강대국 기득권층을 두둔하는 척하면서도 사실은 냉소적으로 비꼰 반어법적 표현의 제 맛을 그대로 옮기는 데 한계를 느낀 적이 한두 번이 아니었다. 따라서 저자가 기득권층의 손을 들어주는 듯한 대목을 접하고 어리둥절함을 느낀다면, 그 이면에는 저자의 매서운 비판 의식이 감추어져 있다는 점을 다시한 번 환기하길 바란다.

또 한 가지 지적해야 할 것은 저자가 책 곳곳에서 사용하고 있는 '정치적 올바름PC: Political Correctness'이란 용어이다. 이것은 학술 용어라기보다는 1970년대 말부터 1980년대 말까지 미국 지식인 사회에서 많이 쓰였던 하나의 유행어로 보는 것이 정확하다. 따라서 '정치적 올바름'이란 단어를 정치학 사전이나 최신 시사용어 사전에서 찾기란 쉽지 않다. '정치적 올바름'이란 '도덕적 올바름'에 대비되는 용어라고 할 수 있다. 절대적 도덕과 진리를 기준으로 옳고 그름을 따지는 것이 아니라 시대적 정치 상황에 따라 판단의 기준이 달라질 수 있다는 의미이다. 따라서 흑인 인권이나 여성 해방과 같이 과거에는 '옳지 않았던' 것이 시대 변화에 따라 '옳은' 것으로 바뀔 수 있으며, 냉전 체제에서의 반공反共처럼 특정 사상이나 행동이 정치적 현실적 상황 속에서 '옳은' 행위로 합리화될 수도 있다는 뜻을 함축하고 있다. 저자는 책에서 '정치적 올바름'의 긍정적인 의미와 부정적인 의미를 동시에 사용하고 있기 때문에 독자는 행간을 읽는 각별한 주의가 필요할 것으로 보인다.

　마지막으로 예상보다 길어진 번역 작업 동안 나태해질 때마다 채찍질을 해주었던 친지들과 꼼꼼하게 책을 만들어 주신 <이후>에 감사드린다.

옮긴이
2000년 2월 1일

옮긴이 오애리는 이화여자대학교 정치외교학과를 졸업하고 같은 학교 대학원 사학과에서 석사 과정을 마쳤다. 『출판저널』(1987~1989), 『세계일보』(1989~1991) 등에서 기자로 있었으며, 1991년 『문화일보』로 옮겨 1998년부터는 국제부에서 일했다. 지금은 같은 신문사 문화부의 기자로 있다.

약어

1. 정기 간행물

AP   Associated Press
BG   Boston Globe
BMJ   British Medical Journal
BW   Business Week
CAHI   Central America Historical Institute
CAN   Central America Historical Newspak
CAR   Central America Report
CIIR   Catholic Institute of International Relations
COHA   Council on Hemisphere Affairs
CSM   Christian Science Monitor
CT   Chicago Tribune
FEER   Far Eastern Economic Review
FT   Financial Times
G&M   Toronto Globe and Mail
IHT   International Herald Tribune
IPS   Inter press Service
LANU   Latin America Press Update
LAT   Los Angeles Times
MH   Miami Herald
NCR   National Catholic Reporter
NR   The New Republic
NYRB   The New York Review of Books
NYT   The New York Times
SFC   San Francisco Chronicle
SFE   San Francisco Examiner
WOLA   Washington Office on Latin America
WP   Washington Post
WP-MG   Washington Post-Manchester Guardian Weekly
WSJ   The Wall Street Journal

2. 단행본

APNM American Power and the New Mandarins

AWWA At War with Asia

COT Culture of Terrorism

DD Deterring Democracy

FRS For Reasons of State

MC Manufacturing Consent

NI Necessary Illusions

P&E Pirates and Emperors

PEHR Political Economy and Human Rights

PI On Power and Ideology

PPV Pentagon Papers

RC Rethinking Camelot

TNCW Towards a New Cold War

TTT Turning the Tide

원주

1장 1492, 정복이 시작됐다

1. Höfer, *Fünfhundertjährige Reich*. Stannard, *American Holocaust* 참조.
2. Stavarianos, *Global Rift*, 276쪽.
3. Smith, *Wealth of Nations*, 4권 7장 3편, 4권 1장. Hegel, *Philosophy*, 108~109, 81~82, 93~96쪽. "영혼을 결핍한 야만인들"의 운명에 대해서는 Jennings, *Invasion*; Lenore Stiffarm and Philane, *State*; Stannard, 앞의 책 참조.
4. Jan Carew, Davidson, *Race & Class*, 1992년 1~3월.
5. Niels Steensgaard. Brewer, *Sineus*, xv, 64쪽의 인용은 Pearson, in James Tracy, *Merchant Empires*.
6. Keynes, *A Treatise on Money*의 인용은 Hewlett, *Cruel Dilemmas*. Pearson Brady, in Tracy, *Merchant Empires*; Brewer, *Sineus*, 11, 169쪽(Anglo-Dutch wars). Hill, *Nation*; Smith, *Wealth*, Bk. IV, 2장(i, 484쪽 이하); Bk. IV, 7장 3절(ii, 110쪽 이하). 켈트 지역에서 발전된 기술이 북미로 전해지는 경로에 대해서는 Jennings, *Invasion, Empire*를 참조. 영국, 네덜란드, 포르투갈 전쟁에 관한 그래픽 자료는 Keay, *Honarable Company*를 참조.
7. Keynes, 앞의 책, 281쪽. Smith, *Wealth*, 5권 1~3장.
8. Tracy, 앞의 책.
9. Brewer, *Sineus*, xiii쪽 이하, 186쪽, 89쪽 이하. 100, 127, 167쪽.
10. Smith, 앞의 책, 7장 3편, 4권 2장.
11. Smith, 같은 곳, 1권 2부 10장. Stigler, 서문. Morris, *American Revolution*, 34쪽. 태평양 전쟁에 대해서는 10장 이하 참조.
12. Keay, 앞의 책, 170, 220~221, 321쪽. Thompson and Garrett, *Rise and Fullfillment of British Rule in India*, 1935.
13. Hartman and Boyce, *Quiet Violence*, 1장. Bolts, *Consideration on Indian Affairs*, 1772.
14. De Scheweinitz, *Rise and Fall*, 120~121쪽. Clairmonte, *Economic Liberalism*, 73, 87쪽. Jeremy Seabrook, *Race & Class*, 1992년 7~8월. Hewlett, 앞의 책, 7쪽.
15. Nehru, *Discovery*, 269, 284쪽. 더 확실한 증거로는 Clairmonte, 앞의 책, 2장 참조.
16. Tracy, 앞의 책.
17. Smith, 앞의 책, 4권 7장 3편, 4권 8장.
18. Tracy, 앞의 책. Aston and Philpin, *Brenner Debate*, 62쪽. 자세한 설명으로는 DD, 12장 참조.
19. Smith, 앞의 책. 1권 1장, 5권 1장 3편 2절. Humboldt, *FRS* 참조.
20. Smith, 앞의 책. 3권 4장.
21. Clairmonte, 앞의 책, 92쪽. Schweinitz, 앞의 책, 16쪽. Tracy, 앞의 책, 10~11쪽. Jennings, *Invasion*, 228쪽.
22. David Gergen, *Foreign Affairs*, *American and the World*, 1991~1992.

23. Nehru, 앞의 책, 293, 326, 301쪽.

24. Edward Herman, Z magazine(1992년 4월)에서 인용한 Britannica, 9판, 1910과 Cobban, History(1권 74쪽), 1963.

25. Miller, Founding Finaglers. Keay, 앞의 책, 185쪽. Virginia, Jennings, Invasion, Empire(미국 최고 권력자였던 피트 요새의 암허스트 사령관이 명령한 세균전에 관해서는 447쪽, 또한 Stannard, 앞의 책, 335쪽 참조.)

26. Saxton, Rise and Fall, 41쪽. Mannix and Cowley, Black Cargoes, 274쪽. Alfred Rubin, 'Who Isn't Cooperating on Libyan Terrorists?', CSM, 1992년 2월 5일.

27. Bailey, Diplomatic History, 163쪽.

28. Drinnon, Facing West, 43, 65쪽.

29. TTT, 87쪽(Theodore Roosevelt), 126쪽(Churchill; 좀 더 자세한 설명으로는 DD, 182쪽 이하, Omissi, Air Power, 160쪽). Stannard, 앞의 책, 134쪽(Theodore Roosevelt). Kiernan, European Empires, 200쪽 (Lloyd George). John Aloysius Farrell, BG Magazine, 1991년 3월 31일 참조. Z magazine, 1991년 5월에 수록된 촘스키 논문. Peters, Collateral Damage. 인도차이나에 대해서는 APNM, 3장 각주 42) 참조.

30. Perkins, Monroe Doctrine, 131, 167, 176쪽 이하. TTT, 69쪽 참조.

31. Morris, 앞의 책, 57, 47쪽. DD, 1, 3장. 또한 Jan Carew, Monthly Review, 1992년 7~8월.

32. 민간인들의 충돌과 난민 이동에 관해서는 PEHR, 2부 2장 2절 참조.

33. Lawrence Kaplan, Diplomatic History, 1992년 여름.

34. Appleby, Capitalism, 1쪽 이하.

35. Hietala, Manifest Design. Horseman, Race. Fredonia, Drinnon, White Savage, 192, 201~221쪽.

36. Hietala, 앞의 책, 193, 170, 259, 266쪽.

37. Howard, Harper's, 1985년 3월. Morris, 앞의 책, 4, 124쪽. Bernstein, NYT, 1992년 2월 2일.

38. 미 회계국이 하원 외교분과위원회에 제출한 보고서 Military Sales: the United States Continuing Munition Supply Relationship with Guatemala, US General Accounting office, 1986년 1월. Merle Bowen, Fletcher Forum, 1991년 겨울.

39. CAR, 1992년 11월 22일. Economist, 1991년 7월 20일. Fred, LAT, 1990년 5월 7일. Shelley Emling, WP, 1992년 1월 6일. 그라마호는 원주민 학살 사건에 대한 재판에 출두하기를 거부했으나 대규 모 인권유린을 자행한 죄로 유죄 판결을 받았다. 원고 측은 인종 학살에 대한 상징적인 피해 보상액으로 천만 달러를 인정받았다.

40. PI, Lect. 1; DD, 1장. 전반적인 이해를 위해서는 다음을 참조. Kolko, Confronting. Schoultz, Human Rights, 7쪽.

41. Jackson, Century. Zwick, Mark Twain's Weapons, 190, 162쪽. Hasset and Lacey, Towards a Society. DD, 12장. Economist, 1991년 12월 21일. Todorov, Conquest, 245쪽에서 Las Casas를 인용한 부분.

2장 세계의 질서를 만들다

1. 자세한 내용은 TTT, PI, DD. Kennan and other documents, TTT, 2장 2절, PI, Lect. I. 참조.

2. Green, Containment, VII. 2. 이 책 7장 1절 참조.

3. Cumings, *Origins*, 171~173쪽. 일본의 전망에 대한 멸시에 대해서는 DD, 337~8쪽. 중동에 대해서는 같은 책, 6장 및 '후기'; *TNCW*, 8장 참조. British and Dulles에 대해서는 Stivers, *Supremacy*, 28, 34쪽; *America's Confrontation*, 20쪽 이하 참조.

4. DD, 49~51, 27쪽.

5. DD, 395쪽. Russell, *Practice and Theory*, 68쪽.

6. Gleijeses, *Shattered Hope*, 365쪽. *Foreign Relations of the United States*, 1952~1954, Vol. IV, 1131쪽 이하. 인용된 다른 증거는 없다. 법무장관은 국제법을 위반하는 강제적인 봉쇄정책을 정당화하기 위해서 '자기 방어'와 '자기 보존'을 강조했다. Memorandum of NSC discussion, 1954년 5월 27일.

7. *APNM*, 33쪽 이하. *TNCW*, 67~69쪽, 89~90쪽.

8. Friedman, *NYT*, 1991년 7월 7일. 이라크 민주파에 대해서는 *DD* 6장 4절, '후기', sec. 4 및 *Z magazine*의 초기 논문.

9. Friedman, *NYT*, 6월 24일. Haberman, *NYT*, 1991년 6월 28일. Nabeel Abraham, *Lies of Our Times*, 1992년 9월 참조 미국과 평화 과정의 관계 및 배경에 대해서는 *DD*, '후기' 참조 최근 기록을 위해서는 *TNCW, FTR, NI*. 공식적인 정치적 올바름에 대해서는 Herman, *Decoding Democracy*.

10. 아이젠하워의 인용은 Richard Immerman, *Diplomatic History*(1990년 여름). John Foster Dulles, Telephone Call to Allen Dulles, 1958년 6월 19일, 'Minutes of telephone conversations of John Foster Dulles and Christian Herter', Eisenhower Library, Abilene KA.

11. Leffler, *Preponderance*, 258, 90~91쪽. *TNCW*, 8, 11장. DD, 1, 6, 8, 11장. Frank Costigliola, in Paterson, *Kennedy's Quest*. 일본에 대해서는 Schaller, *American Occupation*을 참조. 각주 15)의 문헌도 참조.

12. Leffler, *Preponderance*, 71쪽. Jeffrey-Jones, *CIA*, 51. PIsani, *CIA*, 106~107쪽. 위의 책 1, 2장 참조. 니카라과 선거는 *NG, NI, DD*. 2차 대전 이후 산업 사회들에서 민주주의의 위협을 저지시키려는 광범위한 투쟁의 맥락에서, 미국과 이탈리아에 대해서는 *DD*, 11장.

13. Pisani, *CIA*, 114쪽 이하, 91쪽 이하. Chace, *NYT Magazine*, 1977년 5월 22일. 미국 내부 공공 기록에 나타난 '이탈리아계 이주민들'에 대한 인종주의적 태도에 대해서는 *DD*, 1장 4절, 11장 5절 참조.

14. Stimson; Kolko, *Politics*, 471쪽. Wood, *Dismantling*, 193, 197쪽(인용은 Woodward, personal letter; Dreier, *The Organization of the American States*, 1962). Pastor, *Condemned*, 32쪽. 강조는 원저자.

15. Leffler, *Preponderance*, 165쪽. 이 문제에 대한 초기 토론을 위해서는 *AWWA*, 서문; Gabriel Kolko, Richard Du Boff, John Dower(in *PP* V)의 에세이들; *FRS*, 31쪽 이하 참조. 최근의 중요한 연구들로는 Borden, *Pacific Alliance*; Schaller, *American Occupation*; Rotter, *Path to Vietnam*. 레플러의 아주 유용한 연구서는 훨씬 최근의 작업을 요약하고 유의미한 새로운 정보를 추가하면서, 그와 같은 사고를 트루만 시대 계획의 일반적인 지형에 위치시킨다. 최근의 학문은 20~25년 전 가브리엘 및 콜코의 선구적인 작업을 확증하면서 확장시킨다. 부분적인 개정으로는 Kolko, *Confronting* 참조. 또 DD, 1, 11장 및 인용 자료를 참조.

16. South Commission, *Challenge*, 216쪽 이하, 71쪽 이하, 287쪽.

17. Kissinger, *American Foreign Policy*. Leffler, *Preponderance*, 17, 449, 463쪽.

18. 같은 책, 282쪽 이하.

19. 같은 책, 284, 156쪽. 애치슨, 케넌의 인용은 Gaddis, *Strategies*, 76쪽.

20. Leffler, *Preponderance*, 117, 119쪽. *DD*, 11장. '침략'에 대해서는 *FRS*, 114쪽 이하 참조.

21. 테오도르 소렌슨 및 조지 볼의 인용은 Costigliola, in Paterson, *Kennedy's Quest*. Wachtel, *Money Mandarins*, 64쪽 이하. 케네디와 베트남에 대해서는 *RC* 참조. 원조 프로그램의 실패 이후 '국제적 군사 케인스주의'의 효과에 대해서는 특히 Borden, *Pacific Alliance*; 다른 자료 및 논평을 위해서는 *DD*, 1장 참조.

22. Garthoff, *Détente*, 487쪽 이하.

23. Excerpts, *NYT*, 3월 8일; Patrick Tyler, *NYT*, 3월 8, 11일; Barton Gellman, *WP Weekly*, 1992년 3월 16~22일.

24. Patrick Tyler, *NYT*, 1992년 5월 24일. Frederick Kempe, 'U.S., Bonn Clash Over Pact with France', *WSJ*, 1992년 5월 27일.

25. *DD*, 서문 참조. Christopher Bellamy, *International Affairs*, 1992년 7월.

26. Strange, *International Economic Relations of the Western World*(1976)의 인용은 Wachtel, *Money Mandarins*, 79쪽. 이윤율에 대해서는 137쪽.

27. 같은책. Du Boff, *Accumulation*, 153쪽 이하. Calleo, *Imperious Economy*, 63, 116, 75쪽.

28. 특히 Rand, *Making Democracy Safe*; 그 효과에 대해서는 *TNCW* 11장에 수록된 1977년 논문 및 같은 책 2장; *DD*, 6장 1절 참조. 또한 Yergin, *Prize* 참조.

29. 자본 흐름에 대해서는 *DD*, 98쪽 참조.

30. *NI*, 84쪽 이하, App. IV. 4장. *DD*, 6장, '후기', sec. 5; Peters, *Collateral*에 수록된 촘스키 논문. UNESCO, Preston et al., *Hope & Folly*.

31. *TTT*, 5장 및 인용 자료. *NI*, 1장. LAT, *Extra!*(FAIR), 1992년 7월/8월, 1992년 4월 로드니 킹 재판 이전 6개월 동안의 자료. Maynes에 대해서는 editor, *Foreign Policy*, 1990년 여름.

32. G. Rees에 대해서는 Alain Besançon, *Encounter*, 1976년 12월, 1980년 6월.

33. 이 책 7장; *DD*, 7장 참조. Nancy Wright, *Multinational Mmonitor*, 1990년 4월의 인용은 Gar Alperovitz and Kai Bird, *Diplomatic History*, 1992년 봄. 또한 James Petras, *Monthly Review*, 1992년 5월 참조.

34. Fitzgerald, *Between*. Foreign staff, 'US and Japan shy from ingesting in UK', *FT*, 1992년 9월 25일.

35. Marc Fisher, 'Why Are German Workers Striking? To Preserve Their Soft Life', *WP* service, *IHT*, 5월 4일; Andrew Fisher, *FT*, 5월 20일; Christopher Parkes, *FT*; Kevin Done, *FT*, 9월 24일(GM); *FT*, 1992년 6월 4일. Elaine Bernard, 'The Defeat at Caterpillar', ms. Harvard Trade Union Program, 1992년 5월.

36. Sexton, *War on Labor*, 83쪽 이하. 이 책 11장 참조.

37. Barnaby Feder, *NYT*, 1992년 5월 25일.

38. Jim Stanford, 'Going South: Cheap Labour as an Unfair Subsidy in North American Free Trade', Canadian Centre for Policy Alternatices, 1991년 12월; Andrew Reding, *World Policy Journal*, 1992 년 여름. Edward Goldsmith, Mark Ritchie, *The Ecologist*, 1990년 11월/12월. Watkins, *Fixing*, 103~104 쪽. 케나다 정부의 법정 소송에 대해서는 US Court of Appeals, 'Corrosion Proof Fittings, et al., vs. EPA and William K. Riley', 1990년 5월 22일. 이 책 3장 각주 43) 참조.

39. Bob Hohler, *BG*, 1992년 5월 26일.

40. 'Interview', *Multinational Monitor*, 1992년 5월.

41. Reding, 앞의 책.

42. Rose Gutfeld, *WSJ*, 1992년 5월 27일.
43. Arthur MacEwan, *Socialist Review*, 1991년 7월~12월. Du Boff, *Accumulation*. World Bank, *Global Economic Prospects and the Developing Countries 1992*의 인용은 Doug Henwood, *Left Business Observer*, No. 54, 1992년 8월 4일. Watkins, *Fixing*, 5, 24쪽.
44. World Bank, in *Trócaire Development Review*(Catholic Agency for World Development, Dublin, 1990). Chakravarti Raghavan and Martin Khor, *Third World Economics*(Penang), 1991년 3월 16~31일; *Economist*, 1992년 4월 25일; Watkins, *Fixing*, 75, 49, 64쪽; Frances Williams, *FT*, 1992년 6월 11일; Kent Jones, *Fletcher Forum*, 1992년 겨울. 레이건주의적 보호무역주의에 대해서는 DD, 3장 참조. 자세한 논의를 위해서는 Bhagwati and Patrick, *Aggressive Unilateralism*; Bovard, *Fair Trade Fraud*.
45. George Graham, *FT*, 9월 25일. Nancy Dunne, *FT*, 1992년 9월 24일.
46. Wachtel, *Money Mandarins*, 146쪽. Greider, *Secrets*, 521쪽 이하. *FT*, 1992년 5월 16/17일.
47. *Economist*, 5월 16일. Jonathan Hicks, *NYT*, 1992년 3월 31일.
48. Preliminary Report, LAC, 1992년 9월 16일.
49. DD, 12장. Wilbur Edel, 'Diplomatic History - History Department Style', *Political Science Quarterly*, 106.4 1991/2년

3장 썩은 사과는 도려내라

1. 브레너 인용은 Aston and Philpin, *Brenner Debate*, 277쪽 이하, 40쪽 이하. Stavrianos, *Global Rift*, 3장, 16장; Feffer, *Shock Waves*, 22쪽; Shanin, *Russia*(역사학자 D. Mirsky의 인용). Zeman, *Communist Europe*, 15~16쪽(T. Masaryk의 인용), 57~58쪽. Gerschenkron, *Economic Backwardness*.
2. Leffler, *Preponderance*, 359쪽. Gaddis, *Long Peace*, 10쪽.
3. Gerschenkron, *Economic Backwardness*, 146, 150쪽. Du Boff, *Accumulation*, 176쪽(Kuznets의 인용).
4. 인도차이나에 대한 자세한 사항은 FRS, 51~52쪽 참조. 과테말라에 대해서는 Wood, 177쪽. 미국과 파시즘-나치즘의 관계는 DD, 1, 3, 4장. 니카라과에 대한 보다 가치 있는 문헌으로는 Sklar, *Washington's War*.
5. DD, 11장. FDR에 대해서는 Zeman, *Communist Europe*, 172n.; Kimball, *Juggler*, 34쪽. Truman에 대해서는 Garthoff, *Détente*, 6쪽(*NYT*, 1941년 6월 24일 기사 인용).
6. Leffler, *Preponderance*, 78쪽. 인도차이나에 대해서는 RC 참조.
7. 빨갱이 공포에 대해서는 NI, 185쪽 이하. 리비아에 대해서는 같은 책, 272쪽 이하 및 P&E, 3장.
8. Leffler, *Preponderance*, 58~59, 15쪽.
9. 레플러는 현실적인 두려움과 그 근거에 관하여 상세하지만 대체로 공감하는 듯한 설명을 제시하고 있다. UN에 대해서는 이 책 2장 각주 10)의 참고 문헌 참조.
10. DD, 103쪽.
11. Leffler, *Preponderance*, 284~285쪽.
12. DD, 1장. 후르시쵸프 운동을 코르바쵸프의 '흥미로운 전례'라고 파악하는 Raymond Garthoff, *International Security*, 1990년 봄호; 이 책 365쪽 참조. Kennedy, *Strategy of Peace*, 5쪽의 인용은 Leacock,

Requiem, 7쪽.

13. *Defence Monitor*, 1980년 1월. Zeman, *Communist Europe*, 267~268쪽.

14. 중부 및 동부 유럽에 관한 프로그램에 대해서는 Charles S. Maier, *Why Did Communism Collapse in 1989?*; Working Paper Series #7, 1991년 1월 참조.

15. 세계은행 자료는 *Trócaire Developement Review*, 2장 각주 46).

16. 인용은 *TNCW* 3, 204쪽. NSC 68에 대해서는 *DD*, 1장 1절. Meyer, *Peace or Anarchy*의 인용은 Pisani, *CIA*.

17. Holzman, *Challenge*, 1992년 5/6월. Garthoff, *Détente*, 793~800쪽. 1992년 6월 11일의 추록에서, 홀츠먼은 하원정보위원회가 5명의 저명한 경제학자들로 구성한 평가위원회 역시 군사비 관련 정보의 불정확성 문제를 발견했으며 CIA분석가들과의 회동에서 만족할만한 해명을 얻지못했다고 전한다.

18. Leiken, *Foreign Policy*(1981년 봄)의 인용은 Schoultz, *National Security*. 이 자료는 계획자들의 과대망상 체계가 현실적인 것인지 아니면, 아니면 누구나 한번쯤 생각해볼 수 있는 인위적인 것인지에 관하여 유용한 평가를 제공한다. 더 자세한 논의를 위해서는 *DD*, 3, 6장. Thomson, *Diplomatic History*, 1992년 겨울 참조.

19. Carnegie의 인용은 Krause, *Homestead*, 235쪽. 1987년 여론조사의 인용은 Lobel, *less than Perfect*, 3쪽. *APNM*, 1장 또는 *TNCW*에 재수록된 'Intellectuals and the State' 참조.

20. Feffer, *Shock Waves*, 22, 112, 129쪽. Brumberg, *NYRB*, 1월 30일; *FT*, 2월 3일; Robinson, *FT*, 1992년 4월 28일. 경제지표에 대해서는 Haynes, *European Bussiness Economic Developement*, 1992년 9월; *FT*, 1992년 9월 28일. Engelberg, *NYT*, 1992년 2월 9일; *WSJ*, 2월 4일; Glaser, *NYT*, 4월 19일; Bohlen, *NYT*, 1992년 8월 30일. 컨티넨탈 일리노이 은행에 대해서는 이 책 63쪽 참조. 아동 입양에 대해서는 *DD* 7장; 이 책 9장 5절 참조. Polanyi, *Great Transformation*. Miller, *Founding Finaglers*. 1940년대 이후 코스타리카에 대한 미국의 정책에 대해서는 *NI*, 111쪽 이하, App. V. 1; *DD*, 221쪽 이하, 273쪽 이하.

21. Gowan, *World Policy Journal*, 1991~1992 겨울.

22. Deere, *In the Shadows*, 213쪽; McAfee, *Storm Signals* 참조.

23. *DD*, 1장 6절, 3장 3절 참조. Kaslow, *CSM*, 1992년 8월 12일.

24. Burke, *Current HIstory*, 1991년 2월. Morales, *Third World Quarterly*, 1992년 vol 13.2. 또한Peter Andreas et al., 'Dead-End Drug Wars', *Foreign Policy*, 1991~1992 겨울.

25. McAfee, *Storm Signals*, 7장. Bourne, *Orlando Sentinel*, 1992년 4월 12일. Suskind, *WSJ*, 1991년 10월 29일. *DD*, 162쪽. 억압된 역사에 대해서는 *NI*, 177쪽 이하.

26. *CAR*, 1991년 9월 27일; 1992년 6월 5일. *Latinamerica Press*(Lima), 1992년 6월 4일. AFP, *Chicago Sun-Times*, 1991년 12월 22일. Sheppard, *CT*, 1992년 6월 18일, 5월 22일, 9월 1일. *Proceso*(Mexico), 1992년 12월 2일(LANU). Kenneth Sharpe, *CT*, 1991년 12월 19일. Andreas, 앞의 책. Joachim Bamrud, *CSM*, 1991년 1월 24일.

27. Felipe Jaime, IPS, *Subtest*(Seattle), 9월 3일~16일; Nusser, *NYT* news service, 9월 26일; Johnson, *MH*, 1991년 12월 3일.

28. *CAR*, 1991년 10월 11일. Gómez, *NYT*, 1992년 1월 28일. Americas Watch, 'Drug War'; WOLA, *Clear and Present Dangers* 참조.

29. Simes, *NYT*, 1988년 12월 27일. 보다 상세한 내용은 *DD*, 97쪽 이하 참조.

30. *Daedalus*, 1990년 겨울; *NYT*, 1990년 1월 4일, 8월 31일 참조. 보다 상세한 내용은 *DD*, 61쪽 참조.

31. Lionel Barber and Alan Friedman, *FT*(London), 1991년 5월 3일. 미국에서 이 주제에 대한 중요한 주류 방송보도는 *Los Angeles Times*(1992년 2월 23, 25, 26일)에서 시작되었다. 주류 언론이 무시했던, 쿠웨이트 침공 이전 상황에 대한 유용한 정보로는 *DD*, 152, 194쪽 이하 참조.

32. *DD*, 4~5장.

33. *DD*, 6장 및 '후기'. 더 완전한 내용은 Peters, *Collateral Damage*에 수록된 촘스키 논문. '강철 주먹'에 대해서는 이 책 38쪽.

34. *DD*, 141쪽 이하 및 10장. 평화적 과정의 파괴 및 언론의 연루에 관한 최근 기록으로는 *COT*, *NI*, *DD* 참조. 미국에 의한 선거 자체의 파괴에 대해서는 Robinson, *Faustian Bargain* 참조.

35. Van Niekerk, *G&M*, 1992년 1월 25, 29일. Britain, *Guardian*(London), 3월 30일; *Guardian Weekly*, 1992년 4월 5일. 그 배경에 대해서는 George Wright, *Z magazine*, 1992년 5/6월 참조.

36. Lewis, *NYT*, 1992년 8월 24일.

37. *Latin America Strategy Development Workshop*, 1990년 9월 26, 27일, minutes, 3.

38. 더 자세한 내용은 *DD*, 29~30쪽.

39. Maureen Dowd, *NYT*, 1991년 2월 23일. *DD*, '후기' 참조.

40. Khor, *Uruguay Round*, 10쪽. 또한 Raghavan, *Recolonization* 참조.

41. Wachtel, *Money Mandarins*, 266쪽. Peter Phillips, *Challenge*, 1992년 1~2월.

42. Virginia Galt, *G&M*, 1990년 12월 15일. John Maclean, *CT*, 1991년 5월 27일; *WSJ*, 1990년 11월 28일.

43. *Monthly Review*, 1992년 3월.

4장 우리는 합법적 해적이다

1. Rabe, *Road*, 129쪽.

2. Asia Watch, *Human Rights*; Shorrock, *Third World Quarterly*, 1986년 10월. *Harvard Human Rights Journal* 4, 1991년 봄. Peters, *Collateral Damage*에 수록된 촘스키 논문 참조.

3. Ryutaro Komiya, et al, *Industy Policy of Japan*(Tokyo, 1984; Academy press, 1988)의 인용은 Fitzgerald, *Between*. Johnson, *National Interest*, 1989년 가을.

4. Amsden, 'Diffusion of Development: the Late-Industrializing Model and Greater East Asia', AEA Papers and Proceedings, 81.2, 1991년 5월. 특히 Amsden의 *Asia's Next Giants* 참조. Hollis Chenery, Sherman Robinson, and Moises Syrquin, *Industrialization and Growth: A Comparative Study*(Oxford, 1986)의 인용은 Smith, *Industrial Policy*. Brazil에 대해서는 이 책 7장 참조. 비교에 대해서는 *DD*, 7장 7절 참조.

5. Francis, *CSM*, 1992년 5월 14일. Amsden, 앞의 책. Huelshoff, Sperling, in Merkl, *Federal*. Ronald Van de Krol, *FT*, 9월 28일; *Economist*, 1992년 5월 23일. Dertouzos et al., *Made in America*. Felix, 'On Financial Blowups and Authoritarian Regimes in Latin American', in Jonathan Hartlyn and Samuel A. Morley, eds., *Latin American Political Economy*(Westview, 1986). 또한 Lazonick, *Bussiness Organization*,

43쪽. 독일의 산업 발전에서 은행의 역할에 대해서도 참조. 폭 은 논의를 위해서는 Gerschenkron, *Economic Backwardness*; Landes, *Unbound*.

6. Bils의 인용은 Du Boff, *Accumulation*, 56쪽. Bartel에 대해서는 editor, *Challenge*, 1992년 7/8월. 개괄적인 논의로는 Du Boff 참조. 1920~1930년대에 대해서는 Brady, *Bussiness*. 자유 시장을 비판하는 고전적인 연구로는 Polanyi, *Great Transformation*. 더 풍부한 참고 문헌은 *DD*, 1장, 각주 19) 참조.

7. Lazonick, *Business Organization*.

8. Taylor, *Dollors & Sense*, 1991년 11월.

9. Steven Elliott-Gower(조지아대 동서무역정책센터 부소장), *NYT News Service*, 1991년 12월 23일. Jeffrey Smith, *WP* weekly, 5월 18~24일; Korb, *CSM*, 1월 30일; Schweid, *BG*, 1992년 2월 15일. Hartung, *World Policy Journal*, 1992년 봄. Congresional Research Service report(1992년 7월)에 따르면, 1991년에 판매량이 감소했지만 그럼에도 불구하고 미국이 제3세계 무기 판매의 57퍼센트를 차지했다고 한다. Robert Pear, *NYT*, 1992년 7월 21일.

10. 평화를 위한 식량에 대해서는 *NI*, 363쪽 참조. 자료는 특히 Borden, *Pacific Alliance*에서 인용. Hogan, *Marshall Plan*, 42~43, 45쪽. 통상부 분석에 대해서는 Wachtel, *Money Mandarins*, 44쪽 이하; *BW*, 1975년 4월 7일.

11. Nasar, *NYT*, 2월 7일; 'Funor on Memo at World Bank,' *NYT*, 2월 7일; Reuters and Peter Grosselin, *BG*, 1992년 2월 7일. *Economist*, 1992년 2월 8일, 2월 15일(Summers's letter).

12. MacEwan, *Dollors & Sense*, 1991년 11월. Hegel, *Philosophy*, 36쪽.

13. '범죄화하는 심각한 정신 질환'은 Anita Diamant, *BG*, 1992년 9월 10일. Falco 및 여타의 기사들은 *Daedalus*, 'Political Pharmacology', 1992년 여름. James McGregor, *WSJ*, 1992년 9월 29일. 이와 같은 중국의 미얀마 아편에 대한 1면 기사는 저주를 창출해 내는 CIA의 주요 역할을 완전히 은폐하려는 데 있다. McCoy, *Politics* 참조. Victoria Benning, *BG*, 1992년 6월 27일.

14. Paul Hemp, *BG*, 1992년 8월 30일.

15. Louis Ferleger and Jay Mandell, *Challenge*, 1991년 7/8월. 경제학자 허버트 스타인이 제시한 수치에 의하면 미국의 조세율은 일본의 95퍼센트, 서유럽의 71퍼센트 수준이다. 스타인은 미국의 조세율이 국제적 또는 역사적 기준으로 볼 때 높다는 주장은 '신화'에 불과하다고 비판한다. *WP Weekly*, 1992년 9월 7일.

16. Sonia Nazario, *WSJ*, 1992년 10월 5일. Wachtel, 앞의 책, '후기'; John Zysman, 'US power, trade and technology', *International Affaires*(London), 1991년 1월. Benjamin Friedman, *NYRB*, 8월 13일; *CSM*, 8월 14일; *Science*, 8월 21일; Pollin, *Guardian*(NY), 1992년 8월.

17. Uchitelle, *NYT*, A1, 1992년 8월 12일.

18. Michael Waldholz and Hillary Stout, 'Rights to Life', *WSJ*, 4월 7일; Leslie Roberts, *Science*, 1992년 5월 29일. *The Blue Sheet*, 1992년 4월 8일, 15일.

19. Gina Kolata, *NYT*, 1992년 7월 28일.

20. *Economist*, 1992년 8월 22일. Families USA Foundation의 연구에 대해서는 Richard Knox, *BG*, 1992년 9월 11일. 마약 상인들도 이 연구의 정확성을 인정했다. Fazlur Rahman, *NYT*, 4월 26일; William Stevens, *NYT*, 1992년 5월 24일.

21. Watkins, *Fixing*, 94~95쪽.

22. 'Intellectual Property Rights', *Anthropology Today*(UK), 1990년 8월.

23. Jeremy Seabrook, *Race & Class*, 1992년 7월. Watkins, *Fixing*, 96쪽.

24. David Hirst, *Guardian*(London), 1992년 3월 23일.

5장 인도네시아를 장악하다

1. Thomas Friedman, *NYT*, 1992년 1월 12일; 이 책 183쪽 참조. Taylor, *Swords*, 159쪽. Pfaff와 Hoopes는 전혀 상이한 참고 자료를 갖고 실질적으로 동일한 논평을 하고 있는데, 신뢰성이 있는지 의심스럽다. *AWWA*, 297~300쪽, *FRS*, 94~95쪽 참조. Wohlstetter, *WSJ*, 1992년 8월 25일. Hegel, *Philosophy*, 96쪽.

2. Schoultz, *Comparative Politics*, 1981년 1월. Herman에 대해서는 *PEHR*, 1부 2장 1.1절; *Real Terror Network*, 126쪽 이하. 비교분석과 사례 분석에 대한 광범위한 문헌을 위해서는 *PEHR, MC* 참조.

3. 보다 자세한 논의를 위해서는 *TNCW*, 73쪽 이하. 그리고 특히 *NI, DD* 참조.

4. Leffler, *Preponderance*, 260, 165쪽. 이 책 10장 4절, 그 배경에 관해서는 이 책 2장 1절~2장 참조. 일본-SEA에 대해서는 *RC*, 2장 1절. Peter Dale Scott, 'Exporting Military-Economic Development', in Caldwell, *Ten Years* 및 'The United States and the Overthrow of Sukarno', *Pacific Affaire*, 1985년 여름; *PEHR*, vol. I, 4장 1절; Kolko, *Confronting* 참조.

5. *FTR*, 457쪽 이하. *COT*, 8장. Marshall, et al., *Iran-Contra*, 7~8장.

6. McGehee, *Nation*, 1981년 4월 11일. 또한 *News from Asia Watch*, 1990년 6월 21일.

7. 같은 책. 러스크의 인용은 Kolko.

8. Brands, 'The Limits of Manipulation: How the Unites States Didn't Topple Sukarno,' *Journal of American History*, 1989년 12월.

9. 존슨의 인용은 Kolko, *Confronting*. 맥나마라 및 의회 보고서 인용은 Wolpin, *Military Aid*, 8, 128쪽. 존슨에게 보내는 맥나마라의 서한은 Brands, 앞의 책, 7장 3절.

10. *Public Papers of the Presidents*, 1966(Washington, 1987), 2권, 563쪽.

11. *NYT*, 1973년 3월 29일. 이 책 10장, 각주 64) 참조.

12. Frankel, *NYT*, 1965년 10월 11일.

13. 인용은 *NYT*, 1965년 10월 17일.

14. Robert Martin, *U.S. News*, 1966년 6월 6일. *Times*, 1966년 7월 15일.

15. *NYT*, 1966년 6월 19일.

16. Editorials, *NYT*, 1965년 12월 22일; 1966년 2월 17일, 8월 25일, 9월 29일.

17. *PEHR*, 1부 3장 4.4절; *TNCW*, 13장; Peck, *Chomsky Reader*, 303~313쪽. 전반적인 내용은 Taylor, *Indonesia's Forgotten War*.

18. John Murray Brown, *CSM*, 1987년 2월 6일. Shenon, *NYT*, 1992년 9월 3일. *Economist*, 1987년 8월 15일.

19. Wain, *WSJ*, 1989년 4월 25일. *Asia Week*(1989년 2월 24일)의 인용은 *TAPOL Bulletin*, 1989년 4월. Richard Borsuk, *WSJ*, 1992년 6월 8일.

20. Kadane, *SFE*, 1990년 5월 20일. *WP*, 1990년 5월 21일; *Guardian*(London), 5월 22일; *BG*, 5월 23일. 카데인에 대한 일반적인 무관심의 유일한 예외는 *New Yorker*, 'Talk of the Town', 1990년 7월 2일. 과테말라에 대해서는 이 책 7장 7절.

21. Wines, *NYT*, 7월 12일. Martens, letter, *WP*, 1990년 6월 2일.

22. Budiarjo, letters, *WP*, 1990년 6월 13일; Rosenfeld, *WP*, 7월 13일, 7월 20일.

23. Moynihan, *NYRB*, 1990년 6월 28일.

24. 쇼크로스의 분석에 대해서는 *MC*, 284쪽 이하; 더 자세한 내용은 Peck, 앞의 책 참조. Chaland, *Nouvelles littéraires*, 1981년 11월 10일; Fallows, *Atlantic Monthly*, 1982년 2월, 6월. Halliday, *Guardian Weekly*, 1992년 8월 16일.

25. *Daily Hansard* SENATE(Australia), 2707, 1989년 11월 1일. *Indonesia News Service*, 1990년 11월 1일. Green left mideast.gulf.346, electronic communication, 1991년 2월 18일. *Monthly Record*, Parliament(Australia), 1991년 3월. Reuters, Canberra, 1991년 2월 24일; Communiqué, International Court of Justice, 2월 22일. PHER, 1부 163~166쪽. Taylor, *Indonesia's Fogotten War*, 171쪽.

26. *FEER*, 1991년 7월 25일. Carey, letter, *Guardian Weekly*, 1992년 7월 12일.

27. ABC radio(Australia), 'Background briefing; East Timor', 1991년 2월 17일. Osborne, *Indonesia's Secret Wars*. Monbiot, *Poisoned Arrows*; Anti-Slavery Society, *West Papua*.

28. *Age*(Australia), 1992년 1월 11일, 2월 18일; IPS, Kupang, 1월 20일; *Australian*, 7월 6일; Carey, 앞의 책; *The Engineer*, 3월 26일. 또한 *TABOL Bulletin*, 1992년 8월 참조.

6장 쿠바는 우리의 텃밭이다

1. Young, *American Revolution* 중 Jennings, 'The Indian's Revolution',; Berlin, 'The Revolution in Black Life.' Morris, *American Revolution*, 72쪽. Higginbotham, *In the Matter of Color*. Hamilton의 인용은 Vine Deloria, in Lobel, *Less than Perfect*. 이 책 1장 각주 32)의 참고 문헌 참조.

2. Gleijeses, 'The Limits of Sympathy: the United States and the Independence of Spanish America,' ms., Johns Hopkins, 1991.

3. Lawrence Kaplan, *Diplomatic History*, 1992년 여름; 이 책 1~2장 참조.

4. Bernal, *Black Athena*. 참조

5. *North American Review*(1821년 4월 12일)의 인용은 Gleijeses. Crossette, *NYT*, 1992년 1월 18일; Stephen Fidler, *FT*, 6월 29일.

6. 제퍼슨의 인용은 van Alstyne, *Rising American Empire*, 81쪽.

7. Gleijeses, 'Limits of Sympathy.' Drinnon, *White Savage*, 158쪽. 또한 *PI*, 12쪽 이하, 71쪽 이하 및 인용 자료.

8. 같은 책.

9. Green, *Containment*, 13~18쪽. 좋은 이웃 정책과 그 배경에 대해서는 LaFeber, *Inevitable Revolution*; Krenn, *US Policy* 참조. 또한 Salisbury, *Anti-Imperialism* 참조.

10. Benjamin, *US and Origin*, 186쪽 이하. Paterson, *Kennedy's Quest*. Mexican diplomat의 인용은 Leacock, *Requiem*, 33쪽.

11. *NI,* 177, 101쪽. Shirley Christian, *NYT,* 1992년 9월 4일.

12. *Envio,* Jesuit Central American University(UCA), Managua, 1992년 1~2월; *NI,* 176쪽 이하, 67~68 쪽; *PI,* 22쪽 이하.

13. 테러 작전에 대한 평가로는 Blum, *CIA* 참조. Nixon, Garthoff, *Détente,* 76n. 길패트릭의 인터뷰를 포함하여 최근의 논의에 관해서는 McClintock, *Instruments.* 또한 전문적인 미국 정부 자료를 위해서는 Garthoff, *Reflections* 및 Smith, *Closest of Enemies.*

14. Paterson, 앞의 책; Martin Tolchin, *NYT,* 1992년 1월 15일. Garthoff, *Reflections,* 17쪽.

15. 학문적인 규율에 대해서는 특히 *NI,* App. V.2(Walter Laqueur에 대하여) 및 George, *Western*에 수록된 몇몇 논문들 참조. *NYT* editorial, 1991년 9월 8일. French, *NYT,* 1992년 4월 19일; Constable, *BG,* 7월 15일; Krauss, *NYT Book Review,* 8월 30일. 이 책 3장 5절 참조.

16. *DD,* 280~281쪽.

17. 특히 창피스런 실례들에 관해서는 *NI,* App. I.1 참조. 일반적인 양상에 대해서는 *PHER, MC* 및 좀 더 풍부한 문헌 자료 참조. 쿠바에 관한 언론 보도에 대해서는 Platt, *Tropical Gulag* 참조.

18. *Envio,* 앞의 책; Stavrianos, *Global Rift,* 747쪽; *Latinamerica press,* 1990년 4월 5일; Morris Morley and Chris McGillion, *Sydney Moring Herald,* 1992년 1월 7일. Ellacuria, 'Utopia and Prophecy in Latin America'(1989), in Hassett & Lacey, *Towards a Society.*

19. Smith, *Closest of Enemies*; Gilian Gunn, *Current History,* 1992년 2월. Thomas Friedman, *NYT,* 1991 년 9월 12일. Michael Kranish, *BG,* 1992년 4월 19일; *NYT,* 4월 19일. 니카라과 커피에 대해서는 *NI,* 98쪽.

20. Detlev Vagts, 'Reconsidering the Invasion of Panama,' *Reconstructions,* vol. 1.2, 1990. *DD,* 5장 참조.

21. *WP weekly,* 1992년 1월 20~26일;『워싱턴포스트』에 대해서는 *DD,* 103, 141쪽;『뉴욕타임스』와 『워싱턴포스트』의 교조성에 관한 폭넓은 평가로는 *NI* 참조. Benjamin, *US and Origins,* 59쪽; *PI,* 72쪽.

7장 남미의 거인, 브라질을 길들이다

1. Evans, *Dependent Development,* 51쪽 이하. *WP,* 1929년 5월 6일; *New York Herald Tribune,* 1926년 12월 23일; *CSM,* 1928년 12월 22일; *NY Post,* 1928년 12월 21일; *WSJ,* 1924년 9월 10일 등의 인용은 Smith, *Unequal Giants,* 186쪽 이하, 135쪽 이하, 82쪽. Krenn, *US Policy,* 122쪽. Green, *Containment,* 8쪽 이하.

2. Smith, *Unequal Giants,* 3쪽 이하, 35쪽 이하, 134쪽.

3. Evans, *Dependent Development,* 70쪽. Rabe, *Road to OPEC,* 110쪽.

4. Haines, *Americanization.* Leffler, *Preponderance,* 258, 339쪽. 이 책 2장 2절.

5. 인용은 Kolko, *Politics,* 302쪽 이하. Green, *Containment,* 11장. 그 상황은 훨씬 복잡하다. 이 책 2장 2절 참조.

6. *TTT,* 2장 3절. 비스마르크의 인용은 Nancy Mitchell, ms., SAIS, Johns Hopkins, 1991(*Prologue*로 출간 예정). Stimson, 앞의 책, 42쪽.

7. Green, *Containment,* 74쪽 이하, 315n.; 이 책 2장 1절.

8. NCS 5432, 1954년 8월; *Memorandum for the Special Assistant to the President for National Security Affairs*(McGeorge Bundy), 'Study of U.S. Policy Toward Latin American Military Forces', Secratary of Defence, 1965년 6월 11일. 보다 자세한 내용은 *PI*, lecture I 참조. Green, *Containment*, 180쪽 이하, 259쪽 이하, 103쪽, 147쪽 이하, 174쪽 이하, 188쪽. 라틴 아메리카 군대에 대해서는 Leffler, *Preponderance*, 59쪽 이하. 볼리비아에서의 이후 상황에 대해서는 *DD*, 395쪽 이하 및 이 책 3장 4절 참조.

9. 이 책 5장 각주 5) 참조. Agee, *Inside*, 361~362쪽.

10. Parker, *Brazil*; Leacock, *Requiem*; Skidmore, *Politics*; Hewlett, *Cruel Dilemas*. 또한 Black, *US Penetration* 참조.

11. Felix, 'Financial Blowups', 4장 각주 5); Evans, 앞의 책; Herman, *Real Terror Network*, 97쪽.

12. Skidmore; Evans, 4쪽. Mario de Carvalho(Brasilinvest Informations and Telecommunications의 회 장), *O Estado de São Paulo*, 8월 8일(*LANU*, 1990년 9월); *Latin America Commentary*, 1990년 10월. CIIR, *Brazil*. 광범위한 배경 설명에 대해서는 *DD*, 7장 참조.

13. Americas Watch, *Struggle for Land*. Jose Pedro Martins(브라질 언론인), *Latinamerica press*, 1992년 6월 4일; George Monbiot, *Index on Censorship*(London), 1992년 5월; Isabel Vincent, *G&M*, 1991년 12월 17일. 전반적인 내용은 Hecht and Cockburn, *Fate* 참조.

14. Dimerstein, *Brazil*; Blixen, 'War' waged on Latin American street kids', *Latinamerica press*, 1991년 11월 7일; Gabriel Canihuante, 같은 책, 1992년 5월 14일; Moffett, *CSM*, 1992년 7월 21일; Maité Pinero, *Le Monde diplomatique*, 1992년 8월.

15. Rabe, *Road*. 좀 더 초기의 상황에 대해서는 Kren, *US Policy*.

16. *Excelsior*(Mexico City), 1991년 11월 11일, 11월 21일, 12월 4일; 1992년 1월 30일(*LANU*).

17. Brooke, *NYT*, 1992년 1월 21일; AP, *NYT*, 2월 5일; Douglas Farah, *BG*, 2월 10일; Stan Yarbro, *CSM*, 2월 12일.

18. AP, *NYT*, 1992년 2월 5일; Joseph Mann, *FT*, 2월 5일; Brooke, *NYT*, 2월 9일; Yarbro, *CSM*, 2월 11일, 12일.

19. Seabrook, *Race & Class*(London), 34.1, 1992년.

20. *TTT, MC*; Jonas, *Battle*.

21. *Excelsior*, 1992년 7월 21일; Shelley Emling, *WP*, 1992년 8월 1일

22. Jonas, *Battle*. David Santos, *Excelsior*, 1992년 6월 20일(*CAN*); *CAR*, 1992년 1월 17일; Florence Gardner, 'Guatemala's Deadly Harvest', *Multinational Monitor*, 1991년 1/2월; *Report from Guatemala*, 1992년 봄; 과테말라 민주주의에 대한 미국 정부의 관점에 대해서는 *DD*, 3장 6절, 8장 3절, 12장 5절 참조.

23. Edward Gargan, *NYT*, 1992년 7월 9일. *Frontline*(India), 1991년 12월 6일.

24. Vickery, 'Cambodia After the Peace'(Penang, Malaysia, 1991년 12월). 캄보디아와 태국의 비교 연구에 대해서는 같은 저자의 *Cambodia* 참조. 아동 노예제에 관한 사례로는 *TNCW*, 202, 283쪽.

25. Bilxen, 앞의 책; *Excelsior*(Mexico), 1991년 11월 5일(*CAN*).

26. *Unomásuno*, 1990년 10월 13일; David Santos, *Excelsior*, 1992년 6월 20일; Pinero, 앞의 책, 'Honduras; A Growing Market in Children?', *CAR*, 1992년 6월 5일. 또한 UN Economic and Social Council, commission on Human Rights, E/CN.4/Sub.2/1992 / 34, 1992년 6월 23일 참조. *DD*, 7장.

27. 'Argentina uncovers patients killed for organs', *BMJ*, 1992년 여름; AFP, 1992년 3월 8일의 인용은 *LANU*, 1992년 4~5월; Pinero, 앞의 책. 라틴 아메리카에 대한 기타 보도 내용에 대해서는 *DD*, 220~221쪽 참조. 또한 콜롬비아에 대해서는 Reuter, *BG*, 1992년 3월 3일, 5일; 미국의 역할에 대해서는 Ruth Conniff, *Progressive*, 1992년 5월 및 *DD*, 4장 5절 참조.

28. Scanlan, *MH*, 1991년 5월 28일; *CT*, 243쪽.

29. 미국과 코스타리카의 관계에 대해서는 이 책 3장 주석 20) 참조. 촘스키의 'Littere from Lexington', *Lies of our Times*, 1992년 1월.

30. Tim Johnson, *MH*, 1992년 6월 14일; Inter Press Service(IPS), 1992년 7월 31일; Gibb, *SFC*, 1992년 6월 17일(*CAN*).

31. *Science*, 1991년 12월 20일; *Economist*, 1992년 1월 4일.

32. *CAR*, 1991년 6월 14일, 8월 16일, 1992년 8월 21일. IPS, San José, 1992년 2월23일; *Excelsior*, 7월 31일(*CAN*).

33. *CAR*, 1991년 10월 18일; Reuters, *SFC*, 1992년 8월 1일(*CAN*).

34. *Envio*(Managua), 1991년 4월. Madhura Swaminathan and V. K. Ramachandran, *Frontline*(India), 1991년 12월 6일. 1980년대 초반의 전망에 대해서는 Herman, *Real Terror Network*, 3장 참조.

35. 이 책 4장 2절, *DD*, 1장 각주 19) 및 7장 7절 참조. 또한 Bello and Rosenfeld, *Dragons*.

36. Hockstader, *WP*, 1990년 6월 20일; Crossett, *NYT*, 1월 18일; Tim Golden, *NYT*, 1월 17일; Friedman, *NYT*, 1992년 1월 12일. 고문과 원조의 관계에 대해서는 이 책 120쪽. Zwick, *Twain*, 111쪽.

37. Skidmore, Evans, Felix, 앞의 책. Hagopian, review of Skidmore, *Politics, Fletcher Forum*, 1989년 여름. 칠레에 대해서는 Herman, *Real Terror Network*, 189쪽 이하. (Herman의 책에서 Harberger interview, Norman Gall, *Forbes*, 1980년 3월 31일도 인용).

38. James Petras and Steve Vieux, 'Myths and Realities: Latin America's Free Markets', *Monthly Review*, 1992년 봄; update, ms, SUNY Binghamton. CIIR, *Brazil*. Brooke, *NYT*, 1992년 8월 28일.

39. James Markham, *NYT Week in Review*, 1988년 9월 25일; Wrong, *Dissent*, 1989년 봄. Roberts, 'Democracy and World Order', *Fletcher Forum,* 1991년 여름.

40. Simpson, *Spectator*, 1992년 3월 21일; Petras and Pozzi, *Against the Current*, 1992년 3/4월; Felix, 'Reflections on Privatizing and Rolling Back the Latin American State', ms., Washington University, 1991년 7월.

41. David Clark Scott, *CSM*, 1992년 7월 30일; Salvador Corro, *Proceso*(Mexico), 1991년 11월18일 (*LANU*, 1992년 1월); UN Report on the Environment, AP, 1992년 5월 7일; La Botz, *Mask*, 165, 158쪽; Andrew Reding and Christopher Whalen, *Fragile Stability*, Mexico Project, World Policy Institute, 1991. Barkin, *Report on the Americas*(NACLA), 1991년 5월; 'Salinastroika', ms., 1992년 8월. Baker, *WP*, 1991년 9월 10일의 인용은 Reding and Whalen.

42. Nash, *NYT,* 1991년 11월 13일, 1992년 8월 1일; Kamm, *WSJ*, 1992년 4월 16일

43. Felix, 'Financial Blowups'; 'Reflections on Privatizing'; 'Latin American Monetarism in Crisis', in *'Monetarism' and the Third World*, Institute of Development Studies, Sussex, 1981. 칠레 경제학자 Patricio Meller가 수집한 각종 자료들로는 UN ECLA Poverty Study(Santiago, 1990)(Felix, p.c.). 산티아고, 1990년). Petras and Vieux, 'Myths and Realities', *Economist Intelligence Unit*의 인용은 Doug Henwood, *Left Business Observer*, no. 50, 1992년 7월 7일. Collins and Lear, 'Pinochet's Giveaway', *Multinational*

Monitor, 1991년 봄. Rosenberg, *Dissent*, 1989년 여름. Herman, letter, *Washington Report on the Hemisphere*, 1992년 6월 3일. Nash, *NYT*, 1992년 7월 6일.

44. Mayorga, *Nicaraguan Economic Experience*. 더 자세한 논의로는 *DD* 참조.

45. Constable, *BG*, 3월 4일(이 책 150쪽 참조); Golden, *MH*, 1992년 3월 5일; wire services, *Excelsior*, 3월 12일(*CAN*). *CAR*, 1992년 7월 31일.

46. *CAR*, 1991년 10월 18일, 1992년 5월 8일; Otis, *SFC*, 1992년 8월 1일.

47. *Links*(National Central America Health Rights Network), 1992년 여름; *CEPAD Report*, 1992년 1~2월; *Excelsior*, 1992년 6월 11일(*CAN*); Hauggard, CAHI, Georgetown University; IPS, 1992년 8월 9일 (*CAN*).

48. 이 문제에 대한 보다 상세한 내용은 *TTT*, 3장 9절; *DD*, 10장 참조.

49. Petras and Vieux, 'Myths and Realities.' Cooper, *New Statesman & Society*(London), 1992년 8월 7일. 카리브에서의 미국-IMF 프로그램에 대해서는 Deere, *In the Shadow*; McAfee, *Storm Signals* 참조. 중앙아메리카에 대한 최근 기록을 위해서는 *PEHR*, *TNCW*, *TT*, *COT*, *NI*, *DD* 및 인용 자료들 참조.

8장 아이티에게 독립은 없다

1. Lowenthal, *Reviews in Anthropology*, 1976의 인용은 Farmer, *AIDS and Accusation*. Farmer의 책과 함께 풍부한 자료를 담고 있는 Schmidt, *US Occupation* 참조. 아이티 혁명에 관한 고전적인 설명으로는 C. L. R. James, *The Black Jacobins*. 아이티의 높은 인구에 대해서는 Sherburne Cook 및 Woodrow Borah 등이 저술한 *Essays in Population History: Mexico and the Caribbean*(Califonia, 1971)(Farmer에 대해서는 Stannard, *American Holocaust* 참조).

2. Sued-Badillo, *Monthly Review*, 1992년 7/8월. COHA Press release, 2월 18일; Anne-Marie O'connor, Cox News Service, 1992년 4월 12일. IMF 프로그램에 대해서는 McAfee, *Storm Signals*; *DD*, 7장 3절 참조.

3. Farmer, *AIDS*, 153쪽; Las Casas, *Dangerous Memories*(passages in Chicago Religious Task Force); Stannard, *American Holocaust*; Sale, *Conquest*. 또한 Koning, *Columbus*; Smith, *Wealth*, Bk. IV. 7장 1절(ii, 70) 참조.

4. 이 책 1장 각주 29) 참조. 불임 계획에 대해서는 Clive Ponting(처칠 전기 작가), *Sunday Age*(Australia), 1992년 6월 21일. 인종주의적 정책 결정자들에 대해서는 *DD*, 52~53쪽.

5. *TTT*, 46쪽. Stivers, *Supremacy*, 66~73쪽.

6. Ulysses B. Weatherly, 'Haiti: an Experiment in Pragmatism', 1926의 인용은 Schmidt.

7. Trouillot의 인용은 Farmer, *AIDS*. Blassingame, *Caribbean Studies*, 1969년 7월. *Times* editorials에 대해서는 *DD*, 280쪽. Landes, *NR*, 3월 10일; Ryan, *CSM*, 1986년 2월 14일. 더 자세한 학문적 분석을 위해서는 *PI*, 68-69쪽, *TTT*, 153쪽 이하 참조.

8. Deere, *Shadows*, 144, 35, 174~175쪽(Josh DeWind and David Kinley, *Aiding Migration*[Westview, 1988]에서 발췌). MAfee, 17쪽; *PI*, 68쪽; Wilentz, *Rainy Season*, 272쪽 이하. 난민에 대해서는 *PEHR*, II부 50, 56쪽(1970년대); Wilentz, *NR*, 3월 9일; BIll Frelick, NACLA *Report on the Americas*, 1992년 7월; Pamela Constable, *BG*, 1992년 8월 21일.

9. *PI*, 69쪽 이하; *WSJ*, 1986년 2월 10일. *NR*, 3월 9일, 194쪽.

10. Wilentz, *Rainy Season,* 341, 55, 326, 358쪽. 윌렌츠는 1986~1989년 동안의 아이티 사태에 대해 생생한 목격담을 들려준다.

11. COHA, 'Sun Setting on Hopes for Haitian democracy', 1992년 1월 6일.

12. *The NED Backgrounder*, Inter-Hemispheric Education Resource Center(Albuquerque), 1992년 4월.

13. Wilentz, *Reconstruction*, vol. 1.4(1992년).

14. Wilentz, *Rainy Season*, 275쪽.

15. America Watch, National Coalition for Haitian Refugees, Physician for Human Rights, 'Return to the Darkest Days', 1991년 12월 30일. Roth, 'Haiti: the Shadows of Terror', *NYRB,* 1992년 3월 10일.

16. Friedman의 인용은 French, *NYT*, 1991년 10월 8일. French, *NYT*, 1991년 10월 22일 및 1992년 1월 12일. Canute James, *FT*, 1992년 3월 10일.

17. America Watch, 'Return'. French, *NYT*, 1991년 10월 10일. *Times*, 1992년 2월 10일; *FT*, 4월 3일. 부시 정권과 쿠웨이트의 관계에 대해서는 Andrew Rosenthal, *NYT*, 1991년 4월 3일.

18. Greenberger, *WSJ*, 1992년 1월 13일. COHA press release, 1992년 2월 5일.

19. *Times*, 1992년 2월 10일; Barbara Crossette, *NYT,* 5월 28일; Lee Hockstader, *WP weekly*, 2월 17일; editorial, *WP weekly*, 2월 10일.

20. Frelick, 앞의 책; Lee Hockstader, *WP weekly*, 1992년 2월 10일; Barbara Crossette, French, *NYT*, 5월 28일.

21. Hockstader, *WP weekly*, 1992년 2월 10일; *WP-MG*, 2월 16일.

22. *DD*, 8장, 10장; *NI*, 61~66쪽; Sklar, *War*.

23. COHA press release, 1992년 1월 10일, 2월 25일. Barbara Crossette, *NYT*, 2월 26일; French, *NYT,* 2월 27일, 6월 21일; James Slavin, *NCR,* 1992년 8월 14일.

24. French, *NYT*, 1992년 9월 27일.

25. Barbara Crossette, *NYT*, 1992년 2월 5일.

26. French, *NYT*, 1992년 2월 7일(강조는 인용자); Pierre-Yves Glass, AP, *Anchorage Times,* 2월 17일; *Times*, 2월 17일.

9장   정복은 책임을 묻지 않는다

1. Schmidt, *US Occupation,* 16, 181쪽.

2. Wilentz, *Rainy Season*, 271~272쪽.

3. Farmer, *AIDS*, 37쪽 이하.

4. Allen, *Birth Symbol*.

5. Thomasson, *Cultural Survival Quarterly*, 1991년 여름.

6. Schmidt, *US Occpation,* 62~63쪽.

7. Schwarz, *American Counterinsurgency Doctrine*. *FRS*, 246쪽; *APNM*, 1장.

8. David Holstrom, *CSM*, 1992년 4월 30일. McChesney, *Labor*.

9. Du Boff, *Accumulation*, 101~103쪽.

10. Hegel, *Philosophy*, 82쪽. Schmidt, *US Occupation*, 158쪽.

11. Holt, *Problem*, 45쪽, 71쪽 이하, 54쪽.

12. A. Chomsky, *Plantation Society*.

13. De Schweinitz, *Rise and Fall*, 165쪽; Keay, *Honorable Company*, 435쪽 이하, 454쪽 이하. M.N. Pearson, Parker, in Tracy, *Merchant Empires*. DD, 4장; 이 책 2장 4절.

14. Jackson, *Century*. Wilkins, *Cherokee Tragedy*, 3, 4, 287쪽. 평화조약에 대해서는 Stannard, *American Holocaust*, 106쪽. Andrew Jackson에 대해서는 Rogin, *Fathers*, 215쪽 이하. 인디언 이주 계획의 희생자에 대한 평가로는 Lenore Stiffarm and Phil Lane, 'The Demography of Native North America', in Jaimes, *State*.

15. Jackson, *Century*.

16. 자세한 내용은 촘스키의 'Divine License to Kill' 참조. 라인홀트 니버에 대한 토론은 대부분 *Grand Street*(1987년 겨울)에 수록되었다.

17. Krause, *Battle*, 82~83쪽.

18. Palmer, *BG*, 1992년 2월 9일; Pear, *NYT*, 8월 12일. 자료 인용은 Nancy Watzman, *Multinational Monitor*, 1992년 5월.

10장 도덕은 총구에서 나온다

1. Frederick Starr, *NYT Book Review*, 1992년 7월 19일.

2. *WP-BG*, 1991년 12월 4일; Weisman, *NYT*, 12월 6일. 8월 14일의 폭격에 대해서는 *APNM*, 2장 참조. 여기에는 미국 공군의 역사 및 오다 마코토(일본의 노벨상 수상자)의 목격담으로부터 발췌한 내용이 담겨 있다.

3. AP, *NYT*, 1992년 3월 4, 5일. 같은 날짜의 『보스톤 글로브』에 좀 더 길고 자세한 기사가 실려 있다.

4. *PEHR*, 2부, 32쪽 이하 참조.. 정의의 원칙에 대해서는 *FRS*, 3장 또는 *Yale Law Review* symposium on Nuremberg and Vietnam의 재수록 논문. 팔 판사의 견해로부터의 발췌는 *APNM* 참조. Minnear, *Victor's Justice* 참조. Leahy이 쓴 1950년의 자서전 *I Was There*의 인용은 Braw, *Atomic Bomb*.

5. 일본 역사학자 Herbert Bix, *BG*, 1992년 4월 19일.

6. 보다 풍부한 자료를 위해서는 *APNM*, 2장.

7. 발췌는 같은 책.

8. *TTT*, 194쪽 이하; Simpson, *Blowback*; Reese, *Gehlen*.

9. McClintock, *Instruments*, 59쪽 이하, 230쪽 이하. Lewy, *America in Vietnam*. 그러한 역사의 패러디에 관한 논의로는 Chomsky and Edward Herman의 비평 참조(*TNCW*에 재수록). 후방을 휩쓰는 독립 사상을 제거하는 방법에 대한 루이의 의견에 대해서는 *NI*, 350쪽 이하 참조.

10. Bernard Fall, *Ramparts*, 1965년 12월(*Last Reflections*에 재수록). 베트남 전후의 목격담은 John Pilger, *New Statesman*, 1978년 9월 15일. Shenon, *NYT magazine*, 1992년 1월 5일.

11. Dower, 'Remembering(and Forgetting) War', ms, MIT.

12. Hietala, *Manifest Design*, 61쪽; Kent, *Hawaii*, 41쪽 이하. Daws, *Shoal of Time*, 241쪽. Poka Laenui, 'The Theft of the Hawalian Nation', *Indigenous Thought*, 1991년 10월. 이 책 17~18, 38쪽; *DD*, 12장 참조.

13. Kent, Daws, Laenui, 앞의 책.

14. Institute for the Advancement of Hawaiian Affirs, 86-649 Puuhulu Rd., Wai'anae Hawaii 96792.

15. Lehner, *WSJ*, 1991년 12월 6일.

16. Weisman, *NYT magazine*, 1991년 11월 3일.

17. 페어뱅크의 시각에 대해서는 *TNCW*, 400~401쪽 참조.

18. *DD*, 11장 및 인용 자료. 케넌의 인용은 Cumings, *Origins*, II권, 57쪽; '한국전쟁'이라고 불리는 것에 선행하는 미군 점령 당시 한국에서의 대량 살육 캠페인에 대하여 I, II권 참조.

19. Sherwood Fine의 인용은 Moore, *Japanese Workers*, 18쪽; Moore의 책은 주제를 개괄하는데도 도움을 준다. Bix, 'The Showa Emperor's 'Monologue' and the Problem of War Responsirbility', *J. of Japanese Studies*, 18.2, 1992년(John Dower, *Japan Times*, 1989년 1월 9일의 인용).

20. Cumings, *Origins*, II권, 57쪽.

21. UN에서 미국의 베트남 개입을 옹호했던 Adlai Stevenson에 대해서는 *FRS*, 114쪽 이하 참조.

22. Fall, *Last Reflections*.

23. Elizabeth Neuffer, *BG*, 1992년 2월 27일; Pamela Constable, *BG*, 1992년 2월 21일. Carter, news conference, 1997년 3월 24일; *MC*, 240쪽 참조.

24. 언론의 사례에 관해서는 같은 책, 240쪽 이하 및 *NI*, 33쪽 이하 참조. *NYT*, 1992년 10월 24일.

25. Tyler, *NYT*, 1992년 7월 5일.

26. Crossette, *NYT*, 1992년 1월 6일. Mary Kay Magistad, *BG*, 1991년 10월 20일; Eric Schmitt, *NYT*, 11월 6일; Steven Greenhouse, *NYT*, 1991년 10월 24일.

27. Barbara Crossette, *NYT*, 1992년 8월 14일.

28. 이 책 5장 각주 18) 참조. 폴포트와 티모르의 잔학성에 관한 언론 보도에 대해서는 *PEHR* 참조. 이와 같은 보도에 대한 반응에 관해서는 *MC*, 6장 2.8절; *NI*, app. I. sec 1. 참조.

29. Greenhouse, *NYT*, 1991년 10월 24일.

30. *MC*, 6장 2.7절 및 인용 자료 참조. Garthdff, *Détente*, 701, 751쪽. Sihanouk의 인용은 Ben Kierman, *Broaadside*(Sydney, Australia), 1992년 6월 3일; Allman, *Vanity Fair*(1990년 4월)의 인용은 Michael Vickery, 'Cambodia After the 'Peace''(7장 각주 24). 평가를 겸한 정정으로는 Kieman, 'Cambodia's Missed Chance: Superpower obstruction of a viable path to peace', *Indochina Neusletter*, 1991년 11/12월 (*FEER*의 인용). 또한 Kieman, *Bulletin of Concerned Asian Scholars*, Vol. 21, 2-4, 1989; Vol. 24, 2, 1992 참조. 배경에 대한 광범위한 분석으로는 Vickery, *Cambodia* 및 Chandler, *Cambodia* 참조.

31. Greenway, *BG*, 1991년 12월 13일; Uli Schmetzer, *CT*, 1991년 9월 2일. Susumu Awanohara, *FEER*, 1992년 4월 30일.

32. Editorial, *WP weekly*, 1991년 12월 2~8일.

33. Barbara Crossette, *NHY*, 1992년 3월 31일.

34. Greenway, *BG*, 1991년 12월 20일.

35. AP, 1990년 3월 14일; *NI*, 35쪽.

36. John Stockhouse, *G&M*, 1992년 6월 12일.

37. Smucker, *G&M*, 1991년 10월 7일.

38. Barbara Crossette, *NYT*, 1992년 8월 18일.

39. *NI*, 38-39쪽의 이스라엘 언론인 Amnon Kapeliouk와 미국 학자 Grace Zlem 박사의 인용.

40. Braw, *Atomic Bomb*.

41. Robert Olen Butler, *WP-MG*, 4월 5일; Wintle, *FT*, 5월 16~17일; reviews of Michael Bilton and Kevin Sim, *Four Hours in My Lai*. AP, 'Five Years Later, My Lai is a no man's Town, silent and unsafe', *NYT*, 1973년 3월 16일.

42. Butterfield, *NYT*, 1977년 5월 1일; Whitney, *NYT*, 1973년 4월 1일.

43. 기사화되지 않은 버클리의 발언. *PEHR*, I부, sec. 5.1.3 참조.

44. 같은 책; *FRS*, 222쪽. King, *The Death of the Army*(1972)의 인용은 Kinnard, *War Managers*.

45. John Underhill, John Mason, William Bradford. Laurence Hauptman, in Hauptman and Wherry, *Pequots*; Salisbury, *Manitou*, 218쪽 이하. 전반적인 배경과 토론을 위해서는 Jennings, *Invasion* 참조.

46. Robert Venables, 'The Cost of Columbus: Was There a Holocaust?', *View from the Shore*, *Northeast Indian Quarterly*(Cornell,1990년 가을). Rio Sumpul에 대해서는 *TNCW* 참조.

47. 자세한 내용은 *AWWA*, 102~103쪽 참조.

48. Carr, *NYT Book Review*, 1992년 3월 22일. 위의 논평에 대한 카의 응답은 *Lies of Our Times*(1992년 5월) 참조. "미국의 역사에서, 아무도 피를 갈망하는 동물들에 다름 아닌 것처럼 행동하지 않았던 에피소드들이 존재해 왔다는 관념은 도덕적으로 너무나 복잡한 문제여서 받아들이기 어렵다"(Letters, *NYT Book Review*, 1992년 8월 23일. 카는 별개의 문제를 다룬 이 글에서 느닷없이 중간에 이런 문장을 삽입했다). 나치와의 유사성에 대해서는 독자의 판단에 맡기겠다.

49. 『타임』의 정규 서평자 Michiko Kakutani, *NYT*, 1992년 8월 28일; Prescott, *NYT Book Review*, 9월 20일; reviews of Jay Pairi, *Bay of Arrow*. 서구 이데올로그들 사이에 널리 퍼져 있는 아메리카 대륙의 식인 풍습 신화에 대해서는 Sale, *Conquest* 참조. 민속역사학자 Jalil Sued-Badillo는 "현재까지 고고학적 연구들은 아메리카 대륙 어디에서도 식인 풍습이 행해졌다는 사실을 확증할 만한 아무런 증거를 제시하지 못하고 있다"고 지적한다. *Monthly Review*, 1992년 7/8월. 북아메리카 대륙에서 행해진 의례적인 식인 풍습에 관한 2차 연구로는 Axtell, *Invasion*, 263쪽 참조. 인디언의 기록에 대해서는 Jennings, *Empire*, 446~447쪽.

50. Wouk, *CT*, 1992년 6월 2일. Franklin, *MIA*.

51. Puette, *Through Jaundiced Eyes*, 7장.

52. Bundy, *Foreign Affairs*, 1967년 1월. *MC*, 175쪽 참조.

53. 이와 같은 계몽적인, 따라서 비관용적인 대조에 대해서는 *PEHR*, vols. I, II; *MC* 참조.

54. Vickery, *Cambodia After the 'Peace'*. 미국 정부 내부의 자료에 대해서는 *FRS*, 31쪽 이하, 36쪽 이하 참조.

55. Dréze and Gazdar, *Hunger and Poverty*.

56. 각주 32) 참조. 미국이 베트남에서 '패전'했다는 믿음과 그 의미에 대해서는 *MC*, 241쪽 이하 참조.

57. 예를 들어 Douglas Pike와 같은 학자들. 이에 대한 자료 및 논의를 위해서는 *MC*, 180쪽 이하; *PEHR*, vol. I, 338쪽 이하 참조. *RC*, 2장 3절 참조.

58. *Foreign Relations of the United States*, Vietnam 1961~1963, I, 343쪽; III, 4n. Gibbons, *US government*,

70~71쪽(공군의 역사 인용).

59. Albert, Z *magazine*, 1991년 12월; Cockburn, *LAT*, 12월 5일; *Nation*, 12월 23일.
60. 이 책 2장 1~2절 참조. 통킹 만에 대해서는 *MC*, 5장 5.1절. 폭격의 시기 조절에 대해서는 *Foreign Relations of the United States*, Vietnam, 1964~1968, 609쪽 참조.
61. 케네디 대통령은 [살아 있었다면] 베트남에서, 맥스웰 테일러 장군 등이 지지했던 진지 구축 전략을 향해 기울어졌거나 지상군 파병은 최소로 줄이고 집중 포격을 통해 평화 과정을 앞당기는 닉슨적 변형 전략 쪽으로 기울어졌을 가능성이 있다. 하지만 국내적으로는, 후임 존슨 대통령이 취했던 '그레이트 소사이어티 Great Society'에 대해서는 별 열의를 나타내지 않았을지도 모른다.
62. 촘스키의 논문 'Vain Hopes, False Dreams', Z *magazine*, 1992년 10월 참조. 보다 상세한 평가와 토론을 위해서는 *Rethinking Camelot*을 참조. 앞서 언급한 자료들을 비롯해 기타 반정부적 문건들은 베트남전쟁과 관련된 사건들을 보다 명확하게 제시해 주고 있다. 그에 대한 요약으로는 *MC* 참조.
63. 미국의 외교 전복 정책에 관한 진실을 은폐하는데 있어서 지식인 사회가 맡고 있는 복잡 미묘한 역할에 관해서는 *TNCW*, 3장; *MC*, 5장 5.3절 참조. 이런 은폐의 전모는 앞으로 반드시 밝혀져야 한다.
64. 이런 관점에 대해서는 *AWWA*, 286쪽 참조.

11장 내부의 적, 노동자를 정복하라

1. 1장, 3장 참조.
2. T-Bone Slim, *Juice*, 68쪽.
3. *Economist*, 1992년 8월 22일.
4. Brady, *Spirit*, 6장; Schoenbaum, *Hitler's Social Revolution*, 6장. Thomson, *Making*, 11장.
5. Steven Greenhouse, *NYT*, 'Income Data Show Years of Erosion for U.S. Workers', *NYT*, 1992년 9월 7일; Adam Pertman, *BG*, 7월 15일; Garry Wills, *NYRB*, 9월 24일. 경제적 사실들을 감추고 왜곡시키기 위한 정부와 우파 분석가들이 기울인 엄청난 노력에 대해서는 Paul Krugman, 'The Right, the Rich, and the Facts', *American Prospects*, 1992년 가을 참조.
6. John Dillon, *CSM*, 1992년 7월 14일.
7. AP, *BG*, 1991년 4월 4일. *NE J. of Med.*(1990년 1월)의 인용은 Melvin Konner, *NYT*, 1990년 2월 24일.
8. 이 책 4장 3절 참조. Conniff, *Progressive*(1992년 9월)의 Kaus, *End of Equality*에 대한 평가. Stephen Franklin, Peter Kendall, Colin McMahon, 'Caterpillar strikers face the bitter truth'(3회 연재물), *CT*, 1992년 9월 6, 7, 9일. Fraser의 인용은 Moody, *Injury*, 147쪽.
9. Milton, *Politics*, 155쪽; Puette, *Through Jaundiced Eyes*.
10. Franklin, et al., 앞의 책; 공장 폐쇄에 대해서는 Alexander Cockburn, *LAT*, 1992년 7월 13일; Robert Rose, *WSJ*, 4월 20일. Hoerr, *American Prospect*, 1992년 여름.
11. Floyd Norris, *NYT*, 1992년 8월 30일.

12. Peter Gosselin, *BG*, 1992년 9월 7일; Frank Swoboda, *WP weekly*, 1992년 9월 14~20일. Shlomo Maital and Kim Morgan, *Challenge*, 1992년 7월. Wolfe, *BG*, 1990년 2월 18일.

13. Diego Ribadeneira and Cheong Chow, *BG*, 1992년 9월 8일; Ribadeneira, *BG*, 9월 25일.

14. Alex Carey, 'Managing Public Opinion: The Corporate Offensive', ms., U. of New South Wales, 1986; Milton, Moody, 앞의 책, Sexton, *War*. 또한 Ginger and Christiano, *Cold War*.

15. Sexton, *War*, 76, 55쪽.

16. Demarest, '*River*', 44, 55, 216쪽. Krause, *Battle*, 287, 13, 294쪽, 205쪽 이하, 152, 178, 253, 486쪽 (Gutman interview의 인용).

17. Demarest, '*River*', 32쪽; Krause, *Battle*, 361쪽, 274쪽 이하. Hagan, *People's Navy*.

18. Demarest, '*River*', 159쪽; Sexton, *War*, 83쪽, 106쪽 이하.

19. Demarest, '*River*', 199쪽, 210쪽 이하; Krause, 22장.

20. Bekken, in Solomon and McChesney, New Perspectives. McChesney, *Labor*. 영국 노동 언론에 대해서는 *MC*, 1장 1~2절.

21. Demarest, '*River*', 후기.

22. 같은 책; Sexton, *War*, 87쪽.

참고문헌

Agee, Philp. *Inside the Company*(Stonehill, 1975)

Allen, Max. *The Birth Symbol in Traditional Women's Art*(Museum of Textiles, Toronto, 1981)

Americas Watch. *The 'Drug War' in Colombia*(October 1990)

—— *The Struggle for Land in Brazil*(Human Rights Watch, 1992)

Amsden, Alice. *Asia's Next Giant: South Korea and Late Industrialization*(Oxford, 1989)

Anti-Slavery Society. *West Papua*(London, 1990)

Appleby, Joyce. *Capitalism and a New Social Order*(NYU, 1984)

Asia Watch. *Human Rights in Korea*(Jan. 1986)

Aston, T.H., and C.H.E. Philpin. *The Brenner Debate: Agrarian Class Structure and Economic Development in Pre-Industrial Europe*(Cambridge, 1985)

Axtell, James. *The Invasion Within*(Oxford, 1985)

Bailey, Thomas. *A Diplomatic History of the American People*(New York, 1969)

Ball, George. *The Past has another Pattern*(Norton, 1982)

Bello, Walden, and Stephanie Rosenfeld. *Dragons in Distress*(Institute for Food and Development Policy, 1990)

Benjamin, Jules. *The United States and the Origins of the Cuban Revolution*(Princeton, 1990)

Bernal, Martin. *Black Athena*(Rutgers, 1987)

Bhagwati, Jagdish, and Hugh Patrick, eds. *Aggressive Unilateralism*(Michigan, 1990)

Black, Jan Knippers. *United States Penetration of Brazil*(Pennsylvania, 1977)

Blum, William. *The CIA: a forgotten history*(Zed, 1986)

Borden, William. *The Pacific Alliance*(Wisconsin, 1984)

Bovard, James. *Fair Trade Fraud*(St. Martin's, 1991)

Brady, Robert. *The Spirit and Structure of German Fascism*(Viking, 1937)

—— *Business as a System of Power*(Columbia, 1943)

Braw, Monica. *The Atomic Bomb Suppressed: American Censorship in Japan*(M.E.Sharpe, 1991)

Brewer, John. *Sinews of Power: War, Money and the English State, 1688-1783*(Knopf, 1989)

Caldwell, Malcolm, ed. *Ten Years Military Terror in Indonesia*(Spokesman, 1975)

Calleo, David. *The Imperious Economy*(Harvard, 1982)

Catholic Institute of International Relations(CIIR). *Brazil: Democracy and Development*(London, 1992)

Chandier, David. *The Tragedy of Cambodian History*(Yale, 1992)

Chicago Religious Task Force on Central America. *Dangerous Memories: Invasion and Resistance since 1492*(Chicago, 1991)

Chomsky, Aviva. Plantation Society, *Land and Labor in Costa Rica's Atlantic Coast, 1870-1940*(PhD dissertation, UC Berkeley, 1990)

Chomsky, Noam. *American Power and the New Mandarins*(Pantheon, 1969)[*APNW*]

———— *At War with Asia*(Pantheon, 1970)[*AWWA*]

———— *For Reasons of State*(Pantheon, 1973)[*FRS*]

———— Towards a New Cold War(Pantheon, 1982)[*TNCW*]

———— Fateful Triangle(South End, 1983)[*FT*]

———— Turning the Tide(South End, 1985)[*TTT*]

———— Pirates and Emperors(Claremont, Black Rose, 1986; Amana, 1988)[*P&E*]

———— On Power and Ideology(South End, 1986)[*PI*]

———— Culture of Terrorism(South End, 1988)[*CT*]

———— Necessary Illusions(South End, 1989)[*NI*]

———— Deterring Democracy(Verso, 1990; updated edition, Hill & Wang, 1991)[*DD*]

———— *Rethinking Camelot*, (South End Press, 1993)[*RC*]

————, and Edward Herman. *Political Economy of Human Rights*(South End, 1979)[*PEHR*]

————, and Howard Zinn, eds. *Pentagon Papers*, vol. 5, Analytic Essays and Index(Beacon, 1972)[*PPV*]

Clairmonte, Frederick. *Economic Liberalism and Underdevelopment*(Asia Publishing House, 1960)

Cooper, Chester. *The Lost Crusade*(Dodd, Mead, 1970)

Cumings, Bruce. *The Origins of the Korean War*, vol. II(Princeton, 1990)

Daws, Gavan, *Shoal of Time*(Macmillan, 1968)

Debo, Angie. *And Still the Waters Run*(1940; Princeton, 1991, updated)

Deere, Carmen Diana, et al. *In the Shadows of the Sun*(Westview, 1990)

Demarest, David, ed. *"The River Ran Red": Homestead 1892*(Pittsburgh, 1992)

Dertouzos, Michael, Richard Lester, and Robert Solow. *Made in America*(MIT, 1989)

Dimerstein, Gilberto. *Brazil: War on Children*(Latin America Bureau, London, 1991)

Drèze, Jean, and Haris Gazdar. *Hunger and Poverty in Iraq, 1991*(Development Economics Research Programme, London School of Economics, No. 32, Sept. 1991)

Drinnon, Richard. *White Savage: the Case of John Dunn Hunter*(Schocken, 1972)

———— *Facing West*(Minnesota, 1980)

Du Boff, Richard. *Accumulation and Power*(M.E. Sharpe, 1989)

Evans, Peter. *Dependent Development*(Princeton, 1979)

Fall, Bernard. *Last Reflections on a War*(Doubleday, 1967)

Farmer, Paul. *AIDS and Accusation: Haiti and the Geography of Blame*(California, 1992)

Feffer, Jhon. *Shock Waves: Eastern Europe After the Revolution*(South End, 1992)

Fitzgerald, Tom. *Between Life and Economics*(1990 Boyer lectures of the Australian Broadcasting Company, ABC, 1990)

Franklin, Bruce. *M.I.A., or Mythmaking in America*(Lawrence Hill, 1992)

Gaddis, John Lewis. *Strategies of Containment*(Oxford, 1982)

———— *The Long Peace*(Oxford, 1987)

Garthoff, Raymond. *Détente and Confrontation*(Brookings, 1985)

———— *Reflections on the Cuban Missile Crisis*(Brookings, 1987)

George, Alexander, ed. *Western State Terrorism*(Polity, 1991)

Gerschenkron, Alexander. *Economic Backwardness in Historical Perspective*(Harvard, 1962)

Ginger, Ann Fagan, and David Christiano, eds. *The Cold War Against Labor*(Meiklejohn Civil Liberties Institute, 1987), two vols.

Gleijeses, Piero. *Shattered Hope*(Princeton, 1991)

Green, David. *The Containment of Latin America*(Quadrangle, 1971)

Greider, William. *Secrets of the Temple*(Simon & Schuster, 1987)

Hagan, Kenneth. *This People's Navy*(Free Press, 1991)

Haines, Gerald. *The Americanization of Brazil*(Scholarly Resources, 1989)

Hartmann, Betsy, and James Boyce. *A Quiet Violence: View from a Bangladesh Village*(Zed, 1983)

Hassett, John, & Hugh Lacey, eds. *Towards a Society that Serves its People: The Intellectual Contributions of El Salvador's Murdered Jesuits*(Georgetown, 1991)

Hauptman, Laurence, and James Wherry, eds. *The Pequots in Southern New England*(Oklahoma, 1990)

Hecht, Susanna, and Alexander Cockburn. *The Fate of the Forest*(Verso, 1989)

Hegel, Georg Wilhelm Friedrich. *The Philosophy of History*(Dover, 1956; Lectures of 1830-31)

Herman, Edward. *The Real Terror Network*(South End, 1982)

———— *Beyond Hypocrisy: Decoding the News in an Age of Propaganda*(South End, 1992)

————, and Frank Brodhead. *Demonstration Elections*(South End, 1984)

————, and Noam Chomsky. *Manufacturing Consent*(Pantheon, 1988) [*MC*]

Hewlett, Sylvia Ann, *The Cruel Dilemmas of Development*(Basic Books, 1980)

Hietala, Thomas. *Manifest Design*(Cornell, 1985)

Higginbotham, Leon. *In the Matter of Color*(Oxford, 1978)

Hill, Christopher. *A Nation of Change & Novelty*(Routledge & Kegan Paul, 1990)

Höfer, Bruni, Heinz Dieterich, and Klaus Meyer, eds., *Das Fünfhundert-jährige Reich*(Médico International, 1990)

Hogan, Michael. *The Marshall Plan*(Cambridge, 1987)

Holt, Thomas. *The Problem of Freedom*(Johns Hopkins, 1992)

Horsman, Reginald. *Race and Manifest Destiny*(Harvard, 1981)

Jackson, Helen. *A Century of Dishonor*(1880; reprinted in limited edtion by Ross & Haines, Minneapolis, 1964)

Jaimes, Annette, ed. *The State of Native America*(South End, 1992)

————, and Andrew Lownie, eds., *North American Spies*(Edinburgh, 1992)

Jennings, Francis. *The Invasion of America*(North Carolina, 1975)

———— *Empire of Fortune*(Norton, 1988)

Jonas, Susanne. *The Battle for Guatemala*(Westview, 1991)

Keay, John. *The Honorable Company: A History of the English East India Company*(HarperCollins, 1991)

Kent, Noel. *Hawaii*(Monthly Review, 1983)

Khor Kok Peng, Martin. *The Uruguay Round and Third World Sovereignty*(Third World Network, Penang, 1990)

Kiernan, V. G. *European Empires from Conquest to Collapse*(Fontana, 1982)

Kimball, Warren. *The Juggler*(Princeton, 1991)

Kinnard, Douglas. *The War Managers*(University Press of New England, 1977)

Kissinger, Henry. *American Foreign Policy*(Norton, 1974; expanded edition)

Kolko, Gabriel. *The Politics of War*(Random House, 1968)

────── *Confronting the Third World*(Pantheon, 1988)

Koning, Hans. *Columbus: His Enterprise*(Monthly Review, 1976)

Krause, Paul. *The Battle for Homestead, 1880-1892*(Pittsburgh, 1992)

Krenn, Michael. *U.S. Policy toward Economic Nationalism in Latin America, 1917-1929*(Scholarly Resources, 1990)

La Botz, Dan. *Mask of Democracy: Labor Suppression in Mexico Today*(South End, 1992)

LaFeber, Walter. *Inevitable Revolutions*(Norton, 1983)

Landes, David. *The Unbound Prometheus*(Cambridge, 1969)

Lazonick, William. *Business Organization and the Myth of the Market Economy*(Cambridge, 1991)

Leacock, Ruth. *Requiem for Revolution*(Kent State, 1990)

Lederman, Jim. *Battle Lines*(Holt, 1992)

Leffler, Melvyn. *A Preponderance of Power*(Stanford, 992)

Lewy, Guenter. *America in Vietnam*(Oxford, 1978)

Lobel, Jules, ed. *A Less than Perfect Union*(Monthly Review, 1988)

Maguire, Andrew, and Janet W. Brown, eds. *Bordering on Trouble*(Adler & Adler, 1986)

Mannix, Daniel, and Malcolm Cowley. *Black Cargoes*(Viking, 1962)

Marshall, John, Peter Dale Scott, and Jane Hunter. *The Iran-Contra Connection*(South End, 1987)

Mayorga, Francisco. *The Nicaraguan Economic Experience, 1950-1984: Development and exhaustion of an agroindustrial model*(PhD dissertation, Yale, 1986)

McAfee, Kathy. *Storm Signals*(South End, 1991)

McClintock, Michael. *Instruments of Statecraft*(Pantheon, 1992)

McCoy, Alfred. *The Politics of Heroin*(Lawrence Hill, 1991; revision of 1972 edition)

Merkl, Peter, ed. *The Federal Republic of German at Forty*(NYU press, 1989)

Miller, Nathan. *The Founding Finaglers*(McKay, 1976)

Milton, David. *The Politics of U.S. Labor*(Monthly Review, 1982)

Minnear, Richard. *Victor's Justice*(Princeton, 1971)

Monbiot, George. *Poisoned Arrows*(Abacus, London, 1989)

Moody, Kim. *An Injury to All*(Verso, 1988)

Moore, Joe. *Japanese Workers and the Struggle for Power, 1945-1947*(Wisconsin, 1983)

Morris, Richard. *The American Revolution Reconsidered*(Harper & Row, 1967)

────── *The Forging of the Union*(Harper & Row, 1987)

Nehru, Jawaharlal. *The Discovery of India*(Asia Publishing House, 1961)

Omissi, David. *Air Power and Colonial Control*(Manchester, 1990)

Osborne, Robin. *Indonesia's Secret Wars*(Allen & Unwin, 1985)

Parker, Phyllis. *Brazil and the Quiet Intervention, 1964*(Texas, 1979)

Pastor, Robert. *Condemned to Repetition*(Princeton, 1987)

Paterson, Thomas, ed. *Kennedy's Quest for Victory*(Oxford, 1989)

Peck, James, ed. *The Chomsky Reader*(Pantheon, 1987)

Perkins, Dexter. *The Monroe Doctrine*(1927; reprinted by Peter Smith, 1965)

Peter, Cynthia, ed. *Collateral Damage*(South End, 1992)

Pisani, Sallie. *The CIA and the Marshall Plan*(Kansas, 1991)

Platt, Tony, ed. *Tropical Gulag*(Global Options, 1987)

Polanyi, Karl. *The Great Transformation*(Beacon, 1957)

Preston, William, Edward Herman, and Herbert Schiller. *Hope and Folly*(Minnesota, 1989)

Puette, William. *Through Jaundiced Eyes: How the Media View Organized Labor*(Cornell, 1992)

Rabe, Stephen. *The Road to OPEC*(Texas, 1982)

Raghavan, Chakravarthi. *Recolonization: GATT, the Uruguay Round & the Third World*(Third World Network, Penang, 1990)

Rand, Christopher. *Making Democracy Safe for Oil*(Little, Brown, 1975)

Reese, Mary Ellen. *General Reinhard Gehlen: the CIA Connection*(George Mason, 1990)

Robinson, William. *A Faustian Bargain*(Westveiw, 1992)

Rogin, Michael Paul. *Fathers and Children*(Random House, 1975)

Rotter, Andrew. *The Path to Vietnam*(Cornell, 1987)

Russell, Bertrand. *The Practice and Theory of Bolshevism*(Allen & Unwin, 1920)

Sale, Kirkpatrick. *The Conquest of Paradise*(Knopf, 1990)

Salisbury, Neil. *Manitou and Providence*(Oxford, 1982)

Salisbury, Richard. *Anti-Imperialism and International Competition in Central America, 1920-1929*(Scholarly Resources, 1989)

Saxton, Alexander. *The Rise and Fall of the White Republics*(Verso, 1990)

Schaller, Michael. *The American Occupation of Japan*(Oxford, 1985)

Schmidt, Hans. *The United States Occupation of Haiti, 1915-1934*(Rutgers, 1971)

Schweinitz, Karl de. *The Rise & Fall of British India*(Methuen, 1983)

Schoenbaum, David. *Hitler's Social Revolution*(Doubleday, 1966)

Schoultz, Lars. *Human Rights and United States Policy toward Latin America*(Princeton, 1981)

────── *National Security and United States Policy toward Latin American*(Princeton, 1987)

Schwarz, Benjamin. *American Counterinsurgency Doctrine and El Salvador*(RAND, 1991)

Sexton, Patricia Cayo. *The War on Labor and the Left*(Westview, 1991)

Shanin, Teodor. *Russia as a 'Developing Society'*(Yale, 1985)

Simpson, Christopher. *Blowback*(Weidenfeld & Nicolson, 1988)

Skidmore, Thomas. *The Politics of Military Rule in Brazil*(Oxford, 1988)

Sklar, Holly. *Washington's War on Nicaragua*(South End, 1988)

Slim, T-Bone. *Juice is Stranger than Friction*(Kerr, 1992)

Smith, Adam. *The Wealth of Nations*(Chicago, 1976; first edition, 1776)

Smith, Joseph. *Unequal Giants*(Pittsburgh, 1991)

Smith, Stephen. *Industrial Policy in Developing Countries*(Economic Policy Institute, 1992)

Smith, Wayne. *The Closest of Enemies*(Norton, 1987)

Solomon, William, and Robert McChesney, eds. *New Perspectives in U.S. Communication History*(Minnesota, 1993)

South Commission. *The Challenge to the South*(Oxford, 1990)

Stannard, David. *American Holocaust*(Oxford, 1992)

Stavrianos, L. S. *Global Rift*(Morrow, 1981)

Stivers, William. *Supremacy and Oil*(Cornell, 1982)

——— *America's Confrontation with Revolutionary Change in the Middle East*(St. Martin's, 1986)

Taylor, John. *Indonesia's Forgotten War: the Hidden History of East Timor*(Zed, 1991)

Taylor, Maxwell. *Swords and Ploushares*(Norton, 1972)

Thompson, E. P. *The Making of the English Working Class*(Vintage, 1963)

Todorov, Tzvetan. *The Conquest of America*(Harper & Row, 1985)

Tracy, James, ed. *The Political Economy of Merchant Empires*(Cambridge, 1991)

Van Alstyne, R. W. *The Rising American Empire*(Oxford, 1960)

Vickery, Michael. *Cambodia: 1975-1982*(South End, 1984)

Wachtel, Howard. *The Money Mandarins*(M.E. Sharpe, 1990)

Washington Office on Latin America(WOLA). *Clear and Present Dangers: the U.S. Military and the War on Drugs in the Andes*(October 1991)

Watkins, Kevin. *Fixing the Rules*(Catholic Institute of International Relations, London, 1992)

Wilentz, Amy. *The Rainy Season*(Simon & Schuster, 1989)

Wilkins, Thurman. *Cherokee Tragedy*(Oklahoma, 1986)

Williams, Robert. *Export Agriculture and the Crisis in Central America*(North Carolina, 1986)

Wolpin, Miles. *Military Aid and Counterrevolution in the Third World*(Lexington Books, 972)

Wood, Bryce. *The Dismantling of the Good Neighbor Policy*(Texas, 1985)

Yergin, Daniel. *The Prize*(Simon & Schuster, 1991)

Young, Alfred, ed. *The American Revolution*(Northern Illinois, 1976)

Zeman, Z.A.B. *The Making and Breaking of Communist Europe*(Blackwell, 1991)

Zwick, Jim, ed. *Mark Twain's Weapons of Satire: Anti-Imperialist Writings on the Philippine-American War*(Syracuse, 1992)